高等院校经济与管理核心课经典系列教材

金融学专业

信托与融资租赁

马丽娟 ◎ 主编

XINTUO YU RONGZI ZULIN

（第四版）

首都经济贸易大学出版社

Capital University of Economics and Business Press

·北京·

图书在版编目(CIP)数据

信托与融资租赁/马丽娟主编. --4 版. --北京:首都经济贸易大学出版社,2019. 11
ISBN 978-7-5638-2476-2

Ⅰ.①信…　Ⅱ.①马…　Ⅲ.①信托—高等学校—教材 ②融资租赁—高等学校—教材
Ⅳ.①F830. 8

中国版本图书馆 CIP 数据核字(2016)第 010494 号

信托与融资租赁(第四版)
马丽娟　主编

责任编辑　孟岩岭
封面设计　砚祥志远·激光照排　TEL:010-65976003
出版发行　首都经济贸易大学出版社
地　　址　北京市朝阳区红庙(邮编 100026)
电　　话　(010)65976483　65065761　65071505(传真)
网　　址　http://www. sjmcb. com
E-mail　　publish@ cueb. edu. cn
经　　销　全国新华书店
照　　排　北京砚祥志远激光照排技术有限公司
印　　刷　北京建宏印刷有限公司
开　　本　787 毫米×1092 毫米　1/16
字　　数　396 千字
印　　张　21. 25
版　　次　2008 年 4 月第 1 版　2013 年 1 月第 2 版
　　　　　2016 年 3 月第 3 版　**2019 年 11 月第 4 版**
　　　　　2020 年 5 月总第 5 次印刷
书　　号　ISBN 978-7-5638-2476-2
定　　价　39. 00 元

第四版前言

　　近年,信托与融资租赁这两个独立的行业领域的业务活动不断创新,十分活跃,为社会经济发展提供着与传统金融方式不同的金融服务。同时,无论是信托与融资租赁业务还是相对应的业务经营机构,都处于监管新变化之中。在适应新发展、跟踪新变化的过程中,需要我们努力地去完善课程建设和所使用的教材。

　　本次修订,在教材的体系结构上未做调整,继续沿用上一版已较为成熟的框架。在修订中重点做了三方面的工作:第一,在信托与租赁实践发展变化内容上和指标数据上进行了必要的更新,主要工作有:①根据近年我国信托公司和金融租赁公司监管举措的变化,补充了金融领域的新变化和机构的新发展。②依据英国怀特克拉科集团(White Clarke Group)所做的 2018 年《全球租赁报告》,更新了主要国家的租赁市场渗透率、各大洲市场增长及对经济的贡献度等内容,以便于读者把握最新市场动态。第二,在个别概念的文字表述上进行了修改和完善。第三,对我国信托业与租赁业的几个主要的一般性法律法规名录附录进行了增补,比如,资管新规、理财新规,关于银行设立理财子公司以及与其他私募的合作;再比如,2018 年 1 月财政部起草发布的《企业会计准则第 21 号——租赁(修订)(征求意见稿)》,等等,以便于读者了解和把握有关法律依据。

　　此次修订由我负责。中央财经大学金融学院的研究生邹骋远、周圆圆参与了本书数据资料更新及部分内容的修改工作。为方便教学,本书配有电子课件,请选用本教材的老师登录首都经济贸易大学出版社网站(www. sjmcb. com)免费注册下载。

　　与教材第一版编写和第二、三版修订工作一样,对这次第四版的修订我们也尽了很大努力,但仍会有不足。期待着各位专家和使用这本教材的老师和同学们提出建设性意见,并发至 mlj@ cufe. edu. cn。

中央财经大学　马丽娟

2019 年 8 月 1 日

前　言

信托与融资租赁的发展正在越来越受到社会的关注。从信托的发展情况来看,当我们无暇顾及或管理自己的货币收入,却又期望获得货币形式的财富增值、免受通货膨胀之累时,我们可以求助于专业的理财公司或者银行的信托部,并且越来越多的人开始认识和利用信托理财所带来的便捷和好处。而企业发展、社会各项事业的进步与信托制度也有着越来越密切的联系,并且在信托制度的辅助之下获得更深入的发展。就融资租赁发展而言,随着我国航空事业的发展,支线飞机的生产制造越来越多地利用融资租赁交易,融资租赁公司的作用也越来越突出,我们开始思考融资租赁公司究竟是一般的商业服务性行业,还是金融行业? 总的来说,信托抑或是融资租赁,在我国经济发展过程中正在不断发挥作用,并对我们当前的社会生产和生活产生着越来越重要的影响。

目前,信托与融资租赁这两个独立的行业领域,在我国正处于变化和发展之中。正是这种变化使信托与融资租赁成为较为特殊的事物,并使它们提供着与传统金融服务不同的业务。同时,这种变化和发展也要求从业人员必须具备相关领域的专业知识、人格品质以及满足客户需求的新思路、新方法。

本书作者来自中央财经大学《信托与租赁》课程教学与科研团队。在编写过程中,我们力求构建关于信托与融资租赁最简练的框架,以便于各类读者学习和掌握有关信托和融资租赁的最基本原理和最主要的发展变化。但是,在现实发展中,信托与融资租赁正发生着不断的演变,因而对于信托与融资租赁知识的学习和理解也远不止本教材所提供的这些。

本书作者要特别感谢中国金融学会金融租赁专业委员会高级顾问、融资租赁资深专家裘企阳先生提供的指导和帮助。在本书融资租赁部分的编写过程中,裘先生通览了书稿,提出了宝贵的修改建议,使本书作者获益匪浅。同时,经过裘先生的许可,本书在第六章融资租赁概览、第八章融资租赁交易合同的处理中部分选用了裘先生已发表的文字,并在融资租赁篇采纳了裘先生所倡导的思想:"融资租赁与经营租赁是截然不同的两种交易,虽然形式上有相似之处,但实质上却完全不同。融资租赁是如同银行信贷一般的金融业务,融资租赁业是金融行业,而不是一般的商业服务行业。将二者混为一谈,不利于政府监管。"

本书作者要感谢中央财经大学的硕士研究生成晖、孙平、徐月,他们为融资租赁篇的编写搜集和整理了大量资料;张洪斌、李颖直接参与了本书部分章节的校阅。

最后要向首都经贸大学出版社及孟岩岭编辑致谢,感谢他们在本书出版过程中给予的各种帮助。

本书分信托篇和融资租赁篇,共十章。各章作者分工如下:

第一章马丽娟;第二章李德峰;第三章孙耀东;第四章万方;第五章马丽娟;第六章马丽娟;第七章李俊峰;第八章李俊峰、马丽娟;第九章李俊峰;第十章马丽娟。

全书由马丽娟教授负责定稿和总纂。

真诚希望读者提出建议和意见,并请发至 mlj@cufe.edu.cn。

中央财经大学　马丽娟

2008 年 3 月

目 录

信托篇

融资租赁篇

信托篇

篇前序

凯恩斯对19世纪中期英国人所能享受的生活方式和所能获得的投资机会进行了如下描述:"伦敦的居民可以一边在床上喝着早茶,一边用电话订购这个世界上他认为合适数量的各种产品,并合理地预期有人会将它们尽快地送到他的门口;同时,他可以用同一方式将他的资产投资到全球任一角落的自然资源和新成立的企业上——任何轻微的干涉都会使他感到极大的委屈和惊讶,因为他视这种生活和办事的方式是一种正常的、理所当然的、永久的方式。"

(资料来源:安格斯·迈迪森.世界经济千年史.北京:北京大学出版社,2003:93.)

放眼海外,声名显赫的肯尼迪家族、洛克菲勒家族历经百年而弥新,家族财富没有因为家族主心骨的让位、辞世而分崩离析。究其原因,家族的前辈没有按传统的遗产继承方式进行财富转移,而是委托有能力的专业机构或人员进行管理,防止家族成员没有能力进行管理或没有能力掌握庞大的家族财产,从而使家族财产得以永续及传承。

(资料来源:《北京青年报》,2006年2月21日)

在当代社会,信托制度已经深入人心,经济中的各个部门、各个阶层都在不同程度地利用信托安排各项经济事务。就个人而言,每个人都会遭遇各种因个人能力、时间、精力等因素影响而难以实现的事务。个人信托业务不仅使财产所有者通过信托设计与规划实现自己的各种心愿,而且可以避免很多财产上的纷争,协调人与人之间的关系。就企业而言,每个企业都会遭遇到企业创设重组、投融资、财产管理等事务,法人信托业务不仅使企业解决了企业发展与资本重组中的基本问题,而且便利了企业融资活动的顺利完成。就社会而言,公益信托为公共事业的发展提供了特殊的规划、管理等专业化服务,并提供了与政府预算完全不同的、重要的资金资助,推动了社会进步。

信托的意义重大,究竟哪些可以为我们所用? 哪些可以帮助我们改善当前的社会生活、经济生活? 本书中对信托知识的介绍可以帮助你搞清楚这些问题。

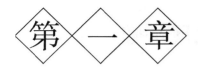

信托制度概览

学习目标

本章的重点是把握信托制度的本质。本章首先介绍了信托与信托制度的定义与实质，探讨了信托制度的发展基础；其次分析了设立信托关系的要素及信托合同的主要内容；最后阐述了信托机构的特点及其在经济中的职能和作用。

第一节　信托制度及其发展基础

一、信托与信托制度的定义

（一）信托的一般定义与实质

1.信托是以信任为基础的一种委托行为。从"信托"一词的字面意思理解,信托作为一种因信任而托付他人代为行事的行为,包含三个特定内容:①信托前提:在信托中,"信"是基础,是前提,有"信"才会有"托"。无信则不可能有托,这是信托发展的一个重要前提。②信托关系:信托建立的是一种相互之间的关系,缺少任何一方,信托都会失去稳固存在和顺利发展的基础。也可以说,信托发展的另一个前提是需要委托方和受托方两方面参与者,单方面的市场进入难以形成健全的信托市场。③信托事项:委托方所托之事一定是力所不能及而又试图实现的事务。因此,当人们面对不熟悉或不了解的自然人或机构,绝不会随意去托付对方代为经办某项事务。只有在了解对方,认为其诚实可靠,且对方又具备托付的条件时,才可能产生信托的行为。更为重要的一点是,委托方有需要通过委托关系,借用他人能力实现一定意图的迫切愿望。

2.信托的广泛使用。信托在社会生活与生产中广泛应用,既包含社会活动中的人事关系,又包含各部门之间的经济活动和财务往来关系。比如,历史上的刘备对诸葛亮的"托孤",属于政治性托付;日常生活中托付可靠的人照管房屋、捎带物品等,则属于一般的信任之托;而目前个人与家庭普遍接受和采用的基金理财则属于经济范畴的托付。

3.信托的实质。信托的实质是通过建立一种委托关系,由受托人帮助委托人处理一些力所不能及的事务,并实现一定的意图。

（二）信托与其他类似制度的区别

1.信托与债。信托关系中的受益人和债权债务关系中的债权人在权利要求上处于类似的地位。然而,两种关系有很大不同:①委托人是基于对受托人的信任,借助受托人的能力去实现特定的意愿;而债权人与债务人之间的关系,主要是依据市场融资需求而建立的,债权人未必对债务人有充分的了解。②受托人用信托资金投资获取的收益,归信托合同指定的受益人所有;而债务人举债将资金用于投资所获得的收益,归债务人所有。③在信托关系中,如果受托人严格按照合同约定管理和运用财产,发生的信托财产损失将由委托人和受益人承担,受托人不负有承担损失的责任。只有受托人违反信托合同约定,擅自运用和处分财产,造成的损失方由受托人负责。在债权债务关系中,债务人对向债权人的借债负全责,如果因使用不当而造成损失,债务人对债权人财产所应该承担的责任不会有任何减免。

2.信托与监护。信托与监护同属于信托关系,但二者也有所不同。在建立信托关系的个人信托业务中,个人信托业务与法人信托业务相对应,有"生前签约,生前生效"和"生前签约,死后生效"两大类型,而监护信托属于后者,是一种特定的信托。二者的主要不同之处在于:①在监护信托中,受益人是那些无行为能力,或行为能力有欠缺,或限制行为能力的自然人;而一般信托关系中受益人的资格不受限制,只要有享受收益的权利能力即可。②在监护信托中,受托人不但要管理好被监护人的个人财产,还要对其身心健康负有扶养和治疗的责任;而一般信托关系中的受托人只对受益人的财产完整或增加收益负责。③监护人由被监护人的委托人用遗嘱方式或由法院裁定来进行安排;而一般信托关系中的受托人通常由委托人进行选择。

3.信托与代理。代理也是与信托相类似的重要制度,通过信托与代理的比较,便于进一步深刻理解信托的本质。这部分内容详见本节"狭义信托与广义信托"。

(三)信托制度的定义与实质

1.信托制度的定义。信托制度是指通过法律规定形成的以保护受益人利益为核心的信托体系,这个信托体系包含三个方面:委托人、受托人和受益人之间明晰的法律关系,确定的法人组织形态的专业受托人,基于有偿性的信托报酬(或代价)。信托制度是普通法①的重要贡献之一,最初起源于中世纪英国民间解决土地权益关系的委托行为,之后在普通法的逐渐完善中,在 19 世纪演变成信托制度(第二章将对信托制度的渊源进行深入探讨)。

随着信托概念的不断发展和欧洲大陆法系国家对信托制度的引进,出现了多种对信托的定义。1985 年在荷兰召开的国际私法会议上通过的《关于信托的承认及其法律适用的国际公约》中,提出了一个能够被不同法系国家理解和使用的概念。在这一公约中,信托被定义为:是一个人即委托人在生前创设的一种法律关系,委托人为受益人的利益或者为某个特定目的,将其财产置于受托人的控制之下。2001 年颁布实施的《中华人民共和国信托法》中对信托作出的定义是:信托是指委托人基于对受托人的信任,将其财产权委托给受托人,由受托人按委托人的意愿以自己的名义,为受益人的利益或者特定目的,进行管理和处分的行为。

2.信托制度的实质。信托制度就是委托人创设的一种在生前(或死亡后)生效的法律安排,并在相应的司法框架下受到法律约束。

3.信托制度在现代社会中的应用。信托制度作为在英美法系国家中存在的一种特有的法律安排,极为普遍,并被广为推行;而在大陆法系国家,由于信托制度缺乏可汲取的法律制度基础,一般人也往往不习惯建立和使用这种信托关系。但是,随着经济、金融发展的日益复杂,信托制度在非英美法系国家的发展空间逐渐增大,并在这些国家也都有了不同范围和程度的发展。其中主要的原因是在个人财富种类多样化、财富虚拟化以及通货膨胀等因素的影响下,越来越多的财产所有人会考虑在保值的基础上,尽量使财产实现增值。而实现这一意愿的前提是财产所有人需要具备管理财产的能力。

在现代社会分工、协作生产的社会关系之下,每个人都有一份特定领域的工作,或是有良好的事业发展基础,因而有的人会因缺乏财产管理能力而增加参与成本②,或因为工作繁忙无暇打理自己所拥有的财产,甚至有些巨额财富拥有者想把自己的财产用于某些自己所关注的公共事业的发展,但却不知自己该如何使用这些财产来达到目的。在这种情况下,如果把自己的财产交给可信任的人,委托其代为管理和处理,并按自己所希望的方式办理,将是较为有效的财产管理方法。这方面的信托事例非常多,如各种理财信托、养老金信托、公益信托等。在西方发达国家,相当多的中产阶级家庭将资金形态的财产投向各种基金,长期持有,既可规避理财中的风险,又便于增值。西方国家中,各界人士以信托方式处理身后事

---

① 普通法系亦称英美法系,与大陆法系并称为当今世界最主要的两大法系。实行英美法系的国家和地区包括:英国、美国(除路易斯安那州)、加拿大(除魁北克省)、中国香港及广大的英语国家和地区。英美法系在当今世界其他地方也有着广泛的影响力,尤其是在国际贸易和海商运输等方面。

② 指参与财产管理所投入的时间、精力等成本。

宜也十分普遍。

近年来,伴随中国金融资产数量和种类的增加,中国国内围绕财产管理、谋求财产增值的信托业务快速增长,专业化的职业受托人和专业受托机构不断涌现。

二、信托制度中的两种委托:狭义信托与广义信托

作为以信任为基础的财产管理制度,信托行为中的委托方式非常重要。委托的方式不同,将决定信托的概念外延不同。由此,形成了狭义信托和广义信托。

(一)狭义信托

狭义信托是本源意义上的信托,其特点是:①信托财产处置权从委托人手中转交给受托人。这一做法的目的是使受托人作为财产的名义人,按照信托契约目的,能够自主地行使管理和处分财产的权利。这种转移基于信托法理,不同于民法中财产所有权的转移①,因而即使受托人能够自主的处分信托财产,但在经营中仍要遵守信托合同的有关约定。②对财产的处置权限相对较大。某种特定信托关系成立后,受托人将以名义所有者身份为委托人全权理财,责任重大。③从基本关系看,至少有三方关系人,即委托人、受托人、受益人。④从经营者类型看,受托人常常是以法人身份出现的各种金融机构,如各种专业性的信托公司、各种银行或非银行金融机构的信托部。在现代财产管理信托制度中,个人受托人较少。个人受托人多存在于民间的财产事务活动中。

(二)广义信托

广义信托是指在狭义信托的基础上,加上单纯代理性质的委托。代理的特点是:①不需要进行财产处置权的转移。在这里,受托人以财产所有者代理人的身份,按代理要求行使一定的理财权利。②对财产处置的权限相对较小。受托人以代理人身份,依据代理要求行使权利时,仅限于在管理、处分财产手续上的代理,且必须保证财产的安全、完整,不能随意改变财产的存在形态,承担的责任也相对较小。③从基本关系看,一般只有两方关系人,即委托人、代理人。④从经营者类型看,除各种金融机构外,受托人还可以是其他各种非金融机构,如贸易公司、可代办托运业务的邮局,甚至是个人代理人。

广义信托与狭义信托之分,构成了信托制度中信托与代理区别的基本内容。

(三)银行信托、金融信托与贸易信托

在与“信托”一词相关的概念中,常见的有银行信托、金融信托和贸易信托。

1.银行信托衍生于对经营者的考察。现代财产管理信托经营者多是银行及各种金融机构,有别于广义信托中的代理业务的经营者。

2.金融信托衍生于对信托财产的考察。现代财产管理信托中财产的一般形态是货币,因而管理信托财产必涉及管理资金问题,而管理资金又必与资金融通相连。这一概念着重反映出信托具有的融资职能。

3.贸易信托衍生于对广义信托中代理业务的考察,如商品的代购代销、生活物资的托购寄售等,这种业务的经营者多是贸易信托公司、贸易货栈、生产资料服务公司、信托商店等。

三、信托制度发展基础

基于对信托制度的基本认识,信托一定是针对财产的某种具体的托付。因而,信托制度

---

① 民法上的财产所有权转移是指对标的物的绝对权能的转移,民法的财产所有权包括财产占有权、使用权、收益权、处分权,并排除他人干涉。

发展必须具备如下基础条件。

（一）私有制及剩余财产

信托制度发展的首要条件是要有归个人所有的、剩余的并受到保护的财产存在,继而才会有委托发生的可能。而剩余的、归个人所有的财产存在恰恰是生产力进步、经济发展水平提高的结果。

在人类社会发展初期,比如原始共同体阶段,生产力水平低下,如果说有"经济活动",也只是为了生存、人类延续所进行的植物采集和狩猎活动。一方面,这段时期经济活动目的简单,人们之间的关系亦简单,大家共同生产,共同消费。另一方面,由于生产力水平低,劳动所创造的物质财富尚不足以满足人类生存的需要,所以尚没有多余的归个人所有的财富,当然也就不可能产生出委托他人代为保存或管理财产的要求。

当人们的植物采集发展为种植劳动,狩猎活动发展为养殖活动,即我们称之为第一产业的农业出现以后,人类有了社会分工,专业化程度提高,人们的劳动技能迅速提高,极大促进了生产力发展,生产力水平得到提高。与此同时,在分工下的个人劳动成果在消费之后有了剩余。由于共同占有打击了有专长的个人劳动的积极性,限制了生产力的有效增长,于是,新生产力向原有生产关系提出挑战,人们之间的关系发生了根本性变化,劳动成果及劳动工具的私有制便合乎逻辑的产生了。

在财产私人占有中,随着财产数量的增加,关于财产的保存和继承问题便产生出来(早期还没有谋求增值的动机)。迄今人们掌握的最早的信托行为的记录发生在古罗马时期,是以遗嘱方式来实现财富在遗嘱人死后传承目的的记载。这是早期信托行为的萌芽。

（二）法律基础

信托制度是英美法系下培育出的一种特殊的经济制度,如今已经被各种法系特征的国家所采纳。从其渊源或是演进过程来看,离不开通过颁布法规来实现对信托进行法律上的培育和制度上的规范。而法律上的培育和制度上规范的根本目的是要确保私人财产受到绝对保护,不能受到侵犯。因此,法制环境是信托制度发展中极为重要的条件。

1.通过法规的制定明确对委托人和受益人利益的保护,是信托制度存在与发展的坚实基础。信托制度的本质是"受人之托,委任管业,代人理财",而且"代人理财"已成为当代社会最为典型的信托业务。从内容来看,"代人理财"既可以是受托人为委托人打理实业,又可以是受托人代为行使遗嘱的监护;职责既可以是单纯为委托人保管货币资财,保证其安全且不遭受损失,又可以是受托人接受委托财产,代为参与金融市场融资活动并进行投资,确保委托人的货币财产获得增值;既可以为自然人个人进行财产管理,又可以为企业法人进行财务管理。委托人是否选择借助受托人的力量来实现上述一定内容的行事意愿,关键在于委托人和受益人的切身利益能否得到充分保护,否则,基于信任前提所建立的信托制度就不会得到顺利发展。

2.通过法规的完善加强对委托人和受益人利益的保护。对于商业化运作的专业受托人——信托机构的经营而言,需要有完善的法律规定,通过约束受托人的行为使内部人侵权技巧的效率降低,从而形成对外部投资者利益的法律保护。比如,在没有对投资者形成保护的极端情况下,内部人能够完全有效地窃走公司利润;若有保护,但不够完善时,内部人会通过虚假的或复杂的操作,转移利润;若受到好的保护,则内部人充其量是付给自己高薪,安排亲属一个好的职位,或开发一些不经济项目,但个人从公司的不当获得会大大降低。如此,当委托人对受托人的信任度增加时,信托需求才会扩张,进而促进信托制度的充分发展。公司法和与受托人相关的一系列法规就是从不同方面来发挥上述约束作用的。

3.通过专门化信托法规的制定深入推进信托制度健康、稳定发展。从英国完善信托条例的历史考察,专门化信托法规的颁布和实施有助于推动一国发展本国特色的信托制度。作为信托制度起源的国家,英国在1873年信托制度初步确立之后,用了35年的时间来确立信托关系、规定办事准则,并从基于情谊或义务受托过渡到商业化经营,此外还在个人受托的同时建立法人受托机构从事信托业务。信托制度化过程中的法律规定为英国信托制度发展奠定了非常重要的基础,一系列的法规对英国信托制度的确立和发展起到了至关重要的保护、规范和约束作用。英国信托制度化过程中的法律规定见表1-1。

表1-1　英国信托制度化过程中的法律规定

年份	法规名称	颁布原因	作用
1873	《司法条例》（Judicature Act）	早期的 USE 制建立了让第三方代为管理财产及其他事务的关系。随着英国封建制度衰落,USE 制从满足土地遗赠的需求,逐渐转移到个人事务打理、公益事业等需要上来。但从法律上,信托关系没有得到明确	《司法条例》颁布后,普通法与衡平法双重裁判的法院不复存在,结束了对信托管理财产关系法律认可上的争议。信托制度在英国得以初步确立
1893	《受托人条例》（Trustee Act）	以前,在英国都是沿袭 100 多年的习惯行事,无一定办事标准,受托人与委托人常有财产上的纠纷发生	对个人作为受托人的权利和义务做出规定,确定了经办信托的原则,英国的信托关系发展从此正式进入制度化阶段,并受到法院监督。《受托人条例》的颁布,标志着信托制度在英国的正式建立
1896	《官选受托人条例》（Judicial Trustee Act）	尽管之前有了办事准则,不再发生财产上的纠纷,但受托人难寻。因为受托事项的发生主要涉及个人受托人,且基于私人之间的情谊义务行事,具有无偿性。然而,受托人在接受委托行事过程中必然会有时间、精力付出,或者委托人难以在亲朋好友中找到可信任的受托人。如此会使托付不能顺利实现,最终影响对社会财富和个人财富的有效管理和运用	确立了由法院推选任命受托人的制度,即官选受托人制度,并准许官选受托人收取一定报酬。这一法律规定被视为英国信托制度发展历史中的一个重大变革,解决了受托人不能确定的困难
1897	《官选受托人条例实施细则》（Detailed Rules for the Implementation of the Act of Judicial Trustee）		
1906	《公共信托局条例》（Pubilc Trustee Office Act）和《公共信托局收费章程》（Fees Order of Public Trustee Office）	准许官选受托人就信托财产的管理收取一定报酬,突破了长期以来的义务行事。但是,这些收费属于实费开支,收费较低。而且多是自然人受托人,信托事务管理和处理受到自然人身体健康状况、年老体弱等生命状况的限制,影响信托期限	1908 年公共信托局的正式建立标志着英国法人信托事业的开始,但英国信托业真正进入营利性商业运作阶段,是在公共信托局之后大量专业性信托公司的建立
此后,1925 年修改《受托人条例》;1961 年颁布《受托投资法》			

上述一系列法规的颁布对英国信托制度的确立和发展起到了规范、约束、保护作用。

日本信托制度是从美国引入并逐步发展的,法律规定的颁布在制度化中也发挥了重要的规范和保护作用,并形成了日本自己的信托制度的特色(详见第二章第三节)。

（三）经济发展水平

信托制度的发展随商品经济、货币信用发展而深入。以英国为例,早期信托的财产内容单一,多以土地或其他实物财产为主。19世纪70年代,英国经济发展水平迅速提高,股份制的现代企业组织广为发展,社会财富种类增多。当时,英国国势强盛,拥有众多的海外殖民地。伴随其相当发达的世界贸易,商品输出的同时形成大量资本输出。大资本可以直接去海外投资,而众多中小资本却比较困难。于是,为中小投资者提供投资服务的机构应运而生。信托投资机构也从此进入到金融领域。关于信托制度与英国海外贸易、经济发展的联系可参见第二章第一节的相关内容。

（四）社会习惯

信托制度发展的社会习惯主要是指自然人和法人在处理民间事务、经济事务或商事时,对信托的认可、接受及自觉应用的状况。这一社会习惯成为信托制度持久发展中的重要基础环境。由于各国民情不同,不同国家在以信托方式处理相关事务中侧重的方面也不同。如,美国现代信托制度存在于自然人或法人事务中的各个方面,社会各阶层、各行业普遍利用信托方式处理各种事务;而英国作为现代信托制度的起源国家,其信托制度的发展在信托投资和个人非货币形式的慈善信托方面更为突出。

第二节　设定信托的构成要素

一、信托行为

（一）信托行为的定义

信托行为是指因设定信托关系而发生的委托行为。信托行为、信托关系、信托财产等共同构成设定信托的要素。信托行为的发展与社会经济发展水平相适应,因而客观上形成了两种基本形式,即习惯性信托行为和适法性信托行为。

（二）习惯性信托行为

习惯性信托行为是指因习惯与信任自然形成的委托行为。早期的信托行为属于这一类型。早期阶段的信托行为多是围绕处理身后事宜进行的,即确保在委托人离世后有关事务的发展和一定关系的维护,仍然能够继续按照委托人生前的意志行事,因而信托行为多发生在家属、宗亲、亲朋好友之间,并自然形成了如下特点:受托人多是亲朋好友;以情义为基础,不计报酬;是一种自然形成的托付关系。这种信托行为在自然经济、简单商品经济条件下,延续了较长时间。只要有小商品经济存在,习惯性的信托行为就仍然有存在的土壤。

（三）适法性信托行为

伴随社会活动的复杂化,自然托付为主的信托行为难以适应更为复杂的情况。人们之间逐渐形成不再简单化的经济关系,并产生了利益冲突,迫切需要以契约形式规范人们的行为。通过契约,可以明示信托关系中各方当事人的权利和义务、信托的目的、信托的期限、信托报酬等,以便保证人们之间信托关系的适法性,适法性信托行为随之形成。适法性信托行为是指信托当事人在相互信任的基础上,以设定信托为目的,用签订合同的书面形式发生的法律行为。其特点是:受托人是取得注册经营权的自然人或法人组织;对受托人而言是有偿的营利性行为;受法律约束,同时也受到法律的保护。

形成适法性信托行为需要具备如下条件:

1.委托人的意思表示。这一意见表示可以是书面形式,如信托合同、个人遗嘱、经法院裁决的法律文书,也可以是录像等非书面形式。

2.要有特定的目的性。没有目的,信托便失去了依据,信托行为将不能成立。如,谋求增值的资金信托;为晚年养老的养老金信托(现职时期就定期拿一笔钱信托,到晚年退休后使用);为管理财产(不动产、有价证券)的信托;委托经营特定事业的信托;执行遗嘱的信托等。

3.信托目的的适法性。如果信托目的属于违法行为,如代为洗钱等行为,则不具备适法性,既不合法也得不到法律保护。

二、信托财产

(一)信托财产的定义

信托财产即信托标的,是指受托人按照信托合同约定的信托目的受托代为管理、处分的财产。在财产管理、处分过程中以及管理后所获得的利息、租金、利润等也属于信托财产范围。

(二)信托财产的类型

1.以存在形式划分信托财产,分为有形信托财产和无形信托财产。这是一种基本的种类划分。如,动产(货币资金、有价证券、机器设备)、不动产(土地、房屋)、金钱债权(债权凭证、存款凭证、保险单、抵押证券)属于有形的信托财产。发明专利、商标使用权、牌照使用权、著作权等属于无形信托财产。

2.以对信托财产的占有时间进行划分,分为"现在权"信托财产和"将来权"信托财产。前者是指现在就掌握着产权的信托财产,后者是指将来可以掌握产权的财产。如,经过遗嘱公证的对某套房产的继承权对受益人而言是"将来权"信托财产。

3.以对信托财产占有的形式进行划分,分为单一占有形式的信托财产和共同占有形式的信托财产。

(三)信托财产的特点

1.独立性。独立性是指信托财产区别于其他财产,不能混淆。比如,受托人受托的信托财产要与受托人的固有财产相区别,分别管理、分别记账,不得归入受托人自己的固有财产,享受其利益。再比如,受托人受托的信托财产要与其他委托人的信托财产相区别,也应该分别记账、分别管理,不能混淆。

2.有限性。有限性是指受托人虽然成为名义上的所有权人,但也只能在委托人授权范围内管理和处分财产,不能超越权限,否则要承担所带来的风险和损失。

3.物上代位性。物上代位性是指在信托期间,不论信托财产的形式、形态、价值发生了怎样的变化,其信托财产属性不变。如,在设定信托时,委托人转移给受托人的财产是货币资金,受托人经过运用和管理,在某一个阶段转换成有价证券,则此时一定数量的有价证券就是委托人的信托财产;如果有价证券卖出后,货币资金形态的价值获得增值,则此时的增值部分和原有本金部分都属于信托财产性质。

三、信托关系的当事人

(一)信托关系的定义

信托关系是指设定信托的当事人(委托人与受托人)之间形成的特定关系。信托关系建立的目的在于通过受托人对财产的管理,使受托人、受益人有益可受,否则信托关系的建立将毫无意义。信托关系当事人的关系不是一般的债权债务关系。信托关系至少要有三方当事人,即委托人、受托人、受益人。

(二)委托人

委托人(Creator of Trust)是指主动提出信托要求的当事人,可以是法人或自然人。对于法人委托人在资格上没有其他特殊要求,范围相对广泛;而对自然人委托人,则有资格要求,即需要具备法律上的行为能力,所以在现代信托制度的成熟环境中,未成年人不能成为信托事项的委托人。

(三)受托人

受托人(Trustee)是指被动接受信托要求的当事人,一般为法人受托人。如,各种信托公司或代理信托的法人机构。但在英美法系的案例中,受托人也会涉及个人受托人。对于个人受托人存在基本资格要求,即未成年人、禁治产人、准禁治产人(赌徒、酒鬼)不得受托。

我国《信托法》第24条规定:"受托人应当是具有完全民事行为能力的自然人、法人,法律法规对受托人的条件另有规定的从其规定。"在《信托法》总则中规定受托人采取信托机构形式从事信托活动,其组织和管理由国务院制定具体办法。在我国,信托机构是指依照《中华人民共和国公司法》和《信托公司管理办法》设立的专门经营信托业务的信托公司。目前,在我国资金或其他财产的信托活动中,受托人主要是信托公司和各种兼营信托业务的金融机构。

(四)受益人

受益人(Beneficiary)是指享受信托利益的当事人。关于受益人有三点需要把握:①受益人可以是自然人,也可以是法人组织(如营利性工商企业或非营利性机构)。②受益人可同时是委托人,但不能是受托人,以防止受托人利用信托财产谋取私利。而且从信托法理考察,信托利益与受托人属于同一主体,则不存在信托关系。③自然人受益人具有"既定未定"的特点。既定的是受益人的范围,未定的是具体的受益人;受益人不一定是合同当事人,无须具备行为能力,只要具备权利能力即可;受益人可以是未成年人、婴儿,甚至是尚未出生的孩子。

四、信托合同

(一)信托合同的特点

信托合同是委托人与受托人签订的以一定财产为中心,为实现一定信托目的而设定信托关系的契约。围绕信托的一切主要事项,均明确表示于合同之中。信托合同是确认是否建立信托关系的唯一依据。

（二）信托合同需列明的内容

1.明确信托目的。明确信托目的是信托合同的一项重要内容。信托目的应不违反国家的有关法律规定,也不能够违反民族习惯、公共道德。信托合同中还应明确受益人接受此目的,而受托人可以依据此目的执行信托合同中的信托要求。

2.列举信托财产的内容。信托财产是设立信托的标的物,是信托关系建立的重要因素。在信托合同中,对信托财产的品种、数量,或实物财产的完好程度等,应有详尽明确的说明,不得含糊。同时,信托合同一经签订,信托财产要立即转入受托人名义控制之下,便于受托人管理、使用和处分信托财产,完成信托目的。

3.明确信托当事人的权限。

（1）委托人权限。信托合同以委托人为主体,其地位是对信托财产拥有民法上的所有权。因此,委托人提交的信托财产,必须是拥有民法上绝对的控制权和处分权的自有财产,否则,不能依法建立信托关系。只要订立信托合同,委托人就要将信托财产转交给受托人。此时,受托人对信托财产取得信托法上的财产所有权,对信托财产具有管理、使用和处分的权利。至于受益人,一般没有特殊的限定,由委托人的意思指定,取得享受信托财产利益之权利。

（2）受托人权限。受托人权限是指受托人对信托财产的权限。依据信托原则,受托人在一定意义上取得财产所有权,并获得相应的管理和处分财产的权利。但是,受托人在设定的信托关系中所取得的财产管理和处分权利是有限制的,即受托人的权利不能够毫无约束的、如同拥有民法上绝对权能一般的随意使用,应仍受信托合同的规定约束。

信托合同对受托人权限的规定必须严格执行,但在签订信托合同或执行合同规定时,应根据委托人提出的不同信托目的,给予一定的弹性空间,便于受托人实事求是地处理问题,更好地达到委托人提出的信托目的。

在设定信托与经营中,信托合同（尤其是营利性信托合同）应明确受托人的报酬,对于计取报酬的标准、方法、金额,报酬的支付时间、方式等都要明确规定。

（3）受益人权限。受益人在信托关系中的地位是享受信托收益方,并拥有相应的权利,如对受托人的监督权。在信托合同中需要说明受益人的权限,即要明确受益人享受的信托收益,如:受益人可以享受哪一部分、何种比例的收益;是享受信托财产的收益还是可以最终获得信托财产的本金,或是二者兼得;当受益人原有条件改变后,是否可以继续享受信托收益;等等。

4.订定信托存立的期限。信托存立的期限是指信托的法律时效是建立信托关系的重要因素之一。在信托合同中,必须明确规定信托关系存立、持续的具体时间。即使在一些特定目的的信托合同中,如个人特定目的的信托,可以永久持续下去,也不能违反上述原则,在契约中同样应说明具体年限。决定信托存立期限的长短,主要以完成信托目的的标准为度。

5.订明信托撤销和信托财产移交的方法。在信托成立时,委托人有无随时撤销信托关系,或不得撤销、变更信托关系的意愿,以及信托结束,信托财产的移交所采用的方法等都应在信托合同中写明。比如,在信托结束时,信托财产可以交还委托人本人,也可交与第三者或受益人,因此必须在合同中明确说明,以防出错。

第三节 信托机构的特征、职能与发展

一、信托机构的特征

（一）信托机构的定义

1.通用定义。信托机构是指依照法律授权并以受托人资格从事信托业务的法人组织，并泛称为信托业。由于法人在处理信托业务的经验和能力上要比自然人有更多的可靠性和安全性，因此各国一般都把受托人明确为法人机构。

由于当代信托机构涉及的业务范围较广，既包括一般的民事信托业务，又包括多种金融业务，并提供有特色的投资管理、财产规划等投资服务，所以其在一些国家或某些时期又被称为信托投资公司。在大多数国家，信托机构都以追求一段时期内高额回报的投资理财或追求财产持久获利、平稳增长的财产管理服务为主要业务。

2.我国的定义。在中国银行业监督管理委员会于2007年1月23日颁布的新《信托公司管理办法》中，信托公司是指依照《中华人民共和国公司法》和本办法设立的主要经营信托业务的金融机构。信托业务是指信托公司以营利和收取报酬为目的，以受托人身份承诺信托和处理信托事务的经营行为。我国不存在自然人作为注册的受托人从事适法性信托业务的情况。

3.关于名称使用的规范。在我国新《信托公司管理办法》中，去掉了信托投资公司中的"投资"两字，这是参考国际上信托机构名称使用上的一般做法。新《信托公司管理办法》规定，设立信托公司，应当采取有限责任公司或者股份有限公司的形式。设立信托公司，应当经中国银行业监督管理委员会批准，并领取金融许可证。未经中国银行业监督管理委员会批准，任何单位和个人不得经营信托业务，任何经营单位不得在其名称中使用"信托公司"字样。

（二）信托机构的特征

1.与资本市场关系密切。信托机构除经营一般信托业务外，还从事与资本市场相联系的各种特定目的的投融资业务。信托机构开展信托业务实际上包含各个不同性质的过程，第一个过程是信托机构向自然人、法人或其他组织提供信托产品，筹集信托资金，是典型的信托活动。第二个过程是信托机构在获取受托管理的资金或其他财产后，通过专业化管理把这些资金或其他财产运用于货币市场、资本市场或其他商品市场、不动产市场，并获取财产增值，这个过程进行的是财产管理活动或投资活动。可以看出，信托机构的经营与资本市场关系密切，促进了资本的形成。

2.经营方式灵活多样。这一特征主要体现在信托机构能够把融资和融物结合、把间接融资和直接融资结合、把一般的理财活动和资本市场投资结合。此外，信托机构业务经营面较广，可结合不同方式方法、不同地区的经济差别、不同经济关系的特点，灵活地开展业务，与商业银行、保险公司等金融机构相对单一的资金运作方式形成明显对比。

3.服务性突出。信托机构作为专业理财机构，是标准的受托人，受托为委托人或受益人的利益经营业务，比如，为谋求事业的平稳发展进行财产管理，为谋求财富增值进行投资理

财,为慈善目的或其他特定目的进行财产运作。信托机构经营业务的准则是受托为他人利益着想,为他人谋利,因而收取的是手续费性质的信托报酬。这一点是与商业银行、保险公司等机构运作最大的不同之处,后者是作为社会资金运行中的中间借款人和中间贷款人出现,而不是受托人。此外,信托机构聚集了一批专业人才,加上先进的技术手段、多样化的信息渠道和分类明确的专业管理优势,具备为委托人带来高于社会平均利润率的收益之能力。例如,有的信托机构以资金信托为主,在证券投资或实业投资方面具有丰富的资金运用经验;有的信托机构以财产信托为主,在资本营运、企业兼并重组等方面具有突出优势;有的信托公司以管理各种基金为主,具有较强的基金管理经验。信托机构的这种比较优势,是信托机构立于不败之地的根本所在。

(三)信托机构的金融中介属性

1.信托机构是金融机构。如上所述,信托机构的经营活动是将资金通过信托形式集中起来,并作为机构投资者参与金融市场活动,是金融市场的重要参与者。可见,信托机构在发挥财产事务管理职能过程中,实现了对资金资源的重新配置。信托机构成为促进社会闲置资金从储蓄部门向借款企业转移的金融中介之一。

2.信托机构与其他金融机构不同。由于信托机构经营上的特点,使其与其他金融中介有明显不同,见表1-2。

表1-2　信托机构与其他金融机构的特点比较

金融中介类型	吸收资金方式	运用资金方式	与委托人关系的性质
信托机构	筹集信托金	股票等有价证券投资	信托关系
银行	吸收存款	发放贷款、债券与股票投资	债权债务关系
保险公司	吸收保险金	债券与股票投资	类债权债务关系,当被保险者出险时,保险公司必须给予赔付
融资租赁公司	银行贷款、发行金融债券等	融资租赁业务	债权债务关系

我国把信托公司定性为非银行金融机构,具体监管机关是中国银行业监督管理委员会非银行金融机构监管司。

二、信托机构的职能

(一)为人管业、代人理财的本业职能

1.信托机构本业职能的内涵。信托机构的本业职能是财产事务管理职能,即接受客户委托,代客户管理、经营、处置财产,概括来说就是"受人之托、为人管业、代人理财"。这是信托机构最基本、最能反映其行业特征的职能。

社会经济越发达,社会分工的专业化程度就越高,个体参与者的活动越来越被局限于社会的某一个领域或行业。从理财的角度看,当财富积累到一定水平,财富的拥有者很难完全通过个人的力量来实现对个人财产的最优管理和运用,必然产生借助于他人的能力、知识以及经验来管理和运用财产的要求。在代客理财业务中,资金信托业务是信托机构的主要业务。

在金融业混业经营的背景下,信托机构的本业职能已不具备特异性。商业银行和其他金融机构都在承办各种代客理财业务。信托机构独立的专门化发展的空间正在变小。

商业银行经营信托业务正是适应了现代社会经济发展的这一客观变化,能够在为客户提供信贷、支付等业务的同时,提供理财的金融服务业务。应该说,这既是对自身专业优势的进一步利用,又有利于从整体上提高社会财产的运用效益,促进现代社会经济的稳定发展。

2.信托机构履行"诚实、信用、谨慎、有效"管理的义务,为受益人谋取最大的利益。委托人基于信任把自己的财产委托给信托机构代为管理,信托机构在掌握了委托人财产后,"以己名义、为他人服务",并履行"诚实、信用、谨慎、有效"的义务,按照信托契约的规定,忠实履行职责,为受益人谋取最大的利益,而不允许受托人利用信托财产为自己或他人谋取利益。为了保证受益人利益不受侵害,各国都制定了许多保障受益人利益的法律条款。

委托人如发现信托机构违反国家法律、行政法规和信托契约,为受益人之外的其他人谋求不正当利益,或给信托财产造成损失,委托人有权向信托监管机关举报,信托监管机关将依据《信托公司管理办法》等法律法规对信托机构给予处罚,对信托机构的主要负责人、分管负责人和直接负责人(信托经理)给予行政和经济处罚,直至撤销其金融机构任职资格。

(二)融通长期资金职能

长期资金的融通职能是在本业职能以外,信托机构派生出来的与其他金融机构共有的职能。这一职能是指信托机构能够对长期资金进行融通。信托财产可以是货币,也可以是其他形态的财产。在动产理财中会有对资金的融通,有时以融物的形式进行融资(如信托机构为企业办理动产信托业务),有时以货币资金的形式进行融资(如信托机构为客户办理资金信托业务)。整体而言,19世纪中期以来信托机构的融资职能以长期资金的融通最为突出。

这一职能发挥得如何,要看各国对信托业务融资职能认识和利用程度的高低。如,日本把信托机构视为专门融通长期资金的机构(视为长期信用机构),在整个日本的信托业务中,资金信托占90%以上,且主攻中长期设备资金的供给;而商业银行则是以短期金融业务为主。我国在改革开放以后的初期发展中,信托机构的定位及宗旨极其重视融资职能,信托机构发展严重脱离了本业发展轨道。当时对许多老百姓而言,信托机构是与银行差不多的机构。详见第五章第三节。

(三)协调经济关系职能

协调经济关系的职能是信托机构在本业职能以外派生出来的与其他金融机构共有的一个职能。信托机构协调经济关系的职能是指信托机构在处理信托业务的过程中,实现对各种经济关系调整的职能。受托人在复杂的信托关系中作为委托人与受益人的中介,充当代理人(代理发行证券、收付款项)、见证人、担保人(遗嘱执行、房地产开发和租赁中介)、介绍人(闲置物资的调剂)、咨询人(提供经济和金融信息、资信调查)、监督人(财务分析、审计和评估)。信托机构通过信托业务的办理充当上述角色,使各方建立起相互信任的关系,并实现一定程度的调整。如,遗嘱执行信托协调了委托者身后继承者之间的关系;代理发行有价证券信托建立了投资者与发行人之间相互信任的关系并实现一定程度的利益关系的调整;经济咨询则使受托人借用掌握各种信息的优势,或者通过资信调查,为作为委托人的经营双方提供利于其发展的、可靠的经济信息;通过委托租赁对委托人闲置的物资进行融通调剂,协调所有者与使用者之间的关系,从而使物或某种设备得到更有效的利用。

总之,在现代的社会分工、部门协作生产条件下,上述从事的类似于经纪人的活动,使各方面建立起相互信任的关系,加强了各方的沟通与合作。信托机构在使各方关系更加协调、有序的同时,促进了地区之间的物资和资金融通,在社会经济发展中发挥着独特作用。

三、信托机构的作用

信托机构经营的特殊性使其在职能发挥的过程中,对经济运行产生了不同于其他金融中介机构的特殊作用,主要表现在以下几个方面。

(一)促进商品经济充分发展

信托机构通过其丰富的业务内容和灵活的运作过程,促进了商品经济的充分发展。

1. 商品经济充分发展的基本特征。商品经济进入深层次充分发展的主要特征是:①经济运行中的各部门能够不同程度地参与各项经济活动;②经济管理体制完善,市场与计划管理手段并用;③不同层面的社会生产关系相对平衡;④经济运行协调、有效。

2. 信托机构通过充当受托人,在促进商品经济充分发展中发挥着重要作用,具体表现在:信托机构针对法人组织、个人和家庭及其他部门多元化的信托要求,创造丰富的信托产品,提供灵活的信托服务,并建立复杂的信托关系。信托机构在受托过程中,不但满足了各种经济关系和不同利益集团的特殊要求,而且在促进不同经济主体参与经济活动、多元化经济管理手段加以有效运用,以及调节各种社会生产和生活关系等方面,发挥了直接的推动作用。详见第三章信托分类与业务内容。

(二)有利于增加个人财富,更新财富传统继承观念

1. 信托机构提供的各种理财服务是个人重要的理财方式,便于进一步增加个人财富。信托机构提供的服务有利于保证财产安全、进行有效管理并提供融资和理财便利。就理财而言,自然人个人如果亲自参与财富管理与运作,因条件限制,时间、费用及相关的成本方面的付出都会很大,在收益和效率上很难总是保持最佳状态。而由信托公司来做则大不相同,信托为委托人提供了运用资金和财产的多种形式及广阔市场,并通过受托人对信托财产进行有效的管理和利用,使委托人届时可获得犹如在银行长期储蓄那样相对安全(与投资相比)、但却相对高于银行长期储蓄的收益,类似于投资收益回报。信托机构还可以获得大规模运作的经济效益,使社会资源被有效利用,从而使社会整体效益得到提高。

2. 信托制度的建立更新了财富继承观念,避免了人与人之间的纠纷。传统的财富继承是以遗嘱或法院裁定方式确定的,如父母传给子女,似乎已成为天经地义之事。然而实际上,在信托制度成熟的环境下,许多财富拥有者并没有以此方式进行财富的传承,如洛克菲勒家族、肯尼迪家族、卡耐基家族的。上述家族没有按传统方式进行财富转移,而是运用信托手段把一部分财产委托给有能力的专业机构进行管理,使家族财产得到永续传承。

👉☞ **背景链接**

遗产信托

2006 年前后,在我国演艺界有两个极为典型的与遗产信托有关的事例。一位著名香港歌星在世时,以委托理财方式与汇丰银行信托部签订理财协议,并委托汇丰银行在其因病去世后继续按照协议打理其名下财产。在该歌星病故后,当其亲属对于委托人遗嘱中财产的安排心怀不满并付诸诉讼时,没有获得法院支持。另一个相反的例子是,一名国内著名画家因在世时没有对身后财产处置与分配做出明确的法律安排,在其离世后,遗属之间出现了关于财产处置上的纠纷。

（三）促进公益事业的发展，推动社会进步

通常情况下，各国政府对公益事业的发展都通过财政预算给予一定的资金支持，但面对庞大的、复杂的支出需求和范围，公益事业的发展常常因资金的匮乏，或资助支持力度不够而受到限制。在信托制度下，公益信托为公益事业发展提供了特殊的规划、管理等专业化服务，并提供了重要的资金资助，促进了公益事业的发展。比如美国的 Smithson 基金会（Smithson Institute）是专门资助博物馆事业的公益信托组织，也是美国第一个公司组织的基金会。该基金会管理着英国人 Smithson 先生约 50 万美元的捐赠，用来发展美国的博物馆事业。当今，美国华盛顿特区许多大博物馆都是由其资助设立的（更多关于慈善信托内容详见第三章第四节）。

（四）促进企业融资、重组等各种商事活动的顺利实现

信托机构提供的专业信托服务，如，关于企业创设、改组合并、解散清算的各种专业信托服务，解决了企业发展与资本重组中的基本问题；企业的筹资信托，则通过为筹资企业提供代理股票、债券发行和买卖业务，促进企业融资活动顺利完成。此外，信托机构还为企业各种交易活动的顺利开展提供资产评估、审核等各种经营上的便利服务。在受托人进一步专业化发展的背景下，这一作用在投资银行业的活动中发挥得更为突出。

四、信托机构的发展趋势

（一）发展空间逐渐缩小

有关信托行业的地位，曾有"四足鼎立"之说，即视信托业为金融业中的一个重要行业。但是，随着社会经济的发展，特别是在混业经营的趋势下，专门的、独立的信托机构已不多见，或者在金融业市场格局中所占的份额较小，更多的是以银行为主的各种金融机构的信托部在从事各种信托业务。以信托事业发达的美国为例，目前全美国约有 8 000 家银行，其中有 1/3 的银行设有信托部，大银行信托业务规模都很大，其信托资产占银行持有的全部信托资产的比例非常高，在设有信托部的银行中前 100 家持有的信托资产占银行持有的全部信托资产的 4/5。

商业银行所兼营的信托业务多以发挥融资职能为主，尤其是个人信托中个人退休金账户管理，个人和法人信托中的投资基金管理，以及法人信托中的养老基金管理。随着经济运行的深入发展以及专业分工的发展，除银行外，还存在专门经营此类业务的金融机构，如投资基金机构、养老基金机构。

虽然股票市场、基金市场、黄金市场等分流了大量银行存款，但同时也有相当一部分资金流回银行，成为银行吸收的短期存款或转为购买银行的各种理财产品。但是现实中，不排除信托公司独立发展的可能性，因为这类机构可以更好地满足社会各阶层涉及货币信用关系和经济联系的个性需要。在政府对金融制度影响较大的日本，信托机构仍能够以特殊方式（信托银行）存在并独立发展。

（二）信托业发展集中化

从世界范围看，信托业正向集中化方向发展，如日本的信托业集中化程度突出，信托市场主要由三菱、住友、三井等 7 家信托银行控制。而从美国兼营信托业务的银行来看，多集中在一些大银行。当今银行业中间业务盈利在总收入中的占比正逐渐提高，原因之一就与商业银行受托资产业务的增加有关。如，美国的纽约银行是全球最大的托管银行，管理庞大的托管金融资产，2000 年该银行非利息收入占总收入比例的 59.7%，到 2005 年这一比重升至 68.9%。美国的 Mellon 银行是另一家著名的托管银行，管理庞大的金融资产，提供清算、

资产管理服务,2000 年该银行非利息收入占其总收入比达到 83.7%,到 2005 年升至 89.9%[①]。美国中小银行这部分收入并不高,说明受托业务量非常有限。

☞ 背景链接

香港的财产信托与汇丰银行信托部

香港的财产信托主要由银行的信托部承办。银行的信托部和其他专业信托机构最主要的区别是能提供一站式的银行及财务服务,而专业信托机构只能提供本身的专业服务。如客户的信托资产需要专业的管理服务,银行机构可以提供简单的定期储蓄。

在香港,银行办理信托所收的年费为财产标的的 0.3%,如果委托人的财产标的高,可与银行协商收费,但年费在 5 000~10 000 港元之间。各商业银行一般都设有自己旗下的全资信托公司,较为著名的是汇丰银行国际信托公司和香港东亚银行信托公司。汇丰银行的信托公司收费较高,但名气最大。

银行下属信托公司的管理机制基本上和银行其他业务没有太大差别,都需要遵守银行守则并接受香港银行公会及香港金融管理局的监察。

本章小结

信托是以信任为基础的一种委托行为, 是针对财产的某种具体的托付,包含三个特定内容:信托前提、信托关系和信托事项。信托制度是在私有制及剩余财产、法律基础、经济发展水平、社会习惯的基础上发展起来,建立在信托关系上的组织安排。信托合同是委托人与受托人签订的以一定财产为中心,为实现一定信托目的而设定信托关系的契约。信托财产即信托标的,是指受托人按照信托合同约定的信托目的受托代为管理、处分的财产。信托行为就是在信托制度下借助信托合同的签订,明确委托人、受托人、受益人三方关系和信托财产等内容,通过信托机构发生的行为。信托机构是指依照法律的授权并以受托人资格从事信托业务的法人组织,基本职能是"受人之托、为人管业、代人理财"。

复习思考题

1.简述信托与信托制度的定义和本质。
2.简述信托制度的发展基础。
3.简述信托关系中三方当事人的各自特点。
4.简述信托机构的职能。
5.简述信托机构的发展趋势并说明原因。

---

① 资料来源:美国联邦存款保险公司网站 http://www.fdic.gov.us.

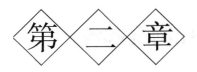

信托制度的起源与发展

🖋 **学习目标**

　　本章的重点内容是介绍信托制度是如何建立起来，又是如何发展的。首先介绍了宗教、司法体系、封建制度等是如何培育和影响早期信托制度在英国建立的；之后分别分析了美国和日本引入信托制度的社会和经济背景，以及信托制度在上述国家中各自发展的特点。

第一节　英国的 USE 制与信托制度起源

关于信托的起源有五点基本认识,一是私有制是早期信托思想形成的经济基础。二是英国封建制度下基于向宗教机构捐赠土地的习俗所形成的 USE 制是现代信托制度的渊源。三是信托制度是在法律培育下确立和发展的。四是资产阶级出现、资本主义制度建立推进了信托制度的深入发展。五是法人受托人的出现与发展是英国信托业发展的一条主线。第一点在第一章已有讲述,后者是本章的重点内容。

一、信托制度雏形的形成

(一)英国中世纪社会背景

现代信托制度之所以首先在英国出现,与其当时的社会背景紧密相关。中世纪初的英国封建社会,实行的是君主立宪制,英国社会民众普遍信奉宗教,一般的臣民都是宗教徒。作为宗教徒,人们常把身后留下的财富(土地是主要形式)遗赠给教会或宗教团体。在英国封建制度下,君主可以因臣民的去世且无长子继承时,收回土地等物。但是教会作为一个宗教团体,没有"死亡期";同时,按照当时英国的法律,教会的土地不能课税。随着时间的推移,教会与宗教团体的土地逐渐增多,英国王室征收的土地税日益减少。这一状况必然影响到王室和诸侯的统治地位,也损害了他们的利益,统治阶级无法容忍这种状况长期存在。

亨利三世(1216~1272 年)在位时,颁布了《没收土地条例》,规定凡将土地让与教会者须得到君主或诸侯的许可,否则将没收其土地。该法令颁布的目的在于阻止教徒向教会不断地捐赠土地。

(二)USE 制的产生及其在民间的运用

教徒们不甘于宗教社团受到如此对待,创造出一种让第三方代替教会管理和使用土地的办法来应对《没收土地条例》的限制。这种办法被形象地称为 USE(USE 这一英文单词的原意是"使用、利用"之意)。

USE 的具体做法是:教徒生前立下遗嘱,作为捐赠者先将一部分财产(即土地)转让给教会以外的可信赖的第三者(受托人),由第三方按教徒意愿替教会管理土地,收益交给教会,教会拥有土地的受益权。也就是说,即使教会未直接得到土地,也能得到与直接捐赠土地一样的收益。由于土地的所有权名义上并没有转移给教会,王室就不得依据《没收土地条例》没收土地,第三方则拥有名义上土地的所有权。这样不仅维护了宗教团体的利益,也达到了教徒要为宗教多作贡献的心愿。于是,USE 这种行事方式在早期很快推广开来。

为了规避《没收土地条例》而创设的 USE 制以后又有所发展,不局限于教徒对教会的捐献,逐步扩展到逃避一般的土地没收和财产继承方面的限制;从信托财产种类看,不仅被应用于土地,也被应用于其他形式的财产;把委托人范围从教徒推广到一般民众,受益人由教会推广到委托人儿女或者别的人,因为当时法律规定长子继承土地,必须向君主上缴数额较大的继承税,通过利用 USE 做法,委托人可以确保去世后自己的继承人能继续得到红利,不必担心继承税和土地全部被没收的问题。

(三)在法律培育之下 TRUST 制雏形形成

1.早期的 USE 制在法律上受到两种不同待遇。英国的立法精神源于罗马法系,并据此制定了以保护私有制为基础的、成文的普通法。普通法和依其裁决的普通法法院,是不承认 USE 制的。而衡平法院却对其给予承认。衡平法是在 14 世纪的英国出现的一种不成文法,用判例裁决诉讼,不使用法律条文。衡平法辨别是非的标准是公理与良心。而且,衡平法院的大法官均来自强势的宗教机构。① 这样,当涉及受益人权益受到损害,诉诸普通法院得不到保证时,诉诸衡平法院就能得到保障。这样,围绕 USE 做法下的权益问题的裁决结果可想而知,USE 作为一种财产处理的形式初步形成。

2.《USE 条例》的颁布与双重 USE 的形成。15~16 世纪是世界史上的重大转折期,史学家称此阶段为人类社会从古代到近代的过渡期。这一时期,分散的封建制度向专制主权转化。1485 年,英国建立都铎王朝,新兴资产阶级出现,并伴随科技、商业、工业大发展,使生产力水平得到提高。16 世纪英国亨利八世(1509~1557 年)即位后,为保证统治者利益,试图取消 USE 的合法性。1535 年《USE 条例》(Statutes of Use)颁布,宣告土地的受益人同时也是普通法法定的土地所有人,对普通法法定的土地所有人可以实施没收或课税。即,如果名义上掌握土地所有权的人并不享有使用权和受益权等任何其他权利,则实际享有使用权和收益权的人,就被认定取得普通法上规定的所有权,应该照章纳税。这样,在原来的 USE 制下受到保护(指官府不能够用没收法令予以没收或课税)的教会等宗教机构,或受到保护的受益人就必须要缴税。《USE 条例》的颁布使已经实行了 200 余年的早期信托关系受到冲击,因为英国当时约有 1/3 的土地都置于这种关系中。

然而实际上,《USE 条例》颁布后不但没有实现预期的目标,反而激发出来一种双重 USE。产生这种现象的原因有两点:第一,《USE 条例》的适用范围只限于民间的自由地②所有权的转移,不涉及其他土地,或其他不动产所有权的转移。因而民间以寄赠方式管理财产仍然流行。第二,在原有 USE 关系下,《USE 条例》禁止的是当时的一种被动信托关系。当时的民间有两种寄赠管理财产的方式:一是受托人代为掌握财产所有权,成为名义上的所有权人,同时担负管理和使用财产的责任和义务,被认为是一种主动信托关系;二是受托人只代为掌握财产所有权,成为名义上的所有权人,不担负管理和使用财产的责任和义务,被认为是一种被动的信托关系。由于后者是当时的主要形式,因而成为《USE 条例》所限制的寄赠管理财产的对象。于是,双重 USE 被激发出来。

举例说明,土地持有者(教徒)本人先把土地转让给儿女,这是第一个 USE,转让的目的仍然是为宗教机构的利益,并非为了儿女。在此阶段,按照《USE 条例》,其儿女被认为拥有土地的所有权,其财产可以被没收或课税。然而,作为儿女者,接着把土地再转让给第三方(一般是土地持有者的亲密朋友),由第三方成为名义所有权人并进行财产的管理,收益归儿女方,这是第二个 USE。按照《USE 条例》,在双重 USE 中,其儿女是第一个受托人,第三方是第二个受托人;教会在第一个 USE 中是第一受益人,在第二个 USE 中,其儿女为第二受益人。通过第二个 USE,教会的受益不适用《USE 条例》的约束,因为在第二个 USE 中,不能认

---

① 衡平法在英国普通法发展历史上极为重要,即使在两法合并后,衡平法判案的核心原则仍具有深远影响。

② 英国封建时代的土地制度下,英王被认为是全国土地的绝对所有人。臣属和民众拥有的是相对所有权,且分为三种:①可以永久占有、又可以无限转移的土地,称为"自由地"(Free Hold Estate);②可以定期占有、在一定时期内拥有土地所有权的土地,称为"租赁地"(Lease Hold Estate);③依据习惯拥有某块土地的所有权并有特别义务的土地,称为书证租赁地(Copy Hold Estate)。魏曾勋等:《信托投资总论》,西南财经大学出版社 1995 年版,第 27 页。

定宗教机构取得了普通法法定的土地所有权,因而政府不能对土地给予没收。由此,作为代人理财的 USE 制初步形成。由于 USE 做法(尤其是第二种 USE 需要转移财产的名义所有权)的前提是基于对第三方真正的信任,所以又被称为 TRUST,英文原意是"相信、信任",这就是当今英语国家信托制度英文词义的渊源,而且至今信托制度仍使用 TRUST 一词。

二、信托制度的最终确立及发展

(一)信托关系在法律上得以确立

1640 年,英国建立资本主义制度。由于信托制度有利于资本主义经济发展,因此得到了资产阶级的大力支持,信托的形式和内容也得到极大地丰富。信托不仅应用于宗教领域,而且也应用到社会公益、个人理财等领域,标的物也从土地延伸到商品和货币等。但是,法律上对 USE 有两种不同裁决结果的局面依然存在,当对普通法的实施与对衡平法的实施产生矛盾时,将优先适用衡平法规则。1873 年《司法条例》(the Judicature Act 1873)颁布,普通法法院与大法官法院合并,一起纳入"最高法院",衡平法院与普通法院的对立和冲突始告结束,对 USE 关系的认可得到统一。信托关系终于在英国法律保护和培育之下得以确立。

(二)英国信托制度的演进主线

在英国的传统中,通常请自己的朋友(包括律师)为家庭的利益承担繁重和费力不讨好的遗产管理工作。除非在信托协议中另有规定,受托人一般是无偿的。机构受托人的出现和发展是英国信托业发展的一条主线。在经历了无偿到有偿、非专业受托人到专业受托人、个人受托到法人受托的发展之后,适法性信托终于从家庭和民事范畴发展扩大到了商业领域。随后,信托制度的规则也不断做出适应现代化发展需求的调整。信托业的发展进一步推动了信托制度在世界范围内的传播,信托的商业价值逐渐被挖掘出来。

(三)第二次世界大战后英国信托业的发展

第二次世界大战后,英国信托业的发展发生变化,作为独立行业的发展空间相对缩小,原因有两个方面:一方面,其他金融机构的兼营,分流或抢占了大量信托业务。进入到 20 世纪 50 年代,英国信托业已十分发达,单一经营信托业务的公司纷纷建立。由于有利可图,信托业发展很快,引发了其他金融机构的兴趣,保险公司、银行等机构开始兼营信托业务,以增加盈利,并成为当今信托发展的主要形式。另一方面,战后英国经济实力和海外扩张能力大大削弱,殖民地纷纷独立,同时还遭到美国势力在各方面、各领域的排挤。英国迫于形势,为改善被动地位,对金融体系和机构经营进行调整,以提高与其他资本主义国家的竞争力,信托业作为独立行业的发展由此受到影响。

三、英国信托制度发展的特点

英国的信托制度除在早期创建时与封建制度、宗教和司法特征渊源较深外,其发展过程中还有许多独特之处。

(一)一系列法规的建设与完善

英国政府于 1893 年颁布了《受托人条例》,对个人作为受托人的权利和义务做出了规定,这标志着信托制度在英国的正式建立。随后根据信托发展的要求,英国政府又在 1896年颁布了《官选受托人条例》,规定法院可以根据受托人或受益人的请求,选取受托人,受托人一般由法官担任。1906 年英国政府颁布了《公共信托局条例》和《公共信托局收费章程》,并于 1908 年根据上述法令成立"公共信托局",开始以法人身份受理信托业务。当时虽不以营利为目的,但开始收取费用,标志着英国由个人受托向法人受托、由无偿受托向有偿受托转变的开始。1925 年英国颁布新的《受托人条例》,用以代替 1893 年的《受托人条例》,1957年颁布《受托人报酬法》,1961 年出台了《受托人投资法》。目前,英国已形成了比较完备的专门化信托法律,并成为有关信托单项法律制定最多的国家。

（二）以个人信托业务为主

无论是早期的信托还是现代的信托,英国信托业务偏重于个人信托,这是英国的传统习惯,也是英国信托业务与其他国家相比最为显著的特点。

英国的个人信托,多是财产管理、执行遗嘱、管理遗产、财务咨询等内容的民事信托和公益信托,在为个人和家庭提供财产继承的相关服务基础上,扩大到为慈善和教育事业服务,为个人和家庭投资理财提供服务,因此在很长时间,英国的信托业务多属民事信托范畴,调节人身财产关系。

此外,在当代个人信托业务中,以包括投资信托和单位信托在内的信托投资业务更为普及和突出。

（三）信托业向集中化发展

1908 年,英国法人受托开始建立并承办业务。当时,公共信托局经办一般事务,如自然人因遗嘱或其他契约约定的信托事项,侧重于个人财产管理;或特准事务,如,犯人的财产、没收的犯人财产或外国人在英的产业。公共信托局不承办个人以宗教、慈善为目的的信托事务,不办理商事信托,也不追求商业化运作效果。公共信托局建立之后才陆续出现了经办商事信托业务的专业信托机构,并使信托事务真正开始商业化运作。如,单位信托(Unit Trust,即契约型信托)和投资信托(Investment Trust,即公司型信托)主要承办各种信托投资业务;证券公司侧重承办法人信托业务,尤其是承销各铁路股票、其他工业证券、外国的国家债券等证券业务。

我国香港因其特殊的历史背景,金融制度与英国有很多相似之处。详见第一章第三节的背景链接:香港的财产信托与汇丰银行信托部。

但目前,英国法人信托机构高度集中在大银行所设立的信托部,由银行为客户提供储蓄业务的同时提供理财服务,对客户来说既方便又实惠。此外,信托资产也高度集中在这些大银行①。另外,保险公司兼营一部分信托业务。专业的独立发展的信托公司也存在,如:单位信托(Unit Trust,即契约型信托)和投资信托(Investment Trust,即公司型信托)主要承办各种信托投资业务;证券公司侧重承办法人信托业务,尤其是承销各铁路股票、其他工业证券、外国的国家债券等证券业务。

（四）信托投资业务从海外市场开始

英国是世界上最早创设信托投资制度的国家,主要基于当时的以海外投资为目的的资本需求,海外投资自 1600 年东印度公司成立以来就广泛流行于英国。19 世纪六七十年代的英国是一个富有的和接近技术前沿水平的国家,当时国内产业的发展已接近饱和,资本无利可图,但由于英国对外不断扩充殖民地,国外市场空间很大。英国的投资者被国外投资机会

---

① 目前,这些大银行主要是指英国九家大银行集团或上市银行公司,它们是:艾比国家银行集团(Abbey National Group)、阿莱厄斯·莱斯特银行集团(Alliance & Leicester Group)、巴克莱银行集团(Barclays Group)、HBOS 银行(Halifax and Bank of Scotland,HBOS)、布拉德宾利上市银行公司(Bradford & Bingley plc)、汇丰银行集团(HSBC Bank Group)、劳埃德银行集团(Lloyds TSB Group)、皇家苏格兰银行集团(The Royal Bank of Scotland Group)。资料来源:英国银行家协会官方网站 http://www.bba.org.uk。

所吸引,进行了大量海外投资,海外投资成为运用国内信托资产,追求利润最大化的有效途径之一。在当时,以海外投资为核心的资本输出约占英国储蓄的一半。除了以最初的股份制形式经营以外,以信托的方式让资本增值也开始尝试,大资本可以直接去国外投资,而众多中小资本却有些困难,于是,为中小投资者提供投资服务的信托机构应运而生。大量专业信托公司的建立则是在 1908 年公共信托局建立之后才出现。

(五)土地等不动产信托普遍

在英国,民事信托制度普遍建立。而民事信托如遗嘱信托、财产管理信托中的信托财产均以土地等不动产为主,故英国土地等不动产信托比其他国家更为普遍。

(六)从无偿信托到有偿信托的过渡时间较长

从信托方式来看,英国的信托事业开始时都是义务行事,是非营利性质的,完全依靠个人之间的感情为基础,实行无偿的原则。这种状况持续了 100 多年,直到 1899 年才出现了以营利为目的的信托公司。这和英国悠久的历史传统有着密不可分的联系,长期虔诚的宗教信仰让民众比较注重个人之间的信赖,能成为受托人被视为一种莫大的社会荣誉,因此,社会荣誉在很长一段时间内显得比获利更为重要。

第二节　美国信托制度的建立与发展

一、美国独立战争后对民事信托的引入与尝试

(一)美国信托制度建立的特点

美国的信托业从英国引入,但并没有拘泥于英国的形式和内容,并没有按照英国个人受托人经办信托的经营模式来行事。美国独立战争后,资本主义已有初步发展,股份公司的企业组织形式开始推广,有价证券开始大量出现,社会财富由土地、商品等实物形态向有价证券形态转化。这激发出了社会对有价证券发行、保管和转让的需求,以及解决遗嘱执行和相关的财富继承问题的信托需求。与此同时,保险公司出于兼营其他业务的需要,率先开始引入并采用英国信托制度的做法。与英国先以个人受托而后建立法人机构经办信托业务不同,美国从一开始就以法人组织来承办各种信托业务,这一点算得上美国在信托制度发展历史上的独特贡献。

(二)美国引入信托制度的出发点

美国在引入信托制度时有两个基本出发点。

一是采用公司组织的形式,创造性地把信托经营作为一种事业,用公司组织的形式大范围地商业化运作。这是因为当时公司组织形式已有较大发展,规模效益非常明显,美国在观念上已不能接受英国的基于信任的个人受托的小规模经营方式,所以从一开始就将信托作为公司事业来发展,这就要有一个公司作为依托,或专门成立信托公司。

二是从在人死后按生前愿望处理财产的民事信托开始业务经营,而保险公司借用业务发展优势,率先开展信托业务经营。美国人认为,信托业务的出发点与人寿保险在人死后支付保险金、不使遗属生活困难的目的相似,因为保险公司赔款后,有些受益人并不取走,需要其妥善管理和运用。如果把寿险和信托相结合,不但方便业务受理,而且可能会取得良好效

益。于是美国人就尝试利用已开办的保险公司做的人寿保险业务,开办了人寿保险信托业务。实践证明,两者结合确实取得了良好的社会和经济效益。在获得成功的经验后,美国继续运作遗嘱执行、财富的继承等大量民事信托业务。

（三）美国引入信托制度初期经营信托业务的机构

美国独立战争后,资本主义制度尚未在全国普遍建立,因而对英国民事信托的引入也没有在全国范围展开。这一时期的信托业务主要是在纽约、宾夕法尼亚等东部城市的保险公司率先开始经营的。设立于1822年的美国纽约农业火险及放款公司、1830年的纽约人寿保险信托公司都较早地开展了一些与人寿保险有密切联系的信托业务,如管理遗产信托、执行医嘱信托、未成年人监护信托、人寿保险信托等业务。1836年美国宾夕法尼亚州政府允许本州的"州立人寿保险公司""基拉人寿保险信托公司"拥有经营信托业务的特权。在上述四家保险公司开展信托业务的同时,也有其他公司经营信托业务,但均因经营不善而失败。因此,上述四家兼办民事信托业务的保险公司被认为是美国现代信托事业发展的先导者。

二、南北战争后信托制度的深入发展

（一）基本社会背景

1861～1865年,美国爆发内战,又称南北战争。联邦政府在广大民众的支持下,击败了南方奴隶主的武装,废除了奴隶制,促进了美国资本主义经济的进一步发展,信托业务以及信托机构在筹融资中的重要性逐渐提高。

内战平息后,美国国内经济建设步入正轨。随着铁路建设和矿产资源的开发,产生了对长期巨额资金的需求。为了进行社会集资,股份公司的企业组织大量采用发行有价证券的形式筹集资金。随着证券发行与交易量剧增,带动了以有价证券为核心内容的信托业务的快速发展。美国经济的发展,给美国信托业的较快发展提供了有利的发展基础。信托机构积极参与资金筹集活动,承购铁路、矿山企业等公司债券的发行业务,然后将承购的债券出售给民众,给分散的社会小额资金提供了方便。此时,信托公司完全具备了金融机构的性质,开始发挥其中长期融资的职能。

这一时期,美国政府对信托公司的管理较南北战争之前有所放宽,信托公司的开设比较方便,并允许信托公司扩大业务范围,有了吸收存款和经营其他银行业务的一定权限,许多保险公司专门从事信托业务,有价证券的发行、管理和买卖等业务逐步取代实物而成为信托机构的主要业务。

（二）信托需求超越了原有的民事信托范围

原有信托以民事信托为主,是为美国独立战争期间及其后执行遗嘱和管理遗产的需要而开办的,但很快随着欧洲移民在美国的殖民活动以及对美国的开发,民事信托已不能满足经济发展的需要,特别是南北战争之后美国大规模修建铁路、开矿、发展工业,商事信托需求明显增加。一方面,股份公司的发展使股票和公司债券等有价证券的发行量大幅度增加,流通面宽广,要求有较多的代理承销机构。另一方面,公司积累增多,公司亟须理财人才,客观上产生了需要借用他人知识和经验理财并获得专门机构提供理财技术的需求。

之后美国又尝试了动产、不动产的管理等商事信托业务,甚至做类似银行的业务（如给付固定利息的信托存款、信托贷款业务）。因此,美国快速完成了个人受托向法人受托的过渡和民事信托向商事信托的重心转移,对信托制度进行了独创性改造,丰富和深化了现代信托制度。

（三）早期的信托业在美国国内发展不平衡

南北战争之前，美国的资本主义商品经济虽有所发展，但是很不平衡，东北部地区比较发达，南部各州则相对落后，这一状况同样反映在信托业创始之初。信托业首先在美国东北部地区创办并开展，特别是在当时的纽约州，而美国的西部与南部各州则尚未出现，这些州的信托之所以开展不起来，既受当地经济发展状况的制约，也受到其州政府保守的法律之约束，比如禁止保险公司或银行兼营信托业务等。

三、第二次世界大战后美国信托业的发展

第二次世界大战后，美国信托业进入一个快速发展的高潮时期。当时，美国政府加大了国家干预调控经济的力度，采取温和的通货膨胀政策，刺激经济的发展，于是美国资本市场急速扩大，有价证券的发行量不断上升，信托投资业也获得了更好的发展环境，信托业务活动领域从经营现金、有价证券到房地产，业务范围和经营手段都时有翻新，包括公司债券信托、职工持股信托、退休和养老基金信托等新的信托业务和信托品种层出不穷，信托资产的规模迅速扩大。各种信托基金资产规模增长的速度大大高于银行，且商业银行的资产中信托资产又占了大部分比例，美国信托资产的总额十分庞大。在当今的美国，信托业务与需求已遍及社会各个领域，人人都在利用某种方式的信托，除商业银行、专业性信托机构办理业务外，其他金融机构也在纷纷办理各种信托业务。

四、美国信托制度发展的特点

第二次世界大战以后，由于美国国内金融环境和政府经济政策的变化，刺激了美国经济的快速发展，经济的发展又带动了信托业的大规模发展。归纳而言，美国的信托业有如下几个特点。

（一）以商业银行为主的各种金融机构兼营信托

如前所述，美国在独立战争之后就引入了英国的信托制度，并且是从保险公司兼营民事信托开始的。之后，随着信托需求多样化，信托机构开始独立地设立。在美国的金融体系中，信托机构与商业银行享有同等权利，只要符合条件，都可以成为联邦储备体系成员，目前大多数信托公司都加入了联邦储备系统。

美国创办信托公司之初，只限信托本业，除了传统的信托业务，例如管理遗产、执行遗嘱等信托业务，严格限制其兼营有关商业银行的业务。后来，美国放宽了对信托业的限制，允许信托公司开展一些银行业务。

随着世界金融市场的快速发展和金融工具的不断创新，20世纪以来，美国的现代金融信托业务也得到创新发展。银行资本和工业资本的融合，使金融业在整个国民经济中的地位不断提高，对国民经济的渗透力不断增强。为了竞争的需要，信托机构兼营银行业务的格局转变成银行兼营信托业的格局。商业银行在以银行业务为主业的同时，被允许开办信托业务。因为信托与储蓄的关系比较密切，两者兼营可以节约顾客的费用、时间和手续，还可以在信托业务的处理上提高效能，由此得到信托公司与顾客的欢迎。1913年《联邦储备银行法》颁布，国民银行正式获准兼营信托业务，后来各州也相继修改州法，陆续同意州立银行也可兼营信托业务。其主要的方式有在银行内部设立信托部、将银行改组成信托公司、银行购买信托公司股票间接操纵信托公司等。至此，商业银行兼营信托业务有了较快的发展。同时，由于美国政府不允许商业银行买卖证券及在公司中参股，商业银行为了避开这种限制

而纷纷设立信托部来办理证券业务。这样,信托业务随着银行的发展得到不断扩大。进入20 世纪 30 年代,信托公司的数量由于大危机和"罗斯福新政"的影响有一定减少,但是信托资产在美国金融资产中所占的比重却不降反升,到 1932 年,全美信托公司数量只占银行数量的 6%,而信托资产总额却占银行总资产的 23%。

目前,美国大部分商业银行都设立了自己的信托部门来从事信托业务,美国的信托业务基本上由大的商业银行设立的信托部所垄断。以保险公司开始兼营、而后发展到以商业银行兼营为主是美国信托业发展史上比较独特的地方。具有信托业务经营能力的信托公司和银行信托部作为专业的受托人积极地推销信托业务。

（二）商业银行兼营信托业务但不混营

美国信托业务多由银行兼营,但不同于日本的信托银行制度,美国的信托业务和银行业务在商业银行内部是相互独立、按照职责严格加以区分的,即实行"职能分开、分别核算、分别管理、收益分红"的原则。一方面,对信托从业人员实行严格的资格管理;另一方面,禁止从事银行业务工作的人员担任受托人或共同受托人,以防止信托当事人违法行为的发生。信托机构作为长期金融和财务管理的专业机构,必须以国民经济发展和居民货币储蓄和财产积累为前提条件,发挥沟通货币市场和资本市场的桥梁作用。这种经营模式上的兼业与业务独立分离式管理方法体现了美国信托制度的独特性,反映了银行业务和专业信托业务的区别与联系。

（三）美国是当今信托投资制度最活跃、最发达的国家

同英国的信托投资情况相比较,美国各种投资基金(如对冲基金、套利基金等)的活动非常活跃,并为不同阶层服务。美国是当今信托投资制度最发达的国家。

1.美国的证券市场十分发达,证券交易量及证券投资工具均处在世界领先水平。发达的证券市场为美国金融信托业的发展提供了肥沃的土壤,并使有价证券信托业务极为普遍,几乎各种信托机构都办理证券信托业务。

2.商业银行为了规避不允许直接经营买卖证券和在公司中参股的法规限制,设立证券信托部代理证券业务,为证券发行人服务,也为证券购买人或持有人服务。

3.表决权信托成为有特色的信托投资业务。通过表决权信托,特定受托人代理股东执行股东的职能,并在董事会中占有董事的地位,从而参与企业管理。

（四）信托业财产高度集中于商业银行

美国信托业基本上为本国商业银行尤其是大商业银行所设立的信托部所垄断,专门化设立的信托公司很少。由于大银行资金实力雄厚,社会信誉良好,而且可以为公众提供综合性一揽子金融服务,因此竞争的结果是,社会信托财产都逐渐集中到大银行手中。目前,位居美国前 100 名的大银行管理的信托财产占全美信托财产的 80% 左右,处于无可争议的垄断地位。而且,各种来自托管资产的收益已成为许多美国大商业银行重要的非利息收益来源。目前全球最大的托管银行是美国的纽约梅隆银行(Bank of New York Mellon Corp)和美国道富银行(State Street Corp)。

（五）实践先行,法规随后

美国目前尚没有全国统一的对信托业的单独立法。美国是联邦制国家,各州有自己的独立法律,各有各的特色。美国与英国属于共同的法系,在此法系下培育而成的信托制度在美国自然会有规范发展的环境。因而,尽管缺少全国统一的信托立法,或信托专门化立法不充分,但美国的信托业同样能够在健康的环境下规范发展。

从专门的立法看,美国最早的信托立法是1887年纽约州发布的,1939年美国又制定了《信托契约条例》,1940年制定了《投资公司法》和《投资顾问法令》,对有关基金业务做出了规范。有些州银行条例以及互助基金等有关法案中,对民事信托、公益信托等做出了必要规范。

（六）严格规范信托从业人员的行为

美国十分重视企业管理,从信托业务特性出发,对信托从业人员制定了严格的规则,主要有:一是禁止从业人员向银行客户出售信托资产;二是禁止从业人员向顾客收受礼物或参与信托账户收入的分配;三是禁止从业人员谈论或泄露信托业务以及有关顾客的情况;四是任何一个参加银行工作的人员,不能担任受托人或共同受托人,以避免同银行进行业务上的竞争。

第三节　日本信托制度的演变与发展

日本的信托制度是在明治维新后从美国引进的,其创始阶段是从银行兼营信托业务开始的,这一点同美国以法人受托作为建立信托制度的起点有相似之处,不同之处在于日本是从银行兼营信托业务开始业务尝试,有别于美国从保险公司兼营信托业务开始业务尝试。

一、明治维新后的社会背景与金融需求

明治维新前的日本是闭关锁国的封建国家,整个社会较封闭。从社会经济状况而言,无现代股份制企业（家族企业偏多）,个人财富数量有限,财富形式单一,金融业不活跃,无保险机构,融资也不畅。明治天皇即位时幕府统治出现危机,改革力量形成。1868年4月,日本明治天皇即位后颁布了"五政"改革诏书,核心思想是振兴日本民族,通过推行现代化改革,使日本赶超英美等西方强国。

☞ **背景链接**

日本的"明治维新"运动

19世纪中叶,一向奉行"锁国政策"的日本遭到美、英、法、俄等国的侵略,面临着严重的民族危机。日本人民仇视外国侵略者,更痛恨和侵略者相勾结的幕府。农民和市民纷纷起义,开展"倒幕"运动;中下层武士、商人、资本家和新兴地主中的改革势力也投入到"倒幕"斗争中。1868年1月3日,倒幕力量发动了政变,明治天皇召开有倒幕派皇族公卿、大名和武士出席的御前会议,宣布"五政复古",恢复天皇亲政、废除幕府,成立新的中央政府,并责令幕府将军德川庆喜交出领地和财产。1月6日夜间,德川庆喜逃往大阪,集中兵力反扑,内战爆发。1月底,倒幕军在京都附近击败幕府军队,德川逃往江户。2月,天皇组织了讨幕军,由于广大农民和城市贫民积极配合,倒幕军终于打败了比自己数量大3倍的幕府军,德川庆喜被迫投降,倒幕派取得了胜利,建立起以明治天皇为首的日本新政府。明治天皇废藩置县,将全国划为3府72县,消灭了国内的封建割据势力,建立起一个统一的中央集权的国家,为发展资本主义扫除了障碍。自此以后,由明治天皇主政,进行了一系列改革,使日本走上了发展资本主义的道路,这在日本历史上称作"明治维新"。

明治维新以后,日本在1868~1873年间,采取一系列资本主义性质的改革措施,包括对外开放,修建铁路,兴办邮局、电报、电话,统一币制,开办工厂,扶持私人企业,鼓励对外贸易,引进西方先进技术等等。日本工商业迅速发展起来,国势日强,产业猛进。商业资本的发展尤为迅速,那时的东京、大阪和京都成为重要的商业中心。与此同时,工业资本严重不足,急需有效的筹资手段支持国内的工业发展。因此,当时的工商各界都在急于寻找快捷的敛财方式。当时经济界的头面人物竭力宣传,希望尽快引进美国的信托制度,因为他们认识到用信托作为筹资手段发展重工业是非常必要的。于是,日本从美国引入了信托制度,商业化运作信托事业①,股份公司的组织形式被大量采用。

在日本开办信托业务,一开始就是经营性法人信托,为工商企业服务。首先经营有价证券的是日本兴业银行,该行在1900年公布《日本兴业银行条例》,开始经营地方债券、公司债券及股票等信托业务。1902年依条例的规定经办公司债的发行业务,以支持本国产业的发展,缓解资金不足的瓶颈。后来,安田银行(即后来的富士银行)、迪券银行、三井银行等几家主要银行都办起这种业务。

二、初创时期的盲目发展(1900~1922年)

(一)专门化的独立信托机构组建

20世纪初,日本出现了专门管理和运用私人财产信托业务的信托公司,1904年成立的东京信托公司是日本第一家专业信托公司,它在1906年根据日本《公司法》改组为股份组织,这个公司的主营业务是经营不动产的管理和不动产的抵押贷款,公司的收益是贷款利息收入和管理不动产的管理费,并从证券的代理推进到为委托人进行财产管理的领域。

第一次世界大战期间,日本经济发展很快,也为信托业的发展提供了有利条件。当时战火遍及欧亚非三洲,日本乘机发展国内经济,国内市场繁荣,金融活动活跃,于是东京、大阪、神户等地的信托公司纷纷设立。从地区上看,以东京最多,大阪次之;从组织形式上看,以合伙设立的公司为最多,其次是股份公司形式。各个信托公司的资金实力有强有弱,差距也比较悬殊。当时信托公司经营的主要业务有:财产管理、财产清理和清算、一般代理和证券代理、信用保证和贵重物品的保管、资金融通和资金调查等业务。

(二)快速发展中的问题

第一次世界大战期间,日本快速发展起来的信托公司存在很多隐患。

1.信托制度发展的经济基础并不充分,现代股份制企业并不普及,以证券为核心内容的信托业务只是作为快捷的汇集资金及敛财的方式。同时,日本各界以及民众对信托本质缺乏正确认识,以为证券业务就是信托精髓,就是信托业务的主要内容。

2.政府管理松散,市场准入不严格,因而盲目设立了大量信托机构。1919~1921年,全国共有大小信托公司514家之多,且兼营银行业务。

3.公司内部组织不严,业务经营混乱,缺少必要的法律约束,许多小公司徒有虚名,实际上在从事高利贷等业务。

4.证券业务短期赢利明显,投机驱动性加强。信托公司的顾客有相当一部分属于投机者,并且是靠银行贷款获得资金支持。

---

① 非营利性的信托在日本很早就已经出现了,有人为了逃避封建诸侯的剥削和较高的租税负担,把土地送给寺院,使自己变成佃户,从而来保证自己的收入。

第一次世界大战结束后，英、美等国纷纷进入了经济衰退期，并波及了日本，使日本信托业初期发展时所潜伏的各种弊病暴露无遗。证券公司所提供的证券缩水，投机者损失惨重，信托公司倒闭现象迭起。这直接影响到银行贷款本息的按时收回，银行流动性危机出现，一些银行倒闭，引起社会动荡。

三、立法整顿下的规范发展

（一）初立大法（1922~1943年）

在早期的畸形发展之后，日本政府及各界认识到有必要整顿以证券公司为代表的信托业。为把信托业纳入正常的发展轨道，改变不稳定状况，巩固信托制度的发展基础，日本政府于1922年对信托制度开始立法整顿。日本由此进入到信托规范发展阶段。

日本政府于1922年制定了信托企业必须遵守的《信托法》，对信托原则、信托本质、当事人间的义务等进行了明确的立法规定，并提出信托企业不能兼营银行业务。1923年，日本政府颁布了监督信托经营的《信托业法》，明确信托概念和本质，健全信托制度，并实现了信托业和银行业的分离。该法颁布后要求现有信托企业根据开业条件，重新申请开业资格，结果依条件申请的有50家，最终获大藏省批准的只有6家，从而淘汰那些不稳健的公司。这两个基本法保证了日后信托业的稳健发展。1928年的《银行法》又进一步明确了信托业务和银行业务的不同分工。这些法律的颁布施行，特别是对信托公司最低资本不低于100万日元的限制，使大量资金不足的小公司很快被淘汰。

整顿后的信托公司资本雄厚，信誉良好，业务量迅速攀升，经营的信托财产由1924年的1亿日元猛增到1928年的12.6亿日元和1936年的22亿日元。与此同时，各信托公司结合日本的国情和经济发展状况，开展了金钱信托等各种独具日本特色的业务品种，并以此来对铁路、矿山等行业进行5~10年的中长期贷款或投资，这种长期金融职能的发挥，使信托公司在日本金融领域中的地位不断提高，仅次于从事短期金融业的商业银行。

（二）第二次世界大战前后的法规调整

第二次世界大战期间，为筹集战争经费，日本于1943年通过了《兼营法》（即《关于普通银行兼营信托业务的法律》），大量的信托公司被许多有实力的商业银行兼并，以满足其从事信托业务的需要。随后由于战时金融动荡，日本的信托业日渐衰落，信托机构陆续减少，到1945年，日本全国仅剩下7家专业信托公司：三井、三菱、住友、安田、东洋、中央和日本信托公司。

第二次世界大战后日本经济瘫痪，信托业务减少。1948年大藏省颁布《证券交易法》，规定信托公司不再办理除国债、地方债和政府担保债以外的证券业务，信托公司的经营也陷入困境。战时的信托法规已不能适应这个时期经济形势发展的需要。为了恢复和发展遭到战争破坏的经济，帮助信托公司渡过难关和更好地发挥信托的筹资作用，日本政府接受美国的建议，允许信托公司兼营银行业务，许多专业信托公司借此绕过《信托法》中对信托公司不得兼营银行业务的限制，先在形式上转为银行，然后再根据《兼营法》兼营信托业务。1948年日本颁布《金融机构整顿法》，对战后日本金融体制进行改革。其中，改组后的信托公司称为信托银行股份公司，简称信托银行。信托公司除一家转化为证券公司之外，其余全部更名为信托银行，日本的信托业进入了兼营阶段。在业务上，信托类业务占80%，银行业务占20%。之后的20世纪50年代，日本的信托公司和信托业随着日本经济的起飞获得快速发展，重获新生。

（三）分营、创新和蓬勃发展阶段（1953 年至 20 世纪 90 年代初）

信托银行成立后不久，根据大藏省"金融制度调查会"申述提出的建议，本着"适应战后新形势的金融制度整顿方针"，日本政府于 1953 年对信托业重新确立了分业经营的模式，并提出了长期与短期金融分离的经营方针，规定信托银行发挥长期金融职能，以信托业务为主，只是在与信托有关的范围内可以经营银行业务，银行兼营的信托业务（即银行的信托部）要分离出去，移交给信托银行经营，使原兼营信托的银行不再兼营信托，这种做法有一定垄断色彩。严格的立法整顿将顺了银行和信托业的关系，确定了信托业在金融业中的地位，对经济发展起了重要作用。

这样，日本的信托业务又重新集中到三井、三菱、住友、安田、东洋、日本和中央这 7 家信托银行手中。从 20 世纪 70 年代后半期开始，日本进入了"信托时代"，信托业随着日本经济的高速发展获得了蓬勃发展，其在金融领域中的地位也逐步上升。1989 年，信托银行占主要金融机构的资金比例由 1960 年的8.4%上升到 18.55%。

在此期间，信托业务的品种不断增多。各信托公司先后推出了大量的基于日本国情的特色信托业务，如年金信托、财产形成信托、住宅贷款债券信托、公益信托、特定赠予信托、财产奖金信托等，并结合土地信托及有价证券信托等欧美传统业务，使日本信托业的金融服务功能和财务管理功能得以充分发挥，为日本经济的高速发展做出了积极贡献。

（四）调整、重组及重新探索阶段（20 世纪 90 年代以来）

1985 年之后，日本的股市和房地产市场急剧膨胀，逐渐形成泡沫经济。在泡沫形成期间，日本的许多信托公司将大量的信托资产投向了股市及房地产市场。20 世纪 90 年代泡沫破灭之后，各信托公司的资产急剧缩水，大量的不良债券及停滞不前的日本经济使各信托公司同其他金融机构一样陷入了前所未有的困境。有日本学者称 90 年代为"失去的十年"。与此同时，欧美国家的商业银行开始混业发展，使日本金融机构的国际竞争力受到严重挑战。面对这种形势，日本的各大信托银行不得不与其他金融机构一起走向了合并重组之路。1999 年排名第三的三井信托与排名第六的中央信托合并，2000 年三菱信托、日本信托和东京三菱银行决定实行联合经营。

1998 年日本《金融系统改革法》正式实施，为了保护客户的资金，该法规定证券公司有义务利用信托财产的独立性和破产隔离性，将该资金和有价证券进行信托，这就是客户分离金信托制度。1998 年日本颁布实施了《SPC 法》（即《与资产的流动化相关的法律》），2000 年又进行了修改，引进了特定目的信托制度。2000 年日本对于信托投资制度的重大修改主要体现在将集合投资方案区分为资产流动化型方案和资产运用型方案，在此基础上按照这种思路分别修改《资产流动化法》和《证券投资信托及证券投资法人法》，其中《证券投资信托及证券投资法人法》更名为《投资信托及投资法人法》。其具体修改内容包括把投资信托的信托财产运用范围由原来的有价证券扩大到包括有价证券、不动产、不动产租赁权、隐名合伙出资份额、信托受益权等领域。

2006 年，日本对施行了 84 年的《信托法》进行了重大修改，主要体现在确立了民事信托、商事信托和公益信托的共同准则；增加包括受托者义务合理化在内的任意法规，增加了大量任意性规范；增强了法律用语的科学性和制度的可操作性。同时基于以上思路，《证券交易法》也被修改并改名为《金融商品交易法》，引进特定信托合同概念。

四、日本信托制度发展的主要特点

(一)有健全的法律制度作为依据和保障

日本立法整顿及时到位,并在发展中不断完善相关立法。通过不断的立法调整,使在日本专门从事信托业务的信托银行作为长期性金融机构发挥作用。总之,日本政府通过既整顿又扶持引导,政府积极干预,而非完全靠市场自发调节的方式,最终使信托业健康发展起来。

日本的信托业除了有《信托法》《信托业法》《兼营法》等基本的法律外,还根据不同的信托业务种类设立了许多信托特别法,如《贷款信托法》、《证券投资信托法》及《抵押公司债信托法》等。此外,许多新设的信托业务都与政府颁布的其他法律密切相关,并往往以其作为该项业务创办的依据,如年金信托中的退休金信托、福利养老金信托便是分别根据修订的《法人税法》和《福利养老金保险法》而设立的,财产形成信托则依据《继承税法》修订案而创设。健全的法律制度使日本的信托业经营有了准确的法律依据和切实的保障,对规范业内经营秩序,保证其稳步、健康、有序地发展起到了积极作用。

(二)行业集中发展的市场格局

日本信托业的经营机构随着1922年和1943年的两次法制规范而急剧集中。1950年之后,由于政府严格信托业的审批,日本的信托业便一直集中在7家信托银行手中。近年来随着日本经济、金融持续萧条,日本的信托业不断合并重组,有进一步集中的趋势。

日本信托业这种寡头垄断的市场格局不仅有利于行业规模效应的发挥,而且还便于政府的集中管理和控制,对日本信托业的创新和稳步发展起到了积极的推动作用。

(三)结合国情,注重开发符合本国需求的特色信托业务

日本从美国引进信托制度以后,并没有照搬英美国家的模式,而是比较注意结合国情并予以创新,从而进一步促进了信托银行开发、扩充新业务的积极性和活力。20世纪60~70年代是日本经济高涨的年代,这一时期,7家信托银行大力开展社会调查,不断开拓适合日本国情的信托业务,为日本经济建设提供了大量的资金。

日本人家庭观念很强,若发生孩子年幼而父亲去世留下不动产类财产的情况,习惯由本家族中有威望和有才干的亲戚照看,一般不愿委托他人代管。因此在日本,并未如美国那样全面发展以各种信托财产为对象的业务,而是基于社会需要,基于民俗,强调有关货币资金的信托,并几乎占据了业务的90%。

日本创新发展了多种目的的资金信托,如贷款信托、证券投资信托、年金信托、财产积累信托(类似于我国的住房公积金信托,是将一部分储蓄进行运用,以便将来能形成一项另一种形态的财产)等。贷款信托(指定融通形式、不指定对象范围的信托业务)为日本首创,其对日本国民经济从二战后恢复到高速成长直至目前的发展都产生了极大的影响,这部分资金支持了钢铁化工、水电煤气、运输通信等行业的发展。此外,财产积累信托、年金信托、职工持股信托、特定赠予信托等创新信托业务,使日本的信托业务形成了范围广、种类多、方式灵活、经营活跃的特色。

(四)重视信托观念的宣传和普及

在普及信托思想上,日本于1919年创立了信托业协会,1926年成为法人组织,致力于信托观念的普及和业务的推广,研究和改进信托事业的理论和实际,促进信托业者相互间的交往和合作等。协会创办了《信托杂志》,定期举行信托讲习会。同时,创立信托研究奖学金制

度,促进信托业的发展和创新,增加人们对信托业的了解。信托银行开办年金信托、财产形成信托、职工持股信托等集团信托(委托人为多人),与国民大众密切联系,起到了对信托事业宣传的作用。特别值得一提的是,日本高等小学课本上都写有关于信托的一般知识。日本政府通过对信托思想的普及,对本国信托业的发展起到了积极的促进作用。

（五）严格实行银行、证券和信托业的分业经营

日本政府通过各种法规和行政条例对信托公司的各项业务范围提出了严格的分业要求。除7家信托银行和3家商业银行之外,其他银行都不得经营信托业务,而兼营银行业务的信托银行也仅限于在信托有关的范围内开展银行业务。在具体的业务经营中,日本的信托业还根据政府"长短期金融相分离"的原则,利用日本的信托财产大都是长期稳定财产的优势,确立起了自己在长期金融领域中的重要地位,与长期信用银行一起成为日本长期金融业务领域中的主要从业者。近年关于分业经营的严格规定有所松动。

本章小结

信托最早始于英国。在信托业发展过程中,特点最为鲜明的是英国、美国和日本。英国的信托业成立初期出现了著名的 USE 制度,其信托业的发展与宗教、司法体系、封建制度有密不可分的关系。美国信托业从英国引进,其创新在于在企业组织形式发展充分的前提下直接开展法人信托,使本国的信托业领先于世界。日本的信托业起步较晚,但是发展很快,它吸取了英美国家的成功经验,通过政府的干预和调整,并结合自己国家的实际情况进行了创新。

复习思考题

1.如何理解信托制度的渊源与英国司法体系下遗赠的密切关系。

2.简述英国的信托业务及其特点。

3.简述美国的信托业务及其特点。

4.简述日本的信托业务及其特点。

5.结合英国、美国和日本信托业的发展特点,阐述我国信托业的发展方向。

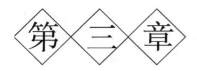

信托分类与业务内容

本章的重点内容是把握各种信托业务在促进经济关系协调、推动社会进步中的作用。本章先介绍了关于信托业务的各种分类，然后在分别介绍通用信托业务、个人信托业务和法人信托业务内容的基础上，阐述各种信托业务的特定作用及其发挥作用的机制。

第一节　信托业务的基本分类

一、信托业务分类的定义及依据

（一）信托业务分类的定义

信托业务分类是依一定分类标准，从目的、特点、地域等方面对信托业务进行的种类划分，使信托活动有别于其他经济活动，具有自身鲜明的特征。

科学地划分信托种类是研究其业务特点、分析信托业务与其他经济业务之间联系与区别的重要基础。通过划分信托业务种类，不但有助于确定信托学研究的范围，了解信托的发展变化及规律，同时也便于改进信托经营方式，加强信托经营管理，建立健全与信托形态相适应的信托法律和制度。

信托业务分类原则是根据各国经济发展的需要和信托业务结构来进行划分的。

（二）一般分类依据

信托分类的依据，也就是信托分类的标准。按照不同的分类依据，信托可以分为不同的类别。本节依据以下三个标准对信托业务加以分类。这三个标准是：信托关系建立的特点、信托目的和信托的其他内容。这种分类便于从不同角度来理解信托在经济中的作用。

二、依据信托关系建立的方式及其特点进行的分类

依据信托关系建立的特点进行的分类包括按信托关系确认方式分类、按信托关系能否随时撤销分类和按信托事项的立法依据分类。

（一）按信托关系确认方式进行分类

按信托关系确认方式可将信托分为任意信托、法定信托和强制信托。

1.任意信托。任意信托是指信托关系主要出于委托人的自由意思，经受托人同意而成立，不受外力干预，而且信托当事人（委托人、受托人、受益人）的意思表示明白且记录在有关信托文件（契约或遗嘱）之中，故又称自由信托。又因其意思表示记录在文件中，所以亦称为明示信托。任意信托的意思表示以委托人意思表示为最重要的依据，但是，也必须是受托人同意受托，受益人乐于受益。这类信托是信托中最为普遍的一种。

2.法定信托。法定信托是指由司法机关依法律的规定，推测当事人可能的意思表示，并以此确定信托关系。这种信托的成立缺少信托关系形成的明白表示，须经司法机关根据该项关系的内容，考查有关文件资料来确定当事人的信托意思表示，然后断定各当事人之间是否是一种真正的信托关系，所以又称为确定信托，或指定信托。法定信托是英美法律上的一种特有现象。比如，某人去世后留下一笔财产，但未留有遗嘱。其所留财产被亲属 A 所掌握，其他 B、C 亲属不服，上诉到法院要求分割。法院立案后初步认定事实成立，将继续受理其他亲属要求分割财产的要求。在分割财产前的一系列工作开始前，要妥善安排财产，保护当事人权益，于是法院出面依法确立亲属 A 与其所掌握的财产之间为法律上的信托关系，而非所有关系。

诉讼阶段的法庭指定信托

诉讼阶段的法庭指定信托是指在处理遗产争议的诉讼过程中,由法院指定一位名望高、信誉好的律师作为信托人管理争议的财产,将有关收益存入律师行指定账户,并根据法院的指示将收益交付受益人的一种做法。此种做法有效地避免了财产因争议而处于无序管理的状态。著名的"龚如心、王廷音世纪争产案"诉讼持续将近10年之久,就是采用了此种方式让数百亿资产继续有效运作。

3.强制信托。强制信托是一种强制的法定信托。司法机关以公正公平的法律观念,用法律上强制的解释权,不问当事人的意思表示如何,强制断定有关当事人之间的关系是一种信托行为关系。强制断定这种信托是为了制止某人用诈欺、错误或不法行为攫取他人财产,即只承认该人是法律上的受托人,不承认其是产权的绝对所有人。比如,乙凭借某种手段,计诱甲以极低价格将自己的产业售与乙。事后甲发觉上当,诉诸司法机关,而乙辩称交易是双方自愿的。司法机关洞察乙的动机后,强制乙成为法律上的受托人,为甲的利益代掌其产权,不确认此产业绝对归乙所有,乙对此产业不得进行买卖。所以,强制信托实际上是当事人之间根本没有信托的意思表示,而由法院司法确认其信托关系。以本段讲述的例子看,这实际上是对甲在经济上免受更多损失的一种法律援助,也是对乙的欺诈行为的一种无形惩罚。

(二)按信托关系能否随时撤销进行分类

按信托关系能否随时撤销,可将信托划分为信托关系能随时撤销的信托和信托关系不能随时撤销的信托。

1.信托关系能随时撤销的信托。能随时撤销信托关系的信托是指以法院为委托人的信托,当时信托的成立,是法院的命令所致。因此,法院可以随时以命令形式变更信托条件或撤销信托关系。例如,有某项财产发生争执,诉诸法院。因一时无法确认其所有权,法院可用委托人的名义,委托某信托机构暂时代管,等到财产所有权确认无疑后,根据裁决再行处理。此时法院要与信托机构订立信托契约,其中写明此信托关系可随时撤销,并规定可随时改变委托人。此种信托,对委托人来说比较便利,但对受益人的利益较不确定。

2.信托关系不能随时撤销的信托。不能随时撤销信托关系的信托是一种比较普通的信托。成立信托的文件中即订明信托关系不能随时解除。比如,遗嘱执行信托和遗产管理信托,其信托关系成立和信托效力的确认,始于委托人去世之时,在上述信托关系文件中,虽没有写明不得变更信托条件或随时解除信托关系的文字,也已形成事实上不能随时撤销信托关系的一种信托。总之,这种信托是不能由一方当事人的意见而单独变更信托条件或撤销信托关系的。如遇紧急情况不得不变更,则必须得到三方当事人的一致同意,或申请法院裁决方可。

(三)按信托事项的立法依据进行分类

按信托事项的立法依据,可将信托划分为民事信托、商事信托和民事商事通用信托。

1.民事信托。民事信托是指依据各种民事法律,如民法、婚姻法、经济法、劳动法、继承法而建立的信托关系和发生的信托事项。民事信托旨在调整财产关系和人身关系。例如,财产的管理、遗嘱的执行、遗产的继承和管理、财物的买卖、财物的抵押和寄托等,由此发生的信托事项均为民事信托。

2.商事信托。商事信托是指依据各种"商事法"(商法),如公司法、票据法、保险法和海商法而建立的信托关系和发生的信托事项。商事信托旨在调整企业商业活动和经济活动关系。例如,股份公司的设立、改组、合并、解散与清算的信托,公司债(企业债)的发行,还本付息的信托,商务管理的信托,商业人寿保险的信托等。这些信托事项均为商事信托。

3.民事商事通用信托。商事信托与民事信托的界限有时没有明显的区别,因为两者有较为密切的联系,所以有些信托事项两者可以通用,既可划为商事信托类,也可划为民事信托类。例如,"附担保公司债信托"即是如此。发行公司债券属于商事法规范畴,而提供担保品给受托人的做法,涉及抵押品问题,则适用于民法范畴。若要真正划分这种信托属于哪一类,可依其设定信托的动机来加以区分。设定信托的动机偏重于债券发行目的的,即为商事信托;设定信托的动机偏重于抵押品的确实与安全的,则属于民事信托。

三、依据信托目的进行的分类

依据信托目的进行的分类包括按设定信托受益人性质分类、按受托人是否营利分类和按信托目的进行分类。

(一)按设定信托受益人性质进行分类

按设定信托受益人性质,可将信托划分为公益信托和私益信托。

1.公益信托。公益信托是指为增进社会公共利益,使社会公众或者一定范围的社会公众受益而设定的一种信托。具体来说,就是为了救济贫困、救助灾民、扶助残疾人,发展教育、科技、文化、艺术、体育、医疗卫生事业,发展环境保护事业、维护生态平衡,以及发展其他社会公益事业而依法设立的信托。公益信托通常由委托人提供一定的财产设立,由受托人管理信托财产,并将信托财产用于信托文件制定的公益目的。其受益人不是特指某一个人,而是社会中有资格享受这种利益的人,受益人范围较宽。如,诺贝尔奖是瑞典化学家阿尔佛雷德·诺贝尔本人在 1895 年 11 月 27 日立下最后遗嘱,并于 1901 年生效的以 170 万英镑设定的信托,由特定受托人管理运用,每年将运用后的收益按一定数额奖励有突出贡献的学者。

☞ **背景链接**

诺贝尔经济学奖

诺贝尔经济学奖并非诺贝尔遗嘱中提到的五大奖励领域之一,该奖是 1968 年瑞典为庆祝瑞典银行成立 300 周年而专门设立的,全名叫瑞典中央银行纪念阿尔弗雷德·诺贝尔经济学奖,该奖项奖金由瑞典中央银行提供,委托瑞典皇家科学院评定,原则与诺贝尔奖原有奖项的评定相同。1969 年诺贝尔经济学奖第一次颁奖,由挪威人弗里希和荷兰人丁伯根共同获得,美国经济学家萨缪尔森、弗里德曼等人均获得过此奖项。

2.私益信托。私益信托是指委托人为了特定受益人的利益而设立的信托。受益人范围窄,一般又可分为自益信托和他益信托。自益信托指信托的目的为委托人自身的利益,从理论上讲,委托人和受益人都是信托关系人,虽同为一个人,但信托关系仍存在。信托早期主

要是为他人受益,随社会发展,委托人开始利用信托为自己谋利益,也就出现了委托人将自己定为受益人的情形。通过这种形式,委托人可以把自己不能做、不便做的事项委托给信托机构去做,利用信托机构的专门人才和专业设施,使自己获取更大的收益。他益信托则是指信托的目的是为委托人指定的第三者谋利。例如,身后信托就属于他益信托。

也有自益、他益目的兼而有之的信托。如委托人约定,一定年限内每年经过运用所得收益归委托人自身(收益受益人);过了一定年限后本金归第三者(本金受益人)。

(二)按受托人是否营利进行分类

按受托人是否营利,可将信托划分为营利性信托和非营利性信托。

1.营利性信托。营利性信托是指受托人以收取报酬为目的而承办的信托业务。从信托制度在英国的起源与确立过程可以看出,营利性信托是在信托发展到一定阶段以后出现的。信托事项经历了从无偿到有偿收费,再到追求营利的发展过程。有偿收费是在1896年《公共受托人条例》和1897年《公共受托人条例实施细则》颁布后开始的,但此时尚属于收费低,以满足实费开支需要为收费目的。真正追求营利的营业信托是在1908年标志英国从个人受托向法人受托时代过渡的公共信托局建立之后,特别是大量的私营信托机构普及之后出现的。目前,世界各国绝大部分的信托业务都属于这类信托。

2.非营利性信托。非营利性信托是指受托人不以收取报酬为目的而承办的信托业务。信托产生的早期,主要是个人信托,委托人寻找的受托人也大多是自己的亲朋好友,受托人承办信托业务大多是为了私人情谊,而不是营利。委托人有时也向受托人支付一定的报酬,但这只能看作是一种谢意。从受托人角度看,他并不以收取这种报酬为目的。在现代信托制度下,这类信托的目的是提供一种社会服务,如为慈善事业、文教事业、科技事业等举办的公益信托。

(三)按信托目的进行分类

按信托目的,可将信托划分为担保信托、管理信托和处分信托。

1.担保信托。担保信托是指受托人掌握信托财产的产权之目的在于保护受益人的合法权益。例如,附担保公司债信托。这种信托业务在保护受益人合法权益时,是通过掌握信托财产的产权来保证信托财产的确实与安全来实现,而不是通过管理和运用信托财产来实现。这种信托的目的在于保证信托财产的确实与安全,不在于对此种信托财产的管理和使用。需注意的是,担保信托不同于保证信托,并非是受托人接受委托为单位或个人提供某种信托担保。

2.管理信托(或称财产管理信托)。管理信托的受托人掌握信托财产的目的在于保护财产的完整,维护财产的现状,不变更财产的方式或形态,并收取此项财产的固有收益和支付应支付的必要费用,以使这种财产不致有任何损失,这就是管理信托,或称财产管理信托。例如,受托管理某委托人的房产,受托人只能负责管理,使之不受损坏,收取规定的租金,支付必要的维修费用。受托人不能随意变卖此房产,或重新拆建此房产。即受托人有管理信托财产之权,而没有支配信托财产之权。在信托关系中,信托受益人可以是委托人本人,也可以是第三者。

3.处分信托(又称使用和处分信托、财产处理信托)。处分信托受托人掌握信托财产的目的在于使用和支配信托财产,处理这种信托财产,以达到使信托财产的本身价值增加,或使信托财产收益增加。为实现上述目的,受托人掌握信托财产物上代位权,允许受托人变更信托财产的方式和形态。例如,为了使信托财产增值,受托人按信托文件的要求,可以将信托资金换成不动产,或换成有价证券,再把不动产或有价证券换成资金等。现今社会上实行的信托投资业务,即属于这类信托投资方式。

四、依据信托的其他内容分类

依据信托及其他内容分类包括按信托财产形态进行分类、按委托人性质进行分类和按设定信托涉及的地域范围进行分类等。

（一）按信托财产的形态进行分类

按信托财产的形态可将信托划分为资金信托、动产信托、不动产信托和债权信托。

1.资金信托。资金信托是指受托人受领的信托财产是货币形态的资金，在信托终了或依信托契约规定，给还原本金(信托财产)时，仍以金钱给受益人的信托。如，信托贷款、证券投资信托或年金信托等都属这种信托的形式。

2.动产信托。凡以工业企业的设备，交通事业的车辆、船只、飞机及其附属设施，其他运输工具作为信托标的物接受下来，再把这种财物贷放给有关使用单位或运输部门的信托，即是动产信托。动产信托亦可将信托标的物由受托人代为管理或处分，如信托标的物是某种商品，委托受托人出售的信托，也是动产信托。但用商品动产经营要受商品的质量、价格、市场等多种因素的影响，容易造成损失，故一些国家的法律规定，一般信托机构不得承担这种信托，但遗嘱信托和清算信托等附加发生的动产信托如是商品，则又另当别论。

3.不动产信托(或称房地产信托)。凡以不能移动的财产，即移动后会引起性质、形态等变化的财产作为信托财产而成立的信托称为不动产信托。例如，把土地、地上建筑物的产权转移给受托人，受托人根据一定的信托目的，对此加以管理或处分。其中属代收地租或房租、代付房产税和地产税、代为维修房屋等信托事项的则为不动产管理信托；属委托出售土地或建筑等不动产者则为不动产处分信托；属代为发行不动产债券的则为广义的不动产信托。

4.债权信托。债权信托是指委托人将债权移转给受托人，在此项债权给付清算后再交委托人或受益人管理、使用或支配的信托。例如，人身保险信托，委托人保有人身险，对保险公司享有赔偿的债权。在此信托关系成立时，委托人转移给受托人的产权，不是实物形态的信托财产，而是将来收取保险公司赔偿的保险金的债权。又如催还信托，受托人受托的是催还欠款的债权证书，不是实物，目的是要经过代为催要或诉讼，收回所欠款项交付受益人。

（二）按委托人性质进行分类

按委托人性质进行分类，可将信托划分为个人信托业务、法人信托业务及个人和法人通用信托业务。

1.个人信托业务。个人信托业务是指个人委托人设定的信托业务。

2.法人信托业务。法人信托业务是指法人委托人设定的信托业务。

3.个人和法人通用信托业务。个人和法人通用信托是指个人和法人均可以作为委托人设定的信托业务。这种以委托人性质划分的分类方式便于了解信托的主要业务内容，也有利于进行经营管理或监管。详见本章第二、三、四节。

（三）按设定信托涉及地域范围进行分类

按设定信托涉及地域或范围进行分类，可将信托划分为国内信托和国际信托。

1.国内信托。国内信托是指信托业务所涉及的范围限于一个国家境内，或者说信托财产的运用只限于一国范围之内的信托，即是国内信托。

2.国际信托。国际信托是指信托业务所涉及的事项已超出了一国的范围，引起了信托财产在国与国之间的运动。

第二节 个人信托业务

一、个人信托业务设立

(一)个人信托的含义

个人信托是指委托人(指自然人)基于财产规划、财产管理和对财产的投资运作目的,将其名下的财产,包含金钱、有价证券、不动产等资产,交由受托人(信托机构)依照信托契约对信托财产进行管理和运用,以期达到预定的信托目的。

(二)个人信托成立的基本程序

个人信托成立应按照以下程序进行。

1.审查有关成立人、保护人、受益人的资料。根据一连串内部的程序,确保有关人士的身份及财产来源的合法性。

2.委托人需与信托公司、法律顾问或财务顾问商讨其意愿并确定相关事项。如,信托目的、受益人的类别等,信托公司的权利及责任,何种资产需要注入信托及何时以何种形式将资产分配给受益人等。

3.根据以上程序,委托律师行起草及处理信托法律文件。法律顾问所建议的信托架构及文件需经委托人及信托公司详细阅读并认可签字。信托合同及有关文件经委托人和信托公司签署后信托关系便正式建立。

4.委托人将有关资产正式交与信托公司,信托公司开始正式处理受托资产直至信托合同终止。

(三)个人信托的意义

在个人信托业务中,受托人对信托财产的管理和处分不受委托人死亡因素的影响,因而对于自然人委托人而言,这类业务为个人理财提供了充分的便利。第一,个人信托业务规划性强。个人信托业务通过对委托人的各种财产进行有效的整体规划、管理和运作,既能够使委托人的财富能够有效地积累下去,又能够使委托人去世后,其未成年子女、精神病患者亲属或其他需要赡养的亲属的正常生活得以维持,不受影响。第二,个人信托业务内容弹性大。在个人信托业务中,委托人对信托财产操作也能保有一定的控制权,并可以进行个性化调整,因而信托机构为顾客提供的财产管理与其他金融机构所提供的标准化产品有很大不同。第三,个人信托业务最大限度地满足了委托人的理财要求。在生前信托中,受托人可以帮助委托人解决理财的后顾之忧;而在身后信托业务中,受托人可以帮助委托人在身后仍能够实现其生前处置财产的意愿。

二、生前信托业务

(一)生前信托的特点

1.生前信托的含义。生前信托是指信托机构与委托人个人在其生前订立信托契约而成立的一种以财产管理为主的信托关系。在这种信托关系中,既然称"生前",委托人必然是自然人,法人团体是不区分"生前"和"身后"的。受益人可以是委托人本人,也可以是第三者。

生前信托订立的契约,在委托人在世时即具有信托法律效力。因此,此类信托突出的特点是生前签约、生前生效。

2.生前信托的标的物。生前信托的标的物既可以是金钱形态,也可以是其他动产或不动产等。

生前信托的目的主要是通过信托机构的经营管理,使委托人的原有财产得到增值或使财产得到有效处置并免受损失。对委托人而言,通过由别人替自己料理相关事务,可以减轻自己的负担,节约精力和时间。可见,生前信托最能反映信托的财务管理职能,突出地发挥了方便社会民众生活的作用。

（二）生前信托的内容

从信托机构讲,生前信托的目的在于满足社会各界委托人提出的各种关于生前信托的要求,内容十分丰富,所以其提供的服务也是种类繁多,方式多样。概括起来,有以下几种业务。

1.以财产的增值为目的。委托人把财产委托给有丰富理财经验的受托人,由受托人经营,达到增加收益、增值财产的目的。通过个人生前信托业务,受托人利用自身的能力、经验及其他优势为委托人管理经营信托财产,既减轻了委托人的负担,解决了委托人的困难,又能提高财产的收益,于国于民都是非常有益的。在这一信托目的下,受托人受托的财产可以是非货币资金形态的,也可以是货币资金形态的。从当前生前信托业务开展的情况看,以谋求货币资金增值的信托较为普遍。

2.以保全财产为目的。保全财产指委托人通过财产的信托,利用信托财产的独立性,保护其财产不受损、不丢失。财产信托出去以后,在信托期间由受托人持有,并由受益人享受信托受益,委托人便不再对信托财产拥有处置权,委托人在信托期间所形成的债务便不会影响到信托财产,从而保全了这部分财产。同时,受益人对信托财产的权利是由委托人确定的,受益人只能享受已定的权利,这样也能达到保全信托财产的目的。

3.以处分财产为目的。此种信托的目的包括由信托机构代委托人分割、交付财产给各受益人,出售财产,办理财产抵押事宜等。

4.以某种特定目的成立的生前信托。此种信托目的十分广泛,如个人捐赠款项的公益信托,子女医疗、教育费的信托,委托代管父母子女赡养费或其他生活费的监督付款信托等。

（三）生前信托的受益人

生前信托的受益人由委托人指定,也可以由委托人自为受益人。有时,在信托之初委托人是受益人,一定时期以后则指定第三者作为受益人。

1.委托人自为受益人。委托人自己受益的情况有:①财产所有人因健康原因,不能自理财务,将财产移交信托机构经营,自己享用其收益。②财产所有人年老引退,不愿自理财务,省却操劳之烦,将财产移交信托机构经营,自己享用其收益。③财产所有人长期在外,无暇经营自己的产业,将产业移交信托机构代为经营,将收益归自己所有。④财产所有人因时间、精力及经验有限,需要借用专业受托人的知识、经验和技能来管理财产。

2.委托人指定第三者为受益人。委托人指定第三者为受益人的情况,主要是对家属、亲属或社会公众而言,常见的有:①家长将部分产业移交信托机构,委托其代为支付子女的教育费、生活费、医疗保健费、婚嫁费等。②子女将资金交与信托机构,委托其定期送交老年父母或其赡养的其他亲属,作为生活补助费、医疗保健费。③财产所有人将其部分财产委托给信托机构,为其家属的其他特别需要而经营生利,比如家属中的某人购建住房之用。

3.先为自身受益,后为第三者受益。生前信托在执行过程中,由于时间差别,会引起受益人的变动,即委托人在生前是自身受益,委托人自为受益人,信托期间原委托人去世,则由其指定的第三者受益,此时第三者为受益人。

三、身后信托业务

个人身后信托业务的开展与遗产有关,是围绕遗产的继承和分配设立的。

(一)身后信托的含义及特点

身后信托是指信托机构与委托人在生前订立信托契约,受托办理委托人去世后的各种事务;或者由死者的亲属和司法机关为委托人,与信托机构订立信托契约,受托办理死者身后的各种事务。这些均是身后信托业务。这种信托,多数信托契约订立于委托人生前,但其信托生效却在委托人去世之后,这是身后信托的第一要素。此外,身后信托的受益人必为第三者。

(二)身后信托的内容

信托机构开展的个人身后信托业务主要有以下几种。

1.执行遗嘱信托。执行遗嘱信托是为了实现遗嘱人的意志而进行的信托。遗嘱的执行,其出发点在于谋求遗嘱条款的便利执行,以表现遗嘱意志,按遗嘱处分遗产。遗嘱执行上的事务分为债权的收取、债务的清偿、遗赠物的交付、遗产的分割四大类。遗嘱执行人根据遗嘱,依照法律办理清理遗产等事务。目前,世界各国大都由信托机构承担遗嘱执行事务。

信托机构在执行遗嘱上具有下列优势和便利:①信托机构是独立法人,在遗嘱执行中可以排除各种干扰,做到公平客观。②信托机构社会关系面广,对债权债务的清理较为方便。③信托机构拥有专职技术人员,对遗产的分割处理有丰富的经验。④信托机构较个人受托执行遗嘱更具安全性。⑤信托机构永久存立,不像个人受托人会因事务繁忙而中断或拖延遗嘱的执行,而且信托机构都有固定的办公时间,便于各方联系。

信托机构经营执行遗嘱信托业务必须依法办事,一切工作以遗嘱为依据,以法律为准绳。执行遗嘱信托的成立与终止,都有明确的规定,便于社会监督和法律监督。我国以信托方式处理遗产的事项尚未普遍采用,这与我国的社会习惯和传统有关,也与社会大众个人和家庭财富积累的数量有关。于社会大众而言,如果采用信托方式处理身后事务,则信托标的资金数额略显偏低,成本相对偏高。

☞ **背景链接**

戴安娜王妃的遗产处理

英国已故戴安娜王妃在与查尔斯王子离婚后,立即更改了其遗嘱的某些内容,其中有关于她身后遗产处置的安排。戴安娜王妃遗嘱的条款规定,除支付遗产税外,剩下的财产由威廉王子和哈里王子平分。但不管是威廉王子还是哈里王子,不到 25 岁谁也没有权利分享其遗产的收益。当威廉王子和哈里王子年满 30 岁以后他们可以全权支配这笔财产。到 2008 年,这些遗产所有项目相加已达到 1 200 多万英镑净额。2008 年 6 月 21 日,威廉年满 25 岁,可以开始支取部分遗产收益。

2.管理遗产信托。管理遗产信托业务是执行遗嘱信托业务的延续。在执行遗嘱信托中,遗产分割落实,遗嘱人的意志基本实现。但析产完毕,还会有许多财产事项和其他事项需要继续处理,或者分割遗产未决的问题。比如,当析产问题长期不能解决时,不能坐待遗产中的有些事务发生停顿而使受益人蒙受损失。

管理遗产信托主要基于两种基本需求。

(1)"继承已定"后的遗产的受托管理。这主要包括以下方面:①继承人继承遗产后,不能立即接管分得的财产。如继承人不在本地,不能接受当地分得的遗产;又如继承人长期患病,不能接管而自理,只得办理管理遗产信托。②继承人继承遗产后,本人事务繁忙或经验不足,不能立即接受遗产,委托信托机构代为管理。③继承人继承遗产后,因心情抑郁悲痛,不愿立即接管遗产,亦可由信托机构办理管理遗产信托。

(2)"继承未定"前的遗产的受托管理。这主要包括:①有的遗产委托人生前没有立遗嘱,无法体现遗嘱人对继承的具体意思表示,虽然根据法律顺序可以析产,但各方意见分歧,经久未决,此即继承未定。但遗产不能无人管理,只能委托信托机构办理管理遗产信托。②有的遗产分割继承有遗嘱可据,但继承人一时找不到,继承无法落实。而遗产不能无人照管,只得委托信托机构办理管理遗产信托。③有的遗产既无遗嘱可据,按法定程序又一时找不到继承人,同样可以委托信托机构,办理管理遗产信托。

管理遗产信托受托人的主要职责是编制遗产清册、处置遗产,公告继承人,公告债权人和受遗赠人,偿还债务和交付遗赠物,或对继承人的遗产实行理财的工作。此项信托的目标只是妥善管理遗产,并在信托终止前将遗产交还继承人。

在上述信托关系成立时,原执行遗嘱信托时的委托人、各种继承人都是委托人,所有继承人又都是受益人。

3.监护信托。监护是指依法对某人的人身、财产以及其他一切合法权益加以监督和保护的一种法律行为。监护信托是利用信托方式由信托机构对未成年人或禁治产人的人身和财产以及其他一切合法权益给予监督、保护、照顾和管理。这种信托的创设在于保护委托人遗属的利益。在此种信托关系中,受托人称为监护人或保护人,受益人则称为受监护人。监护信托业务主要分为未成年人监护信托和禁治产人监护信托两部分。

(1)未成年人监护信托。未成年人是指按法律规定不足"法定年龄"而无民事行为能力的人。信托机构受托办理未成年人的监护事宜,即为未成年人监护信托。此种信托关系的成立,信托机构既是委托人,又是监护人;未成年人既是受益人,又是受监护人。信托机构作为未成年人的监护人应尽的职责是:承担未成年人的养育责任,并对未成年人的财产进行管理。承担未成年人的养育责任应该首先行使其父母对未成年人应尽的义务,同时负责从信托财产中向未成年人提供生活费用和教育费用,保护未成年人健康成长。对未成年人的财产进行管理,要保证其财产的安全,以保障未成年人应有的经济利益,同时应尽可能妥善管理信托财产,使其不断增值。在对财产进行管理经营时,应将安全性放在首位,不能将未成年人的财产用于风险性投资,信托机构更不能利用未成年人财产为自己谋取利益。在监护期间,信托机构要定期向委托人或法院提交关于信托财产运用的会计资料和报告。监护结束时,信托机构将财产转交给有关人士。信托机构可以获得正常的信托报酬,但不得从被监护人的财产中获取非法利益。

(2)禁治产人监护信托。禁治产人监护信托是指为不能亲自独立掌握和处理自己财产的无民事行为能力的人,如精神病患者,所设定的信托。对禁治产人的确定不能随意指定,以防止他人随意剥夺某人的财产所有权或管理、使用和收益权。禁治产人的确定一般由亲属向法院请求鉴定,由法院宣告才能确认。这种信托关系的成立,信托机构是受托人又是监护人,禁治产人为受益人,又是受监护人。

在财产管理上,未成年人监护信托和禁治产人监护信托的区别在于前者重在对受监护人的培养教育,后者重在依受监护人的财产状况,看护并治疗受监护人的病症。

4.人寿保险信托。人寿保险信托是人寿保险业务的继续,二者的业务内容有所区别,但目的一致,都是为受益人提供服务。

人寿保险契约与人寿保险信托契约的不同之处在于前者(即保单)是一种类债权证书,对保险公司而言是一种特定条件下的付款契约,是保险金给付的重要单证;后者是管理财产的契约,契约中只明确委托人、受托人、受益人之间的权利义务关系。

信托机构开办这项业务,一方面可以代投保人按时交纳保险费,防止保险中断,为投保人提供了便利;另一方面由信托机构领取保险金,并代为经营管理,可以解决保险受益人由于本身条件限制,在领取保险金和管理保险金方面存在的困难,更好的保障受益人的利益。

第三节 法人信托业务

一、法人信托业务设立

(一)法人信托的含义与特点

法人信托是指由公司、社团等法人委托信托机构办理的各种信托业务,与"个人信托"相对应。通过此类业务,企业在关于创设与重组、筹融资、动产管理、养老金等方面的工作都可以得到专业信托机构的协助。

法人信托是信托机构重要的业务形式。与个人信托相比,法人信托具有以下特点:①只能由法人信托机构承担此业务。因为法人信托所涉及的信托财产一般数额巨大,并关系到法人组织的整体利益,个人由于实力和经营管理能力的限制,无力承办。②与企业生产或者职工利益直接相关。法人信托财产一般数额较大,信托机构在运用信托财产时需十分谨慎。③法人信托与经济发展密切相关。在经济繁荣时期,企业经营效益较好,法人信托的业务会大量增加;而在经济萧条时期,企业普遍经营不佳,法人信托业务会相应缩减。

(二)法人信托的发展基础

法人信托业务的产生和发展是建立在多种法人机构,即各种从事以营利为目的的企业或其他非营利性组织有较大发展的基础之上的。在这种业务中,委托人是公司、社团等法人,而受托人只能是信托机构,任何个人都没有受理法人信托的资格。法人信托的建立必须先进行公司申请,公司依据自身业务和经营状况,认为确需信托机构提供服务的,可以选择一家经营良好、实力雄厚的信托机构作为受托人。信托机构受理信托后,双方要签订公司信托合同。目前,法人信托业务的成交数额在整个信托业务中的比重已超过发展较早的个人信托。

(三)法人信托业务的种类

法人信托业务主要有以下几种。

1.关于公司创设、改组、合并、撤销和清算的信托。当企业面临经营管理的巨大变动,如面临被收购兼并的危险时,信托机构协助其筹集资本,管理与此相关的具体事务,使企业在特殊情况下维持经营稳定。

2.关于筹融资的信托。公司债信托是信托机构为协助公司或企业发行债券提供发行便利和担保事务而开办的信托业务。信托机构承办以有价证券为对象的信托业务,实际上充当了债权人和债务人双方的代理人,信托机构既是发行公司的代理人,受托代办有关发行债券的具体事务,为发行单位提供种种服务和便利,同时,它也是投资者的代理人,参与对发行公司筹资建设项目的审查和监督,为投资者保管抵押物品,保证投资者的合法权益。

3.关于企业营运的信托。这是一种在海外很普遍的信托业务,是指没有后裔的富豪设立信托基金,逝世后仍能够使企业长期按照委托人的意愿经营。它可以避免家族财产纷争,防止继承人将财产转移或散尽。这种业务当今已扩展到有后裔的富豪,这些富豪虽然有子女后裔,但子女无意继承父业或为父母者对子女管理和运作产业的能力持怀疑态度,便使用这种信托方式管理身后的产业。

4.关于处理债务的信托。当一个债务人对许多债权人负有债务,在其出现支付困难而又想避免"破产程序"时,可采用这种信托方式以达到清偿债务的目的。

5.关于动产的信托,又称设备信托,是由设备的拥有者作为委托人委托信托机构代为处理有关动产设备的信托业务,如企业的机器设备、交通运输工具以及其他类似的财产,都可以借助信托的方式进行有效的管理和运用。

6.关于权利的信托。这种信托方式中,受托人管理的是委托人的无形财产,诸如发明专利权、著作版权、设计使用的商标权等权利。设定权利信托的目的是保护投资人的权利不受侵犯,并使这种权利商品化,在信托结束时,受托人交给受益人的是由这种权利带来的经济利益。

7.关于公司员工受益的信托。职员受益信托是指以法人作为委托人,委托信托机构代为处理有关为雇员提供各项利益事务的信托业务。这种信托方式是公司为员工提供的信托,即公司定期从员工的工资或公司利润中扣除一定比例的资金,交给信托机构,委托后者加以管理和运用,并约定信托的目的是为了本公司员工。

二、企业创设、改组合并、解散清算的信托

(一)公司创设信托

公司创设信托,是信托公司受委托人委托代为办理有关公司创设事项的信托。委托人一般为公司的发起人。信托公司根据公司的创设方式(发起创设或募股创设)办理有关公司创设的法律手续,报送有关文件。采取发起创设方式,信托公司只负责监督发起人的认购情况;采取募股创设方式,信托公司一般负责向社会募集股票的工作。待公司依法宣告成立时,信托关系即告结束。公司创设信托实为代理业务,信托公司为代理人,只为公司创设代为办理有关筹建事务。

1.公司创设代理内容。公司创设过程中信托机构代理的内容可根据被代理人的实际需要由代理人与被代理人(委托人)共同商定,主要内容包括以下几方面。

(1)代理建立内部财务制度和核算体系。其中包括为被代理人设计、制定有关财务会计规章制度,拟订编制有关财务、会计等专业文件和办法,审核、检查、清理财务会计科目、报表和业务记录,提出审核和清理的专题分析报告,建立会计账簿,编制预决算报告,培训会计人员等。

（2）代理建立内部管理制度,如劳动用工制度、人事制度、组织机构等。

（3）代理办理有关外部事务。如向工商行政管理部门办理申请营业执照事宜,代向税务机关申请税务登记事宜,代向银行开立账户等。

（4）代募股款。

（5）代理其他双方商定的事务。

2.公司创设事项代办程序。有关创设的信托过程如下。

（1）委托人向信托公司提出代理申请,填写代理申请书,说明公司的性质、经营范围、种类、方式、资金来源,并且要有主管部门的批文等。

（2）信托公司接到申请后,对申请人的资格及创设新公司的条件进行审查。

（3）审查合格后,双方在公证部门监督下,签订"代理协议书",以明确代理事务的范围、程度及双方相应的权利、责任和义务。

（4）信托公司依照"代理协议书"的规定代理新公司创设的各项事务。

（5）新建公司经有关部门验收合格后,信托公司按照"代理协议书"的有关规定,收取代理手续费,双方委托与代理的关系即告结束。

（二）公司改组合并信托

公司改组合并信托,是信托公司受委托人委托,代为办理有关公司改组和合并的事项。委托人即是参与改组或合并的各公司。信托公司负责有关文书的起草工作,负责对参与改组或合并的各公司进行协调,推进有关事项的完成,负责有关法律手续的办理,有时还负责向原公司的债务人和全社会进行公告。由信托公司办理改组合并,可以使各公司避免许多不利因素的影响,使各项业务基本上照常进行,公司可省去不少琐碎的麻烦事,并可节省改组合并费用。信托公司办理的该项业务,实为代理类信托业务。

1.信托机构办理公司改组合并信托业务的职责。这一职责主要包括三项内容。

（1）代办公司改组事项。公司的改组分为三种情形,一是因营业需要而改组,二是因法定的程序而改组,三是因经营困难而改组。

（2）改组时集中管理证券。公司改组时需先集中股权、债权,信托公司于公司改组完毕时代为办理凭原收据换发新股票或新债券的手续。信托公司办理的此种代保管证券业务能推进公司改组的进程。

（3）代办公司合并事项。公司的合并是指两个以上的公司合并为一个公司。公司合并的方式有二,一是将现有的两个以上的公司同时解散,共同成立一家新的公司;二是将一个或一个以上的公司予以解散,而将其财产转归一家现存的公司。

2.信托公司代办公司合并的程序。信托公司接受代办公司合并事项,首先应分辨与其他公司合并的公司的组织形式,合并是否取得了合法的依据,即公司合并是否取得了股东、董事会或股东大会决议的同意。无限公司与其他公司的合并应取得全体股东的同意;股份有限公司与其他公司合并,应有股东大会通过的决议。信托公司必须查阅股东会的议案,一是为了证实公司合并的合法性,二是为了证明在该公司（委托公司）的合并上是否拥有办理合并事务的法律权限。同时,信托公司还需查明合并公司的资产负债表及财产目录,通知和公告债权人,充当监事人。其次,公司合并之后,应依法向有关主管部门进行登记,在代为申办登记时信托公司应按不同情形申办登记:为因合并而存续的公司申办变更登记;为因合并而消失的公司申办解散登记;为因合并而另立的公司申办创设登记。最后,信托公司还需办理公司合并过程中的合并公司间的财产估价、条件磋商及权利分配、营业划分、对债权人提供清偿或担保等繁杂事项。

（三）公司解散清算信托

公司解散清算信托，是信托公司受委托人委托，代为办理有关公司的解散清算事项。这里的委托人既可以是待解散清算的公司，也可以是法院。

1.代办公司的解散。公司的解散需办理解散登记及各种必备的手续。信托公司接受委托人委托后，即可代委托人向主管部门申办解散手续。

2.代办公司的清算。清算与解散紧密相连，清算手续因解散而发生，解散手续必经清算才可得以了结，所以公司解散事务与清算事务每每都是委托同一信托公司代为办理。

（1）清算人的选任与解任。信托公司办理公司清算业务，应先取得清算人资格。信托公司因选任者选任而成为清算人，选任者自当具有解任信托公司清算人职务的权利。信托公司被选任或被解任清算人职务时，都需在一定的时日（一般为15天）内将其住所、名称及就任、解任日期向法院呈报。若信托公司成为清算人是由法院选派的，还应公告其受任解任。

（2）信托公司的职权与职责。信托公司一旦被选任或选派为清算人，则具有代表公司一切行为的权利，此种职权与清算公司的董事相同。清算人的主要职责包括：检查公司的财产状况；了结公司现有的业务；收回公司的债权、偿还公司的债务；分派清算公司的剩余财产；请求承认清算结果。

三、企业筹资信托

（一）企业发债筹资的概述

企业向外部筹资有两个途径：一是发行公司股票，二是借债。根据资金用途及使用期限不同，企业在筹措资金时必须考虑以何种方式借款，向谁借款等具体问题。一般来说，如果企业所需资金数额不大，借用期限较短，多向银行申请贷款；如果所需资金数额巨大，借用时间较长，多以社会举债的方式来筹措资金。其中，公司债券是企业法人向社会公众筹集资金所使用的一种信用工具。发行公司债券是指一个依法独立享有民事权利和承担民事义务的企业用本身名义通过直接筹资方式向社会举债而筹集长期资金的一种做法。

凡发行公司债的企业或公司，一般都不单独自办发行。一是因为发行事务及手续极其繁杂，二是因为发行公司债必须得到社会的信任才能将债券广销于社会，而发券公司不能自认为发行合法、资信稳实就可以让债券畅销无阻，最好由信用卓著的金融机构作为第三者予以证实其资信及发行的合理合法性，方有可能使其发行的债券取信于民，取信于社会，从而达到发行公司债的预期目的和效果。该类金融机构一方面为发行公司债的企业提供举债的各种方便，辅助其发行推销，便于债券的买卖转让；另一方面谋求投资者的信任，保证债权稳实，负责债务清偿。这种金融机构在公司债的发行中处于中介人的地位，处于公司债债权人与发券公司中间，这种中介金融机构一般都是信托公司。

同时，由于目前债券投资人对担保债权的追偿主要是通过集体诉讼的方式进行的，成本较高，如发行人及担保人经营状况在债券存续期发生较大变化，债券投资人的权益将很难得到保障。通过附担保公司债信托则可有效解决这一问题。以公司债发行人作为委托人，以所有公司债投资人为受益人，信托公司作为受托人，为所有债券投资人取得债券受益权与担保权，并替债券投资人管理与处分担保物，及时监测发行人及担保人、担保物的情况，代投资人追偿债权。

（二）发行公司债信托的含义

发行公司债信托，简称公司债信托，又称为抵押公司债信托或附担保公司债信托，它是信托机构为协助公司（或企业）发行债券提供发行便利和担保事务而设立的一种信托业务，即企业委托信托机构担任其发行债券（包括一般公司债或可转换公司债）的受托人，用以保障承购人或债权人的权益，进而能顺利完成资金的募集，取得稳定而长期的营运资金。担任债券发行受托人，将可以为投资大众提供更有保障的理财工具，也可由信托机构提供债券发行所衍生的外围业务，如保证、签证、代理还本付息事宜等全套服务。

（三）发行公司债信托的种类

通常对发行公司债信托的分类都是以是否可以就同种财产多次发行公司债及先后发行的公司债是否具有同等顺位的抵押权为标准。依此标准，抵押公司债信托分为闭锁抵押公司债信托和开放抵押公司债信托两种。

（四）发行公司债信托的意义

设立公司债信托具有两方面的意义。

1.为债券发行公司提供了举债便利。发行企业由于受自身资信条件的限制，单独发行债券难以得到公众信任，同时也无力应付发行过程中的各项烦琐事务，所以需要信誉卓著的信托机构给予担保，并协助其办理推销、发行、还本付息等事宜。因此，设立公司债信托能够使企业较为方便的筹集到资金，同时也为企业节省了大量的人力、物力。

2.有利于保护债权人的利益。在公司债信托业务中，债权人即投资者对所抵押的信托财产有相应的抵押权，即在发行企业不能按时还本付息时，可以要求将抵押物拍卖。由于公司债发行的总金额原则上不能超过抵押物价值，因此在信托机构拍卖抵押物后，可以基本保障债权的偿还，这就使投资的风险大大降低了。

四、雇员受益信托

（一）雇员受益信托的含义

1.雇员受益信托是雇主为了雇员的利益而设立的信托，此类信托利于推动社会保障制度的发展。雇主设立这种信托旨在通过这些真正有益于职工的行为来达到调动员工的积极性，使员工更好地为雇主服务的目的。

2.雇员受益信托的当事人。信托的委托人一般是雇员所在的公司，公司为其雇员提供利益而设立信托，或者设置基金并以基金设立信托。但在形成财产信托中，公司只起委托代理人的作用，而真正的委托人是雇员自己。雇员受益信托的受托人一般是信托机构，受托人的一切活动必须服务于为雇员提供利益，正确管理投资事务。雇员受益信托的受益人是雇员本人，且受益人并不是委托人所指定的少数几个人，而是根据公司规定的方式，获得受益人资格的多数员工。雇员受益信托的信托财产，主要是金钱和有价证券，信托财产与公司的资产完全分开，这样有利于公司的经营和维护雇员的利益。

（二）雇员受益信托的种类

雇员受益信托可根据设立的目的不同分为养老金信托、财产积累信托、自我雇佣者退休信托、员工持股信托（职工持股计划）、储蓄计划信托、利润分享信托等。

1.养老金信托。养老金信托又称退休金制度、年金信托，是指信托机构接受委托人定期交纳的养老基金，负责基金财产的管理运用，并在雇员退休后定期向其支付退休金的一种信托业务。养老金信托以养老金制度的建立为基础。养老金制度是关于如何积累并分享退休金的一种制度,即由职工个人、企业、政府或者三方共同定期积累一定数目的资金,等养老金制度参加者年老退休后,向其支付。养老基金可以为每个雇员单独设立,也可以把所有雇员当做一个整体设立养老基金。

在养老金信托中,员工享有的利益取决于职业养老金计划的类型。通常,职业养老金计划分为两种,一种是收入关联计划,另一种是货币购买计划。收入关联计划也称为最终薪金计划、利益确定计划,它按照受益人退休或离开企业时在企业工作时间的长短计算应得的养老金利益。这种计划一般有最低年数限制。货币购买计划是根据员工和企业交纳的分摊款,以及养老基金的投资报酬,来决定企业员工能够获得的利益。

2.财产积累信托。财产积累信托是法人信托的一种,它是指把职工的财产积累储蓄委托给信托机构管理运用,以便将来能形成一项财产(如住房)的一种指定金钱信托业务。一些国家在经济取得高速发展的同时,国民的收入没有同步增加,个人的财产积累有一定难度,这又反过来制约了社会总需求,使国内需求疲软。因此,许多国家开始以立法形式鼓励国民积累财产,如日本政府于1971年制定了《促进职工财产积累法》,确定财产积累制度是以国家和雇主援助职工增加储蓄和房产为目的,具体包括:①职工财产积累制度;②职工财产积累养老金制度;③职工财产积累奖金制度;④职工财产积累补助金制度;⑤职工财产积累基金制度。

3.自我雇佣者退休信托。自我雇佣者也就是公司的资产所有者,虽然公司的税后利润都归其所有,但当公司经营不善时,其所有者在晚年也可能得不到必要的生活保障,因此他们也存在着积累养老金的问题。20世纪60年代初期,美、日等国都通过了"自我雇佣者税收养老金法案",允许资产所有者为自己设立利润分享计划。当然,设立这一计划是有条件的,必须受三方面的约束:①公司内所有全日制雇员都享有雇员受益信托,其中对"全日制"的定义是年工作量超过1 000小时。②自我雇佣者退休金信托交金融信托机构管理,与公司的雇员受益信托分账管理。③该信托年出资额不得超出其所得总额的15%。

4.员工持股信托。员工持股信托是指将员工买入的本公司股票委托给信托机构管理和运用,待员工退休后再享受信托收益的一种信托安排。交给信托机构的信托资金一部分来自员工的工资,另一部分由企业以奖金形式资助员工购买本公司的股票。企业员工持股信托的观念与定期小额信托较为类似,其不同之处是企业员工持股信托的投资标的为其所服务的公司的股票,且员工可额外享受公司所提供的奖励金。但是员工一旦加入持股会,除退休、离职或经持股会同意的事项外,不得将所购入的股票领回。员工持股信托是以员工持股制度为基础的,员工持股制度是鼓励员工用工资和奖金定期买进本公司的股票,并且设立"员工持股会"具体管理所有员工购入的股票,待员工退休或者离开本企业时才能获取投资收益的一种制度。

职工持股信托按当初信托财产的形态可分为两种:一是金钱信托以外的职工持股信托,即信托机构接受职工的资金和公司对职工的奖金,买进本公司的股票并代其进行管理,待信托终了时,信托机构将股票交还给职工。二是管理有价证券信托方式的职工持股信托,即职工用工资和奖金购入本公司的股票后将股票委托给信托机构进行管理,在信托终了时信托机构将股票归还给职工。

5.储蓄计划信托。这项业务是公司把养老金计划和储蓄计划结合在一起而设立的一种信托。委托者是公司和公司员工个人,资金来自职工的储蓄和公司的捐款两部分,作为受托人的信托机构负责信托财产的管理和运用以及职工退休时支付收益的事项。该信托的目的是为了向公司职工提供更多的退休收入,具有个人储蓄养老账户的属性。与养老金信托相比,其最大的好处是这种信托具有较大的灵活性,它允许提前向职工支付收益。

6.利润分享信托。利润分享信托是为职工将来分享公司利润而设立的。公司作为该信托的委托人,每年将净利润的一定比例委托给信托机构管理和运用,并在一定时期后将信托本金及收益支付给公司职工。这一信托的主要特点是:①信托本金和收益是不确定的。公司根据比例提取的赢利是变化的,因而信托本金不确定,信托收益也就随之变动。②信托本金和收益与职工的年龄和工龄无关,职工不负担信托本金的分摊。③职工可以较灵活的支取款项,即职工退休、死亡、致残辞职、被解雇等时,都可要求支用信托本金和收益。④法律对该信托当事人的资格要求较为灵活。

第四节　通用信托业务

一、通用信托的含义及种类

(一)通用信托的含义

通用信托是指那些可以由个人委托人或法人委托人设定信托的业务。信托机构为了扩大业务范围,要根据不同的社会需求创造各种信托方式。从委托人委托的事项内容看,有些信托业务局限于个人委托人,有些信托业务局限于法人委托人,而另有一些信托事项则既涉及个人委托人的信托要求,又涉及法人委托人的信托要求,这类信托业务就属于通用信托业务的范围。

(二)通用信托的目的

由于委托人的需求千差万别,设定信托的目的也会各有不同。从通用信托设定信托的目的看,无非是三种:促进公共事业发展、谋求投资增值、代理各种事务。因此,通用信托业务也就包括了公益信托、信托投资、不动产信托、代理等。公益信托是指受托人将委托人提供的资金合理而有效地运用于支持某项公共事业发展的信托业务。不动产信托是指受托人接受委托人委托对房屋、土地等不动产进行管理和运用,使委托人获取管理和运用收益的业务。信托投资是指集合众多不特定的投资者的资金,由专业投资信托机构代为经营操作,委托人共同分享投资收益的信托业务。

本节将重点介绍公益信托、信托投资和代理业务。

二、公益信托

(一)公益信托的含义

1.公益信托(Community Trust)是指热心于某项社会公共事业的委托人为社会公共利益而设定的信托,最终目的是为了推广社会福利事业的发展。这种信托事项的内容可以包括办学、扶贫、推动医疗保健、推动人文社会科学发展等带有慈善性的社会福利项目,因而又被称为慈善信托(Charitable Trust)。

2.公益信托发展的基础。公益事业发展缺乏资金的支持是一个非常突出的问题,而公益信托的发展恰恰使这一问题在一定程度上得到了解决。由于公益信托发展的核心内容是资金数额及其有效运作,因而公益信托发展的基础是:①社会财富获得足够的积累与集中,以及存在有社会公德、有社会责任心、关心某类公益事业发展的富人。②在西方国家,比例较高、数额较大的个人所得税和遗产继承税也是推动公益信托发展的潜在动力。③在一定时期,国家干预对公益信托的深入发展也会产生重要影响。比如,美国的慈善信托事业比英国的慈善事业发达,其差别就在于国家在慈善信托发展上的态度不同。早期,英国国王担心过多的私人财产转为公益之用会影响国家税收,因此,英国不主张公益信托全面扩张,限制其发展;业务上较侧重支持兴办学校为主的公益信托以及对个人实物形态财产的捐赠管理。而美国独立战争后,财富、资本的集中,使政府借民间力量推动美国公共事业的发展有了重要的经济基础,同时,美国强调自由与个人自主活动的充分结合,对任何信托,只要其目的不明显有害,对公共利益有利,就允许办理。

我国《信托法》第61条提出国家鼓励发展公益信托,并规定为了下列公共利益目的之一而设立的信托属于公益信托:救济贫困;救助灾民;扶助残疾人;发展教育、科技、文化、艺术、体育事业;发展医疗卫生事业;发展环境保护事业,维护生态环境;发展其他社会公益事业。《信托投资公司管理办法》对此也进行了相同规定。

☞ **背景链接**

中国的慈善捐助

本届(2006年)100位上榜富豪有54位来自去年的百富榜,这些富豪今年财富迅速增加的同时,慈善捐赠的额度也呈现上升趋势。榜上的100位慈善家从2003年至今,共捐赠了56亿元人民币,教育、社会公益和健康以及一些突发性灾难事件仍然是企业家们热衷的捐赠领域。这次捐赠总额过亿元的富豪达6位之多。名列榜首的余彭年的捐赠颇具特色,全部用于白内障病人的复明手术,即"彭年光明行动"。阳光媒体投资集团的杨澜以累计5.5亿元的捐赠额排名第二。去年,杨澜决定将其在集团权益的51%捐赠给社会,并成立"阳光文化基金会",希望长期关注教育和扶贫,同时把慈善作为一种事业,帮助完善国内慈善机构的模式,推动慈善行业的发展。蝉联前两届慈善榜冠军的黄如论依然热衷于捐赠教育,今年以4.47亿元的捐赠位列第三。

在慈善这个话题上,依然有保持低调的企业家,他们不希望公开自己在慈善领域的贡献。有部分慈善家在香港从事慈善捐赠,认为香港的慈善环境比较优越,相关的法律也比较健全。

2006年慈善企业排行榜,李嘉诚基金位列第一。华人企业成为主角,海外华人企业或基金对中国内地的捐款占捐款总额的一半以上。50个上榜企业平均将年销售收入的0.15%用于慈善事业。从捐赠方向来看,教育事业和健康事业以及对一些临时性的突发灾难捐赠占了绝大多数。

资料来源:《华夏时报》,2006年4月12日(B07版)。

3.公益信托的意义。公益信托具有深远的社会意义,它不但能够推动社会进步,促进公益事业发展,还可以减轻政府的财务负担,用社会力量来举办公益事业。在英美等国家,公益信托运用得很广泛,英美许多著名大学、美术馆、艺术博物馆等都是在公益信托的支持下

发展起来的。

（二）公益信托的当事人

1.委托人。委托人即公益信托的出资人，此出资人可能本身就是富有者，因此可以以个人名义独自捐出或者以家庭名义捐出（如梅琳达·盖茨基金会）一笔款项，也可能本身并非富有者，为了某项公共事业的发展，采取募集方式从社会筹集资金。不论独自捐出还是募集的公益信托资金，均视同公款并受到监督，一般都是由委托人将一部分财产交给特定受托人（专业受托人）代为管理。公益信托的委托人可以是个人，也可以是企业单位，凡是有志于社会公益事业的个人、家庭、社会组织都有权作为公益信托的委托人，设立公益信托。因此，公益信托是一种个人和法人通用性质的信托业务。

2.受托人。受托人是专门管理出资人用来举办社会福利事业的机构。其目的是便于举办的事业永久存续下去，不至于因为管理人员更迭而受到影响。在资金的使用和管理上，多数是不动本金，便于长期举办下去，主要途径就是通过信托机构的专业化管理，保证公益信托资金的安全，并获得稳定的收益。此外，信托机构的介入将更有利于公益信托接受公众的监督。在美国，设立公益信托机构需由各州政府批准，其慈善地位需得到法律确认，因为基金会将可以享受免税待遇，同时也是要加强监督，防止其谋私利。这些基金会一般定名为×××基金会，在名称上可用出资人的名字，如美国的卡耐基基金会、洛克菲勒基金会、福特基金会等，也可以用成立基金会的目的定名，如美国的生命科学基金会、艺术与人文科学基金会、中国儿童福利基金会等。

☞ 背景链接

英国国家信托（National Trust）

英国国家信托是一个非营利的公益性组织，成立于1895年，经过一个多世纪的发展，现已成为欧洲最大的慈善性质的自然及文化遗产保护机构。该组织自一个多世纪前成立时起始终以保护（英国）古迹及自然美景为宗旨。作为一个已注册的慈善机构，它完全独立于英国政府之外，主要依靠其成员及社会各界的捐助开展工作。它拥有超过24.8万公顷的各种风景林地及600英里左右（约966公里）的美丽海岸线供游人欣赏。其管理的各种景点及古迹包括林地、森林、沼泽湿地、农场、丘陵、岛屿、考古遗迹、自然保护区、山庄等。

该组织在英国是唯一具有不可剥夺财产权的组织。这意味着如果没有英国下院授权，其资产不能被出售、抵押或强制购买征用。它的各种收入全部用于维修旗下的古迹及自然景观。该组织的主要收入来自会员会费以及社会捐助，此外，它还拥有一家商业公司，掌管国家信托组织旗下的商业活动。公司运营的所有收入都要返还给组织，其数额十分可观。

英国国内许多古老的私人庄园没有通过传统继承方式传承，而是交给国家信托管理。在中部地区白金汉郡（Buckinghamshire）有一个著名的Waddesdon庄园（Waddesdon Mannor），属于欧洲闻名的罗思柴尔德（Rothschild）家族，目前由国家信托管理。此庄园于1874年建造。庄园里除了有巨大的花园、大鸟笼、各种雕塑景观、树木等外，在庄园的建筑物里还有世界上最精美的法国18世纪的装饰艺术收藏，如油画、家具、地毯等。

☞ 背景链接

梅林达-盖茨基金会

梅林达-盖茨基金会成立于 2000 年 1 月,其创立者为微软公司创始人比尔-盖茨及其妻子梅林达-盖茨,其个人财产的 98% 捐给此基金会。梅林达-盖茨基金会是目前世界上最大的慈善基金会。基金会总部位于西雅图。该基金会属非营利性质,主要在全球人的健康、教育、图书馆、美国西北部的建设等方面提供援助,旨在促进全球卫生和教育领域的平等。

著名的股神沃伦·巴菲特也将他的大部分个人财产(其个人财产的 99%)捐赠给梅林达-盖茨基金会及其他家族基金会,捐款额达 370 亿美金,是迄今美国最大笔的个人慈善捐赠。

3.受益人。在设定公益信托时,受益人范围特定,但具体受益人不定。用于受益人部分的资金源于对独自捐出或募集的本金的有效管理和投资运作。

(三)公益信托的监管

公益信托的设立必须取得专设机构的批准、指导和监管。

未经许可不许私自设立公益信托,而私益信托只要签订信托契约即可设立,其主要原因是:①公益信托的受益人范围比较广泛,为社会大众,广大受益人直接对受托人的信托活动进行监督难以操作。②资金数额比较大,且享受减免税。为使慈善资金不被滥用,国家以分散的基金受益人代表的身份,组成专门委员会,对其本金运用、收益分配情况进行检查和监督,以保证公益信托目的的实现。

1918 年美国成立了公益信托总会(Community Chests and Councils),对公益信托进行必要的指导与监督。在英国,公益信托由独立的慈善团体管理委员会(Board of Charity Commissioners)负责指导和监管。对信托条款的审阅、信托基金的管理使用和分配、信托存续期内的随时检查巡视等,都有统一的要求,用以防止其所享有的税收减免权被滥用,或以信托的名义从事某种投机事业,或利用公益信托基金谋取私人利益,从而侵害信托受益人的利益。

我国公益信托的目标是发展社会公共福利事业,并在《信托法》中有如下规定:第 61 条规定国家鼓励发展公益信托;第 62 条规定公益信托的设立和确定其受托人,应当经有关公益事业的管理机构(以下简称公益事业管理机构)批准,未经公益事业管理机构的批准,不得以公益信托的名义进行活动;第 63 条规定公益信托的信托财产及其收益,不得用于非公益目的;第 64 条提出公益信托应当设置信托监察人,信托监察人由信托文件规定,信托文件未规定的,由公益事业管理机构指定;第 65 条提出信托监察人有权以自己的名义,为维护受益人的利益,提起诉讼或者实施其他法律行为。

(四)设定公益信托的其他要求

1.公益信托的目的必须是完全为了社会公共利益。公益信托不仅以公益为目的,而且公益目的的实现确实能促进公共利益。公益信托的目的必须具备下列条件:一是需有利益存在;二是利益需合法;三是利益需有公共性;四是受益人的不确定性。因此,公益信托的目的必须具有绝对的、排他的公益性,不得包含非公益目的或从中获取私利。

2.公益信托的受益人不完全确定。设立私益信托时必须有明确的受益人,否则信托不能成立,而公益信托成立时的受益人必须是不特定的社会公众,即使委托人限定某一特定团体的受益人也必须有增进公共利益的效果,所以公益信托没有具体受益人,受益人是社会公众或社会公众中的一部分人,并根据信托契约规定的受益条件来确定每一时期的受益人。公益信托的委托人可以对受益人的范围或者人数作出规定。

3.公益信托不得中途解除合同。信托终止时,若信托财产无归属权利者,主管部门可以按照原信托的宗旨,运用于类似目的,使信托继续下去,但是信托财产不能归属于委托人或其继承人。而私益信托可以因中途解除契约而终止,其信托财产可以为受益人或者委托人及其继承人所有。

(五)美国的慈善基金会

公益信托在美国最为发达。公益款项的来源除富有者捐赠的巨款外,还广泛地向社会募捐。慈善基金会(Charitable Foundation,一般简称为基金会)是美国最具特色的一种公益信托制度,对美国社会有深远的影响。公益信托基金的使用多数是用息而不动本金,便于长期持续举办下去。通过认识美国的基金会,不但能够了解美国慈善信托业务的状况,对其社会结构也可以有所认识。

1.基金会的含义。基金会是由民间出资(捐赠或募集)为举办公益事业(Public Welfare)而建立的信托机构,具有非营利性、规模较大、组织严密的特点,属于非营利性社会组织。美国基金会的设立根据资助内容有不同的基金会名称。比如,Smithson Institute 是专门资助博物馆的基金会。The Carnigie Corporation of New York 基金会根据社会的发展不断提出新的工作重点:20 世纪 60 年代之前,其着眼点在教育。20 世纪 60 年代至 80 年代倾向于社会平等和改良。20 世纪 80 年代以后的目标是避免核战争,改善美苏关系;教育全体美国人,特别是青年,帮助其适应一个以科技为基础的社会;防治各种对儿童和青少年的伤害,包括吸毒、酗酒和少女怀孕等社会问题;在第三世界培训和开发人力资源。

美国的基金会较为有特色的方面是在其组织形式上,最具代表性的是以公司形态组建的公益信托机构。这种信托机构中,出资人即是董事会成员,董事会来决策、管理慈善资金,设置高级职员和普通职员,资金经营上完全托付给公司职员处理。

2.基金会的作用。由于基金会资金投向自由,活动灵活、有弹性,因而除能发挥一般公益信托机构的作用外,基金会还敢于冒险承担政府机构或一般慈善机构不愿开展的风险项目,比如有争议、复杂或短期内不能解决的课题,并且富于创造性地开拓新事业,关注新的不被重视的问题,一旦所关注的事业有所改善,资金可以灵活地转移到其他开创性项目上。

3.资助对象。美国的基金会资助对象很多,但一般集中在教育、卫生、福利部门。早期资金用途以卫生事业、儿童福利事业居多,目前比较集中的资助对象包括 7 个方面。

(1)教育部门。教育部门是各基金会资助的最大对象,其中,相当一部分资金都投向了大学。

(2)社会福利部门。各基金会的目标和兴趣,主要集中于儿童、少年与老年人的福利方面,其他如妇女、残疾人等福利领域也占有相当份额。

(3)国际活动部门。它是基金会发展过程中出现比较晚的一个部门。对该部门的资助计划,主要是由少数几个规模较大的基金会所实施的。

(4)保健部门。对保健部门的资助是一个传统的资助项目,但近年来资助额有所减少,主要是因为政府对该部门的拨款有大幅增加。

（5）科学部门。科学部门的资助对象包括物理、生命科学、社会科学等各个领域。原来资助额以生命科学领域为最多,目前航天领域、物理学领域的资助也较多。

（6）宗教部门。宗教在美国慈善事业中居于重要的地位,但基金会把其作为一个资助对象,并不是最重要的。因为在美国有一个观念,认为对宗教的捐赠适宜于个人捐赠,不宜通过信托法人。

（7）人文科学部门。基金会对于人文科学的资助主要包括音乐、戏剧、博物馆、艺术和哲学等领域。

三、信托投资

（一）信托投资的含义

1.信托投资的含义。信托投资是集合不特定的投资者,将资金集中起来,建立某种专门进行投资管理的形式或机构,共同分享投资收益的一种信托方式。由于在设定信托关系中,不特定的众多委托人是受益人,所以投资信托属于自益信托。

信托投资最适合于社会上中小投资者使用。因为分散的中小投资者缺乏雄厚的资金实力去单独满足被投资者的巨额资金需求,无力对投资对象作充分的调查和选择,又没有足够的资金分散投资于不同投资领域而减少风险,于是将多数中小投资者的资金集合起来,委托具有专门投资知识和经验的人为大家管理运用资金,以达到既可保全原投入的资金,又可获得投资收益的目标。在委托人与受托人的信托关系中,实际上就是专家理财。这就是许多国家普遍采用的投资信托制度。

信托投资方式创始和发展至今,已有100余年的历史。它最早由英国创设,产生于19世纪中期英国迅速扩张的海外投资活动。

2.信托投资的标的物。信托投资的标的物以货币资金为主,属于资金信托的范畴。其投资对象主要限定于有价证券,美国、英国、加拿大、日本、德国和法国等都是如此,故在日本把这种信托称为"证券投资信托",我国则称为证券投资基金。但也有少数国家的信托投资除证券外,还投资于不动产,如瑞士。此外,其投资为了分散风险,需要按产业、地域、证券种类分散运用。

3.信托投资的特性。信托投资方式具有四个主要特性。

（1）储蓄性。各信托投资资金持有人希望通过资金的运用,做到既保本又获利,这与银行储蓄存款类似,保本生息,使资金增值。投资信托方式的推行在于谋求以最小风险获得最大利益。所以说,信托投资类似银行储蓄而优于银行储蓄,其收益必然高于储蓄利息。

（2）合作性。各投资人一般都是有限的社会闲散资金持有者,资金运用实力差,如要个人单独投资于某几种有价证券或某项不动产,缺乏条件,不易操作。投资信托方式以一般社会大众为对象,将他们的资金集合起来加以运用,资金实力大为增加,投资条件有较大提高,满足了各投资人的愿望。所以说,信托投资方式投资人目标一致,具有一种合作投资性质。

（3）专业性。投资人把钱交给专家来管理,可以解决个人投资者在时间和专业知识方面不足的问题。信托投资通过专业的经理人操作管理,这些经理人都学有所长,并在证券投资领域里具有多年的实践经验,投资绩效比一般人高。

（4）流动性。信托投资具有变现性高、流动性强的优点,投资人可以因个人需要随时将基金份额脱手变现,其变现性和流动性优于银行定期存款、房地产等。

（二）信托投资的基本形式

1.两种基本形式。以资金汇集方式的不同,信托投资可分为两种:一是信托投资（Investment Trust）,即设立投资信托公司,发行股票,委托者本身就是股东,所得"股份"不属于为经营该股份公司而投入的资本金,只是为了购买可转让的其他公司发行的有价证券（股票或债券）,以达到获得利息和股利的目的。因而,持有者持有的份额多,可获得分配的收益就多,但不存在一般股份制企业的股东因股份多少所拥有的对公司经营的表决权问题。另外,投入的资金也不称信托财产,而称为构成公司的"资产"。公司型投资信托运用的依据并无信托契约,而是按公司制定的章程来办理。委托人与受托人之间不是本原的信托关系。二是单位信托（Unit Trust）,它在资金汇集方式上与投资信托发行股票、设立投资信托公司不同,是受托人通过发行信托券（一种单位面值均等的受益凭证）的方式来筹集资金,委托人去认购（认购多少单位,就委托多少,所以才叫单位信托）,委托人作为认购人与受托人之间是真正的信托关系,而不是股东与股份公司的关系。在这种单位信托中,受托人会聘请专业的经理人来经营。有时,前者被称为公司型投资信托,后者被称为契约型投资信托。作为转移储蓄和理财的手段,单位信托是我国及日本等国广泛使用的信托投资形式,我国习惯上使用契约型投资基金的叫法。

2.受益证券。按照投资信托资金汇集方式的不同,受托人所发行的受益证券,既包含前述"股份",又包含上面所提及的信托券。由于单位信托（契约型基金）目前是各国普遍都在采用的方式,受益证券一般指单位信托中的信托券。因此,受益证券是投资者与经理人建立信托投资关系的凭证,单位面值均等,一方面表明投资者申购的份额大小,另一方面表明投资者日后分享共同投资所创造的收益的权利和分享比例。谁买了受益证券,谁就拥有了投资基金,谁就以信托方式请专家代为进行证券投资。

（三）契约型投资基金

1.契约型投资基金的基本类型。受益证券是可以在市场上流通转让的,也可以由受托人在信托期间随时买回,或由受托人追加发行。一旦投资信托具备了后者特征,这种契约型投资信托关系的信托财产就会发生不断的增减变化,被称为"开放型"投资基金。反之,契约规定不得将受益证券在信托期间买回,也不能追加发行的,称为"封闭型"投资基金。这是契约型投资基金最基本的类型划分。

2.契约型投资基金运作的原则。这些原则主要有三项。

（1）运作的核心原则。规范基金运作的一条最高原则就是"经理与保管分开",基金经理只负责基金的管理与操作,下达投资买卖的决策,本身并不经手基金的财产。保管机构则负责保管并依公司经理之指示处分基金的资产,基金的资产在保管机构内的账户是独立的,若公司经理或保管机构因经营不善而使公司倒闭,债权人没有权利动用这笔资产。

（2）基金运作中关系人的责任必须明确。契约型基金以信托契约为依据成立并管理,由投资管理人、信托管理人及信托单位持有人（或称受益人）三方面构成。基金管理公司创立基金,是契约中的投资管理人,在基金募集完成后,将基金的资产交由契约中的信托管理人保管,而基金管理公司只是负责基金的操作。信托管理人通常是银行、信托公司等金融机构,信托管理人接受投资管理人的委托,依据信托契约保管并处分（如处理股票买卖的交割、核对账目）基金的财产,是基金资产的保管机构。受益人则是出资人,受益人将接受基金操作的成败。

（3）基金运作的其他原则。证券投资基金除"经理与保管分开"外,资金的操作情况必须在季报及年报中披露,持股情况(各类股占总资产的比例)也要定期提供给媒体,做到资讯公开,且所有的交易不仅需要内部稽核和证券主管机关的监督,账册明细也需由被认可的会计师事务所签证,故一切都在公开、透明的环境下操作。

3.投资基金其他类型的划分。根据投资对象不同、投资目标不同、投资理念不同、募集方式不同以及资金来源不同,可将投资基金划分为不同的类型。

（1）依据投资对象的不同,可以将基金分为股票基金、债券基金、货币市场基金、混合基金等类别。依据投资对象对基金进行分类,简单明确,对投资者具有直接的参考价值。

①股票基金是指以股票为主要投资对象的基金。股票基金在各类基金中历史最为悠久,也是各国广泛采用的一种基金类型。根据中国证监会对基金类别的分类标准,60%以上的基金资产投资于股票的为股票基金。

②债券基金主要以债券为投资对象。根据中国证监会对基金类别的分类标准,80%以上的基金资产投资于债券的为债券基金。

③货币市场基金以货币市场工具为投资对象。根据中国证监会对基金类别的分类标准,仅投资于货币市场工具的为货币市场基金。

④混合基金同时以股票、债券等为投资对象,以期通过在不同资产类别上的投资,实现收益与风险之间的平衡。根据中国证监会对基金类别的分类标准,投资于股票、债券和货币市场工具,但股票投资和债券投资的比例不符合股票基金、债券基金规定的为混合基金。

（2）根据投资目标的不同,可以将基金分为成长型基金、收入型基金和平衡型基金。

成长型基金是指以追求资本增值为基本目标,较少考虑当期收入的基金,主要以具有良好增长潜力的股票为投资对象。收入型基金是指以追求稳定的经常性收入为基本目标的基金,主要以大盘蓝筹股、公司债券、政府债券等稳定收益证券为投资对象。平衡型基金则是既注重资本增值又注重当期收入的一类基金。

一般而言,成长型基金的风险大、收益高;收入型基金的风险小、收益较低;平衡型基金的风险、收益介于成长型基金与收入型基金之间。不同的投资目标决定了基金的基本投向与基本的投资策略,以适应不同投资者的投资需要。

（3）依据投资理念的不同,可以将基金分为主动型基金与被动型基金。

主动型基金是一类力图取得超越基准组合表现的基金。与主动型基金不同,被动型基金并不主动寻求取得超越市场的表现,而是跟踪证券交易大盘指数,被动投资。被动型基金一般选取特定的指数作为跟踪的对象,因此通常又被称为"指数型基金"。

（4）根据募集方式的不同,可以将基金分为公募基金和私募基金。

公募基金是指可以面向社会公众公开发售的一类基金;私募基金则是只能采取非公开方式,面向特定投资者募集发售的基金。

公募基金主要具有如下特征:可以面向社会公众公开发售基金份额和宣传推广,基金募集对象不固定;投资金额要求低,适宜中小投资者参与;必须遵守基金法律和法规的约束,并接受监管部门的严格监管。

与公募基金相比,私募基金不能进行公开的发售和宣传推广,投资金额要求高,投资者的资格和人数常常受到严格的限制。如美国相关法律要求,私募基金的投资者人数不得超过100人,每个投资者的净资产必须在100万美元以上。与公募基金必须遵守基金法律和法规的约束并要接受监管部门的严格监管相比,私募基金在运作上具有较大的灵活性,所受到的限制和约束也较少。它既可以投资于衍生金融产品,进行买空卖空交易,也可以进行汇率、商品期货投机交易等。私募基金的投资风险较高,主要以具有较强风险承受能力的富裕阶层为目标客户。

(5)根据基金的资金来源和用途的不同,可以将基金分为在岸基金和离岸基金。

在岸基金是指在本国募集资金并投资于本国证券市场的证券投资基金。由于在岸基金的投资者、基金组织、基金管理人、基金托管人及其他当事人和基金的投资市场均在本国境内,所以基金的监管部门比较容易运用本国法律法规及相关技术手段对证券投资基金的投资运作行为进行监管。

离岸基金是指一国的证券投资基金组织在他国发售证券投资基金份额,并将募集的资金投资于本国或第三国证券市场的证券投资基金。

(四)开放型基金与封闭型基金的比较

开放型基金与封闭型基金的不同之处主要表现在以下方面:

1.基金单位数(规模)不同。封闭型基金发行在外的单位数(规模)是固定的。一旦完成发行计划,就封闭起来不再追加发行,若需要扩大规模,只能等封闭期满,重新申请创设新的基金(这要依靠主管部门的批准)。开放型基金发行在外的单位数(规模)是可以变动的。投资人可以依基金的净值情况随时向基金经理人申购或赎回基金份额。当投资者增加买入,基金可增加单位;当投资者赎回其持有的基金份额时,基金将减少单位。

2.交易渠道不同。封闭型基金在证交所挂牌交易,与一般股票交易相同。开放型基金则是直接向基金管理公司申购或要求赎回。

3.交易双方不同。封闭型基金在证券市场投资者之间进行交易;开放型基金在基金投资者与经理人之间进行交易。

4.价格确定依据不同。封闭型基金的价格在证交所上市竞价,受市场供求影响大,折价或溢价买卖,受人为因素影响。开放型基金价格是依基金单位净值(Net Asset Value, NAV)确定。具体计算步骤是:第一步是在每个营业日收市后先计算总资产价值。计算公式是:该基金所拥有的资产(现金、股票、债券和其他资产)×当日各种资产收盘价。第二步是计算净资产总值。计算公式是:总资产价值−基金每日平均开销数额。第三步是计算基金单位净值,净资产总值÷基金发行在外的单位总数。由此计算出来的基金单位净值即是每日基金公司公布的数字,这个数字就是通常我们购买基金时所参考的价格,一般在次日公布。可以看出,基金单位净值会随投资对象的市场情况而发生变化,基金的价格需要靠基金经营业绩支撑。此外,由于需要每日计算净值,对从业人员(会计、律师、审计)、硬软件等条件要求都较高,故其适合在成熟稳定的金融市场中发展。

5.经理人经营时的压力不同。封闭型基金经理的压力小,可不必担心流动性,因为投资者在二级市场的交易不会直接影响基金规模,单位数量不会变。开放型基金的经理压力大,随着有价证券市值的变动,基准价额也每日发生变动。因此,证券市场景况好时,信托财产容易增加;反之,如果证券市场不景气,受益人的赎回请求就会增多,信托财产会急剧减少,经理人要减少单位换取现金,经理人要注意保持基金的流动性。

☞ **背景链接**

美联储主席伯南克的投资策略——安全至上,存钱防老

出任美联储主席的本·伯南克掌控着美国的金融运作。很难想象,其个人投资策略颇为保守,他把大部分资产投放在退休投资账户中,很少参与股票投资。

伯克南的投资策略主要表现在两个方面:

一是青睐低风险投资。TIAA-CREF 美国教师保险及年金协会(世界上最大的养老金公司的简称)在其所服务的美国教育界享有很高的声誉。在 TIAA-CREF 的 200 万参与者中,大约有 160 名诺贝尔奖奖金获得者,其中有些人效力于该公司董事会。伯南克的申报文件称,截至 2004 年底,其 TIAA-CREF 账户的总价值介于 100 万~500 万美元。资料没有进一步详细列出其投资组合的组成部分,按该账户 2004 年只提供 1.5 万~5 万美元的投资收入推算,相信大部分资产为低风险的投资。TIAA-CREF 的养老金计划被伯南克视为个人理财的重中之重,这显示出他的其他投资都是浅尝辄止。

二是少量介入国债和股票。伯南克参加了一个高收益型共同基金和一个大盘股基金,投资分别为 1.5 万~5 万美元和 1 000 美元~1.5 万美元。此外,他还购买了两份养老金性质的基金,一个属于国际增长型,另一个属于货币型,两者价值都为 1 000 美元~1.5 万美元。国债方面,伯南克购买了 5 万美元~10 万美元的加拿大政府债券,他的现金和支票账户上还留有 1.5 万美元~5 万美元的闲散资金。股票方面,伯南克只购买了美国烟草大鳄菲利普·默里斯(Philip Morris)母公司 Altria 集团公司的股票,后者为道琼斯工业平均指数的成分股。

(资料来源:《深圳特区报》,2006 年 5 月 18 日)

四、代理与咨询业务

代理业务和咨询业务虽然不是信托投资公司主要的利润来源,但它们对信托投资公司构建多元化的盈利模式、培养客户资源、分散经营风险等方面具有重要的意义,也是信托投资公司不应该忽视的业务。拓展这些业务一方面可以充分利用信托投资公司在这些领域的特有优势,为社会提供多元化的服务;另一方面也可以稳定信托投资公司的经营。

(一)代理业务

1.代理业务的含义。代理业务是指信托机构接受客户的委托,以代理人的身份,在被代理人授权范围内,代为办理其指定事务的业务。代理业务是信托机构办理的一项传统业务。代理业务是代理人和被代理人之间产生的一种契约关系和法律行为,具有代客户服务的性质。代理业务一般不要求委托人转移其财产所有权,信托公司在办理代理业务中,不垫资,不承担风险。

代理的当事人主要包括两个,即代理人和被代理人。被代理人即委托人,是指由别人代其办理事务的人,被代理人按照代理合同规定拥有种种权利和义务。被代理人最主要的权利是向代理人授权,最主要的义务是向代理人支付各种费用。代理业务的受托者就是代理人。代理人在代理关系中处于极为重要的地位,负有重要的职责,并享有一定权利。

2.代理的种类。根据代理权产生原因的不同来划分,代理可分为委托代理、法定代理和指定代理。

(1)委托代理。委托代理是指代理人根据被代理人的委托,在被代理人的授权范围内,以被代理人的名义所进行的代理。委托代理也称授权代理,因为这种代理最主要的特征在于它是以当事人的意思表示为前提的,即委托人的授权委托。在委托代理中,被代理人往往称为委托人或本人,代理人则称为受托人。委托代理是代理制度中最重要的一种。委托授权在委托代理中具有决定性的意义,使其与法定代理、指定代理区别开来。

(2)法定代理。法定代理是指根据特定当事人之间存在的社会关系而依法设立的代理。法定代理的产生依据是法律的直接规定。法定代理人的代理权限范围也是由法律规定的,而且一般都属于全权代理,没有权限范围的特殊限制。法定代理人与被代理人之间往往存在某种特定的血缘或亲缘关系,这种特定的血缘或亲缘关系正是法定代理产生的前提。法定代理的宗旨在于保护无行为能力和限制行为能力的公民能够通过代理行为顺利地参加民事活动,取得权利,履行义务。法定代理都是无偿的。

(3)指定代理。指定代理是指司法部门依照法律规定进行指定而产生的代理,大都是无偿的。指定代理与法定代理都适用于无民事行为能力的人或限制民事行为能力的人,但二者在许多方面存在区别:①法定代理是由于法律的直接规定而产生的,也就是说,法律对这种代理权和代理关系是有明文规定的。而指定代理是由指定机关的指定而产生的,没有指定行为便不会有指定代理。②法定代理和指定代理是前后衔接,互为补充的。法定代理人如果是已明确的,则不发生指定代理,只有在没有法定代理人或担任法定代理人有争议或法定代理人有正当理由不能履行代理职责的情况下,才产生指定代理。③法定代理权的证明文件是能够证明代理人与被代理人之间身份关系的法律文件,如户口簿、结婚证等,指定代理权的证明文件是司法机关或其他指定机构出具的指定书。

3.信托的主要代理业务。信托的主要代理业务包括代理收付款业务,代理清理债权、债务业务,代理有价证券业务和代理保管业务。

(1)代理收付款业务。该业务是指信托公司接受单位或个人的委托,代为办理其指定款项的收付事宜,又称收付信托。信托公司利用其自身和联行的业务机构、清算手段、专业人才优势,为客户提供服务,并获取一定的手续费收入。

(2)代理清理债权、债务业务。该业务是指信托公司受委托人之托,代为办理财产清算的业务。如,代为催收欠款,协助单位解决贷款结算过程中形成的相互拖欠,代收债权,代偿债务,分派剩余财产以及其他各种财务清算事务等。

(3)代理有价证券业务。该业务是指信托公司受企业的委托代为办理有价证券的发行、买卖、过户、代付收益和保管事宜的业务。在代理有价证券业务中,信托公司作为债权人和债务人双方的代理人,既为发行单位提供服务和便利,又通过有价证券的审查和监督,维护认购单位和个人的合法权益,从而促进有价证券业务的发展。

(4)代理保管业务。该业务是指信托公司设置保管箱库,接受单位或个人委托代为保管各种贵重物品及重要凭证的业务。

(二)咨询业务

1.信托咨询的含义。"咨询"从词义上讲,就是向他人征求意见和商量自己不了解或不太了解的事情,可简称为"求教于人"。信托咨询是信托机构办理咨询业务的通称。信托机构受托对指定的企业单位、建设项目、工程技术或经济效益及信用情况进行专门的调查、分析、论证,向委托人提供有关的经济信息、数据资料、方案或可行性研究报告,使委托人以此作为决策的依据。信托咨询是一种信托行为,是信托当事人在相互信任的基础上,将有特定目的的信息进行传递和反馈的行为。

2.信托咨询的种类。中国信托投资机构办理的咨询业务主要有以下几种。

(1)资信调查。资信调查又称信用调查,信托机构受托此类咨询,主要是替委托人了解对方企业的支付能力、资产状况、信用情况、经营能力以及经营作风等内容。此外,还为委托人了解对方企业的负责人情况、企业成立的时间长短、业务经营状况、生产规模、技术水平、产品质量、产供销状况以及其在社会上的信誉等情况。

(2)金融咨询。金融咨询是信托机构受托为委托人查询和提供关于金融动态和其他事宜的业务。这种咨询涉及的内容有:查询有关国家的金融法规、金融制度、金融管理的政策;查询金融活动的习惯做法;了解某行业或企业单位的资金信用情况;分析和预测国外某种货币、利率的变动趋势,国际金融市场的动态,了解国内金融政策和金融市场发展状况;帮助了解金融活动的新办法和新业务;解答有关的金融理论问题等。

(3)投资咨询。信托机构经营的投资咨询业务分为两个部分,即证券投资咨询和基础建设投资咨询。证券投资咨询的内容有证券投资时机的选择、证券投资环境的选择、介绍证券投资的对象、证券投资收益与市场利率的比较数据以及证券投资的有关手续费等。基础建设投资咨询的内容比较复杂,主要有为客户提供投资信息、受托对投资项目进行市场调查和预测、对投资项目进行机会性分析和风险性分析、对投资项目进行初步可行性研究和评价可行性研究、为投资人提供可供选择的投资方案等。

(4)商情咨询。商情咨询是指信托投资公司受理的,对与信托项目有关的国内贸易动态以及各国、各地区的商品价格,贸易政策及做法等方面的情况展开咨询服务的业务,如提供商品市场的有关信息、调查分析商品的销售情况和趋势等。

(5)介绍客户。介绍客户是指信托投资公司利用自身业务联系广泛、信息灵通等优势,作为介绍人为国内外客户牵线搭桥,通过联络介绍,沟通双方的合作意向,协助进行业务商谈,促进合作双方达成协议。

(6)财务咨询。财务咨询指信托机构对企业单位提供财务管理上的咨询服务与培训财会人员的业务。如,在会计制度的设计、财产保管运用制度的建立、成本核算技术问题上的咨询服务等。

3.信托咨询的特点。信托咨询的特点可概括为以信用咨询为主体,以经济信息为产品,以智力型服务为特色,以双重服务为宗旨。

(1)信托咨询以信用咨询为主体。信用咨询的具体内容包括两个主要方面,即介绍客户与资信调查。在经济交往中,交易双方若互相不了解对方的情况,商品交换的实现必定会遇到一定的困难。此时,交易双方可委托信托机构通过信托咨询方式,穿针引线,对交易双方进行介绍,促成交易实现,也可委托信托机构对交易一方单独进行信用与资力调查,这在信托机构的咨询服务中占主要地位。

(2)信托咨询的标的物是经济信息,经济信息是信托咨询的"产品"。当前,许多发达国家把经济信息视为社会发展的重要支柱之一,许多企业也把经济信息视作"无形的财富"。信托机构通过财务分析、信用调查、信用档案的存储与使用,形成各种报告或文件依据,为客户提供咨询服务,其所提供的报告或文件即是"咨询产品"。咨询产品是无形的,包括商誉、商标、专利权、著作权等,这些经济信息构成了信托咨询的主要"产品"。

(3)信托咨询业务属于经济活动中的"头脑产业"部分,其特色是为客户进行智力型服务。信托咨询机构拥有一批专业水平高,有相当政策、技术水平的人才。信托机构有条件利用其咨询专家丰富的智力资源来分析委托人提出的各种问题,解决和满足委托人的咨询要求。

(4)对社会服务对象而言,信托咨询业务是一种双重服务。信托机构既可为交易的购货方提供咨询服务,也可为销货方服务;既可为生产单位提供服务,也可为消费单位服务;既可为投资单位提供服务,又可为被投资单位服务。但信托机构必须对咨询双方做到实事求是,不偏不倚。

4.信托咨询的作用。咨询活动是商品经济条件下的产物,它的存在与发展有助于商品经济的繁荣。其作用有以下几个方面。

(1)推动横向经济联合,使各个地区或企业之间互通有无,互补不足,在资金、物资、技术等方面加强合作,从而有利于社会生产力的快速发展。

(2)降低风险,保证投资安全。现代经济是一个急剧变化的经济,经济往来的区域不断扩大,各种经济关系越来越复杂,这些都增加了经济交往中的不确定因素,使得风险越来越高。信托机构利用自己的专业人员及其专业技能,可以获得全面、详细的信息,为企业提供可靠的决策依据,从而保证企业的投资安全。

(3)提供信息来源。在现代社会中,企业很难依靠自己的能力去收集和获取某些领域较为全面、深入的信息。信托机构的咨询部门专门从事此项工作,有充足的信息来源,可以及时、全面地向企业提供有关信息,为企业抓住竞争时机创造基本条件。

(4)为企业决策提供充足依据。随着咨询业务的发展,现代咨询不仅可以提供各种信息,而且还可以为企业提供分析、预测等服务。由于信托机构占有丰富的信息、资料,拥有高水平的专业人才,可以为企业进行分析、预测,并保证分析预测的科学性,从而为企业的经营决策提供了科学的依据,对提高企业的经济效益起到了积极的作用。

本章小结

信托业务分类的原则是根据各国经济发展的需要和信托业务的结构来划分的,可以依据信托关系建立的特点、信托目的、信托的其他内容进行基本的分类。其中,按委托人性质的分类是普遍使用的信托分类方法。按委托人性质进行分类,可将信托分为个人信托业务、法人信托业务和通用信托业务。个人信托业务中的委托人指自然人,包括生前信托和身后信托。法人信托是指由公司、社团等法人委托信托机构办理的各种信托业务,与"个人信托"对应,具有财产数额大、与经济联系密切等特点,包括企业创设改组清算的信托、企业筹资信托、动产信托、雇员受益信托等。通用信托是指那些既可以由个人委托人也可以由法人委托人设定信托的业务,其目的是促进公共事业发展、谋求投资增值、代理各种事务,主要包括公益信托、投资信托和代理业务等。

复习思考题

1.简述信托业务的分类原则及分类方式。
2.比较生前信托与身后信托的特点及内容。
3.简述法人信托业务的基本种类。
4.简述公益信托的含义及当事人的特点。
5.简述个人信托、法人信托、混合信托三者的适用范围及特点。

第四章

信托机构的创设、经营与风险管理

学习目标

本章的重点内容是把握信托机构创设与经营运作的特点。本章首先介绍了信托机构创设的基本条件;其次讲述了信托机构经营管理的主要内容;最后探讨了信托机构经营的风险与风险防范举措。

第一节 信托机构的创设

一、信托机构创设的基本条件

信托机构创设需要具备下面几个基本条件。

(一)信托机构的名称

原则上,公司的名称应该能够表明公司业务经营的种类,这样做可以名实相符地注册和开张营业,便于归类管理。如,日本的信托机构监管当局要求信托机构在名称中必须明白地显示"信托",而其他金融机构不得标识出"信托"字样。我国自改革开放以后,组建了多家信托机构。但是,由于特殊的组建背景,那时的信托机构有名无实,虽然被称作某某信托投资公司,但实则是一个准信贷机构,且经营的内容既包括金融,又包含实业。2007年3月,中国银监会颁布《信托公司管理办法》、《信托公司集合资金信托计划管理办法》(被称为"信托新两规"),旨在彻底纠正国内信托业的发展方向。其中一项重要的规定就是将管理办法修订前的"信托投资公司"一律更名为"信托公司",以明确对本业的回归。

(二)信托公司设立的核准

信托机构的创设只有在商品经济比较发达的地区或城市才有顺利开展业务的可能,因而核准设立信托公司需符合客观经济发展需要。对信托公司设立的核准机构各国有所不同,但不论有何差异,最终都应该由一国政府的监管当局审批。如,日本由大藏省批准,美国由各州政府批准。我国改革开放以后,曾出现过不同创设主体建立的信托公司,因而核准机构也有所不同。后经过调整逐渐统一,在2003年以前由中国人民银行进行审批和监管,2003年以后,转由中国银行业监督管理委员负责这项工作。

(三)信托机构的注册资本金

创设信托机构的一个重要条件就是要按照法定资本金数额收足资本,否则,信托机构的管理将失去控制。资本数额规定是指信托公司注册时所拥有的最低资本金,没有上限规定,低于下线的机构不能被批准设立。我国1986年的最低限额规定是:全国性信托机构5 000万元,省级信托机构1 000万元,地区级信托机构500万元。"信托新两规"颁布后,在保留信托公司的注册资本不得低于3亿元的规定同时,又对从事不同业务的信托公司的注册资本进行了不同规定:对申请从事企业年金基金、证券承销、资产证券化等业务的信托公司,其注册资本需符合其他法律法规规定的最低注册资本要求;信托公司处理信托事务不履行亲自管理职责,即不承担投资管理人职责的,其注册资本不得低于1亿元。

(四)我国信托机构的设立

我国信托机构的设立是以发展经济、稳定货币、提高社会经济效益为目标的。信托公司是办理信托投资业务的金融企业。它是独立法人,实行单独核算,自负盈亏,业务上受银监会领导。因此,它的设立必须具备一定条件,遵守一定原则,按规定程序进行。我国目前信托公司的准入实行审批制。我国信托公司的设立条件见表4-1。

表 4-1　信托公司设立条件

审核要素	标准/内容
机构组织形态	符合《中华人民共和国公司法》的要求,采取股份有限公司或者有限责任公司的形式
公司章程	1.有限责任公司章程必须包括:公司名称和住所;公司经营范围;公司注册资本;股东的姓名或者名称;股东的出资方式、出资额和出资时间;公司的机构及其产生办法、职权、议事规则;公司法定代表人;股东会会议认为需要规定的其他事项。股东应当在公司章程上签名、盖章 2.股份有限公司章程应当载明下列事项:公司名称和住所;公司经营范围;公司设立方式;公司股份总数、每股金额和注册资本;发起人的姓名或者名称、认购的股份数、出资方式和出资时间;董事会的组成、职权、任期和议事规则;公司法定代表人;监事会的组成、职权、任期和议事规则;公司利润分配办法;公司的解散事由与清算办法;公司的通知和公告办法;股东大会会议认为需要规定的其他事项
最低资本金	信托公司注册资本最低限额为 3 亿元人民币或等值的可自由兑换货币,注册资本为实缴货币资本。申请经营企业年金基金、证券承销、资产证券化等业务,应当符合相关法律法规规定的最低注册资本要求。开办受托境外理财业务注册资本金不低于 10 亿元人民币或等值可自由兑换货币。中国银行业监督管理委员会根据信托公司行业发展的需要,可以调整信托公司注册资本最低限额
股东资格	1.单位性质、投资数额、投资形式、资金来源、经营状况等均要满足中国人民银行制定的入股资格的股东 2.允许境外企业、外商独资企业、中外合资企业、商业银行向信托公司投资入股 3.在工商行政管理部门登记注册的具有法人资格的企业:经营业绩良好,按期足额归还银行贷款,向信托公司投资入股时要有合法真实的资本投入,年终分配后,净资产达到全部资产的 30%,投资的累计金额不得超过企业净资产的 50%。外资买家单独持有被投资金融机构的股权不得超过 20%,共同持有部分也不得超过 25%
高管人员任职资格和信托从业人员条件要求	1.董事长、副董事长、监事长、总经理、副总经理适用核准制,任职前必须通过资格审查;副监事长适用备案制,在任职前应报备 2.信托从业人员,由监管部门对其实行信托业务资格考试,未经考试或者考试不合格的不得经办信托业务
公司内部管理的要求	具有健全的组织机构、信托业务操作规程和风险控制制度
公司营业场所、设施和安全防范措施的要求	有符合要求的营业场所、安全防范措施和与业务有关的其他设施
监管部门提出进一步要求	可以根据经济发展的需要和信托市场的状况对信托公司的设立申请进行审查

二、业务经营范围

(一)一般信托机构的业务分类

信托机构的业务一般划分为两大类:主营业务与兼营业务。信托机构的主营业务是指其经办的本业,即各种信托业务;兼营业务是指信托机构在主营业务以外经营的广义信托业务或非信托业务,如代理业务、银行储蓄业务。对于业务经营范围的确定,各国、各地区因客观经济环境的不同而有所不同,如日本信托机构的业务分为信托业务、银行业务、兼营业务三类。

（二）我国信托机构的业务范围

1.我国信托机构业务范围的演变。我国 1949 年以前的信托机构业务包括信托业务、银行储蓄业务、代理业务、证券投资业务等。1979 年改革开放后的 20 年间，信托机构定位不清，成为混业经营的金融机构。2001 年我国《信托法》颁布和 2007 年 3 月 1 日施行《信托公司管理办法》以后，信托公司开始回归本业，主要经营以资金信托为主的财产信托业务。

2.我国信托公司的业务范围主要包括下述内容。

（1）允许信托公司经营的业务范围如表 4-2 所示。

表 4-2　我国信托公司的业务经营范围

主营业务		资金信托
		动产信托
		不动产信托
		有价证券信托
		其他财产或财产权信托
		作为投资基金或者基金管理公司的发起人从事投资基金业务
		公益信托
兼营业务	投资银行业务	经营企业资产的重组、购并及项目融资、公司理财、财务顾问等业务
		受托经营国务院有关部门批准的证券承销业务
	中间业务	办理居间、咨询、资信调查等业务
		代保管及保管箱业务

"新两规"出台后，进一步明确、增加了信托公司的业务范围，信托公司将可以从事承销股票、短期融资券、资产支持证券，办理居间、咨询、资信调查等业务。信托公司可以根据市场需要，按照信托目的、信托财产的种类或者对信托财产管理方式的不同设置信托业务品种；信托公司管理运用或处分信托财产时，可以依照信托文件的约定，采取投资、出售、存放同业、买入返售、租赁、贷款等方式进行；信托公司不得以卖出回购方式管理运用信托财产。

信托公司固有业务项下可以开展存放同业、拆放同业、贷款、租赁、投资等业务。投资业务限定为金融类公司股权投资、金融产品投资和自用固定资产投资。信托公司不得以固有财产进行实业投资，但中国银监会另有规定的除外。信托公司不得开展除同业拆入业务以外的其他负债业务，且同业拆入余额不得超过其净资产的 20%，中国银监会另有规定的除外。

信托公司可以开展对外担保业务，但对外担保余额不得超过其净资产的 50%。信托公司经营外汇信托业务，应当遵守国家外汇管理的有关规定，并接受外汇主管部门的检查、监督。

（2）信托公司禁止经营的业务范围。详见表 4-3。

表 4-3　我国信托公司禁止经营的业务范围

固有业务	向关联方融出资金或转移财产
	为关联方提供担保
	以股东持有的本公司股权作为质押进行融资

续表

信托业务	利用受托人地位谋取不当利益
	将信托财产挪用于非信托目的的用途
	承诺信托财产不受损失或者保证最低收益
	以信托财产提供担保
	法律法规和中国银行业监督管理委员会禁止的其他行为

三、信托机构的内部组织设置

信托机构的内部组织设置是指信托机构的内部组织管理和职能部门的设置。

（一）一般组织结构

根据《信托公司管理办法》的规定,信托公司只能采取股份有限公司或有限责任公司的形式。公司是企业法人,有独立的法人财产,享有法人财产权。公司以其全部财产对公司的债务承担责任。有限责任公司的股东以其认缴的出资额为限对公司承担责任;股份有限公司的股东以其认购的股份为限对公司承担责任。见表4-4中诚信托公司股权结构表。

表4-4 中诚信托公司股权结构

股 东	出资额(万元)	比例%
中国人民保险集团股份有限公司	80 875.00	32.920 6
国华能源投资有限公司	50 000.00	20.352 8
兖矿集团有限公司	25 000.00	10.176 4
永城煤电控股集团有限公司	12 500.00	5.088 2
深圳市天正投资有限公司	8 861.68	3.607 2
中国中煤能源集团有限公司	8 333.33	3.392 1
冀中能源邢台矿业集团有限责任公司	8 333.33	3.392 1
贵州盘江投资控股(集团)有限公司	8 333.33	3.392 1
中国平煤神马能源化工集团有限责任公司	8 333.33	3.392 1
招商局中国基金有限公司	8 180.00	3.329 7
山西焦煤集团有限责任公司	6 250.00	2.544 1
山西潞安矿业(集团)有限公司	6 250.00	2.544 1
福建省能源集团有限责任公司	6 250.00	2.544 1
淮北矿业(集团)有限责任公司	4 166.67	1.696 1
内蒙古兴业矿业股份有限公司	4 000.00	1.628 3
合计	245 666.67	100.00

资料来源:http://www.cctic.com.cn,2015年12月。

1.董事和董事会

（1）董事。信托公司的董事应当具备法律、行政法规和中国银监会规定的资格条件;公司章程应明确规定董事的人数、产生办法、任免程序、权利义务和任职期限等内容;董事应以认真负责的态度出席董事会,对所议事项表达明确的意见;董事无法亲自出席董事会的,可以书面委托其他董事按其意愿代为投票,并承担相应的法律责任;董事个人直接或者间接与公司已有的或者计划中的合同、交易、安排有关联时,应当及时将其关联关系的性质和程度告知董事会、监事会,并在董事会审议表决该事项时予以回避。

(2)独立董事。信托公司要设立独立董事。独立董事要关注、维护中小股东和受益人的利益,与信托公司及其股东之间不存在影响其独立判断或决策的关系;独立董事人数应不少于董事会成员总数的1/4,但单个股东及其关联方持有公司总股本2/3以上的信托公司,其独立董事人数应不少于董事会成员总数的1/3;信托公司独立董事应有良好的职业操守和道德品质,熟悉信托原理和信托经营规则,并有足够的时间和精力履行职责;信托公司独立董事不得在其他信托公司中任职;公司应当明确规定独立董事的产生程序、权利义务等内容。

独立董事享有以下职责或权利:提议召开股东(大)会临时会议或董事会;向股东(大)会提交工作报告;基于履行职责的需要聘请审计机构或咨询机构,费用由信托公司承担;对重要业务发表独立意见,可就关联交易等情况单独向中国银监会或其派出机构报告;对公司董事、高级管理人员的薪酬计划、激励计划等事项发表独立意见;法律法规赋予董事的其他职责或权利。

(3)董事会。董事会对股东(大)会负责,并依据《中华人民共和国公司法》等法律法规的规定和公司章程行使职权。股份有限公司的董事会成员为5~19人。有限责任公司的董事会成员为3~13人。董事由股东选任,并在其中推选董事长和副董事长。董事任期由公司章程规定,但每届任期不得超过3年。董事任期届满,可以连任。

公司董事会的一般职责有:召集股东会会议,并向股东会报告工作;执行股东会的决议;决定公司的经营计划和投资方案;制订公司的年度财务预算方案、决算方案;制订公司的利润分配方案和弥补亏损方案;制订公司增加或者减少注册资本以及发行公司债券的方案;制订公司合并、分立、变更公司形式、解散的方案;决定公司内部管理机构的设置;决定聘任或者解聘公司经理及其报酬事项,并根据经理的提名决定聘任或者解聘公司副经理、财务负责人及其报酬事项;制订公司的基本管理制度;公司章程规定的其他职权。

2.监事和监事会

(1)监事。信托公司监事应当符合法律、行政法规和中国银监会规定的资格条件,具备履行职责所必需的素质。监事会成员不得少于3人。信托公司董事、高级管理人员及其直系亲属不得担任本公司监事。

监事有权了解公司经营情况,并承担相应的保密义务,信托公司应当采取措施切实保障监事的知情权,为监事履行职责提供必要的条件。

监事应当列席董事会会议。列席会议的监事有权发表意见,但不享有表决权,发现重大事项可单独向中国银监会或其派出机构报告。

(2)监事会。信托公司应当设监事会。监事会可下设专门机构,负责监事会会议的筹备、会议记录和会议文件保管等事项,为监事依法履行职责提供服务。

监事会每年至少召开两次会议,会议记录自做出之日起至少保存15年;监事会可以要求公司董事或高级管理人员出席监事会会议,回答所关注的问题;公司应将其内部稽核报告、合规检查报告、财务会计报告及其他重大事项及时报监事会。

基于履行职责的需要,监事会经协商一致,可以聘请外部审计机构或咨询机构,费用由信托公司承担。

3.股东及股东大会

(1)股东。信托公司股东应当具备法律、行政法规和中国银行业监督管理委员会规定的资格条件,并经中国银监会批准。信托公司股东应当作出以下承诺:入股有利于信托公司的持续、稳健发展;持股未满3年不转让所持股份,但上市信托公司除外;不质押所持有的信托公司股权;不以所持有的信托公司股权设立信托;严格按照法律、行政法规和中国银监会的规定履行出资义务。

信托公司股东不得有下列行为:虚假出资、出资不实、抽逃出资或变相抽逃出资;利用股东地位牟取不当利益;直接或间接干涉信托公司的日常经营管理;要求信托公司做出最低回报或分红承诺;要求信托公司为其提供担保;与信托公司违规开展关联交易;挪用信托公司固有财产或信托财产;通过股权托管、信托文件、秘密协议等形式处分其出资;损害信托公司、其他股东和受益人合法权益的其他行为。

股东与信托公司之间应在业务、人员、资产、财务、办公场所等方面严格分开,各自独立经营、独立核算、独立承担责任和风险。

(2)股东大会。信托公司股东(大)会的召集、表决方式和程序、职权范围等内容,应在公司章程中明确规定。股东(大)会议事细则包括通知、文件准备、召开方式、表决形式、会议记录及其签署等内容,由董事会依照公司章程制订,经股东(大)会审议通过后执行。

信托公司股东单独或与关联方合并持有公司50%以上股权的,股东(大)会选举董事、监事应当实行累积投票制,即股东(大)会选举董事或者监事时,每一股份拥有与应选董事或者监事人数相同的表决权,股东拥有的表决权可以集中使用。

4.高级管理人员。高级管理人员的任职资格应当符合法律、行政法规和中国银监会的规定。信托公司不得聘任未取得任职资格的人员担任高级管理人员或承担相关工作。公司总经理和董事长不得为同一人。总经理向董事会负责,未担任董事职务的总经理可以列席董事会会议。

总经理应当根据董事会或监事会的要求,向董事会或监事会报告公司重大合同的签订与执行情况、资金运用情况和盈亏情况。总经理必须保证该报告的真实性。

高级管理人员的一般职责有:在信托业务与公司其他业务之间建立有效隔离机制,保证其人员、信息、会计账户之间保持相对独立,保障信托财产的独立性;认真管理信托财产,为每一个集合资金信托计划至少配备1名信托经理;高级管理人员应对公司的各个层面实施风险评估,实施评估的深度和广度应与公司的业务范围和各部门的职责相适应;同时应加强风险管理,有效检测、评估、控制和管理风险,逐步提高风险识别和风险管理的能力。

高级管理人员应当根据公司经营活动的需要,建立健全以投资决策系统、内部规章制度、经营风险控制系统、业务审批及操作系统等为主要内容的内部控制机制,并报中国银监会或其派出机构备案。内控制度应当覆盖信托公司的各项业务、各个部门和各级人员,并融入决策、执行、监督、反馈等各个经营环节,保证各个部门和岗位既相互独立又相互制约。

信托公司应当设立内部审计部门,对本公司的业务经营活动进行审计和监督。信托公司的内部审计部门应当至少每半年向公司董事会提交内部审计报告,同时向中国银监会或其派出机构报送上述报告的副本。

高级管理层应当设立合规管理部门,负责公司的合规稽核,对公司各部门及其人员行为的合规情况进行全程监控,协助高级管理人员有效识别和管理信托公司所面临的合规风险。

（二）信托公司的普通组织结构图

一般来说,信托公司的普通组织结构如图4-1所示。

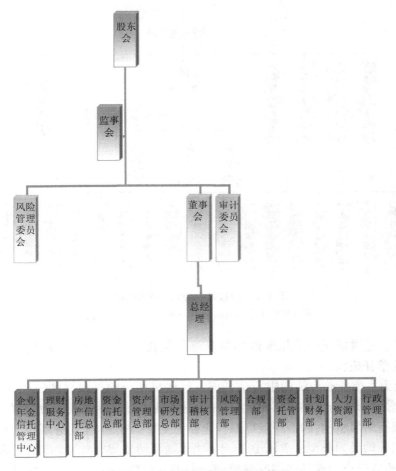

图4-1 信托公司普通组织结构图

（三）我国获发信托牌照的信托公司组织结构示例

2015年中诚信托的组织结构如图4-2所示。

四、信托机构种类

（一）兼营的信托机构

兼营的信托机构一般是指既经营信托业务又经营银行业务的单位。兼营形式的信托机构一般又分为两种。

1.信托业为主银行业为辅的信托公司。此类信托公司以日本的信托公司最为典型。第二次世界大战后,日本出现了严重的通货膨胀,国民私有财产很少,长期资金无法吸收,财产资金信托难以开展,而且,政府的证券交易法又限制了信托公司的证券业务,使信托公司的经营陷入困境。于是,政府通过《银行法》使信托公司改组成为信托银行,又通过《兼营法》使其得以经营银行业务,形式上似乎它们以银行身份兼营信托,实际上却是以信托公司的地位专门经营信托并兼营银行业务,这使得信托公司的信托业务转入良性循环,并不断开发出

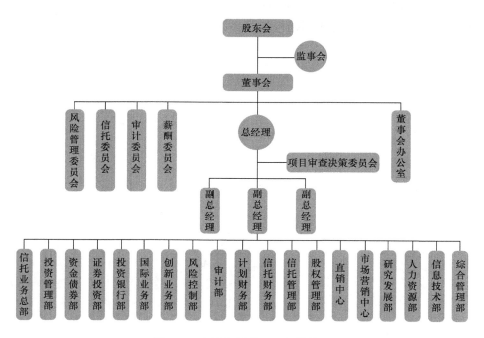

图4-2 中诚信托公司组织结构图

资料来源:http://www.cctic.com.cn,2015年12月。

新的信托业务。这种状况一直延续到1954年实行信托分离后才被改变,信托银行此后成为实质上的专业信托机构。

2.银行业为主信托业为辅的银行信托部。这些机构有的是独立的法人,有些则不是独立的法人,其兼营形式与上述形式相反,它一般是商业银行或专业银行为兼营一部分信托业务而设置的银行附属机构,因而一般以银行业务为主要业务,信托业务则处于从属地位。这种兼营形式以美国最为典型。美国1913年根据《联邦储备银行法》批准国民银行兼营信托业务,继而各州政府也批准各州银行兼营信托业务。目前,美国专业性的信托公司很少,信托业务基本上由大商业银行设立的信托部所垄断。

需要注意的是,无论何种兼营形式的信托机构,都要与银行业实行分别核算、分别管理。

（二）专营的信托机构

专营的信托机构一般是指专门办理信托业务的经济组织,它属于非银行金融机构,一般不经营银行业务而侧重于经营长期金融业务。其业务既涉及国内的信托业务,又涉及国际信托业务,而尤以后者为主。

（三）信托机构种类选择

1.选择基础。对于信托机构种类结构的选择主要取决于一个国家的经济体制模式、金融体制模式及信托业务经营的目的。此外,还要受制于一个国家有关信托的法规。

2.各种类型信托机构比较。如果单从信托机构本身的状况来考虑,应从以下几方面进行比较:从发挥信托职能的角度比较其专业性;从经营的角度比较其收益性;从管理的角度考察其对成本的重视性;综合考察信托业发展的稳定性。通常的情况如表4-5所示。现实情况因具体经营运作环境不同而存在差异。

表 4-5　信托机构种类选择

信托业务机构形式	专业性	收益性	对成本重视	信托业务发展的稳定性
专业信托公司	好	不好	好	好
信托公司兼营银行业	好	好	好	很好
银行兼营信托业	不好	好	不好	较差

3.选择机构类型的原则

(1)信托业务和信贷业务必须明确分工。信托和银行信贷业务虽然都属于金融业务,二者可以相互配合,业务经营上也可相互交叉,但二者又具有各自的职能和特点。因此,从其职能和特点的规定性上说,信托业务不能违背委托人在契约合同上确定的目的要求,由他主意旨变为自主意旨的经营,而信贷业务也不能逾越自己的职能和经营范围,按他人的目的要求代为管理和处理财产和经济业务。信托、信贷必须明确分工、相互配合,办理兼营业务的机构,必须合理选择业务并分别核算。

(2)以明确的法律规定作为信托与信贷业务分工配合的准则。信托、信贷二者都属于金融业务,没有法律保证,则信托、信贷都难以有明确的分工和配合,也难以发挥正常作用。因此,要明确制定银行法规、信托法规等经济法规,对各自的业务、经营方式加以规范,使之不相互混淆,同时,还要使各项业务尽可能符合社会经济发展的实际情况和客观要求。

第二节　信托机构的管理

一、信托机构管理的原则

(一)信托机构管理的目标

管理是为了有效地获取、配置、利用企业的现有资源,实现既定目标而进行的一系列动态活动。管理的目标是使组织的存在有意义,无论是营利的责任还是社会公益的责任,都要通过有效的管理来实现。相对信托业来说,从信托市场规则的制定与实施、信托公司内部管理,到每项信托业务的操作,都贯穿着管理活动,信托业务从起点到终点是一个严格的管理流程。有效的管理,可使信托组织与机构更加规范,使信托业务的风险降低。信托机构的管理涉及组织管理、业务管理、财务管理和人事管理等方面。

(二)信托机构管理的原则

信托机构管理的原则主要包括下面几项内容。

1.认真履行受托职责,遵循诚实、信用、谨慎、有效管理的原则,恪尽职守,为受益人的最大利益处理信托事务。

2.明确股东、董事、监事、高级管理人员的职责和权利义务,完善股东(大)会、董事会、监事会、高级管理层的议事制度和决策程序。

3.建立完备的内部控制、风险管理和信息披露体系以及合理的绩效评估和薪酬制度。

4.树立风险管理理念,确定有效的风险管理政策,制定翔实的风险管理制度,建立全面的风险管理程序,及时识别、计量、监测和控制各类风险。

5.积极鼓励引进合格的战略投资者、优秀的管理团队和专业管理人才,优化治理结构。

（三）信托公司经营的原则

信托公司经营的原则主要有以下几项。

1.信托公司管理运用或者处分信托财产,必须恪尽职守,履行诚实、信用、谨慎、有效管理的义务,维护受益人的最大利益。

2.信托公司在处理信托事务时应当避免利益冲突,在无法避免时,应向委托人、受益人予以充分的信息披露,或拒绝从事该项业务。

3.信托公司应当亲自处理信托事务。信托文件另有约定或有不得已事由时,可委托他人代为处理,但信托公司应尽足够的监督义务,并对他人处理信托事务的行为承担责任。

4.信托公司对委托人、受益人以及所处理的信托事务的情况和资料负有依法保密的义务,但法律法规另有规定或者信托文件另有约定的除外。

5.信托公司应当妥善保存所处理信托事务的完整记录,定期向委托人、受益人报告信托财产及其管理运用、处分和收支的情况。委托人、受益人有权向信托公司了解其信托财产的管理运用、处分和收支情况,并要求信托公司作出说明。

6.信托公司应当将信托财产与其固有财产分别管理、分别记账,并将不同委托人的信托财产分别管理、分别记账。

7.信托公司应当依法建账,对信托业务与非信托业务分别核算,并对每项信托业务单独核算。

8.信托公司的信托业务部门应当独立于公司的其他部门,其人员不得与公司其他部门的人员相互兼职,业务信息不得与公司的其他部门共享。

二、信托公司内部责任中心

信托公司作为独立法人是以营利为基本目的的非银行金融机构,它一方面以满足社会在信托方面的需求为其存在的市场根据;另一方面以不断的营利积累提供其竞争和发展的能量。信托公司按其职能部门和分支机构设置的目的和要求可划分为不同层次的责任中心,不同层次责任中心的经理承担不同的责任,公司对其计划和控制的内容也不同。信托公司的内部责任中心可划分为以下三个。

（一）费用中心

费用中心是信托公司责任中心中的最低层次。该中心的负责人仅对在其可控制范围内的费用负责。可划入费用中心的部门包括信息技术部、人事部、财务部、办公室、审计部和研究发展部。费用中心的预算目标称为费用目标。如果成本/效益的标准可以满足,那么控制费用中心的有效方法是零基预算法。在零基预算法下,每个费用中心的经理在做下一个年度的预算时,都要对其所管理的部门在下一个年度的职能活动重新审查和安排,去掉那些既消耗相当资源又无太大意义的活动,对于那些必要的活动,可设计多个活动方案,选择其中费用低的方案。

（二）利润中心

利润中心是信托公司责任中心中层次较高的一级。该中心的负责人除了要对其可控的费用负责,还要对收入负责。可划入利润中心的部门包括投资银行部、投资部、租赁业务部、个人信托管理部和团体信托管理部等。对利润中心可下达预算利润目标,利润中心还要对实际利润完成情况与预算利润目标的差异展开分析并找出原因,并由此对实际的经营措施或经营目标进行调整。信托公司在信托业务上的收入来源于两个方面：一是手续费收入，二是提取业绩报酬。研究和发展部既可以作为费用中心，也可以作为利润中心，关键看其在投资决策中的作用。

（三）投资中心

投资中心是信托公司责任中心中层次最高的一级。投资中心的负责人既要对其可控收入、费用负责，又要对其可控投资负责。毫无疑问，信托公司本身就是投资中心，信托公司的总经理既要对信托公司的利润负责，又要对信托公司的股东权益报酬率负责。

通过设立责任中心，信托公司可以将经营和财务目标逐级分解到各部门和分支机构的每一个工作岗位，使责、权、利真正结合起来，从而有效调动整个公司的资源，形成统一的公司目标。

三、与其他金融机构的竞争与合作

（一）理财市场的竞争关系

"受人之托，代人理财"是信托公司的本原业务，也是信托公司的最基本业务。虽然在开展理财业务的机构中，信托公司是目前唯一可以跨越货币市场、证券市场和实业市场的金融机构，有投资标的广泛、经营范围广、投资组合选择空间大的竞争优势，但销售网络稀缺、流动性差、接受度相对较低等因素也使之与其他主体开展的理财业务相比存在明显的竞争劣势。

1.商业银行的理财产品。商业银行推出的理财产品模式为：银行根据自己所持有或银行间债券市场交易活跃的某种债券（仅限于国债和金融债）、央行票据的期限和收益率，确定所发行理财产品的期限和收益率，在柜台出售理财产品，然后将所筹集的资金用于购买自己持有的债券、票据或从银行间债券市场、央行公开市场买入原定的债券或票据，以锁定理财产品的期限和收益率。

2.基金公司的理财产品。自2006年下半年到2007年上半年的一年时间里，中国的资本市场形势大好，使基金公司普遍获得了较高收益，并推动了基金市场的发展。目前，基金业已形成了较为完整和成熟的产品群，如各种投资风格的股票基金、债券基金、货币市场基金、保本基金等类型，能够投资于除期货、外汇外的大部分国内金融产品。

3.保险公司的理财产品。保险公司旗下可以设立保险资产管理公司，它可以开展的业务如表4-6所示。

表4-6　保险资产管理公司业务范围

资产业务	权益投资，包括直接股票投资和股权投资
	基础设施项目投资
	贷款业务，包括保单抵押贷款和反向抵押贷款等
	外汇投资
负债业务	保险资产管理公司在设立初期，以母公司保险资金为主要管理对象，随着投资专业化和管理水平的不断提高，将接受第三方资产委托管理，如社会保障基金、企业年金等
中间业务	利用保险公司所拥有的广大客户资源、强大销售网络、雄厚技术基础和人才优势，保险资产管理公司可以广泛开展中间业务

目前,我国的理财市场存在的主要问题是法律依据模糊不清,产品同质化趋势明显,潜在技术性风险较大,监管标准不统一等。

在名目繁多的委托理财业务中,尽管形式不同,但就其财产关系的性质而言,却都属于信托方式(只要在委托人与受托人之间形成明确的信托契约关系,各种机构从事的委托理财业务均属信托行为,其信托关系不因受托人的变化而变化),而且无论何种类型的理财产品,都属于委托人自担风险的金融产品。

事实上,不同金融机构的理财产品,差异只是发行主体而不是产品功能,所以对理财市场产品的统一监管应该是未来发展的趋势。

（二）与其他金融机构的合作

1.与银行的合作。银信合作最初集中在由商业银行代售信托产品并代理资金收付上。最近几年,银信合作的领域和技术含量都有了质的飞跃,比如出现了银信银团贷款、双层信托银信连接理财产品(即由委托人与商业银行以人民币理财产品为载体建立第一层信托关系,再以商业银行为机构委托人与信托公司以集合资金信托产品为载体建立第二层信托关系)、筹集和补充银行资本金(发行集合资金信托计划募集资本金)、资产证券化(信托公司把银行信贷资产证券化)、信托财产银行托管、质押贷款(把信托产品在银行进行质押贷款,解决信托产品流动性问题)等方式。

☞ **背景链接**

银行入股信托试点

中国银行业监督管理委员会于2007年5月批准在香港和上海两地上市的交通银行股份有限公司对湖北省国际信托投资有限公司实施重组,组建"交银国际信托有限公司"。这是中国首次正式批准商业银行入股信托公司实施混业经营,这不仅成为中国信托行业重整转型的重要信号,更是金融混业经营在信托业领域的实质性突破。交银国际信托有限公司注册地在武汉。公司注册资本为人民币12亿元,其中外汇资本1 500万美元。交通银行以现金出资10.2亿元人民币,持有85%的股权;湖北国投以现金出资1.8亿元人民币,持有15%的股权。

2.与基金公司的合作。信托公司与基金公司主要有以下几种合作方式:①股权合作,主要表现在信托公司持股基金公司。②托管。把基金公司的资金托管给信托公司,信托公司赚取手续费。③合作设计产品。与基金公司合作,为不同风险偏好的投资者设计具有不同风险收益特征的子产品。④将信托产品购买基金公司基金,或者与基金公司合作进行打新股操作。

此外,当前银信保合作的雏形也正在呈现,如兴业银行将人民币信托资金理财产品引入中国大地财产保险股份有限公司,为资金信托提供信贷资产转让履约保证保险。金融走向混业经营的趋势已经越来越明显。

四、信托机构的财务管理

信托公司的财务管理工作主要是通过对各项资金的形成、筹集和使用的管理,来扩大经营成果,提高经济效益,促进经营管理的加强和各项业务的展开。做好财务管理工作对于信托公司增加营业收入,降低营业成本费用,提高经营管理水平,增强在国际与国内金融市场上的竞争力都起到重要作用。

信托公司的财务管理侧重于价值管理,一般认为,信托公司财务管理的职能包括财务决策、筹集资金和资金控制等。

（一）财务管理的一般原则

面对日益广泛的资金运动和复杂的财务关系,财务管理必须遵循以下基本原则。

1.价值最大化原则。价值最大化原则是指在其他条件相同的条件下,人们会选择使自己经济利益最大化的行动。它假设人们在衡量每一项交易时会选择对资金最有利的方案来行动。

2.风险—报酬权衡原则。在风险与报酬之间存在一种对等关系,企业必须对报酬和风险做出权衡,为追求较高报酬而承担较大风险,或者为减少风险而接受较低的报酬。

3.资源合理配置原则。资源的有限性决定了企业在生产经营活动中必须有效、合理地运用资源,充分考虑机会成本,将有限的资源运用到最需要的地方,使企业的经营活动获得最大的经济效益。

4.成本效益原则。成本效益原则是财务管理的基本原则。在市场经济条件下,企业没有免费使用的资金,各种资金的筹措、调整、运用、分配等都要充分考虑资金成本,还要考虑资金管理中的各项成本。资金管理要在讲求效益的基础上考核成本,在关注成本的前提下提高效益。

（二）财务核算

财务核算是利用价值形式记录、计算、分析和比较经营活动中的消耗和成果,使企业本身的收入能够抵偿支出,并取得盈利的一种有计划地管理经济的方法。财务核算是财务分析的依据。通过财务核算,可以准确、及时、真实、完整地了解信托业务的活动状况及经营成果,有利于资金的灵活调度,加速资金周转,使信托资金取得良好的经济效益。

信托财务核算的要求是:首先,财务核算要做到数字准确、情况真实、编制及时完整。其次,财务核算要做到能为业务开展提供信息反馈和决策依据。最后,财务核算要能起到促进降低费用水平和增加盈利的作用。

（三）财务分析

财务分析是信托企业按照各项经济计划指标和会计核算资料对信托业务的活动状况及经营成果进行全面的研究和分析,以改善企业的经营管理,提高经济效益的一种有效方法。

1.信托资金分析。信托资金分析主要是为了了解信托资金运用的程度及考核其运用效率,以便进一步挖掘资金潜力,提高经济效益。信托资金分析主要包括以下内容。

（1）信托资金来源分析。信托资金来源主要包括自有资金、信托存款、委托存款等项目。信托资金来源的分析,先以整个信托资金来源的本年实际数与本年计划数相比,以了解信托资金来源计划的完成情况,然后进一步分析信托存款、委托存款、发行债券、同业拆借、人民银行拆借等各个组成项目的本年实际数与上年实际数、上年计划数相比变动的原因。

信托企业要善于利用会计账表所反映的数据,掌握信托资金来源结构的变动情况,不失时机地把信托资金组织好和使用好。同时要加强财务管理,避免资金积压,从而把资金潜力充分调动起来,积极壮大资金来源。

（2）信托资金运用分析。信托资金的运用主要包括信托贷款、固定资产投资、委托贷款和投资、租赁等项目。

信托资金的运用,一般可以通过计算信托资金运用的频率来进行考核,在信托资金总数相等的情况下,信托资金运用累计发生额越大,运用频率就越高;反之,信托资金运用频率就越低。一般在贷款、投资等结构相同的条件下,信托资金在一定时期内运用次数越多,资金运用的效果就越好。但应注意,中长期资金的运用不能单以运用频率来考核,而应着重运用效益分析。

另外,资金运用效果的高低还取决于资金的利用程度。一般来说,信托资金利用效率越高越好。所以,信托企业为提高信托资金的运用效率,除了不断改善经营管理和加速资金周转外,还要提高信托资金的利用率,最大限度地将资金投入到正常、合理的周转中去。

（3）信托贷款的分析。信托贷款的分析可以从结构和投向进行分析。信托贷款的结构是指各类不同性质贷款的比例构成,包括固定资产贷款、流动资金贷款以及其他贷款的年末余额和平均余额的增减变动情况。分析时需将本年实际发生额与去年同期及计划指标进行对比。开展贷款的结构分析,一般可根据一定时期的贷款账户余额编制分析表。在贷款结构分析中,应着重分析在贷款总额中,哪些属于正常贷款,哪些属于逾期或不正常贷款,如果不正常贷款占有一定比例,需要采取有效措施,加强贷款管理。

信托贷款投向分析主要是检查信托贷款支持各种经济成分的情况,对国民经济发展的重点和薄弱环节要作为分析的重点。对信托贷款投向的分析是为了更好地发挥信托企业对社会经济的调节和控制作用。

2.信托项目经济效益分析。一个项目往往是长期的,它形成的固定资产包括土地、建筑物和设备等,所花费的投资额也是巨大的。因此,通过设立一些主要指标对投资项目进行分析和考核,既可以综合评价项目建设的实际投资效益,又可以发现项目决策与建设过程中的缺点和不足,尽快制订补救方案,争取使投资项目获得尽可能好的投资效益。对于企业指定用途的信托投资项目,通过分析与评价,可以促使信托机构注意投资方案的选择,减少或避免投资失误,更好地发挥信托投资的作用。

对信托投资项目的分析和考核,按照是否考虑货币的时间价值因素来区分,可以分为静态分析法和动态分析法。

（1）信托投资项目的投资效益。项目的投资效益是通过投入与产出的对比来判断的。投入量一定的情况下,获得的产出越多,经济效益就越好,或者说,为获得一定量的产出,投入越少越好。只有把反映投入量的指标和反映产出量的指标加以对比,才能构成综合反映投资项目经济效益高低的指标,这个指标就是项目投资效益率。它分为以下三个考核指标。

①投资利润率。投资利润率又称为纯收益率,是指投资项目的年税后利润额与原投资额之比。这个指标可以反映每个单位数额的投资每年能够给企业带来的收益量。

$$投资利润率 = 年税后利润额 \div 原投资额 \times 100\%$$

②投资利税率。投资利税率又称毛利率,它是指投资项目的年利税之和与原投资额之比。这个指标能够反映每一个单位数额的投资能给国家和企业带来多少收益。

$$投资利税率 = 年利税额 \div 原投资额 \times 100\%$$

③投资净产值率。净产值是企业劳动者在一定时期内新创造的价值。投资净产值率是指投资项目每年获得的净产值额与原投资额之比,这个指标反映的是一个单位数额的投资每年能够给国家、企业和个人带来的收益量。

$$投资净产值率 = 年净产值 \div 原投资额 \times 100\%$$

（2）信托投资项目回收期。投资回收期,是指回收投资所需的时间。投资项目回收期越短,说明项目效益越好,否则就越差。

$$投资回收期=项目投资总额÷(年利润总额+年折旧基金总额)$$

3.信托盈利分析。信托企业在开展业务的过程中,要发生营业收入和非营业收入,以及营业支出和非营业支出,还有相应的管理费用。信托盈利就是营业收入和非营业收入减去营业支出、非营业支出、管理费用和税款的余额,它反映了报告年度内信托企业经营活动的财务成果。对信托盈利的分析就是要考核企业经营活动的成果,分析影响信托盈利增减变动的原因以及盈利的分配使用是否积极合理。

(1)营业收入及营业支出的分析。影响营业收入及营业支出的因素主要有两方面。

第一,存贷款额变动的影响。在各种存贷款及租赁利率不变的情况下,存款利息支出和利息收入是随着存、贷款及租赁额增减程度成正比例变动的。存贷款及租赁额度越大,利息收入或利息支出就越多;反之,所得利息或支付的利息就越少,从而影响利润额的大小。

第二,各种存贷利率变动的影响。在各种存贷款规模基本相同的情况下,利率提高,利息支出或利息收入就增加;相反,利率降低,利息也就相应降低,从而利润额也就相应的增加或减少。

(2)管理费用分析。信托企业开展业务活动,需要支付各种费用,节约费用可以增加利润。加强费用管理,有利于促进信托企业进一步改进工作,不断提高工作效率和质量。

管理费用的分析,是在对经济指标计划完成情况作一般分析的基础上,结合信托业务量的变化,看重分析费用增加的原因及其对利润总额的影响程度,从而便于采取措施,不断降低费用支出,提高信托机构的盈利水平。

(3)利润率分析。信托企业按规定向人民银行缴存的存款准备金,连同实收资本金,是信托企业的营运资金。以利润额与营运资金相比,可以大体看出信托业务盈利情况的变化趋势。

$$信托营运资金利润率=利润额÷信托营运资金平均余额×100\%$$

信托营运资金利润率是信托企业盈利情况的具体体现。利润率高,一般表示信托企业经营管理状况较好;利润率下降,则表示信托企业在组织资金、运用资金和财务管理等方面可能存在一些问题。信托企业要提高盈利水平,就必须在符合政策要求和保留必要准备金的前提下,积极开展贷款、投资和租赁业务,提高营运资金的利用效率。

第三节　信托机构的经营与风险防范

一、信托机构的经营特点

(一)资金来源的特点

资金的信托投资是当代信托公司提供的核心服务,这种服务可以由专门化的信托投资机构来提供,也可以由银行的信托部或一般的信托公司来提供。不论哪类信托机构经营信托业务,信托资金是信托开展的重要基础。由于委托人信托的资金多属于长期闲置不用的资金,委托人试图借助专家理财实现资金增值的目的。从中外信托业吸收的资金情况看,信托资金有定期、数整、额大的特点,极少或根本不吸收活期存款资金。

（二）资金运用的特点

信托机构的资金运用主要反映在对长期资金的融通上。如，投资上市公司股票、债券（公债、国库券、公司债券、金融债券），贷款信托业务，养老金信托业务（在日本被称为年金信托，在我国金融市场中对这两个名词有时混用），对生产企业的直接投资，对住宅建筑和企业建筑的投资等。因而，信托资金运用的特点是：与资本市场关系密切，以各种证券投资为主；可进行短期证券投资，但不办理短期放款；以信托机构特有的方式实现储蓄向投资的转化，降低了投融资风险、委托人参与成本和交易成本，解决了代理监督问题。

（三）利润来源的特点

佣金和手续费是信托机构的主要利润来源。一般来说，信托机构的利润主要有两部分，一部分是信托机构固有财产产生的利润，也叫自营业务利润；另一部分是经营信托业务获得的利润，也叫信托业务利润。自营业务利润主要是对外投资所得的红利，信托业务利润主要是管理信托财产获得的手续费和佣金。

对信托财产的管理或运用而产生的收益仍属信托财产，归受益人所有，不能计入信托机构的信托业务收入。但是如果信托机构有信心让信托财产获得超值收益，信托机构会在信托合同里注明超过约定以上部分的收益信托机构和受益人按照一定比例分成。这种分成收入在财务上一般也列入手续费收入科目。

☞ **背景链接**

美国对冲基金的收费方式

传统基金按资产总额收取一定比例的资产管理费，而美国对冲基金的做法是从实现了的利润中提取 15% ~ 20% 的分红作为酬金，另外收取 1% 的资产管理年费。

（四）支付准备的特点

相比较而言，传统的金融机构中只有银行需要必要的支付准备，因为银行作为中间债务人对债权人到期债务的及时偿还极为重要，必须保持必要的流动性，因而需要支付准备。而信托机构不需要支付准备，因为信托机构不存在作为债务人对款项正常支付的问题，它是作为受托人（而非债务人）在一定信托目的的前提下从容运用资金的。

二、信托机构面临的主要风险

信托机构在不同的市场环境下所面对的风险不尽相同。通常对金融风险的一般分类与分析，也可在一定范围内适用于分析信托公司的风险。本节主要基于我国信托公司的风险管理环境进行分析。

（一）信托公司经营目标多样化带来的风险

西方金融理论对金融机构经营目标的表述基本上是统一的，即股东利益最大化。股东利益最大化固然是一般公司治理结构需要考虑的一个重点问题，但是对于信托公司来说，仅考虑股东利益最大化是不够的。由于信托公司的核心业务，即信托业务直接关系到信托财产的安全与信托目的的实现，保障委托人与受益人的利益应被视为信托公司相关利害关系人的核心。只有在此核心得到保障的前提下，信托公司才能赢得公众的信任，也只有如此，信托业在中国才有发展的空间。

信托公司的经营目标可以从两方面来界定。对于信托公司的自有资产,其经营目标是实现盈利,即目标是要保证公司出资人或股东权益的最大化,这是一个直接实现目标的过程。另一方面,在信托资产经营中,要尽量实现委托人和受益人权益的最大化,从而保证信托公司的信誉,使信托公司赢得公众的信任,以此来实现业务的扩大,间接实现股东权益最大化。经营目标对内部风险管理的影响主要表现在经营目标决定风险管理。因此,由于信托公司经营目标的相对复杂化,我国信托公司内部风险管理体系的建立与实施,必须建立在股东、委托人和受托人三方利益最大化的目标基础之上。在对不同的资产进行管理时,要根据不同的经营目标制定不同的风险管理战略。信托公司是为利润而承担经营风险和管理风险的,而其获取最大利润的前提是把风险控制在可控的范围内。

从"新两规"中可以很明显地看出,监管机构意在压缩信托固有资产业务,突出信托主业,这对于我国信托业当前的发展来说无疑是一剂良方。但从目前信托公司不断增资扩股的动向来看,其行为与新办法的意图多少有些抵触。近年来,几大信托公司的资本金都迅速扩容,庞大的资本金必然会造成固有资产对公司人才、项目、资源、精力的挤占。笔者认为,信托公司作为代客理财以手续费收入为主要营利方式的金融机构,不应像银行等金融机构一样追求高的资本充足率,只要满足相关法规对资本金要求的下限即可,信托公司应该更多的关注筹集委托资金,处理委托资金,而不是资本金。

（二）营利多渠道带来的风险

信托公司的一大优势是其在货币市场上可以与金融机构进行金融往来、同业拆借;在资本市场上,可以发起基金管理公司、证券公司,可以做投资银行业务。信托公司的另一个重要的优势是可以直接投资,如对房地产行业的投资等。信托公司是金融机构中唯一可以直接联结金融资本和产业资本的金融机构,正是因为这种优势,有利于信托公司的资源整合,使其可以发挥其他金融机构所不能发挥的重要作用。但也正因为如此,给信托公司的风险防范带来了复杂性。

（三）国有股高度集中带来的风险

从 2006 年我国信托公司年报中可以看出,我国几家大的信托公司几乎全是国有股东控股。第一类是地方政府控股,有的通过地方政府的财政厅直接控股,有的通过国资委控股,有的通过地方政府控制下的集团公司或者投资经营公司直接控股;第二类是国家特大型企业或者产业集团公司控股;第三类是金融控股集团公司控股。

信托公司的客户和业务与股东的客户资源有着极大关系,信托公司业务创新和拓展与股东背景有密切关系。由于国有股具有政治人和经济人的两面性,信托公司既是政治组织又是经济组织。这主要表现在行政控制下的内部关键人控制。大部分信托公司的董事长、总经理、董事、监事基本来自政府和上级的行政任命,或者由上级领导直接出任信托公司的董事长和总经理。由于国有股东的非人格化和不能履行出资人角色等原因,信托公司实际上由行政任命的关键高管控制。此外,在这种股权结构中没有真正的利益制衡机制,股东缺乏来自不同出资股东内在利益的真正制衡。

目前,银监会作为监管者正逐步强化外部监管,这在一定程度上是对信托公司内部软约束的替代,但如果没有内部硬约束的配合,外部监管必然会任务繁重却收效不大。要求股本回报是形成信托公司良好治理的基础,尤其是在信托公司不能负债,缺乏债权人监督的情况下,要求股本回报显得尤为重要。但是目前绝大部分信托公司是不给股东回报的。这种状况表明,国有股东或者类国有股东行使所有者权利、要求剩余索取权等对国资企业的核心财务监管制度尚未建立起来。

三、信托机构的风险防范与控制

(一)加强信托公司的内部监督

有效的内部控制必须覆盖机构所有的部门和岗位,渗透到各项业务过程和各个操作环节,不能留有任何死角。一般说来,内部控制的基本内容包括四个方面,一是恰当的职能分离,对容易发生风险的业务环节实行有关职能的分离。比如,业务经营与账务处理相分离,信用的受理发放与审查相分离,有价证券和重要空白凭证的保管与使用相分离,信托业务经营与自营业务经营相分离等。二是双人原则,对重要岗位如资金交易、信贷管理、财务会计等,要实行双人、双职、双责,对相关活动进行交叉核对并由双人签字。三是独立审计,对公司整个业务活动的合规性、风险性和安全性以及对内部控制系统的完善程度、有效性和效率进行独立的检查和评价。四是完善的程序。显然,信托公司在设计和调整自己组织结构的时候必须界定相应的职能,设置相应部门,配备相应人员并建立相应运作机制,这样才能满足金融机构内部控制的基本要求。

信托公司必须充分发挥计划、财务、审计、项目评审、法律等部门的职能,加强监督和约束机制,加强对日常经营活动的风险控制和风险管理。审计部门要加强审计监督力度,通过日常审计监督和专项审计稽核,及时发现并化解风险,把风险降到最低程度。行为监督是加强内部控制机制的核心,对从业人员执行金融法规、规章制度和操作规程的情况,要建立有效的监督检查制度。对重要的岗位要实行定期轮换和定期审计制度,严格控制其操作程序和操作权限,做到决策、经营、监督相互分离、相互制约,明确各自的职责权限。

(二)建立科学、严密的决策机制

防范信托风险要把工作重点放在对风险的研究、分析和控制上,要重视做好事前防范工作。必须按照决策权、经营权、监督权分离的原则,理顺决策程序、限定操作权限、加强监督力度,使三者相互独立,努力将风险牢牢控制在决策层手中。为保证科学决策,必须成立专门的决策评审委员会,对固定资产贷款、大额流动资金贷款及大额投资项目进行评委会人员集体评审,遵守评委会建立的议事规则和否决制度,使评估决策建立在民主、科学的基础上。

(三)完善风险预测预警制度

建立预测预警机制是防范风险的重要手段,这种机制可以使信托公司能够科学、准确地预测风险,及时、灵敏地发出风险信号,达到化解风险的目的。为建立风险预测预警机制,必须首先确立一系列的指标体系,对风险程度进行定量分析。指标体系一般划分为两类,一类是由公司的监管部门重点掌握的综合指标,包括资产规模、资本充足率、委托与自营存贷比例、担保限额比例、资产流动比例、资产变现比率等。另一类是由业务部门控制的单项指标,包括投资项目进展情况、信贷业务中的逾期贷款比例、催收贷款比例等。

(四)规范业务操作流程

业务操作流程虽然是程序问题,却是信托业风险控制的关键环节。信托公司必须采用规章制度的形式使业务操作流程明确化、制度化,以减少操作失误带来的风险。业务操作规程必须通过不同岗位、不同人员共同参与业务操作,将业务置于双线核算、双重控制、交叉核对、相互制约的状态,以达到风险防范的目的。业务操作规程的高效性、严格性不仅体现在相关岗位的操作方法和控制步骤准确衔接、协调配合以及业务流程的连贯顺畅上,还体现在相关环节之间合理的监督制约关系上。

本章小结

　　信托机构设立的基本条件包括机构的名称、市场准入的核准、开业的注册资本金以及业务范围等。信托机构内部组织结构包括董事会、监事会和股东大会。信托机构既有专营的也有兼营的。信托机构以其特定的管理原则和经营原则实现管理目标。信托机构按其职能部门和分支机构设置的目的和要求可划分为费用中心、利润中心和投资中心。不同层次责任中心的经理承担不同的责任,信托机构对其计划和控制的内容也不同。由于信托机构有其自身的经营特点,所以信托机构面临的风险也与其他金融机构有所不同。当前,对于信托机构风险的防范与控制成为对于信托机构研究的一大热点。

复习思考题

　　1.信托机构创设的基本条件有哪些?

　　2.信托机构与其他金融机构之间的关系是什么?

　　3.简述信托公司财务管理的原则。

　　4.信托公司财务管理的几个指标及各自的作用是什么?

　　5.与其他金融机构相比,信托机构在经营和面临的风险上有哪些特点?

　　6.你对于信托风险的防范与控制还有哪些建议。

第五章

我国信托制度的引入与发展

学习目标

本章的重点内容是介绍我国不同时期信托制度发展的基本环境和发展状况。本章首先介绍了新中国成立以前信托是如何从日本引入到上海,并遍及全国重要经济城市的,探讨了旧中国信托制度的发展特点;其次介绍了新中国成立以后信托的发展与停办;最后介绍了1979年改革开放以后信托机构和信托业务的重新恢复与发展情况。

第一节 我国信托制度的引入与早期发展

一、我国引入信托制度的背景

在我国,信托制度于 1920 年由日本引入上海,进而蔓延到全国各大城市。信托制度之所以在 20 世纪 20 年代被引入上海,主要基于当时的三个重要因素:上海的重要性、大量游资的聚集以及外因的影响。

(一)上海作为国际大都市的重要地位

上海在 20 世纪 20 年代已成为远东最大的商贸、金融城市,香港当时的影响力远不及它。上海之所以能够成为中国内地与国际交往的中心城市,与其所处的地理位置有密切关系。从地理环境上分析,上海近代地理环境的改造、黄浦江独具的深水岸线和泊位,以及连接国内外海、陆、空交通体系的初步建成,都从区位条件上为上海成为 20 世纪初中国的金融中心准备了物质基础。

随着以上海为中心的主要商贸路线网络密度的上升,以及主要经济资源和人力资本的趋向集中,近代上海的绝对经济中心地位也就由此确立了。在 1910 年以前的绝大部分年份中,上海的对外贸易额均占到全国对外贸易总额的 50% 以上[1]。

经济活动的聚集创造出对金融服务的更大的引致需求,而上海对贸易流转和资金本身流转的支持更使上海的金融业成为全国的风向标。

(二)第一次世界大战时大量游资的形成

第一次世界大战时期,帝国主义放松了对华侵略,国内民族工商业有了发展的机会,投资办企业很是盛行,民族资本得到发展。但是一战结束后,这种状况迅速改变。一战后,帝国主义卷土重来,在经济上加强对华侵略,如日本为达到占领中国市场的目的,曾将其某些工业品以低于成本的价格在中国倾销,排挤了中国本土的民族工业,使之纷纷倒闭。20 世纪 20 年代初,正是第一次世界大战战后整理、商务停顿的时期,中国出口贸易受到很大的影响,贸易额大大减少,出口净值从 1919 年的 630 809 000 海关两下降到 1921 年的 541 631 000 海关两[2]。另一方面,这一时期国内因军阀混战,农业连遇灾害,民不聊生,购买力不足,导致民族工业品内销外销都非常不畅,民族工商业发展停滞。民族工商业的这种不景气,使大量一战时期积累起的资本,除了进入银行储蓄外,找不到其他出路。

大批民族企业倒闭,使得上海的钱庄也变得非常谨慎,不敢贸然放贷。在 1921 年 2 月 19 日,上海市面银洋库存达 4 600 多万两,银圆库存达 3 700 万~3 800万元[3],数额之多,是前所未有的,因此也使利息低落,上海聚集的大量资金需要寻找有效的流动渠道。

一方面是大量增加的银行储蓄,另一方面是钱庄惜贷,这使得社会上积累了大量游资,这些游资需要不断寻找增值机会,随时扑向有利可图的地方。

---

① 杜恂诚:《上海金融的制度、功能与变迁》,上海人民出版社 2002 年版。
② 郑友揆:《中国的对外贸易和工业发展》,上海社会科学院出版社 1984 年版。
③ 张贻志:《论说去年市场不振之溯因及此后趋势之推测》,《钱业月报》第 1 卷第 2 号,1921 年 2 月,见 www.wanfangdata.com.cn。

（三）邻国日本的影响

第一次世界大战及战后，英美日的交易所事业（物品交易所、证券交易所）日趋发达，同时，为交易所业务服务的证券公司也得到快速的发展。日本信托业在 20 世纪初发展极为迅猛，自 1902 年兴业银行率先开办信托业务以来，到 1921 年，日本国内信托公司已达 514 家，资本总额 352 224 000 日元，实收资本 110 801 000 日元[①]。日本信托业的飞速发展，引起了一水之隔的中国一些学者的关注，各种报刊开始不断介绍信托业的情况，信托业渐渐被一部分国人了解。

由于交易所和证券公司可以使社会闲散资金或游资转化为长期投资的资金，而且各阶层各行业都能参与投资，所以受到了社会的欢迎。1920 年，在我民族工商业不景气，游资又多的情况下，交易所和证券公司很快就被引入国内，中国的信托与交易所几乎同时由日本传入。1913 年，日本为了控制中国东北地区的黄豆交易市场而设立的大连取引所信托株式会社是中国最早出现的专业信托机构。

二、我国信托业早期的建立与发展

我国信托业早期建立与发展的状况与日本非常相似。信托公司与交易所一起，在商品、货币、信用没有得到充分发展的基础上，畸形地发展起来。

（一）机构规模

1920 年 7 月 1 日，上海证券物品交易所开业。交易所开业后的反响非常大，不到半年的时间就使年收益率超过 80%，获利丰厚。巨额的利润诱发了游资投机的狂热，交易活动非常活跃。1921 年春开始，各行各业几乎全都开设了交易所，从证券、标金、棉花、面粉到煤油、砖瓦、香烟、皂烛、火柴、杂粮油饼，应有尽有。到了夏季，由于"橡皮风潮"的影响，一些谨慎的银行开始转变态度，交易所资金来源成为问题。但超常的利润使投机者欲罢不能，他们开始创办信托公司募集社会游资，然后以交易所的股票向信托公司抵借资金。

1920 年 8 月 1 日，中国自己的第一家信托公司——上海通商信托公司成立。此后到1921 年夏秋之季，上海同时出现了 12 家信托公司，资本额合计高达 8 100 万元，平均每家信托公司资本额接近 700 万元，按实收资本额计算也接近 200 万元。这种发展规模是十分反常的，当时资本总额在 200 万以上的华资公司并不多见。据《银行周报》的调查，当时实收资本在 200 万元以上的华资银行仅有 9 家[②]。信托业的资本规模仅用一年的时间就达到上海华资银行 20 余年发展的水平。短短一年时间，仅上海一地就有 100 余家交易所和 10 多家信托公司开业。这种发展势头迅速蔓延到全国，如京、津、汉口等地，形成交易所和信托公司发展的"信交狂势"。一个国人完全陌生的新兴金融行业，能够在短短数月之内吸引巨额资金的眷顾，这种发展态势有悖常理。事实上，当时交易所和证券公司的发展并没有坚实的社会经济基础，从民族资本的发展看，组建股份公司进而上市并不是民族资本家看好的实业发展形式，因此在这一前提下形成了只能是投机驱动的、脱离社会经济发展实际情况的盲目、过度的畸形发展狂潮。

---

① 王乐山：《日本信托事业之新趋势》，《银行周报》第八卷第 30 号，1924 年 8 月 5 日。转引自杜恂诚：《上海金融的制度、功能与变迁》，上海人民出版社 2002 年版。

② 《上海华资银行调查录》，《银行周报》第六卷第 6 号，1922 年 2 月 21 日。转引自杜恂诚：《上海金融的制度、功能与变迁》，上海人民出版社 2002 年版。

☞ **背景链接**

"橡皮风潮"

　　1903 年,英国商人麦边在上海开办了一家专门经营橡胶的公司,名叫"兰格志拓殖公司"。1910 年麦边乘橡皮股火爆之机,在报上大登广告造势,吹嘘自己的公司在南洋购买了大片橡胶林,宣称就要丰收。上海商民受其蒙蔽,竞相购买。钱庄也以为这项股票远胜现金,争先收贮。兰格志拓殖公司的股票一举从每股 10 块大洋涨到 80 块大洋。麦边在抬高股价巨款到手以后,溜之大吉。他逃走以后,留下的股票就成为一文不值的废纸,股票价格随之一落千丈。很多钱庄和银行倒闭,个人投资者倾家荡产,有的甚至跳楼自杀。

　　(二)业务经营

　　当时的中国北洋政府延用晚清的银行则例和注册章程,对储蓄银行、实业银行、商业银行的经营范围分别有所限制,但对信托公司这种新鲜事物还来不及制定专门的法规。因此,只要按公司条例进行注册,信托公司的经营范围几乎不受任何法律限制。由于没有什么切实的管理,进而引发了一些货币信用深层次的混乱。

　　在实践中,出现了两种情况:一是以投机为目的的信托公司,经营的唯一目的就是与交易所联手从事股票投机。二是以存款、保险为主业的信托公司,这类信托公司的发起人和经营者主要为银钱业界资深人士,对投机的警惕性使他们不以股票投机为主业。信托公司在经营中并没有与银行区别开来,所接受的信托资金数额极少,并没有发挥其资产管理的功能,主要仍从事银行业务。此外,信托公司还从事一些代理业务,如代理房地产买卖、经收房租、代理有价证券、代保管和仓租业务。

　　(三)"民十"信托公司倒闭狂潮

　　"橡皮风潮"的阴影使上海银钱业对这股投机倾向十分敏感,在银钱业两公会联合的压力下,农商部与法租界当局纷纷采取措施取缔交易所投机,银钱界也采取一致行动反对交易所,市面银根日益紧张。1921 年 11 月开始,交易所由于资金不继导致股票大量抛售,股价暴跌,信托公司所持有的交易所抵押股票成为废纸。交易所和信托公司发展从"信交狂势"走到"急剧倒闭",并在全国产生连锁反应,形成了信托公司、交易所倒闭狂潮。因这次事件发生在民国十年(1921),故被称为"民十信交倒闭狂潮"。这一事件使得中国金融业认识到信托业的发展没有银行业和钱庄业那样的坚实基础。到 1922 年 3 月,原有的 140 余家交易所只剩下 12 家,而 12 家信托公司仅存中央和易通两家。风潮过后的数年间,信托公司在营业能力和规模方面虽然有不小进步,但仍无法扭转信托主业与其他兼业本末倒置的经营情况。

　　1927 年南京国民政府成立之后,上海成为全国最大的金融中心。信托业打破"信交风潮"后一度沉寂的局面,又呈现出向上的发展态势。

三、两类信托机构发展定位及其格局

　　1927~1949 年是国民党政府深度介入和干预、控制金融机构的时期,这个时期民族资本创办的金融机构受到排挤,发展受阻。

　　(一)民族资本创办的信托机构

　　1.社会背景。1930 年前后,由于各银行增加发行货币,内地时局动荡,资金纷纷集中于

以上海为首的沿海通商大埠,加上当时国际银价下落,大量白银涌入中国。资金的过度充裕导致信用膨胀,有价证券和房地产成为游资逐利的首选。随着房地产、有价证券投资交易活动的日益兴盛,各种相关代理业务的需求也剧增。由于信托公司既可以经营代理业务,又可以吸收社会资金投资证券业和房地产业,因此呈现出蒸蒸日上的发展势头。

2.经营特点。这一时期民族资本创办的信托机构在经营上有三个主要特点:①经营状况总体较稳定,存活率较高,基本上脱离了投机。②信托投资成为一些信托公司的主营业务,但由于国内投资市场狭窄,品种单一,信托公司的投资主要集中于房地产和政府公债。③商业银行业务仍是大部分信托公司的主营业务,只有极少数的信托公司主营真正意义上的信托业务。

3.主要业务种类。其主要业务有六种:①信托存款。一般是保本保息又分红的存款,这实际上是一种变相的信托投资。②信托投资。有指定信托投资和任意信托投资两种。③证券业务。它包括代募股款、代收股款、代销股份、代理还本付息和代理分红。④房地产业务。该业务包括代客买卖房地产、代理经收房租、代办房屋维修和管理。⑤保险业务、代保管业务和仓库业务。⑥代理收付款业务和办理各种信用保证。

4.信托公司业务银行化的主要原因。这些原因主要包括:①这一时期华商信托公司数量增加较快,而信托的需求增长相对缓慢,金融信托市场存在供大于求的矛盾。在信托主体和可供信托的财产都十分有限的条件下,信托公司为求生存和发展,必然出现与银行争存款、争业务的现象。②1930年前后上海市面资金充裕,银行存款利息很低,相对于更易于获得的存款,信托存款业务自然对信托公司失去了吸引力。③大部分信托公司的经营者和银行界都有着千丝万缕的联系,其经营手法不免受到银行经营模式的影响。④国民党政府一直没有颁布专门的信托法规,没有约束信托公司银行化的经营方式。⑤信托公司没有确立自有财产管理机构的地位,也没有发挥自身融通长期资金的功能,只是把自己作为银行业的补充,以"小银行"的地位附属、依赖银行业,从而丧失了信托业在金融业中应有的独立地位,使信托业务拓展难上加难。

(二)国民党政府官僚资本创办的信托机构

1.上海市兴业信托社。上海市兴业信托社是官办信托的初期尝试。官办信托是指由官僚资本控制的信托业或信托业务。1933年10月,国民党上海市政府创办"上海市兴业信托社",它是中国第一个官僚资本创办的信托组织。"一·二八事变"后,因战事影响,上海市面萧条,政府为解决市民居住问题和振兴市场,倡导与市政相关的公用事业的发展而建立该社。它的运营资金绝大部分来自资本金和上海市银行提供的借款。按上海市政府的意向,兴业信托社偏重于经营具有垄断性质的市政公用事业。此外,房地产投资和轮渡管理也是该社的主要经营方向。

2.中央信托局。真正具有影响力的官办信托机构是1935年在上海开业的中央信托局[①]。南京国民政府自成立以来,对外采购各种物品尤其是采购军火的需求日切。购买军火需要有一定的商业机构来掩护,而且对外采购事务手续烦琐、数额巨大,必须有专门的机构来办理。1934年新生活运动开始后,政府要求在军人和公务员中开展强制储蓄。随着军人

---

① 当时国民党政府为进一步垄断金融业务,控制对外贸易,插手商业活动,建立了四行(中央银行、中国银行、交通银行、农业银行)、二局(中央信托局、邮政储金汇业局)、一库(中央合作金库)。通过这一金融机构体系的构建,国民党政府集结了金融势力,也集结了大量货币。

储蓄范围的扩大,也需要有特殊的机构负责办理。而当时的国民政府也逐渐认识到信托业的重要性。为了适应这些需要,1935 年 10 月,官僚资本的中央信托局在上海正式成立,实收资本为国民党法币 1 000 万元,约相当于当时全部民营信托业实收资本的一倍。中央银行对该机构一次拨足资本金,总部在上海。由于中央信托局是以国民党政府名义成立的,成立之初就以信托业"领袖"自居,扩展极快,短时间之内就在全国 20 多个工商业发达城市设立了分局。

就实际经营来看,以吸收特种储蓄存款和信托存款为获取营业资金的主要方式是中央信托局与其他银行和信托公司的主要不同之处。归纳起来,中央信托局的主要业务包括:①储蓄业务。除一般储蓄、特种有奖储蓄外,中央信托局还办理公务员储蓄、军人储蓄,后两种储蓄业务由中央信托局垄断,民营信托不得办理。②信托业务。该业务包括国民党政府的国营或公用事业或国民党政府注册的股份公司债券、股票的募集、发行、登记、保证及代付本息,办理机关团体的存款信托,办理机关团体的基金信托、特约信托,办理国民党政府"公有"财产的检查或整理、设计、清算及法院指定许可的信托业务。上述业务由中央信托局垄断,民营信托不得办理,但民营信托可以经营的投资信托、证券买卖,中央信托局同样可以办理。③保险业务。该业务包括人寿险、财产险和兵险等。④保管业务。保管业务主要经办国民党政府机关和其他团体等的文件、契据、证券及物料的保管。

(三)两大类信托机构不均衡发展的格局

1.官办信托机构设立的主要目的是为了满足政府的特殊需要。比如,兴业信托的经营宗旨是"不求利益,但求事业能逐渐发展,一方联络银行界与市民,锐意谋本市区域商业之振兴,一方辅佐市政府办理各种公用事业之完成,及市区道路交通之便利"[①]。它无意于扶助信托业的发展。中央信托局的设立最重要的使命也是承接政府委托的各种业务,如代理政府购料及吸收特殊储蓄等。

在实际经营中,上海市兴业信托社和中央信托局均以经营政府机关的信托业务为主,由政府确定其内部组织结构、主要人事安排与营业方针,具有浓厚的行政干预色彩。由于他们享受特殊政策照顾,资金来源充足,经营的大部分属于垄断性业务,其经营模式对于其他信托机构来说既没有指导意义,也没有可借鉴之处。但这两家官营信托机构的出现,以其组织之完善、规模之庞大、发展之神速,无形中代表了当时上海乃至全国信托机构发展的最高水平。

2.民营信托机构发展先天不足、后天失调。由于官办信托机构地位特殊,从一开始就拥有许多民营信托机构所没有的特权,它们的成立极大地排挤了民营信托业。另一方面,官僚资本统治对民营信托业在资本总额、业务范围等各方面制定了许多限制其发展的规定,使中国的信托业难以正常地成长。总的来说,旧中国的民营信托业先天不足,后天失调。先天不足是指民营信托业在创始期资金实力薄弱,投机性突出,经营不稳健,脱离实际需要,畸形发展。这与日本信托法公布前的情况相似,所不同的是日本能够主动整顿,而我国是被动淘汰,信托业的发展没有进入制度化、法制化的轨道。后天失调是指民营信托业在发展期受到官办信托的控制、排挤、打击,得不到健康发展。后者在其他国家是少有的。

民营信托机构没有形成行业规模,也没有自成体系。可以说,旧中国信托业与银行业几

---

① 《上海市兴业信托社概况》,《银行周报》第十七卷第 38 期,1933 年 10 月 3 日。转引自杜恂诚:《上海金融的制度、功能与变迁》,上海人民出版社 2002 年版。

乎是同时起步的,但在金融界真正自成体系的是银行业、钱庄业(银号、票号)、典当业、保险业、证券业。这些行业都有自己的同业联合组织,而信托业并未形成同业组织,基本归入银行业中。其中的主要原因是由于地区和工业门类发展不平衡(政权之争造成),使得信托在国内没能作为一个独立的行业(没有自成体系)发展起来。而且信托业的专业分工不明确,如有些机构虽叫"信托投资公司",但核心业务不明确,实际上以银行业务为主,信托为兼业。此外,也没有专门的立法规范信托业的经营行为。

(四)外资信托机构

这段时期设立外资信托机构的投资者主要是在华开展业务的洋行。这些外资信托机构的经营模式与欧美各国信托公司相似,主营各种信托业务,重点放在有价证券及不动产买卖管理的投资上。绝大部分外资信托机构的设立是外商处理剩余资金的一种方式,属于短期牟利的投机行为,其经营状况并不稳定。

从 1921 年开始,国内信托机构就一直在上海信托业中占据主导地位,外资信托机构的存在并没有引起国内信托界的特别重视,国内信托公司的业务没有效仿外资公司的经营模式。但不可否认的是,这些外资信托公司的某些特殊优势,比如,庞大的规模、完善的内部组织以及延用美国法律获取委托人特别信任的方式等都对中国信托业的发展有所启示。

第二节　新中国成立后信托业的整顿与集中

一、信托机构与业务的改造政策

1949 年 10 月,中华人民共和国成立之时,面临着极为复杂和艰难的社会环境与经济环境,既要接手国民党政府留下的烂摊子,治理通货膨胀,安定民生,建设新中国,还要克服财政经济困难,整治金融机构和金融市场。

新中国成立后,对不同的信托机构采取了不同的改造政策。

(一)对官办信托:接管与清理

1947 年,《中国人民解放军宣言》提出了"没收官僚资本"的口号。毛泽东在《目前的形势与我们的任务》中,进一步把没收蒋介石、宋子文、孔祥熙、陈立夫为首的垄断资本归新民主主义国家所有与没收封建阶级土地归农民所有和保护民族工商业,归纳为新民主主义的三大经济纲领。

随着人民解放战争的胜利发展,没收官僚资本的工作全面展开。人民政府规定没收对象为"国民党中央政府、省政府、县市政府经营的,即完全官办的工商业"和"著名的国民党大官僚所经营的企业"。没收官僚资本的范围包括:工厂、矿山、商店、银行、公司、仓库、船舶、码头、铁路、邮政、电报、电灯、电话、自来水、农场和畜牧场等。官僚资本在国外的财产也为人民政府所有。

为迅速摧毁垄断金融资本的统治,人民政府对国民党经营的官办信托业,包括中央信托局及其在各地的分支机构以及中国农业银行、中央合作金库和各省市地方银行附设的信托部,采取了坚决没收的政策,予以全部接管并清理。同时,对一些有商业股份的信托机构,如旧中国银行、旧交通银行所附设的信托机构,随同官僚资本银行的接管进行改造,使其成为社会主义金融信托的组成成分。

1.上海的信托机构。1949 年 11 月 1 日,中国人民银行上海分行信托部在改造后的旧中国银行和旧交通银行信托部的基础上建立起来。一方面,它接管了旧中国银行信托部的房地产、保管、信托和代理业务,另一方面还接办了旧交通银行的包储业务。

中国人民银行上海市分行信托部经营的主要业务有五类。

(1)房地产业务。此项业务以经营上海金融系统在上海解放时接管的公共房屋为主要内容,办理房屋租赁、买卖及职工宿舍的调配和管理。

(2)运输业务。新中国成立初期,为了促进城乡物资交流,推进上海与香港间的铁路运输,反击帝国主义的经济、政治封锁,中国人民银行上海分行信托部还配合人民银行的押汇业务和中国银行的对外业务开办了国内运输和出口运输业务。

(3)仓库业务。此项业务的开展是利用解放时接管的旧银行仓库进行的,主要承办人民银行的放款及与上述运输业务有关的包储业务。

(4)保管业务。旧中国银行曾经拥有号称“远东第一流”的保管箱。新中国成立后,上海市人民银行信托部的保管业务就是在接管中国银行和其他银行原有的 17 000 多只保管箱的基础上开办起来的。该保管业务除为公营单位保管贵重物品及有价单据外,也供个人租用。

(5)其他代理业务。此项业务主要是代理购销和代理保险业务。私人工商业主利用银行与企业的存放业务关系,委托信托部开展同城或异地间的代购代销业务。代理保险业务则通过运输业务和房地产业务的开展,代客办理运输保险和代理投保房屋险。

2.天津的信托机构。中国人民银行天津分行也在接管、清理、改造旧信托机构的基础上建立过信托部,但经营时间不长就被撤销了。试办信托业务时间稍长的信托机构是 1951 年天津市地方集资成立的公私合营天津市投资公司。该公司在成立之初原属天津市人民银行,1953 年由天津财委接管领导,其主要业务有五类。

(1)发行投资信托证券。该公司于 1951 年和 1953 年分别发行过两期信托证券。此项业务以投资公司转存发行总额 15% 于人民银行为条件,由天津市人民银行担保发行,保付本息。证券采取不记名方式,可上市交易,自由买卖。

(2)组织私商转移资金。为配合政府对私人资本主义企业进行改造和促进工业生产的发展,该公司采取两种方式组织私营商业资本向工业转移。①公司直接接收私营商业的全部资金,转投于生产企业,私营商业的雇员由公司负责另行安排。②通过公司的组织安排,将私营商业的资金、雇员一并转移于公司所投资的工厂。此举成功地将五金、贸易、车轴、油行等私人批发商转业于工业企业,并向生产领域投入资金近 190 亿元。

(3)向工商企业投资。该公司不仅开展投资业务,独资或合资建立工业企业,改造私营工厂以实现公私合营,还通过贸易联营投资,支持贸易事业的发展,促进城乡物资交流。

(4)包储业务。此业务主要是对贷款企业的物品进行存储,以作贷款保证,或由公司发放抵押贷款。同时,仓库也对没有贷款和投资关系的企业开放,收取包储费。

(5)为扶植私营工业企业增加对生产设备的投资,公司还发放过长期贷款。为稳定证券行情,稳定经济,公司还成立了证券交易服务部,办理证券买卖业务。

(二)对民营信托:疏通与改造

至 1950 年,长期持续的恶性通货膨胀被制止后,民族资本金融业的弱点完全暴露出来,私营钱庄大量倒闭。由于资金融通对经济运转有重要作用,因此对于私营金融业的改造就比其他私营工商业的改造先行一步。

对民族资本主义信托的改造采取的是赎买政策。通过国家资本主义形式,实现民族资本主义信托的国有化。主要有以下几个步骤:

1.严格管理和业务疏导。新中国成立初期,人民政府公布了银钱业管理办法,对私营银行、钱庄在信托业的业务活动实行严格管理,以限制信托业中的投机活动。在中国人民银行的领导和严格管理下,组织疏导信托业的资金,使其用于正当业务,以利于国民经济恢复和发展。

2.组织联合经营。1950年3月,人民政府作出了"关于统一国家财政经济工作的决定",决定将全国的财政收支、物资调度、现金统一管理起来,从而迅速稳定了全国的货币和物价,清除了市场的虚假购买力和虚假繁荣,使一系列依靠通货膨胀和商业投机而生存的社会经济组织失去了存在的条件。这样,一方面加速了那些违法乱纪单位的歇业倒闭,淘汰了一大批资金力量不足、缺乏正常营业基础的信托企业;另一方面,又通过成立金融业联合总管理处促使其余机构进行联合经营。

3.实现全行业公私合营。1952年12月,信托业实行全行业的社会主义改造,与银行和钱庄等一起组建了公私合营银行。

二、"大一统"金融管理体制对信托发展的影响

(一)"大一统"经济管理体制的形成

"第一个五年计划"时期,中国进入大规模的社会主义经济建设时期,建立了集中统一的计划经济管理体制。中国的金融体制也开始按计划经济模式改造。

各类商业银行和其他金融机构相继撤并,统一于人民银行之中。信贷资金管理,无论来源还是运用,也都由中国人民银行统一掌握。金融业务全部集中于人民银行,商业信用被取消,信用都集中于国家银行,证券市场等金融市场也被取消。至此,人们通常所说的"大一统"的金融体制形成。人民银行成为全国的信贷中心、结算中心和现金出纳中心,几乎垄断了全国所有的金融业务,既行使央行职能,又办理商业银行的各种业务。机构单一、信用集中、政企不分和对外封闭是"大一统"金融体系的突出特点。

(二)信托机构与信托业务的停办与中断

新中国成立之初,各地信托业在政府实行接管改造的基础上,继续营业试办,但不久就纷纷停办,最后直至暂时完全停办。

上海市人民银行信托部于1951年9月起首先停办运输业务,随着经济形势的发展,该信托部的其他各项业务也陆续移交或停办。1954年以后,天津市信托公司各项业务逐步收缩直至停业。广州、武汉、北京等地也都在新中国成立初期经营过一些信托业务,后来随形势变化分别停业。20世纪50年代后期,全国的信托机构与业务基本上全部停办,剩下的一些代理性业务事项,则转移至中国人民银行继续办理。

"文化大革命"时期,信托业务及信托机构的发展更是中断了10年之久。

(三)信托业务停办的主要原因

1.仿效苏联模式。新中国成立之初,苏联高度集中统一的经济管理模式对中国的建设产生了重要的影响。针对当时的生产力状况,实行了国家统一配置资源、组织大规模国民经济建设的高度集中统一的计划经济体制。从1953年起,中国推行第一个五年计划,对国民经济实行集中统一的计划管理体制,金融形式也必然高度集中统一,采取单一金融体制。

2.意识形态领域的认识。在当时的意识形态主导下,认为要完成中国的社会主义建设,就要排斥资本主义制度下的一切经济活动和行为方式。由于信托是商品经济发展到一定阶

段的产物,加之我国金融信托业创办之初的那场"信交风潮",人们通常倾向于把信托与投机相联系。由于商品经济与当时中国的计划经济相冲突,商品经济下的信托自然也就难以摆脱在中国计划经济体制下停办的命运。

3.社会经济水平与社会习惯。新中国成立初期,生产力水平低,人们的收入水平和生活水平较低,社会财富种类以及财富积累数量尚未具备利用信托进行财产管理的条件。此外,社会民众对个人财产的保管、转让,习惯在近亲密友之间进行,不愿意也不善于通过法人组织处理财产问题。

第三节　改革开放以后信托业的探索发展

一、改革开放初期信托业的特殊历史使命及其发展

(一)改革开放初期的社会背景

1978年中国共产党十一届三中全会召开。当时,我国尚处于社会主义初级阶段,生产力不发达,百废待兴。针对这一情况,十一届三中全会确立了改革开放政策,并逐步推动由高度集中统一的计划经济向社会主义市场经济转型。从此,我国金融机构的发展进入到新的历史阶段。从1979年至1984年,我国形成了在中国人民银行行使中央银行职能的基础上,以中国工商银行、中国农业银行、中国银行和中国建设银行为主体的专业银行体系。虽然尚未形成完善的商业银行体系,但为实行社会主义市场经济、建设有中国特色的社会主义发挥了重要的支撑作用。

(二)早期业务发展目的

在这个时期,信托业的发展也融入金融机构体系改革之中。改革开放初期,由荣毅仁先生创办的中国国际信托投资公司率先成立,成为改革开放后信托业开始发展的标志。此后,各地纷纷建立起由各种主体创办的信托投资公司,银行、地方和各主管部门也纷纷设立信托部或信托投资公司。

(三)信托机构的市场格局

20世纪80年代形成了由四种主体创办信托投资公司的格局。

1.直属国务院的全国性信托投资公司,如中国国际信托投资公司。此类信托公司具有政府职能,特点是:资产规模大、分布广;参与国家基础设施和重大项目的建设;享受筹集资金及项目的优先选择权。1980年12月成立的广东省国际信托投资公司是与中国国际信托投资公司性质极为相似、发展规模仅次于中信公司的中国第二大信托投资公司,是广东省政府对外借贷和发债的地方级窗口公司。1998年10月,广东省国际信托投资公司因不能清偿到期大规模债务被关闭。

2.中央部委所属的信托投资公司,如中国煤炭信托投资公司、中国电力信托投资公司、中国旅游信托投资公司。这类信托投资公司具有很强的行业特点,其组建的目的是集中行业内部和社会上的闲置资金,支持行业发展。但是由于在项目的选择上部门利益与公司自身利益之间发生矛盾,这个目的被逐渐淡化。

3.专业银行所属的信托投资公司,如建设银行信达信托投资公司、工商银行长城信托投

资公司、中国银行东方信托投资公司、中国农业银行信托投资公司。最初,这些信托投资公司视同银行的一个部门,在 1994 年以后先与银行脱钩,后与证券业务脱钩。

4.各级政府所属的信托投资公司,如山西信托投资公司、厦门信托投资公司、北京国际信托投资公司。这类信托投资公司带有浓重的地方色彩,公司行为与地方政府利益保持一致,各地区发展不平衡,发展中存在一定盲目性。

(四)信托业发展中存在的问题

包括信托业在内的中国金融机构体系的建立与西方工业发达国家的建立基础有很大差异。西方国家的金融机构体系是经历了数百年的分分合合、并购重组而逐渐形成的,有相对完善的现代企业制度,有发达的工业经济,也有良好的保护投资者利益的法律制度。而我国改革开放后建立起来的金融机构体系是由政府主导设计、在不到 30 年的时间里迅速生成的。因而,这样的体系在建立与发展时,在其合理性和有效性方面存在各种问题,尤其是在信托业发展探索时期所存在的一些问题,制约了信托业的发展。截止到 1998 年进入全面整顿以前,信托业存在的主要问题有以下几个方面。

1.不恰当的市场定位。我国信托投资公司从一开始建立就被定位在弥补银行作用不足、拾遗补阙的位置上,而没有认清信托本业发展的根本,没有找准市场切入点。在改革初期百废待兴、银行业需要重新构建和调整的特殊环境下,以及直接融资尚未开展的条件下,我国急需扩展单一的银行融资渠道,因而当时信托投资公司的业务范围几乎囊括了所有的金融业务,这个时期的信托投资公司被称为准银行。这种全面的业务经营促进了融资多渠道发展。但是随着银行制度的逐步完善和直接融资及证券市场的发展,信托业并未作出相应调整,没有适当收缩业务,而是受利益驱动,什么赚钱就干什么,什么赚钱快就干什么,与银行信贷、保险、实业、房地产、酒店业务,甚至非法集资联系在一起,坠入追名逐利的操作中,形成了有信托公司之名,而无信托业务之实的局面。

☞ 背景链接

广东国际信托投资公司的关闭

1998 年 10 月 6 日,海内外传开一个爆炸性消息:自 1979 年中国信托业恢复发展以来,一直居信托业"老二"的广东国际信托投资公司(以下简称广国投)被关闭。这是继中国农村信托投资公司、中国新技术创业投资公司之后第三家关闭的非银行金融机构,其影响极大,极具轰动效应。应该说,广国投的发展对中国的信托业来说是有一定代表性的,而其关闭同样具代表性,从此拉开了自 1998 年 11 月开始至今的旷日持久的对中国信托业的重组和整顿。

广国投的问题出在公司没有制定科学、清晰的发展蓝图。在融资方面,凭计划配给的融资额度拿到外国贷款,又靠违规手段到国外发债融资;在资产业务上,资产膨胀(资产以百亿元计),状况庞杂。公司资产项目有 3 000 多个,涉及金融、证券、酒店、贸易、交通、能源、通信、化工、原材料、纺织、医疗、电子高科技,甚至房地产开发(当时被称为广东最大的"地主")。随着公司资金流动性危机日趋严重,广国投处在发展的岔路口上,如果制度安排到位,或许能通过一系列重组、转型而成为极具竞争力和盈利的公司,但它没有抓住机会,在一条畸形的道路上越来越远,最终因无法支付巨额内、外债务而被关闭。

2.信托立法工作相对滞后。自 20 世纪 80 年代以来的 20 年间,我国各种法律法规逐步建立完善,而针对信托行业的立法尚未跟上。信托市场定位需加以明确,信托投资公司的市场准入、信托业务范围需加以规范,并在约束同时加以保护。

3.从信托财产来源看,财产来源单一。信托财产来源以货币资金为主,同时货币资金的来源渠道狭窄。1996 年中国人民银行颁布《金融信托投资机构管理暂行规定》,规定各信托投资公司可接受的财产仅限于五项资金,即:财政部门委托投资或贷款的信托资金;企业主管部门委托投资或贷款的信托资金;劳动保险机构的劳保基金;科研单位的科研基金;各种学会、基金会的基金。20 世纪八九十年代,我国有数百家信托投资公司,如此狭窄的资金渠道,根本无法满足信托投资公司事业发展之需要,迫使各信托投资公司各想“高招”,这实际上不利于信托投资公司规范、有序的发展。

4.从外部监管看,监管缺乏力度。长期以来,政府对信托投资公司的监管只是照章审批,信托投资公司在发展高峰期达 394 家,这些分散的信托投资公司获准成立后,有关部门应对其进行的监管却未跟上,出现管而无力或流于形式的局面。如未重视信托投资公司的内控建设,使一些公司的内控制度不健全或形同虚设,致使公司越权筹措资金并运作资金,使业务失控。再如,未对信托投资公司的经营活动进行有效的现场和非现场监督,致使发现问题后不能及时制定出整改措施,使个别问题愈演愈烈。

可以看出,由于信托业发展初期定位不准确,在后来金融体制改革进一步深化中,信托业发展方向又不明确,使得信托投资公司作为金融机构的独立地位未得以确立,其所应发挥的积极作用也未发挥出来。

二、信托业的五次大规模全国性清理整顿

从 1979 年中国国际信托投资公司成立到 2007 年,中国信托业前后经历了 5 次大规模的全国性清理整顿,这是其他任何金融行业都未曾出现过的。

（一）第一次整顿:1982 年针对业务不明确进行的整顿

当时信托投资发展过快、资金分散,委托人一般是中央和地方财政部门或企业主管部门,信托存贷款业务较多。1982 年 4 月,国务院颁布《关于整顿国内信托业务和加强更改资金管理的通知》,将计划外信托投资纳入计划内管理,限定信托业务范围只能是委托(包括委托存贷款、委托投资)、代理、租赁、咨询业务。

（二）第二次整顿:1985 年针对上年货币投放和信贷规模的双失控进行的整顿

1984 年 6 月,在中国人民银行召开的“全国支持技术改造信贷信托”会议的影响下,国家首次明确信托业“金融百货公司”的定位,确立了信托投资公司混业经营的模式。此后,信托业务掀起高潮,但其内容与方式并没有体现出信托特征,基本上还是银行存贷款业务的重复,结果造成信托资金与信贷资金不分,长短期资金不分。由于信托资金与信贷资金不分,造成了货币投放和信贷规模的双失控,此后的发展中,信托投资公司基本上按照这一思路建立起无所不包的全能型经营模式。因而,本次整顿明确提出信托资金是长期资金,严格控制银行信贷资金进入信托领域,同时要求停止办理信托贷款和信托投资业务,对已办理业务加以清理收缩。1985 年又对信托业的资金来源加以限定,将信托行业的资金来源限于五项。

（三）第三次整顿:1988 年针对机构乱设进行的整顿

1988 年,国内出现明显的通货膨胀,国家对经济实行全面治理整顿。这一年,信托机构达到 745 家。国务院针对各种信托投资公司发展过快、管理较乱的情况,对信托投资公司进

行了进一步的清理整顿,由原来的 745 家信托公司缩减到 1990 年的 339 家。此后,信托立法呼声渐起。

(四)第四次整顿:1993 年针对信托投资机构过分热衷于实业投资和房地产投资进行的整顿

这一年,为了实现经济增长的软着陆,宏观经济政策重点转向挤压泡沫,抽紧银根,收回贷款。为治理金融系统存在的秩序混乱问题,中国人民银行开始全面清理各级人民银行越权批设的信托投资公司,信托公司由 1993 年时的 392 家缩减至 1996 年的 244 家。1995 年,人民银行总行对全国非银行金融机构进行了重新审核登记,针对信托与银行混业经营的情况,要求国有商业银行与所办的信托投资公司脱钩。2006 年《信托法》开始起草,同年 12 月递交全国人大七届 23 次常委会初审并通过,但在人大法制委搁浅。

(五)第五次整顿:1999 年针对业务管理及机构设置混乱进行的整顿

从 1997 年起,信托投资公司倒闭事件频繁发生,到 1998 年行业性的倒闭集中爆发。较为严重的是中国农村信托投资公司(中农信)、中国新技术创业投资公司(中创公司)及广东国际信托投资公司的倒闭。

1999 年 2 月 7 日,国务院办公厅转发《中国人民银行整顿信托投资公司方案的通知》,正式开始第五次清理整顿。由于当时缺乏改革的法律基础和环境,信托业发展方向不明晰,在机构重整中还遇到了来自地方的一些阻力,因而在机构整顿初期效果不显著,在随后的两年,整个行业的发展处于停滞阶段。2001 年《信托法》颁布,信托业开始盘整。2002 年,信托公司终于开始推出规范的、真正意义上的信托理财业务。经过此次整顿,人民银行总行对原有的 239 家信托投资公司全面整顿撤并为 56 家。自此,中国的信托公司进入到新的发展时期。

第四节　进入 21 世纪信托行业的立法整顿

进入 21 世纪后,信托公司的发展得到规范,业务范围得到明确。

一、法规建设及其主要内容

2001 年以来,国家颁布了一系列的法律法规,对信托行业进行规范。详见表 5-1。

表 5-1　2001~2010 年信托行业一般性法规建设及其主要内容

法规颁布年份	法规名称	内容及影响
2001 年 1 月	《信托投资公司管理办法》	加强对信托公司的管理
2001 年 10 月	《信托法》	详见本节后续内容
2002 年 5 月	修订原有《信托投资公司管理办法》	与原办法相比,增强了可操作性,使信托投资公司在发起设立投资基金、设立新业务品种的操作程序,受托经营各类债券承销等方面的展业空间有了实质性突破,即,信托投资公司可以直接作为投资基金的发起人从事投资基金业务,而无须先成立基金管理公司;同时,信托投资公司设计信托业务品种可完全根据市场需求进行,无须向人民银行报批核准

续表

法规颁布年份	法规名称	内容及影响
2002 年 6 月	《信托投资公司资金信托业务管理暂行办法》	为信托投资公司开展资金集合信托业务提供法律和政策支撑
2002 年 10 月	《中国人民银行关于资金信托业务有关问题的通知》	纠正信托业务办理过程中的不规范做法
2004 年 7 月	《关于进一步加强信托投资公司监管的通知》（简称"46 号文件"）	这是由银监会发布的措辞严厉的监管通知，在证券投资和控制关联交易方面进行了严格规定
2007 年 2 月	《信托公司管理办法》（在原《信托投资管理办法》基础上修订）、《信托公司集合资金信托计划管理办法》（简称为信托"新两规"）	进一步完善了我国信托业的制度建设，突出了信托公司的理财主业
2007 年 3 月	《信托公司治理指引》	完善信托公司治理，加强风险控制
2010 年 8 月	《信托公司净资本管理办法》	建立以净资本为核心的风险控制指标体系，以加强对信托公司的风险监管，促其稳健发展
2014 年 4 月	《关于信托公司风险监管的指导意见》	主要从推进风险管控、明确业务转型和完善监管机制三个层面来规范信托公司的发展
2014 年 8 月	《信托公司监管评级与分类监管指引》	自 2010 年以来，银监会对于信托公司分级监管办法的首次调整，标准由原来的定性向定量转化，对信托公司的评价重点放在自主管理能力和风控能力两个方面。评级结果将作为衡量信托公司风险程度、监管规划和合理配置监管资源、采取监管措施和行动的主要依据
2018 年 4 月	《关于规范金融机构资产管理业务的指导意见》	通过消除多层次嵌套来限制信托的通道业务、打破刚性兑付、清理资金池业务、禁止期限错配、提高合格投资者门槛、对信托产品管理费收入计提风险准备金等政策严控风险，信托业开始面临转型压力

与此同时，2003 年银监会建立后，还相继在信息披露、账户开立、会计核算、证券业务、房地产和项目融资、银信合作、政信合作、税收等方面制定了相应法规。

二、《信托法》颁布的影响

2001 年 10 月 1 日《中华人民共和国信托法》（以下简称《信托法》）正式施行，标志着我国的信托制度初步确立。《信托法》的颁布使信托机构的发展走上了法制化、规范化的道路。《信托法》实施之前，信托制度建设滞后且极不完备，由于没有一部专门的信托法，也无其他明确信托关系的法律规范，使得信托机构的活动长期缺乏权威的基本准则，信托业的发展步入歧途。信托公司主要从事银行存贷业务、证券业务和实业投资业务，没有集中到"受人之托，代人理财"的主业上来。《信托法》的颁布与实施，使信托业发展有了发展准则与业务规范。

三、立法整顿中的信托机构及业务发展

（一）对机构的清理整顿

2002 年 7 月 18 日,《信托投资公司集合资金信托业务暂行管理办法》正式颁布实施,与 2001 年 1 月颁布的《信托投资公司管理办法》和 2001 年 10 月颁布的《信托法》共同构成了被称为"一法两规"的信托业发展的政策框架。2002 年下半年,在完善法规的过程中,人民银行在国家有关各部委和各省、市、区人民政府的支持和配合下,对信托投资公司进行规范和治理,重点化解信托投资公司多年积累的各种经营风险。

1.通过破产、撤销、转制等方式使大部分高风险信托机构退出信托市场。在有关方面的周密安排下,重点对已停业整顿的海南省 5 家高风险信托租赁机构实施个人债务确认、兑付和资产清收工作。消除了金融行业的风险隐患,有利于维护社会安定。

2.信托投资公司重新登记工作。2002 年末,批准 44 家信托投资公司重新登记。信托公司停止存款业务,放弃结算业务,剥离证券经纪与承销资产。信托投资公司原有的 1 005 家证券营业部,除个别被依法关闭外,其余获准分业经营。经过此次清理,实现了信托与证券的分业经营。

3.在对信托投资公司整顿的同时,明晰业务发展方向,推动集合资金信托计划的业务发展。截至 2002 年末,集合管理的信托资金达到 61.7 亿元人民币。集合资金信托计划涉及的领域包括房地产、金融市场、交通建设、电燃水、批发零售、制造业、水利环境、教育、租赁等各种投向的信托产品。

虽然许多信托投资公司的生存在很大程度上依赖于资本市场投资和资金委托贷款等业务,但也有一部分公司根据市场导向和社会需求推出了新的信托产品,如土地信托、公益信托、年金信托、职工持股信托、国有资产管理信托等。

（二）对集合资金信托产品的重点整顿

以"一法两规"架构最终在 2002 年 7 月 18 日完成为标志,此后信托业被认为获得了新生。自 2003 年起,信托业乘势而上,各类集合资金信托产品层出不穷。2003 年,信托业呈现出欣欣向荣的景象:大型基础建设项目信托、房地产信托、MBO 信托、外汇信托、法人股信托等,层出不穷。然而好景不长,集合资金信托的经营风险开始凸显,新一轮案件频频发生。

1.集合资金信托产品经营巨额亏损案件频发的原因。在各类集合资金信托产品的快速发展中,由于相关管理制度不够健全,许多信托公司将通过集合资金信托产品销售所筹集到的资金挪用,投向股票市场。当股票市场发生波动或震荡时,信托公司的收益直接受到影响,致使许多公司形成巨额亏损。

2.信托公司集合资金信托产品经营亏损案件的基本情况。在 2004 年 3 月,上海爱建信托公司(是在第五次信托业整顿后第一家推出信托产品的标志性公司),曝出有数十亿元信托资金被挪用炒港股,并形成巨额亏损;同年 4 月,刚刚获得重新登记的青海庆泰信托公司涉嫌挪用客户信托资金 15.15 亿元炒作二级市场股票,浮亏已经达到 7.7 亿元而濒于破产;7 月 2 日,新疆金新信托异地销售的"乳品行业战略并购资金信托计划"到期,但因为挪用客户信托资金,形成难以弥补的亏损,而使上述信托产品成为第一个无法兑付的案例;8 月,德隆公司控制的金新信托、伊斯兰国际信托都在德隆崩盘后造成数十亿元信托计划资金黑洞。此后,2005 年 12 月,浙江金信信托被曝停业整顿,资金亏空高达 55 亿元。

集合资金信托产品经营亏损既损害了投资者的利益,又影响了信托公司的声誉。同时,

对于 2003 年 4 月刚刚从央行分立出来的银监会而言,上述频繁发生的挪用客户信托资金炒股并形成巨额亏损的案件无疑对其形成了巨大压力。

3.银监会推出对集合资金信托产品的专项重点整顿措施。上述案件频繁发生后,为遏制这一势头,防范风险,银监会推出严厉的对集合资金信托产品的专项整顿措施。2004 年 7 月,银监会下发措辞严厉的监管通知《关于进一步加强信托投资公司监管的通知》(银监发〔2004〕46 号文,简称"46 号文件"),该文件详细规定了 11 条监管条目,以严控信托业不断升级的风险,尤其是在证券投资和控制关联交易方面进行了明确规定。

在证券投资方面,银监会要求信托公司所有新设立的由信托投资公司代为确定管理方式的有价证券集合信托计划,一个集合信托计划持有一家上市公司股票最高不得超过该集合资金信托计划资产净值的 10%;由信托投资公司代为确定管理的资金信托,一个资金信托持有一家上市公司股票最高不得超过该公司的 10%;同一信托投资公司管理的所有代为确定管理方式的有价证券投资信托,持有一家公司发行的证券,最高不得超过该公司发行证券额的 10%。

在控制关联交易方面,要求各监管部门采取坚决措施,从严加强信托投资公司的关联交易监管。除了一直以来,严防信托财产与固有财产混用、交易之外,银监会此次还规定信托投资公司对同一借款人及其关系人的授信及投资余额之和在任何时点上不得超过资本净额的 10%;对同一关系人授信及投资余额之和在任何时点上不得超过信托投资公司资本净额的 10%;信托投资公司对全部关系人授信和投资余额总和在任何时点上不得超过信托投资公司资本净额的 50%。

四、2007 年信托行业第六次全面整顿——"一法两规"监管框架形成

与前五次"清理整顿"不同,这次整顿并不完全是由危机触发的。根据银监会的统计,截至 2006 年 6 月末,全国共有 55 家正常经营的信托公司,自营资产达 624 亿元,负债 152 亿元,所有者权益为 471 亿元,管理的信托资产合计 2 763 亿元,总体发展情况较好。

(一)"信托新两规"颁布

2007 年 2 月,中国银监会颁布《信托公司管理办法》(在原《信托投资管理办法》基础上修订)、《信托公司集合资金信托计划管理办法》(二者被称为"信托新两规")。"信托新两规"的颁布旨在彻底纠正国内信托业的发展方向,重新确定赢利模式,要信托公司及其业务回归于"信托"本来的面目,使信托公司成为从事"受人之托,代人理财"业务的专业理财公司,而非一个什么都可以做,什么都做不好的"金融百货公司";同时也标志着信托治理进入第六次大重整时期:在 2001 年《信托法》颁布实施的基础上,我国构建起了"一法两规"的监管框架。此外,在 2007 年 1 月 22 日,银监会已先行颁布《信托公司治理指引》,这些新的信托监管规章于 3 月 1 日起开始实施。

2007 年我国监管者所进行的一系列法规完善之举,使这一年成为重要的分界线,信托业由此进入一个新阶段。

(二)"信托新两规"的主要调整内容

"信托新两规"重点进行了以下几个方面的调整。

1.将修订前的"信托投资公司"一律更名为"信托公司"。为使信托业正本清源,还信托公司主业做信托业务的本来面目,限制信托公司以自有资金大量从事投资业务,"信托新两规"开宗明义地将原"两规"中的"信托投资公司"一律改为"信托公司",以强化信托公司的信托功能。

2.注册资本数额的调整。"信托新两规"在保留信托公司的注册资本不得低于3亿元的同时,又对从事不同业务的信托公司的注册资本进行了不同规定:对申请从事企业年金基金、证券承销、资产证券化等业务的信托公司,其注册资本需符合其他法律法规相关规定的最低注册资本要求;信托公司处理信托事务不履行亲自管理职责,即不承担投资管理人职责的,其注册资本不得低于1亿元。此外,"信托新两规"还规定中国银监会可以根据信托公司行业发展的需要,调整信托公司注册资本的最低限额,使信托公司的注册资本管理更加符合《公司法》关于注册资本管理的规定。

3.对资金来源与运用的规定。"信托新两规"规定,信托公司固有财产不得进行贷款、实业投资或融资租赁等业务(中国银监会另有规定的除外),其他非实业投资也只能投资于金融类公司股权、金融产品和自用固定资产;除同业拆入外,信托公司不得开展其他负债业务,且信托公司同业拆入的资金余额不得超过其净资产的20%;信托公司可以开展对外担保业务(但不得为关联方提供担保或者以信托财产提供担保),但对外担保的余额不得超过其净资产的50%。

4.对信托业务的重新规定。"信托新两规"增加了信托公司可以采取买入返售的方式对信托财产进行管理、运用的规定,规定信托公司可开展证券承销业务,可以承销国债、政策性银行债券、企业债券等债券,还将可以承销股票、短期融资券、资产支持证券等,信托公司可办理居间、咨询、资信调查等业务,增加了信托公司可以经营保管箱业务的规定和信托公司可以进行有价证券信托业务的规定。

5.对集合信托合同份数的规定。修订后的《信托公司管理办法》在取消原《信托投资公司管理办法》关于集合资金信托合同不得超过200份、每份合同的金额不低于人民币5万元的限制及规定的同时,引入委托人应为"合格投资者"的概念,规定将顾客单笔集合资金信托计划的投资起点金额从原5万元的投资门槛提至100万元,并要求"单个信托计划的自然人人数不得超过50人,合格的机构投资者数量不受限制"。同时,2007年银监会规定信托公司需在三年内达到"新两规"及相关风险管理指引的要求,才可获得新营业许可。因此10家公司在期间实现资产重组重获信托牌照,截至2011年底,全国信托公司数量增加到66家。

👉 **知识链接**

关于"合格投资者"

修订后的《信托公司管理办法》规定,"合格投资者"是指能够识别、判断和承担信托计划相应风险的人,包括自然人、法人或者依法成立的其他组织。具体包括:投资一个信托计划的最低金额不少于100万元人民币的自然人、法人或者依法成立的其他组织;个人或家庭金融资产总计在其认购时超过100万元人民币,且能提供相关财产证明的自然人;个人收入在最近三年内的每年收入超过20万元人民币或者夫妻双方合计收入在最近三年内的每年收入超过30万元人民币,且能提供相关收入证明的自然人。

2018年4月,中国人民银行、中国银行保险监督管理委员会、中国证券监督管理委员会、国家外汇管理局联合发布《关于规范金融机构资产管理业务的指导意见》(银发〔2018〕106号,又称"资管新规"),大大提高了合格投资者的门槛。对于合格个人投资者的认定标准提高到家庭金融净资产不低于300万元,家庭金融资产不低于500万元,或者近3年本人年均收入不低于40万元。

此外,银监会非银行机构部牵头组织拟订了信托公司未来发展规划:力争在 3~5 年时间内使信托公司盈利模式发生较大转变,成为真正体现信托原理、充分发挥信托功能的专业理财机构。

由于按照新办法的规定,现有的信托公司无法马上达标,新办法设定了为期 3 年的过渡期。信托公司 3 年内达标将可以领取新金融业务许可证,否则将面临重组、合并甚至出局的命运。目前,资金信托是整个信托业务的核心业务,在信托公司业务中占相当重要的位置。如果按照新修订的《管理办法》的规定,自然人客户则应该是高端客户。然而,不同地域的信托公司面临的境遇会有很大不同,比如地处上海的信托公司,有相对较大的争取大客户的可能性,而地处中西部的信托公司,当地居民收入并不丰厚,100 万元的投资门槛相对偏高。为了生存发展,未来的信托公司必然会在争取高端客户上与中外资银行、大型基金公司展开竞争。"新两规"颁布之后,资本对信托公司股权的兴趣将下降。一个很简单的原因就是,信托公司的盈利能力将大幅下降。数据显示,若把自营业务和贷款业务剔除,公布了 2005 年年报的 48 家信托公司的平均利润只有 261 万元,这将大大影响投资者进入这一行业的积极性。

五、明确信托公司净资本管理——"一法两规"监管框架形成

(一)实施《信托公司净资本管理办法》的意义

2010 年 8 月 24 日,银监会公布实施《信托公司净资本管理办法》,将信托公司的信托资产规模与净资本挂钩,并对信托公司实施以净资本为核心的风险控制指标体系。该办法与"信托新两规"一起被称为"一法三规"。

《信托公司净资本管理办法》颁布实施后,信托公司须在财务报表中披露其净资本和风险资本,确保每个信托计划均有充裕的资本支持。这使得资本金对信托规模的约束加大,无限做大信托规模成为历史。而信托公司为应对这种情况,必须积极实现业务转型,限制被动管理型信托业务等粗放外延性模式的发展,更多向主动管理型信托业务等模式发展。

同时,由于大部分信托公司现有的净资本不足以支持其资产管理规模的增长,因此信托公司补充资本金的需求加大,未来上市融资的趋势增强。而融资渠道和经营、创新等方面的优劣也会促使信托公司加速洗牌,实现优胜劣汰。

最后,办法的颁布实施会促使信托公司回归信托业务的本源。通过风险资本计提比例,引导信托公司大力发展单一资金信托这种针对具体投资人的运作模式,最终实现监管部门对信托公司的定位,即"为合格投资者提供资产管理服务的金融中介机构"。

(二)核心内容

1.净资本的定义。净资本是指根据信托公司的业务范围和公司资产结构的特点,在净资产的基础上对各固有资产项目、表外项目和其他有关业务进行风险调整后得出的综合性风险控制指标。净资本=净资产−各类资产的风险扣除项−或有负债的风险扣除项−中国银行业监督管理委员会认定的其他风险扣除项。

2.风险资本的定义。风险资本是指信托公司按照一定标准计算并配置给某项业务用于应对潜在风险的资本。风险资本=固有业务各项资产净值×风险系数+信托业务各项资产余额×风险系数+其他各项业务余额×风险系数。

3.《信托公司净资本管理办法》对计提净资本和风险资本的要求。该办法要求信托公司

计算净资本和风险资本,并且持续要求信托公司净资本不得低于2亿元,净资本与其风险资本的比值不小于100%,净资本不得低于资产的40%,从而建立了风险资本与净资本的对应关系,使各项业务的风险资本均有相应的净资本支撑,促使信托公司将有限的资本在不同风险状况的业务之间进行合理配置,引导信托公司根据自身净资本水平、风险偏好和发展战略进行差异化选择,实现对总体风险的有效控制。

4.风险资本系数。风险资本系数是指根据不同业务类型信托公司计提的风险资本比例。而且融资类业务的风险资本计提比例明显高于投资类业务,为响应计算标准发布时国家对房地产的调控政策,房地产融资业务系数最高。主要是因为集合信托资金来源多元化,各项业务风险系数均高于单一信托。

2011年1月银监会发布《信托公司净资本计算标准有关事项的通知》,要求信托公司在2011年底按照规定的计提比例(即风险资本系数)(见表5-2),达到净资本各项指标要求。对在规定时间内未达标的信托公司立即暂停其信托业务。

表5-2 不同业务类型风险资本计提比例

项　目		单一信托	集合信托
投资类	金融产品投资	0.1%~0.8%	0.2%~1%
	股权投资	0.8%	1.5%
	其他投资	0.8%	1.5%
融资类	房地产融资	0.5%~1%	1%~3%
	其他融资	0.8%	1.5%
事务类信托业务		0.1%	0.2%
其他		1%	3%

通过上述关于加强净资本、风险资本和风险控制的净资本管理内容,将确保信托公司固有资产充足并保持必要的流动性,以满足抵御各项业务不可预期损失的需要。

六、关于银信合作业务的规范及2018年颁布实施的监管新规

信托公司与银行的业务合作始于2002年,主要为银信理财合作。商业银行普遍开展理财业务,既包括单一理财产品也包括集合理财产品即理财计划。商业银行与信托公司的"银信理财合作业务",将银行理财业务与信托公司的信托业务成功对接,整合银行的客户资源、资金优势以及信托公司能跨越货币市场、资本市场和实业投资市场进行信托资产配置的优势。

银信合作业务快速发展后,问题也随之出现:①信托公司成为商业银行理财业务的"通道"和"工具",无法体现其主动管理能力;②银行理财产品常通过久期及风险溢价错配,模糊理财产品投向,获得高收益,但也蕴含巨大风险。

2008年以来,银监会先后下发了《银行和信托公司业务合作指引》(银监发〔2008〕83号)、《关于进一步规范银信合作有关事项的通知》(银监发〔2009〕111号)、《关于规范银信理财合作业务有关事项的通知》(银监发〔2010〕72号)、《关于进一步规范银信理财合作业务的通知》(银监发〔2011〕7号)及《关于规范商业银行理财业务投资运作有关问题的通知》

（银监发〔2013〕8 号，又称"8 号文"）等多项监管规定，对银信合作业务进行指导规范，对银行理财业务进行规范。

在《关于进一步规范银信理财合作业务的通知》中明确要求银信理财合作业务应做到以下三点：第一，各商业银行应当将银信理财合作业务表外资产转入表内。原则上银信合作贷款余额应当按照每季至少 25% 的比例予以压缩。第二，对商业银行未转入表内的银信合作信托贷款，各信托公司应当按照 10.5% 的比例计提风险资本。第三，信托公司信托赔偿准备金低于银信合作不良信托贷款余额 150% 或低于银信合作信托贷款余额 2.5% 的，信托公司不得分红，直至上述指标达到标准。

由于银信合作理财期限的延长，表外业务表内化带来的信贷额度限制和手续费率限制等政策效应，银信合作业务尤其是银信理财合作业务实践中呈现出快速回落、不断收缩的趋势。对信托公司而言，一方面，需要严格按照监管新规来控制银信理财合作服务的范围，明确自己的权利义务，防止超越新规的经营事件发生；另一方面，还需要着眼于行业长远发展，大力开拓自主管理类业务，提供差异化、特色化服务，探索和完善信托公司可持续发展的新模式，努力实现内涵式增长。

2013 年银监会发布《关于规范商业银行理财业务投资运作有关问题的通知》（银监发〔2013〕8 号，又称"8 号文"），旨在规范投资于"非标准化债权资产"[①]的银行理财业务，对银信合作业务进一步规范。

"8 号文"的核心内容是要求理财产品均须与其所投资资产（标的物）相对应，做到每个理财产品单独管理、建账和核算，限制商业银行理财资金投资非标准化债权资产的余额，在任何时点均以理财产品余额的 35% 与商业银行上一年度审计报告披露总资产的 4% 之间孰低者为上限。并且对理财产品，尤其是非标资产的信息披露提出了更高的要求。

"8 号文"的直接目的虽是规范银行的理财业务，但对信托公司的银行合作或部分通过银行代销的业务进行了规范，促使信托公司加快转型和创新的步伐。

2013 年国务院发布《关于加强影子银行监管有关问题的通知》（国办发〔2013〕107 号），进一步加强对影子银行的监管，提出"加快推动信托公司业务转型，明确信托公司'受人之托，代人理财'的功能定位，推动信托公司业务模式转型，回归信托主业，运用净资本管理约束信托公司信贷类业务，信托公司不得开展非标准化理财资金池等具有影子银行特征的业务，建立完善信托产品登记信息系统，探索信托受益权流转"。

为贯彻落实这一文件精神，2014 年 4 月，银监会出台了《关于信托公司风险监管的指导意见》（银监办发〔2014〕99 号，又称"99 号文"）。文件主要从推进风险防控、明确业务转型和完善监管机制三个层面来规范信托公司的发展。

在风险管控方面，"99 号文"着重提出了落实风险责任、推进风险处置市场化、建立流动性支持，进一步完善资本补充机制以及清理非标准化资金池产品等切实有效的管控手段，要求落实"卖者尽责，买者自负"的信托文化。明确要求确立信托公司"生前遗嘱"计划，建立恢复与处置机制，同时探索设立信托行业稳定基金，建立风险防控长效机制。

在业务转型方面，"99 号文"鼓励信托公司在完善核心业务和风险内控的基础上进行业务创新，改造信贷类集合资金信托业务模式，研究推出债权型信托直接融资工具；进行并购

---

① 非标准化债权资产是指未在银行间市场及证券交易所市场交易的债权性资产，包括但不限于信贷资产、信托贷款、委托债权、承兑汇票、信用证、应收账款、各类受（收）益权、带回购条款的股权性融资等。

业务试点,为产业转型提供资金支持;同时完善公益信托制度,形成正向社会外部性。

在监管机制方面,"99 号文"从信托企业内部和外部的监管两方面入手对监管主体提出了新的要求。从外部监管来看,要求监管主体厘清责任,紧盯重点风险领域,严格问责;从内部监管来看,要求信监管主体强化持续监管意识,完善资本监管,建立风险处置和人事挂钩机制,加强对于信托产品登记和从业人员的管理。

"99 号"文给信托指明未来业务方向,即真正的股权投资业务、并购业务、收费类业务、信贷资产证券化业务、家族财富管理、公益信托等。信托公司的业务重心将逐步转移,可预计未来信托公司将进一步推出更多创新类信托产品,真正做到"受人之托,代人理财"。

2018 年 4 月,中国人民银行、中国银行保险监督管理委员会、中国证券监督管理委员会、国家外汇管理局联合发布《关于规范金融机构资产管理业务的指导意见》(银发〔2018〕106 号,又称"资管新规")。文件主要遵循严控风险、服务实体经济、宏观审慎管理与微观审慎监管相结合、有的放矢、积极稳妥、审慎推进等原则来规范金融机构资产管理业务。

"资管新规"通过穿透式监管,识别多层嵌套资管产品,限制信托通道业务;通过列举对刚性兑付的认定标准和处罚标准,限制信托刚性兑付;要求各信托公司要结合自身实际,循序渐进、积极稳妥推进资金池业务清理工作;要求信托机构通过强化久期管理,加强对期限错配的流动性风险管理;对于合格个人投资者的认定标准提高到家庭金融净资产不低于 300 万元,家庭金融资产不低于 500 万元,或者近 3 年本人年均收入不低于 40 万元,大大提高了合格投资者的门槛;还要求金融机构按照资产管理产品管理费收入的 10% 计提风险准备金。

"资管新规"对于监管也提出了新的要求,将机构监管与功能监管相结合,按照产品类型而不是机构类型实施功能监管,同时实行穿透式监管,强化宏观审慎管理,建立资产管理业务的宏观审慎政策框架,实现实时监管,对资产管理产品的发行销售、投资、兑付等各环节进行全面动态监管,建立综合统计制度。

2018 年 10 月 19 日,中国银保监会发布《商业银行理财子公司管理办法(征求意见稿)》,较之前的理财新规,对银行理财投资范围、产品结构、合作机构、运行方式等均予以了较大灵活空间,有助于未来银行理财子公司更好地展开业务,同时也意在鼓励商业银行积极地向银行理财子公司转型。银行理财子公司合作机构放宽了与私募的合作,同时监管办法就银行理财子公司选择私募基金作为合作机构制定了门槛性条款要求。

七、2007 年以来信托业发展概况

总的来看,自 2007 年以来开始的规范发展阶段,信托业管理资产规模快速扩张。从 2007 年的 9 400 亿元,到 2008 年年底 1.22 万亿元,2009 年底 2.01 万亿元,2010 年底 3.04 万亿元,2011 年底 4.81 万亿元,2012 年 6 月末 5.54 万亿元;2014 年 13.98 万亿元。根据信托业协会发布的报告,截止到 2018 年 2 季度,信托资产规模为 24.27 万亿元,2017 年底 68 家信托公司实现经营收入 1190.69 亿元[①]。

截至 2018 年 10 月,银保监会针对我国信托公司的发展先后起草、印发、出台了一系列法规:

(1)2014 年起草《信托公司条例》,规范信托公司的经营行为,保护信托当事人的合法权

---

① http://www.xtxh.net/xtxh/statistics/44631.htm,2017 年度中国信托业发展评析 2018 年 4 月 4 日。

益和社会公共利益,加强对信托公司的监督管理,促进信托业健康发展;调整信托公司净资本计算标准,建立合理明晰的分类资本计量方法,区分事务管理类和自主管理类业务,强化信贷类信托业务的资本约束。至今该条例仍处于征求意见阶段,尚未立法。

（2）2014 年 4 月 8 日修订《信托公司监管评级与分类监管指引》,将信托公司评级结果与业务范围挂钩,逐步走向"有限牌照"管理。

（3）2014 年起草《信托登记管理办法》,推进信托产品登记信息系统建设,尽快实现信托产品的登记、公示、信息披露及交易功能;建立信托公司恢复与处置机制,增强股东责任,提高抗风险能力。2017 年 8 月 25 日《信托登记管理办法》发布并实施。《信托登记管理办法》按照"集中登记、依法操作、规范管理、有效监督"的总体原则,主要规定了信托登记的定义及流程、信托受益权账户管理及信托登记信息管理、监管要求等,构建了我国信托业统一的信托登记制度。

（4）2014 年印发《关于信托公司风险监管的指导意见》,为信托公司风险防范、转型发展和科学监管指明方向,之后没有再修改。

（5）2014 年 12 月 10 日发布出台《信托业保障基金管理办法》,2014 年 12 月 18 日发布出台《中国信托业保障基金有限责任公司监督管理办法》,中国信托业保障基金有限责任公司正式成立,为建立行业稳定机制、维护金融市场安全运行打下了坚实基础。之后均没有再行修改。

本章小结

我国信托行业的发展经历了曲折的过程,新中国成立前存在着官办和民营两类信托机构,这一时期,官办信托机构处于统治地位,民营信托机构可谓是"先天不足,后天失调"。新中国成立后,对官办信托进行接管和清理,对民营信托机构进行疏通与改造,形成了新中国成立初期的信托机构体系。但随着"大一统"金融管理体制的建立和"文化大革命"的影响,信托业务中断了 20 年。改革开放以后,信托行业先后经历了五次全国性的清理整顿,2001 年《信托法》颁布,信托业开始盘整。2002 年,信托公司终于开始推出规范的、真正意义上的信托理财业务。第五次整顿后,中国的信托公司进入新的发展时期。进入 21 世纪后,信托公司发展得到规范,业务范围得到明确,信托业的发展进入到规范发展的阶段。

复习思考题

1.简述"民十"信托公司倒闭狂潮。

2.试比较1949年以前我国两类创设背景的信托机构的特点。

3.简述"大一统"的金融管理体制对信托业发展的影响。

4.简述信托业五次全国性整顿的原因。

5.信托业第六次全国性整顿的特点是什么?

信托篇参考文献

[1]魏曾勋.信托投资总论[M].成都:西南财经大学出版社,1993.

[2]金建东.金融信托全书[M].北京:中国财政经济出版社,1994.

[3]杜恂诚.上海金融的制度、功能与变迁[M].上海:上海人民出版社,2002.

[4]闵绥艳.信托与租赁[M].北京:科学出版社,2005.

[5]陈穆.前进中的金融事业[M].上海:中国金融出版社,1988.

[6]郑友揆.中国的对外贸易和工业发展[M].上海:上海社会科学院出版社,1984.

[7]张贻志.论说去年市场不振之溯因及此后趋势之推测[J].钱业月报.1921,1(2).

[8]王乐山.日本信托事业之新趋势[J].银行周报.1924,8(30).

[9]上海华资银行调查录[J].银行周报.1922,6(6).

[10]国民政府关于增设信托局训令(1934).财政部财政科学研究所,中国第二历史档案馆.国民政府财政金融税收档案史料:1927-1937[G].北京:财政经济出版社,1998.

[11]上海市兴业信托社概况[J].银行周报.1933,17(38).

[12]陈云.抗美援朝开始后的财政工作方针[G].陈云文稿选编.北京:人民出版社,1984.

[13]马丽娟.经济发展中的金融中介[M].北京:中国金融出版社,2005.

[14]华夏时报.B07版.2006年4月12日.

[15]北京青年报.E7版理财时代.2006年2月21日.

[16]深圳新闻网——深圳特区报.2006年5月18日.

[17]中国金融年鉴编辑部.2000-2005年"中国金融年鉴".

[18]中国人民银行网站 http//www.pbc.gov.cn.

[19]中国银保监会网站 http://www.cbrc.gov.cn.

[20]中国证监会网站 http://www.csrc.gov.cn.

[21]中诚信托公司网站 http://www.cctic.com.cn.

[22]中海信托公司网站 http://www.zhtic.com.

[23]美国联邦存款保险公司官方网站 http://www.fdic.gov. us.

[24]英国银行家协会官方网站 http://www.bba.org.uk.

[25]信托业协会.2017年度中国信托业发展评析.http://www.xtxh.net/xtxh/statistics/44631.htm,2018年4月4日.

[26]神作裕之.日本信托法及信托相关法律最新发展与课题.杨林凯,译.https://wenku.baidu.com/view/d8b4d83c998fcc22bdd10d69.html,2016年6月3日.

信托篇附录

附录1　　　　　　　　　**中华人民共和国信托法**

第一章　总　则

第一条　为了调整信托关系,规范信托行为,保护信托当事人的合法权益,促进信托事业的健康发展,制定本法。

第二条　本法所称信托,是指委托人基于对受托人的信任,将其财产权委托给受托人,由受托人按委托人的意愿以自己的名义,为受益人的利益或者特定目的,进行管理或者处分的行为。

第三条　委托人、受托人、受益人(以下统称信托当事人)在中华人民共和国境内进行民事、营业、公益信托活动,适用本法。

第四条　受托人采取信托机构形式从事信托活动,其组织和管理由国务院制定具体办法。

第五条　信托当事人进行信托活动,必须遵守法律、行政法规,遵循自愿、公平和诚实信用原则,不得损害国家利益和社会公共利益。

第二章　信托的设立

第六条　设立信托,必须有合法的信托目的。

第七条　设立信托,必须有确定的信托财产,并且该信托财产必须是委托人合法所有的财产。

本法所称财产包括合法的财产权利。

第八条　设立信托,应当采取书面形式。

书面形式包括信托合同、遗嘱或者法律、行政法规规定的其他书面文件等。

采取信托合同形式设立信托的,信托合同签订时,信托成立。采取其他书面形式设立信托的,受托人承诺信托时,信托成立。

第九条　设立信托,其书面文件应当载明下列事项:

(一)信托目的;

(二)委托人、受托人的姓名或者名称、住所;

(三)受益人或者受益人范围;

(四)信托财产的范围、种类及状况;

(五)受益人取得信托利益的形式、方法。

除前款所列事项外,可以载明信托期限、信托财产的管理方法、受托人的报酬、新受托人的选任方式、信托终止事由等事项。

第十条　设立信托,对于信托财产,有关法律、行政法规规定应当办理登记手续的,应当依法办理信托登记。

未依照前款规定办理信托登记的,应当补办登记手续;不补办的,该信托不产生效力。

第十一条　有下列情形之一的,信托无效:

(一)信托目的违反法律、行政法规或者损害社会公共利益;

(二)信托财产不能确定;

(三)委托人以非法财产或者本法规定不得设立信托的财产设立信托;

(四)专以诉讼或者讨债为目的设立信托;

(五)受益人或者受益人范围不能确定;

(六)法律、行政法规规定的其他情形。

第十二条　委托人设立信托损害其债权人利益的,债权人有权申请人民法院撤销该信托。

人民法院依照前款规定撤销信托的,不影响善意受益人已经取得的信托利益。

本条第一款规定的申请权,自债权人知道或者应当知道撤销原因之日起一年内不行使的,归于消灭。

第十三条　设立遗嘱信托,应当遵守继承法关于遗嘱的规定。

遗嘱指定的人拒绝或者无能力担任受托人的,由受益人另行选任受托人;受益人为无民事行为能力人或者限制民事行为能力人的,依法由其监护人代行选任。遗嘱对选任受托人另有规定的,从其规定。

第三章 信托财产

第十四条 受托人因承诺信托而取得的财产是信托财产。

受托人因信托财产的管理运用、处分或者其他情形而取得的财产,也归入信托财产。

法律、行政法规禁止流通的财产,不得作为信托财产。

法律、行政法规限制流通的财产,依法经有关主管部门批准后,可以作为信托财产。

第十五条 信托财产与委托人未设立信托的其他财产相区别。设立信托后,委托人死亡或者依法解散、被依法撤销、被宣告破产时,委托人是唯一受益人的,信托终止,信托财产作为其遗产或者清算财产;委托人不是唯一受益人的,信托存续,信托财产不作为其遗产或者清算财产;但作为共同受益人的委托人死亡或者依法解散、被依法撤销、被宣告破产时,其信托受益权作为其遗产或者清算财产。

第十六条 信托财产与属于受托人所有的财产(以下简称固有财产)相区别,不得归入受托人的固有财产或者成为固有财产的一部分。

受托人死亡或者依法解散、被依法撤销、被宣告破产而终止,信托财产不属于其遗产或者清算财产。

第十七条 除因下列情形之一外,对信托财产不得强制执行:

(一)设立信托前债权人已对该信托财产享有优先受偿的权利,并依法行使该权利的;

(二)受托人处理信托事务所产生债务,债权人要求清偿该债务的;

(三)信托财产本身应担负的税款;

(四)法律规定的其他情形。

对于违反前款规定而强制执行信托财产,委托人、受托人或者受益人有权向人民法院提出异议。

第十八条 受托人管理运用、处分信托财产所产生的债权,不得与其固有财产产生的债务相抵销。

受托人管理运用、处分不同委托人的信托财产所产生的债权债务,不得相互抵销。

第四章 信托当事人

第一节 委托人

第十九条 委托人应当是具有完全民事行为能力的自然人、法人或者依法成立的其他组织。

第二十条 委托人有权了解其信托财产的管理运用、处分及收支情况,并有权要求受托人作出说明。

委托人有权查阅、抄录或者复制与其信托财产有关的信托账目以及处理信托事务的其他文件。

第二十一条 因设立信托时未能预见的特别事由,致使信托财产的管理方法不利于实现信托目的或者不符合受益人的利益时,委托人有权要求受托人调整该信托财产的管理方法。

第二十二条 受托人违反信托目的处分信托财产或者因违背管理职责、处理信托事务不当致使信托财产受到损失的,委托人有权申请人民法院撤销该处分行为,并有权要求受托人恢复信托财产的原状或者予以赔偿;该信托财产的受让人明知是违反信托目的而接受该财产的,应当予以返还或者予以赔偿。

前款规定的申请权,自委托人知道或者应当知道撤销原因之日起一年内不行使的,归于消灭。

第二十三条 受托人违反信托目的处分信托财产或者管理运用、处分信托财产有重大过失的,委托人有权依照信托文件的规定解任受托人,或者申请人民法院解任受托人。

第二节 受托人

第二十四条 受托人应当是具有完全民事行为能力的自然人、法人。

法律、行政法规对受托人的条件另有规定的,从其规定。

第二十五条 受托人应当遵守信托文件的规定,为受益人的最大利益处理信托事务。

受托人管理信托财产,必须恪尽职守,履行诚实、信用、谨慎、有效管理的义务。

第二十六条 受托人除依照本法规定取得报酬外,不得利用信托财产为自己谋取利益。

受托人违反前款规定,利用信托财产为自己谋取利益的,所得利益归入信托财产。

第二十七条 受托人不得将信托财产转为其固有财产。受托人将信托财产转为其固有财产的,必须恢复该信托财产的原状;造成信托财产损失的,应当承担赔偿责任。

第二十八条 受托人不得将其固有财产与信托财产进行交易或者将不同委托人的信托财产进行相互交易,但信托文件另有规定或者经委托人或者受益人同意,并以公平的市场价格进行交易的除外。

受托人违反前款规定,造成信托财产损失的,应当承担赔偿责任。

第二十九条 受托人必须将信托财产与其固有财产分别管理、分别记账,并将不同委托人的信托财产分别管理、分别记账。

第三十条 受托人应当自己处理信托事务,但信托文件另有规定或者有不得已事由的,可以委托他人代为处理。

受托人依法将信托事务委托他人代理的,应当对他人处理信托事务的行为承担责任。

第三十一条 同一信托的受托人有两个以上的,为共同受托人。

共同受托人应当共同处理信托事务,但信托文件规定对某些具体事务由受托人分别处理的,从其规定。

共同受托人共同处理信托事务,意见不一致时,按信托文件规定处理;信托文件未规定的,由委托人、受益人或者其利害关系人决定。

第三十二条 共同受托人处理信托事务对第三人所负债务,应当承担连带清偿责任。第三人对共同受托人之一所作的意思表示,对其他受托人同样有效。

共同受托人之一违反信托目的处分信托财产或者因违背管理职责、处理信托事务不当致使信托财产受到损失的,其他受托人应当承担连带赔偿责任。

第三十三条 受托人必须保存处理信托事务的完整记录。

受托人应当每年定期将信托财产的管理运用、处分及收支情况,报告委托人和受益人。

受托人对委托人、受益人以及处理信托事务的情况和资料负有依法保密的义务。

第三十四条 受托人以信托财产为限向受益人承担支付信托利益的义务。

第三十五条 受托人有权依照信托文件的约定取得报酬。信托文件未作事先约定的,经信托当事人协商同意,可以作出补充约定;未作事先约定和补充约定的,不得收取报酬。

约定的报酬经信托当事人协商同意,可以增减其数额。

第三十六条 受托人违反信托目的处分信托财产或者因违背管理职责、处理信托事务不当致使信托财产受到损失的,在未恢复信托财产的原状或者未予赔偿前,不得请求给付报酬。

第三十七条 受托人因处理信托事务所支出的费用、对第三人所负债务,以信托财产承担。受托人以其固有财产先行支付的,对信托财产享有优先受偿的权利。

受托人违背管理职责或者处理信托事务不当对第三人所负债务或者自己所受到的损失,以其固有财产承担。

第三十八条 设立信托后,经委托人和受益人同意,受托人可以辞任。本法对公益信托的受托人辞任另有规定的,从其规定。

受托人辞任的,在新受托人选出前仍应履行管理信托事务的职责。

第三十九条 受托人有下列情形之一的,其职责终止:

(一)死亡或者被依法宣告死亡;

(二)被依法宣告为无民事行为能力人或者限制民事行为能力人;

(三)被依法撤销或者被宣告破产;

(四)依法解散或者法定资格丧失;

(五)辞任或者被解任;

(六)法律、行政法规规定的其他情形。

受托人职责终止时,其继承人或者遗产管理人、监护人、清算人应当妥善保管信托财产,协助新受托人接管信托事务。

第四十条 受托人职责终止的,依照信托文件规定选任新受托人;信托文件未规定的,由委托人选任;委托人不指定或者无能力指定的,由受益人选任;受益人为无民事行为能力人或者限制民事行为能力人的,依法由其监护人代行选任。

原受托人处理信托事务的权利和义务,由新受托人承继。

第四十一条 受托人有本法第三十九条第一款第(三)项至第(六)项所列情形之一,职责终止的,应当作出处理信托事务的报告,并向新受托人办理信托财产和信托事务的移交手续。

前款报告经委托人或者受益人认可,原受托人就报告中所列事项解除责任。但原受托人有不正当行为的除外。

第四十二条 共同受托人之一职责终止的,信托财产由其他受托人管理和处分。

第三节 受益人

第四十三条 受益人是在信托中享有信托受益权的人。受益人可以是自然人、法人或者依法成立的其他组织。

委托人可以是受益人,也可以是同一信托的唯一受益人。

受托人可以是受益人,但不得是同一信托的唯一受益人。

第四十四条 受益人自信托生效之日起享有信托受益权。信托文件另有规定的,从其规定。

第四十五条 共同受益人按照信托文件的规定享受信托利益。信托文件对信托利益的分配比例或者分配方法未作规定的,各受益人按照均等的比例享受信托利益。

第四十六条 受益人可以放弃信托受益权。

全体受益人放弃信托受益权的,信托终止。

部分受益人放弃信托受益权的,被放弃的信托受益权按下列顺序确定归属:

(一)信托文件规定的人;

(二)其他受益人;

(三)委托人或者其继承人。

第四十七条 受益人不能清偿到期债务的,其信托受益权可以用于清偿债务,但法律、行政法规以及信托文件有限制性规定的除外。

第四十八条 受益人的信托受益权可以依法转让和继承,但信托文件有限制性规定的除外。

第四十九条 受益人可以行使本法第二十条至第二十三条规定的委托人享有的权利。受益人行使上述权利,与委托人意见不一致时,可以申请人民法院作出裁定。

受托人有本法第二十二条第一款所列行为,共同受益人之一申请人民法院撤销该处分行为的,人民法院所作出的撤销裁定,对全体共同受益人有效。

第五章 信托的变更与终止

第五十条 委托人是唯一受益人的,委托人或者其继承人可以解除信托。信托文件另有规定的,从其规定。

第五十一条 设立信托后,有下列情形之一的,委托人可以变更受益人或者处分受益人的信托受益权:

(一)受益人对委托人有重大侵权行为;

(二)受益人对其他共同受益人有重大侵权行为;

(三)经受益人同意;

(四)信托文件规定的其他情形。

有前款第(一)项、第(三)项、第(四)项所列情形之一的,委托人可以解除信托。

第五十二条 信托不因委托人或者受托人的死亡、丧失民事行为能力、依法解散、被依法撤销或者被宣告破产而终止,也不因受托人的辞任而终止。但本法或者信托文件另有规定的除外。

第五十三条 有下列情形之一的,信托终止:

(一)信托文件规定的终止事由发生;

(二)信托的存续违反信托目的;

(三)信托目的已经实现或者不能实现;

(四)信托当事人协商同意;

(五)信托被撤销;

(六)信托被解除。

第五十四条 信托终止的,信托财产归属于信托文件规定的人;信托文件未规定的,按下列顺序确定归属:

(一)受益人或者其继承人;

(二)委托人或者其继承人。

第五十五条 依照前条规定,信托财产的归属确定后,在该信托财产转移给权利归属人的过程中,信托视为存续,权利归属人视为受益人。

第五十六条 信托终止后,人民法院依据本法第十七条的规定对原信托财产进行强制执行的,以权利归属人为被执行人。

第五十七条 信托终止后,受托人依照本法规定行使请求给付报酬、从信托财产中获得补偿的权利时,可以留置信托财产或者对信托财产的权利归属人提出请求。

第五十八条 信托终止的,受托人应当作出处理信托事务的清算报告。受益人或者信托财产的权利归属人对清算报告无异议的,受托人就清算报告所列事项解除责任。但受托人有不正当行为的除外。

第六章 公益信托

第五十九条 公益信托适用本章规定。本章未规定的,适用本法及其他相关法律的规定。

第六十条 为了下列公共利益目的之一而设立的信托,属于公益信托:

(一)救济贫困;

(二)救助灾民;

(三)扶助残疾人;

(四)发展教育、科技、文化、艺术、体育事业;

(五)发展医疗卫生事业;

(六)发展环境保护事业,维护生态环境;

(七)发展其他社会公益事业。

第六十一条 国家鼓励发展公益信托。

第六十二条 公益信托的设立和确定其受托人,应当经有关公益事业的管理机构(以下简称公益事业管理机构)批准。

未经公益事业管理机构的批准,不得以公益信托的名义进行活动。

公益事业管理机构对于公益信托活动应当给予支持。

第六十三条 公益信托的信托财产及其收益,不得用于非公益目的。

第六十四条 公益信托应当设置信托监察人。

信托监察人由信托文件规定。信托文件未规定的,由公益事业管理机构指定。

第六十五条 信托监察人有权以自己的名义,为维护受益人的利益,提起诉讼或者实施其他法律行为。

第六十六条 公益信托的受托人未经公益事业管理机构批准,不得辞任。

第六十七条 公益事业管理机构应当检查受托人处理公益信托事务的情况及财产状况。

受托人应当至少每年一次作出信托事务处理情况及财产状况报告,经信托监察人认可后,报公益事业管理机构核准,并由受托人予以公告。

第六十八条 公益信托的受托人违反信托义务或者无能力履行其职责的,由公益事业管理机构变更受托人。

第六十九条 公益信托成立后,发生设立信托时不能预见的情形,公益事业管理机构可以根据信托目的,变更信托文件中的有关条款。

第七十条 公益信托终止的,受托人应当于终止事由发生之日起十五日内,将终止事由和终止日期报告公益事业管理机构。

第七十一条 公益信托终止的,受托人作出的处理信托事务的清算报告,应当经信托监察人认可后,报公益事业管理机构核准,并由受托人予以公告。

第七十二条 公益信托终止,没有信托财产权利归属人或者信托财产权利归属人是不特定的社会公众的,经公益事业管理机构批准,受托人应当将信托财产用于与原公益目的相近似的目的,或者将信托财产转移给具有近似目的的公益组织或者其他公益信托。

第七十三条 公益事业管理机构违反本法规定的,委托人、受托人或者受益人有权向人民法院起诉。

第七章　附　　则

第七十四条 本法自 2001 年 10 月 1 日起施行。

附录 2　　　　　　　　　信托公司管理办法

第一章　总　　则

第一条 为加强对信托公司的监督管理,规范信托公司的经营行为,促进信托业的健康发展,根据《中华人民共和国信托法》、《中华人民共和国银行业监督管理法》等法律法规,制定本办法。

第二条 本办法所称信托公司,是指依照《中华人民共和国公司法》和本办法设立的主要经营信托业务的金融机构。

本办法所称信托业务,是指信托公司以营业和收取报酬为目的,以受托人身份承诺信托和处理信托事务的经营行为。

第三条 信托财产不属于信托公司的固有财产,也不属于信托公司对受益人的负债。信托公司终止时,信托财产不属于其清算财产。

第四条 信托公司从事信托活动,应当遵守法律法规的规定和信托文件的约定,不得损害国家利益、社会公共利益和受益人的合法权益。

第五条 中国银行业监督管理委员会对信托公司及其业务活动实施监督管理。

第二章　机构的设立、变更与终止

第六条 设立信托公司,应当采取有限责任公司或者股份有限公司的形式。

第七条 设立信托公司,应当经中国银行业监督管理委员会批准,并领取金融许可证。

未经中国银行业监督管理委员会批准,任何单位和个人不得经营信托业务,任何经营单位不得在其名称中使用"信托公司"字样。法律法规另有规定的除外。

第八条 设立信托公司,应当具备下列条件:

(一)有符合《中华人民共和国公司法》和中国银行业监督管理委员会规定的公司章程;

(二)有具备中国银行业监督管理委员会规定的入股资格的股东;

(三)具有本办法规定的最低限额的注册资本;

(四)有具备中国银行业监督管理委员会规定任职资格的董事、高级管理人员和与其业务相适应的信托从业人员;

(五)具有健全的组织机构、信托业务操作规程和风险控制制度;

(六)有符合要求的营业场所、安全防范措施和与业务有关的其他设施;

（七）中国银行业监督管理委员会规定的其他条件。

第九条 中国银行业监督管理委员会依照法律法规和审慎监管原则对信托公司的设立申请进行审查，作出批准或者不予批准的决定；不予批准的，应说明理由。

第十条 信托公司注册资本最低限额为3亿元人民币或等值的可自由兑换货币，注册资本为实缴货币资本。

申请经营企业年金基金、证券承销、资产证券化等业务，应当符合相关法律法规规定的最低注册资本要求。

中国银行业监督管理委员会根据信托公司行业发展的需要，可以调整信托公司注册资本最低限额。

第十一条 未经中国银行业监督管理委员会批准，信托公司不得设立或变相设立分支机构。

第十二条 信托公司有下列情形之一的，应当经中国银行业监督管理委员会批准：

（一）变更名称；

（二）变更注册资本；

（三）变更公司住所；

（四）改变组织形式；

（五）调整业务范围；

（六）更换董事或高级管理人员；

（七）变更股东或者调整股权结构，但持有上市公司流通股份未达到公司总股份5%的除外；

（八）修改公司章程；

（九）合并或者分立；

（十）中国银行业监督管理委员会规定的其他情形。

第十三条 信托公司出现分立、合并或者公司章程规定的解散事由，申请解散的，经中国银行业监督管理委员会批准后解散，并依法组织清算组进行清算。

第十四条 信托公司不能清偿到期债务，且资产不足以清偿债务或明显缺乏清偿能力的，经中国银行业监督管理委员会同意，可向人民法院提出破产申请。

中国银行业监督管理委员会可以向人民法院直接提出对该信托公司进行重整或破产清算的申请。

第十五条 信托公司终止时，其管理信托事务的职责同时终止。清算组应当妥善保管信托财产，作出处理信托事务的报告并向新受托人办理信托财产的移交。信托文件另有约定的，从其约定。

第三章　经营范围

第十六条 信托公司可以申请经营下列部分或者全部本外币业务：

（一）资金信托；

（二）动产信托；

（三）不动产信托；

（四）有价证券信托；

（五）其他财产或财产权信托；

（六）作为投资基金或者基金管理公司的发起人从事投资基金业务；

（七）经营企业资产的重组、购并及项目融资、公司理财、财务顾问等业务；

（八）受托经营国务院有关部门批准的证券承销业务；

（九）办理居间、咨询、资信调查等业务；

（十）代保管及保管箱业务；

（十一）法律法规规定或中国银行业监督管理委员会批准的其他业务。

第十七条 信托公司可以根据《中华人民共和国信托法》等法律法规的有关规定开展公益信托活动。

第十八条 信托公司可以根据市场需要，按照信托目的、信托财产的种类或者对信托财产管理方式的不同设置信托业务品种。

第十九条　信托公司管理运用或处分信托财产时,可以依照信托文件的约定,采取投资、出售、存放同业、买入返售、租赁、贷款等方式进行。中国银行业监督管理委员会另有规定的,从其规定。

信托公司不得以卖出回购方式管理运用信托财产。

第二十条　信托公司固有业务项下可以开展存放同业、拆放同业、贷款、租赁、投资等业务。投资业务限定为金融类公司股权投资、金融产品投资和自用固定资产投资。

信托公司不得以固有财产进行实业投资,但中国银行业监督管理委员会另有规定的除外。

第二十一条　信托公司不得开展除同业拆入业务以外的其他负债业务,且同业拆入余额不得超过其净资产的20%。中国银行业监督管理委员会另有规定的除外。

第二十二条　信托公司可以开展对外担保业务,但对外担保余额不得超过其净资产的50%。

第二十三条　信托公司经营外汇信托业务,应当遵守国家外汇管理的有关规定,并接受外汇主管部门的检查、监督。

第四章　经营规则

第二十四条　信托公司管理运用或者处分信托财产,必须恪尽职守,履行诚实、信用、谨慎、有效管理的义务,维护受益人的最大利益。

第二十五条　信托公司在处理信托事务时应当避免利益冲突,在无法避免时,应向委托人、受益人予以充分的信息披露,或拒绝从事该项业务。

第二十六条　信托公司应当亲自处理信托事务。信托文件另有约定或有不得已事由时,可委托他人代为处理,但信托公司应尽足够的监督义务,并对他人处理信托事务的行为承担责任。

第二十七条　信托公司对委托人、受益人以及所处理信托事务的情况和资料负有依法保密的义务,但法律法规另有规定或者信托文件另有约定的除外。

第二十八条　信托公司应当妥善保存处理信托事务的完整记录,定期向委托人、受益人报告信托财产及其管理运用、处分及收支的情况。

委托人、受益人有权向信托公司了解对其信托财产的管理运用、处分及收支情况,并要求信托公司作出说明。

第二十九条　信托公司应当将信托财产与其固有财产分别管理、分别记账,并将不同委托人的信托财产分别管理、分别记账。

第三十条　信托公司应当依法建账,对信托业务与非信托业务分别核算,并对每项信托业务单独核算。

第三十一条　信托公司的信托业务部门应当独立于公司的其他部门,其人员不得与公司其他部门的人员相互兼职,业务信息不得与公司的其他部门共享。

第三十二条　以信托合同形式设立信托时,信托合同应当载明以下事项:

(一)信托目的;

(二)委托人、受托人的姓名或者名称、住所;

(三)受益人或者受益人范围;

(四)信托财产的范围、种类及状况;

(五)信托当事人的权利义务;

(六)信托财产管理中风险的揭示和承担;

(七)信托财产的管理方式和受托人的经营权限;

(八)信托利益的计算,向受益人交付信托利益的形式、方法;

(九)信托公司报酬的计算及支付;

(十)信托财产税费的承担和其他费用的核算;

(十一)信托期限和信托的终止;

(十二)信托终止时信托财产的归属;

(十三)信托事务的报告;

（十四）信托当事人的违约责任及纠纷解决方式；

（十五）新受托人的选任方式；

（十六）信托当事人认为需要载明的其他事项。

以信托合同以外的其他书面文件设立信托时，书面文件的载明事项按照有关法律法规规定执行。

第三十三条 信托公司开展固有业务，不得有下列行为：

（一）向关联方融出资金或转移财产；

（二）为关联方提供担保；

（三）以股东持有的本公司股权作为质押进行融资。

信托公司的关联方按照《中华人民共和国公司法》和企业会计准则的有关标准界定。

第三十四条 信托公司开展信托业务，不得有下列行为：

（一）利用受托人地位谋取不当利益；

（二）将信托财产挪用于非信托目的的用途；

（三）承诺信托财产不受损失或者保证最低收益；

（四）以信托财产提供担保；

（五）法律法规和中国银行业监督管理委员会禁止的其他行为。

第三十五条 信托公司开展关联交易，应以公平的市场价格进行，逐笔向中国银行业监督管理委员会事前报告，并按照有关规定进行信息披露。

第三十六条 信托公司经营信托业务，应依照信托文件约定以手续费或者佣金的方式收取报酬，中国银行业监督管理委员会另有规定的除外。

信托公司收取报酬，应当向受益人公开，并向受益人说明收费的具体标准。

第三十七条 信托公司违反信托目的处分信托财产，或者因违背管理职责、处理信托事务不当致使信托财产受到损失的，在恢复信托财产的原状或者予以赔偿前，信托公司不得请求给付报酬。

第三十八条 信托公司因处理信托事务而支出的费用、负担的债务，以信托财产承担，但应在信托合同中列明或明确告知受益人。信托公司以其固有财产先行支付的，对信托财产享有优先受偿的权利。因信托公司违背管理职责或者管理信托事务不当所负债务及所受到的损害，以其固有财产承担。

第三十九条 信托公司违反信托目的处分信托财产，或者管理运用、处分信托财产有重大过失的，委托人或受益人有权依照信托文件的约定解任该信托公司，或者申请人民法院解任该信托公司。

第四十条 受托人职责依法终止的，新受托人依照信托文件的约定选任；信托文件未规定的，由委托人选任；委托人不能选任的，由受益人选任；受益人为无民事行为能力人或者限制民事行为能力人的，依法由其监护人代行选任。新受托人未产生前，中国银行业监督管理委员会可以指定临时受托人。

第四十一条 信托公司经营信托业务，有下列情形之一的，信托终止：

（一）信托文件约定的终止事由发生；

（二）信托的存续违反信托目的；

（三）信托目的已经实现或者不能实现；

（四）信托当事人协商同意；

（五）信托期限届满；

（六）信托被解除；

（七）信托被撤销；

（八）全体受益人放弃信托受益权。

第四十二条 信托终止的，信托公司应当依照信托文件的约定作出处理信托事务的清算报告。受益人或者信托财产的权利归属人对清算报告无异议的，信托公司就清算报告所列事项解除责任，但信托公司有不当行为的除外。

第五章 监督管理

第四十三条 信托公司应当建立以股东（大）会、董事会、监事会、高级管理层等为主体的组织架构，明确各自的职责划分,保证相互之间独立运行、有效制衡,形成科学高效的决策、激励与约束机制。

第四十四条 信托公司应当按照职责分离的原则设立相应的工作岗位,保证公司对风险能够进行事前防范、事中控制、事后监督和纠正,形成健全的内部约束机制和监督机制。

第四十五条 信托公司应当按规定制订本公司的信托业务及其他业务规则,建立、健全本公司的各项业务管理制度和内部控制制度,并报中国银行业监督管理委员会备案。

第四十六条 信托公司应当按照国家有关规定建立、健全本公司的财务会计制度,真实记录并全面反映其业务活动和财务状况。公司年度财务会计报表应当经具有良好资质的中介机构审计。

第四十七条 中国银行业监督管理委员会可以定期或者不定期对信托公司的经营活动进行检查;必要时,可以要求信托公司提供由具有良好资质的中介机构出具的相关审计报告。

信托公司应当按照中国银行业监督管理委员会的要求提供有关业务、财务等报表和资料,并如实介绍有关业务情况。

第四十八条 中国银行业监督管理委员会对信托公司实行净资本管理。具体办法由中国银行业监督管理委员会另行制定。

第四十九条 信托公司每年应当从税后利润中提取5%作为信托赔偿准备金,但该赔偿准备金累计总额达到公司注册资本的20%时,可不再提取。

信托公司的赔偿准备金应存放于经营稳健、具有一定实力的境内商业银行,或者用于购买国债等低风险高流动性证券品种。

第五十条 中国银行业监督管理委员会对信托公司的董事、高级管理人员实行任职资格审查制度。未经中国银行业监督管理委员会任职资格审查或者审查不合格的,不得任职。

信托公司对拟离任的董事、高级管理人员,应当进行离任审计,并将审计结果报中国银行业监督管理委员会备案。信托公司的法定代表人变更时,在新的法定代表人经中国银行业监督管理委员会核准任职资格前,原法定代表人不得离任。

第五十一条 中国银行业监督管理委员会对信托公司的信托从业人员实行信托业务资格管理制度。符合条件的,颁发信托从业人员资格证书;未取得信托从业人员资格证书的,不得经办信托业务。

第五十二条 信托公司的董事、高级管理人员和信托从业人员违反法律、行政法规或中国银行业监督管理委员会有关规定的,中国银行业监督管理委员会有权取消其任职资格或者从业资格。

第五十三条 中国银行业监督管理委员会根据履行职责的需要,可以与信托公司董事、高级管理人员进行监督管理谈话,要求信托公司董事、高级管理人员就信托公司的业务活动和风险管理的重大事项作出说明。

第五十四条 信托公司违反审慎经营规则的,中国银行业监督管理委员会责令限期改正;逾期未改正的,或者其行为严重危及信托公司的稳健运行、损害受益人合法权益的,中国银行业监督管理委员会可以区别情形,依据《中华人民共和国银行业监督管理法》等法律法规的规定,采取暂停业务、限制股东权利等监管措施。

第五十五条 信托公司已经或者可能发生信用危机,严重影响受益人合法权益的,中国银行业监督管理委员会可以依法对该信托公司实行接管或者督促机构重组。

第五十六条 中国银行业监督管理委员会在批准信托公司设立、变更、终止后,发现原申请材料有隐瞒、虚假的情形,可以责令补正或者撤销批准。

第五十七条 信托公司可以加入中国信托业协会,实行行业自律。

中国信托业协会开展活动,应当接受中国银行业监督管理委员会的指导和监督。

第六章 罚 则

第五十八条 未经中国银行业监督管理委员会批准,擅自设立信托公司的,由中国银行业监督管理委员会依法予以取缔;构成犯罪的,依法追究刑事责任;尚不构成犯罪的,由中国银行业监督管理委员会没收违法所得,违法所得五十万元以上的,并处违法所得一倍以上五倍以下罚款;没有违法所得或者违法所得不足五十万元的,处五十万元以上二百万元以下罚款。

第五十九条 未经中国银行业监督管理委员会批准,信托公司擅自设立分支机构或开展本办法第十九条、第二十条、第二十一条、第二十二条、第三十三条和第三十四条禁止的业务的,由中国银行业监督管理委员会责令改正,有违法所得的,没收违法所得,违法所得五十万元以上的,并处违法所得一倍以上五倍以下罚款;没有违法所得或者违法所得不足五十万元的,处五十万元以上二百万元以下罚款;情节特别严重或者逾期不改正的,责令停业整顿或者吊销其金融许可证;构成犯罪的,依法追究刑事责任。

第六十条 信托公司违反本办法其他规定的,中国银行业监督管理委员会根据《中华人民共和国银行业监督管理法》等法律法规的规定,采取相应的处罚措施。

第六十一条 信托公司有违法经营、经营管理不善等情形,不予撤销将严重危害金融秩序、损害公众利益的,由中国银行业监督管理委员会依法予以撤销。

第六十二条 对信托公司违规负有直接责任的董事、高级管理人员和其他直接责任人员,中国银行业监督管理委员会可以区别不同情形,根据《中华人民共和国银行业监督管理法》等法律法规的规定,采取罚款、取消任职资格或从业资格等处罚措施。

第六十三条 对中国银行业监督管理委员会的处罚决定不服的,可以依法提请行政复议或者向人民法院提起行政诉讼。

第七章 附　则

第六十四条 信托公司处理信托事务不履行亲自管理职责,即不承担投资管理人职责的,其注册资本不得低于1亿元人民币或等值的可自由兑换货币。对该类信托公司的监督管理参照本办法执行。

第六十五条 本办法由中国银行业监督管理委员会负责解释。

第六十六条 本办法自2007年3月1日起施行,原《信托投资公司管理办法》(中国人民银行令〔2002〕第5号)不再适用。

附录3 **信托公司集合资金信托计划管理办法**

第一章 总　则

第一条 为规范信托公司集合资金信托业务的经营行为,保障集合资金信托计划各方当事人的合法权益,根据《中华人民共和国信托法》、《中华人民共和国银行业监督管理法》等法律法规,制定本办法。

第二条 在中华人民共和国境内设立集合资金信托计划(以下简称信托计划),由信托公司担任受托人,按照委托人意愿,为受益人的利益,将两个以上(含两个)委托人交付的资金进行集中管理、运用或处分的资金信托业务活动,适用本办法。

第三条 信托计划财产独立于信托公司的固有财产,信托公司不得将信托计划财产归入其固有财产;信托公司因信托计划财产的管理、运用或者其他情形而取得的财产和收益,归入信托计划财产;信托公司因依法解散、被依法撤销或者被依法宣告破产等原因进行清算的,信托计划财产不属于其清算财产。

第四条 信托公司管理、运用信托计划财产,应当恪尽职守,履行诚实信用、谨慎勤勉的义务,为受益人的最大利益服务。

第二章 信托计划的设立

第五条 信托公司设立信托计划,应当符合以下要求:

(一)委托人为合格投资者;

(二)参与信托计划的委托人为唯一受益人;

(三)单个信托计划的自然人人数不得超过50人,合格的机构投资者数量不受限制;

(四)信托期限不少于一年;

(五)信托资金有明确的投资方向和投资策略,且符合国家产业政策以及其他有关规定;

（六）信托受益权划分为等额份额的信托单位；

（七）信托合同应约定受托人报酬，除合理报酬外，信托公司不得以任何名义直接或间接以信托财产为自己或他人牟利；

（八）中国银行业监督管理委员会规定的其他要求。

第六条 前条所称合格投资者，是指符合下列条件之一，能够识别、判断和承担信托计划相应风险的人：

（一）投资一个信托计划的最低金额不少于100万元人民币的自然人、法人或者依法成立的其他组织；

（二）个人或家庭金融资产总计在其认购时超过100万元人民币，且能提供相关财产证明的自然人；

（三）个人收入在最近三年内每年收入超过20万元人民币或者夫妻双方合计收入在最近三年内每年收入超过30万元人民币，且能提供相关收入证明的自然人。

第七条 信托公司推介信托计划，应有规范和详尽的信息披露材料，明示信托计划的风险收益特征，充分揭示参与信托计划的风险及风险承担原则，如实披露专业团队的履历、专业培训及从业经历，不得使用任何可能影响投资者进行独立风险判断的误导性陈述。

信托公司异地推介信托计划的，应当在推介前向注册地、推介地的中国银行业监督管理委员会省级派出机构报告。

第八条 信托公司推介信托计划时，不得有以下行为：

（一）以任何方式承诺信托资金不受损失，或者以任何方式承诺信托资金的最低收益；

（二）进行公开营销宣传；

（三）委托非金融机构进行推介；

（四）推介材料含有与信托文件不符的内容，或者存在虚假记载、误导性陈述或重大遗漏等情况；

（五）对公司过去的经营业绩作夸大介绍，或者恶意贬低同行；

（六）中国银行业监督管理委员会禁止的其他行为。

第九条 信托公司设立信托计划，事前应进行尽职调查，就可行性分析、合法性、风险评估、有无关联方交易等事项出具尽职调查报告。

第十条 信托计划文件应当包含以下内容：

（一）认购风险申明书；

（二）信托计划说明书；

（三）信托合同；

（四）中国银行业监督管理委员会规定的其他内容。

第十一条 认购风险申明书至少应当包含以下内容：

（一）信托计划不承诺保本和最低收益，具有一定的投资风险，适合风险识别、评估、承受能力较强的合格投资者；

（二）委托人应当以自己合法所有的资金认购信托单位，不得非法汇集他人资金参与信托计划；

（三）信托公司依据信托计划文件管理信托财产所产生的风险，由信托财产承担。信托公司因违背信托计划文件、处理信托事务不当而造成信托财产损失的，由信托公司以固有财产赔偿；不足赔偿时，由投资者自担；

（四）委托人在认购风险申明书上签字，即表明已认真阅读并理解所有的信托计划文件，并愿意依法承担相应的信托投资风险。

认购风险申明书一式二份，注明委托人认购信托单位的数量，分别由信托公司和受益人持有。

第十二条 信托计划说明书至少应当包括以下内容：

（一）信托公司的基本情况；

（二）信托计划的名称及主要内容；

（三）信托合同的内容摘要；

（四）信托计划的推介日期、期限和信托单位价格；

（五）信托计划的推介机构名称；

（六）信托经理人员名单、履历；

（七）律师事务所出具的法律意见书；

（八）风险警示内容；

（九）中国银行业监督管理委员会规定的其他内容。

第十三条 信托合同应当载明以下事项：

（一）信托目的；

（二）受托人、保管人的姓名（或者名称）、住所；

（三）信托资金的币种和金额；

（四）信托计划的规模与期限；

（五）信托资金管理、运用和处分的具体方法或安排；

（六）信托利益的计算、向受益人交付信托利益的时间和方法；

（七）信托财产税费的承担、其他费用的核算及支付方法；

（八）受托人报酬计算方法、支付期间及方法；

（九）信托终止时信托财产的归属及分配方式；

（十）信托当事人的权利、义务；

（十一）受益人大会召集、议事及表决的程序和规则；

（十二）新受托人的选任方式；

（十三）风险揭示；

（十四）信托当事人的违约责任及纠纷解决方式；

（十五）信托当事人约定的其他事项。

第十四条 信托合同应当在首页右上方用醒目字体载明下列文字：信托公司管理信托财产应恪尽职守，履行诚实、信用、谨慎、有效管理的义务。信托公司依据本信托合同约定管理信托财产所产生的风险，由信托财产承担。信托公司因违背本信托合同、处理信托事务不当而造成信托财产损失的，由信托公司以固有财产赔偿；不足赔偿时，由投资者自担。

第十五条 委托人认购信托单位前，应当仔细阅读信托计划文件的全部内容，并在认购风险申明书中签字，申明愿意承担信托计划的投资风险。

信托公司应当提供便利，保证委托人能够查阅或者复制所有的信托计划文件，并向委托人提供信托合同文本原件。

第十六条 信托公司推介信托计划时，可与商业银行签订信托资金代理收付协议。委托人以现金方式认购信托单位，可由商业银行代理收付。信托公司委托商业银行办理信托计划收付业务时，应明确界定双方的权利义务关系，商业银行只承担代理资金收付责任，不承担信托计划的投资风险。

信托公司可委托商业银行代为向合格投资者推介信托计划。

第十七条 信托计划推介期限届满，未能满足信托文件约定的成立条件的，信托公司应当在推介期限届满后三十日内返还委托人已缴付的款项，并加计银行同期存款利息。由此产生的相关债务和费用，由信托公司以固有财产承担。

第十八条 信托计划成立后，信托公司应当将信托计划财产存入信托财产专户，并在五个工作日内向委托人披露信托计划的推介、设立情况。

第三章　信托计划财产的保管

第十九条 信托计划的资金实行保管制。对非现金类的信托财产，信托当事人可约定实行第三方保管，但中国银行业监督管理委员会另有规定的，从其规定。

信托计划存续期间，信托公司应当选择经营稳健的商业银行担任保管人。信托财产的保管账户和信托财产专户应当为同一账户。

信托公司依信托计划文件约定需要运用信托资金时,应当向保管人书面提供信托合同复印件及资金用途说明。

第二十条 保管协议至少应包括以下内容:

(一)受托人、保管人的名称、住所;

(二)受托人、保管人的权利义务;

(三)信托计划财产保管的场所、内容、方法、标准;

(四)保管报告内容与格式;

(五)保管费用;

(六)保管人对信托公司的业务监督与核查;

(七)当事人约定的其他内容。

第二十一条 保管人应当履行以下职责:

(一)安全保管信托财产;

(二)对所保管的不同信托计划分别设置账户,确保信托财产的独立性;

(三)确认与执行信托公司管理运用信托财产的指令,核对信托财产交易记录、资金和财产账目;

(四)记录信托资金划拨情况,保存信托公司的资金用途说明;

(五)定期向信托公司出具保管报告;

(六)当事人约定的其他职责。

第二十二条 遇有信托公司违反法律法规和信托合同、保管协议操作时,保管人应当立即以书面形式通知信托公司纠正;当出现重大违法违规或者发生严重影响信托财产安全的事件时,保管人应及时报告中国银行业监督管理委员会。

第四章 信托计划的运营与风险管理

第二十三条 信托公司管理信托计划,应设立为信托计划服务的信托资金运用、信息处理等部门,并指定信托经理及其相关的工作人员。

每个信托计划至少配备一名信托经理。担任信托经理的人员,应当符合中国银行业监督管理委员会规定的条件。

第二十四条 信托公司对不同的信托计划,应当建立单独的会计账户分别核算、分别管理。

第二十五条 信托资金可以进行组合运用,组合运用应有明确的运用范围和投资比例。

信托公司运用信托资金进行证券投资,应当采用资产组合的方式,事先制定投资比例和投资策略,采取有效措施防范风险。

第二十六条 信托公司可以运用债权、股权、物权及其他可行方式运用信托资金。

信托公司运用信托资金,应当与信托计划文件约定的投资方向和投资策略相一致。

第二十七条 信托公司管理信托计划,应当遵守以下规定:

(一)不得向他人提供担保;

(二)向他人提供贷款不得超过其管理的所有信托计划实收余额的30%;

(三)不得将信托资金直接或间接运用于信托公司的股东及其关联人,但信托资金全部来源于股东或其关联人的除外;

(四)不得以固有财产与信托财产进行交易;

(五)不得将不同信托财产进行相互交易;

(六)不得将同一公司管理的不同信托计划投资于同一项目。

第二十八条 信托公司管理信托计划而取得的信托收益,如果信托计划文件没有约定其他运用方式的,应当将该信托收益交由保管人保管,任何人不得挪用。

第五章 信托计划的变更、终止与清算

第二十九条 信托计划存续期间,受益人可以向合格投资者转让其持有的信托单位。信托公司应为受

益人办理受益权转让的有关手续。

信托受益权进行拆分转让的,受让人不得为自然人。

机构所持有的信托受益权,不得向自然人转让或拆分转让。

第三十条 有下列情形之一的,信托计划终止:

(一)信托合同期限届满;

(二)受益人大会决定终止;

(三)受托人职责终止,未能按照有关规定产生新受托人;

(四)信托计划文件约定的其他情形。

第三十一条 信托计划终止,信托公司应当于终止后十个工作日内做出处理信托事务的清算报告,经审计后向受益人披露。信托文件约定清算报告不需要审计的,信托公司可以提交未经审计的清算报告。

第三十二条 清算后的剩余信托财产,应当依照信托合同约定按受益人所持信托单位比例进行分配。分配方式可采取现金方式、维持信托终止时财产原状方式或者两者的混合方式。

采取现金方式的,信托公司应当于信托计划文件约定的分配日前或者信托期满日前变现信托财产,并将现金存入受益人账户。

采取维持信托终止时财产原状方式的,信托公司应于信托期满后的约定时间内,完成与受益人的财产转移手续。信托财产转移前,由信托公司负责保管。保管期间,信托公司不得运用该财产。保管期间的收益归属于信托财产,发生的保管费用由被保管的信托财产承担。因受益人原因导致信托财产无法转移的,信托公司可以按照有关法律法规进行处理。

第三十三条 信托公司应当用管理信托计划所产生的实际信托收益进行分配,严禁信托公司将信托收益归入其固有财产,或者挪用其他信托财产垫付信托计划的损失或收益。

第六章 信息披露与监督管理

第三十四条 信托公司应当依照法律法规的规定和信托计划文件的约定按时披露信息,并保证所披露信息的真实性、准确性和完整性。

第三十五条 受益人有权向信托公司查询与其信托财产相关的信息,信托公司应在不损害其他受益人合法权益的前提下,准确、及时、完整地提供相关信息,不得拒绝、推诿。

第三十六条 信托计划设立后,信托公司应当依信托计划的不同,按季制作信托资金管理报告、信托资金运用及收益情况表。

第三十七条 信托资金管理报告至少应包含以下内容:

(一)信托财产专户的开立情况;

(二)信托资金管理、运用、处分和收益情况;

(三)信托经理变更情况;

(四)信托资金运用重大变动说明;

(五)涉及诉讼或者损害信托计划财产、受益人利益的情形;

(六)信托计划文件约定的其他内容。

第三十八条 信托计划发生下列情形之一的,信托公司应当在获知有关情况后三个工作日内向受益人披露,并自披露之日起七个工作日内向受益人书面提出信托公司采取的应对措施:

(一)信托财产可能遭受重大损失;

(二)信托资金使用方的财务状况严重恶化;

(三)信托计划的担保方不能继续提供有效的担保。

第三十九条 信托公司应当妥善保存管理信托计划的全部资料,保存期自信托计划结束之日起不得少于十五年。

第四十条 中国银行业监督管理委员会依法对信托公司管理信托计划的情况实施现场检查和非现场监管,并要求信托公司提供管理信托计划的相关资料。

中国银行业监督管理委员会在现场检查或非现场监管中发现信托公司存在违法违规行为的,应当根据《中华人民共和国银行业监督管理法》等法律法规的规定,采取暂停业务、限制股东权利等监管措施。

第七章 受益人大会

第四十一条 受益人大会由信托计划的全体受益人组成,依照本办法规定行使职权。

第四十二条 出现以下事项而信托计划文件未有事先约定的,应当召开受益人大会审议决定:

(一)提前终止信托合同或者延长信托期限;

(二)改变信托财产运用方式;

(三)更换受托人;

(四)提高受托人的报酬标准;

(五)信托计划文件约定需要召开受益人大会的其他事项。

第四十三条 受益人大会由受托人负责召集,受托人未按规定召集或不能召集时,代表信托单位百分之十以上的受益人有权自行召集。

第四十四条 召集受益人大会,召集人应当至少提前十个工作日公告受益人大会的召开时间、会议形式、审议事项、议事程序和表决方式等事项。

受益人大会不得就未经公告的事项进行表决。

第四十五条 受益人大会可以采取现场方式召开,也可以采取通讯等方式召开。

每一信托单位具有一票表决权,受益人可以委托代理人出席受益人大会并行使表决权。

第四十六条 受益人大会应当有代表百分之五十以上信托单位的受益人参加,方可召开;大会就审议事项作出决定,应当经参加大会的受益人所持表决权的三分之二以上通过;但更换受托人、改变信托财产运用方式、提前终止信托合同,应当经参加大会的受益人全体通过。

受益人大会决定的事项,应当及时通知相关当事人,并向中国银行业监督管理委员会报告。

第八章 罚 则

第四十七条 信托公司设立信托计划不遵守本办法有关规定的,由中国银行业监督管理委员会责令改正;逾期不改正的,处十万元以上三十万元以下罚款;情节特别严重的,可以责令停业整顿或者吊销其金融许可证。

第四十八条 信托公司推介信托计划违反本办法有关规定的,由中国银行业监督管理委员会责令停止,返还所募资金并加计银行同期存款利息,并处二十万元以上五十万元以下罚款;构成犯罪的,依法追究刑事责任。

第四十九条 信托公司管理信托计划违反本办法有关规定的,由中国银行业监督管理委员会责令改正;有违法所得的,没收违法所得,并处违法所得一倍以上五倍以下罚款;没有违法所得的,处二十万元以上五十万元以下罚款;情节特别严重或者逾期不改正的,可以责令停业整顿或者吊销其金融许可证;构成犯罪的,依法追究刑事责任。

第五十条 信托公司不依本办法进行信息披露或者披露的信息有虚假记载、误导性陈述或者重大遗漏的,由中国银行业监督管理委员会责令改正,并处二十万元以上五十万元以下罚款;给受益人造成损害的,依法承担赔偿责任。

第五十一条 信托公司设立、管理信托计划存在其他违法违规行为的,中国银行业监督管理委员会可以根据《中华人民共和国银行业监督管理法》等法律法规的规定,采取相应的处罚措施。

第九章 附 则

第五十二条 两个以上(含两个)单一资金信托用于同一项目的,委托人应当为符合本办法规定的合格投资者,并适用本办法规定。

第五十三条 动产信托、不动产信托以及其他财产和财产权信托进行受益权拆分转让的,应当遵守本办法的相关规定。

第五十四条 本办法由中国银行业监督管理委员会负责解释。

第五十五条 本办法自 2007 年 3 月 1 日起施行,原《信托投资公司资金信托管理暂行办法》(中国人民银行令〔2002〕第 7 号)不再适用。

附录 4 **信托公司治理指引**

第一章 总 则

第一条 为进一步完善信托公司治理,加强风险控制,促进信托公司的规范经营和健康发展,保障信托公司股东、受益人及其他利益相关者的合法权益,根据《中华人民共和国公司法》、《中华人民共和国银行业监督管理法》、《中华人民共和国信托法》等法律法规,制定本指引。

第二条 信托公司治理应当体现受益人利益最大化的基本原则。股东(大)会、董事会、监事会、高级管理层等组织架构的建立和运作,应当以受益人利益为根本出发点。公司、股东以及公司员工的利益与受益人利益发生冲突时,应当优先保障受益人的利益。

第三条 信托公司治理应当遵循以下原则:(一)认真履行受托职责,遵循诚实、信用、谨慎、有效管理的原则,恪尽职守,为受益人的最大利益处理信托事务;(二)明确股东、董事、监事、高级管理人员的职责和权利义务,完善股东(大)会、董事会、监事会、高级管理层的议事制度和决策程序;(三)建立完备的内部控制、风险管理和信息披露体系,以及合理的绩效评估和薪酬制度;(四)树立风险管理理念,确定有效的风险管理政策,制订翔实的风险管理制度,建立全面的风险管理程序,及时识别、计量、监测和控制各类风险;(五)积极鼓励引进合格战略投资者、优秀的管理团队和专业管理人才,优化治理结构。

第四条 信托公司应当建立合规管理机制,督促公司董事会、监事会、高级管理层等各个层面在各自职责范围内履行合规职责,使信托公司的经营活动与法律、规则和准则相一致,促使公司合规经营。

第二章 股东和股东(大)会

第一节 股 东

第五条 信托公司股东应当具备法律、行政法规和中国银行业监督管理委员会(以下简称中国银监会)规定的资格条件,并经中国银监会批准。

第六条 信托公司股东应当作出以下承诺:(一)入股有利于信托公司的持续、稳健发展;(二)持股未满三年不转让所持股份,但上市信托公司除外;(三)不质押所持有的信托公司股权;(四)不以所持有的信托公司股权设立信托;(五)严格按照法律、行政法规和中国银监会的规定履行出资义务。

第七条 信托公司股东不得有下列行为:(一)虚假出资、出资不实、抽逃出资或变相抽逃出资;(二)利用股东地位牟取不当利益;(三)直接或间接干涉信托公司的日常经营管理;(四)要求信托公司做出最低回报或分红承诺;(五)要求信托公司为其提供担保;(六)与信托公司违规开展关联交易;(七)挪用信托公司固有财产或信托财产;(八)通过股权托管、信托文件、秘密协议等形式处分其出资;(九)损害信托公司、其他股东和受益人合法权益的其他行为。

第八条 股东出现下列情形之一时,应当及时通知信托公司:(一)所持信托公司股权被采取诉讼保全措施或被强制执行;(二)转让所持有的信托公司股权;(三)变更名称;(四)发生合并、分立;(五)解散、破产、关闭或被接管;(六)其他可能导致所持信托公司股权发生变化的情形。

第九条 股东与信托公司之间应在业务、人员、资产、财务、办公场所等方面严格分开,各自独立经营、独立核算、独立承担责任和风险。

第二节 股东(大)会

第十条 信托公司股东(大)会的召集、表决方式和程序、职权范围等内容,应在公司章程中明确规定。

第十一条　股东(大)会议事细则包括通知、文件准备、召开方式、表决形式、会议记录及其签署等内容,由董事会依照公司章程制定,经股东(大)会审议通过后执行。

第十二条　股东(大)会定期会议除审议相关法律法规规定的事项外,还应当将下列事项列入股东(大)会审议范围:(一)通报监管部门对公司的监管意见及公司执行整改情况;(二)报告受益人利益的实现情况。

第十三条　信托公司股东单独或与关联方合并持有公司50%以上股权的,股东(大)会选举董事、监事应当实行累积投票制。

本指引所称累积投票制,是指股东(大)会选举董事或者监事时,每一股份拥有与应选董事或者监事人数相同的表决权,股东拥有的表决权可以集中使用。

第十四条　股东(大)会会议记录应做到真实、完整,并自做出之日起至少保存十五年。

股东(大)会的决议及相关文件,应当报中国银监会或其派出机构备案。

第三章　董事和董事会

第一节　董　事

第十五条　信托公司董事应当具备法律、行政法规和中国银监会规定的资格条件。

第十六条　公司章程应明确规定董事的人数、产生办法、任免程序、权利义务和任职期限等内容。

第十七条　董事应以认真负责的态度出席董事会,对所议事项表达明确的意见。董事无法亲自出席董事会的,可以书面委托其他董事按其意愿代为投票,并承担相应的法律责任。

第十八条　董事个人直接或者间接与公司已有的或者计划中的合同、交易、安排有关联时,应当及时将其关联关系的性质和程度告知董事会、监事会,并在董事会审议表决该事项时予以回避。

第二节　独立董事

第十九条　信托公司设立独立董事。独立董事要关注、维护中小股东和受益人的利益,与信托公司及其股东之间不存在影响其独立判断或决策的关系。

独立董事人数应不少于董事会成员总数的四分之一;但单个股东及其关联方持有公司总股本三分之二以上的信托公司,其独立董事人数应不少于董事会成员总数的三分之一。

第二十条　信托公司独立董事应有良好的职业操守和道德品质,熟悉信托原理和信托经营规则,并有足够的时间和精力履行职责。

信托公司独立董事不得在其他信托公司中任职。

第二十一条　公司应当明确规定独立董事的产生程序、权利义务等内容。

第二十二条　独立董事享有以下职责或权利:(一)提议召开股东(大)会临时会议或董事会;(二)向股东(大)会提交工作报告;(三)基于履行职责的需要聘请审计机构或咨询机构,费用由信托公司承担;(四)对重要业务发表独立意见,可就关联交易等情况单独向中国银监会或其派出机构报告;(五)对公司董事、高级管理人员的薪酬计划、激励计划等事项发表独立意见;(六)法律法规赋予董事的其他职责或权利。

第二十三条　独立董事在任期内辞职或被免职的,独立董事本人和信托公司应当分别向股东(大)会、中国银监会或其派出机构提供书面说明。

第三节　董事会

第二十四条　董事会对股东(大)会负责,并依据《中华人民共和国公司法》等法律法规的规定和公司章程行使职权。董事会授权董事长在董事会闭会期间行使董事会部分职权的,授权内容应当明确具体。

董事会、董事长依法行使职权,不得越权干预高级管理层的具体经营活动。

第二十五条　董事会应制订信托公司的战略发展目标和相应的发展规划,了解信托公司的风险状况,明确信托公司的风险管理政策和管理规章。

第二十六条　董事会应当制定规范的董事会召集程序、议事表决规则,经股东(大)会表决通过,并报中国银监会或其派出机构备案。

第二十七条　董事会每年至少召开两次会议。董事会会议记录应做到真实、完整,并自做出之日起至少保存十五年。出席会议的董事和记录人应当在会议记录上签字。

董事会决议应当经董事会一半以上董事通过方为有效,但表决重大投资、重大资产处置、变更高级管理人员和利润分配方案等事项,须经董事会三分之二以上董事通过。

第二十八条　有下列情形之一的,董事会应当立即通知全体股东,并向中国银监会或其派出机构报告:(一)公司或高级管理人员涉嫌重大违法违规行为;(二)公司财务状况持续恶化或者发生重大亏损;(三)拟更换董事、监事或者高级管理人员;(四)其他可能影响公司持续经营的事项。

第二十九条　董事会应当向股东(大)会及中国银监会或其派出机构及时报告一致行动时可以实际上控制信托公司的关联股东名单。

第三十条　董事会应当下设信托委员会,成员不少于三人,由独立董事担任负责人,负责督促公司依法履行受托职责。当信托公司或其股东利益与受益人利益发生冲突时,保证公司为受益人的最大利益服务。

根据公司实际情况和需求,董事会还可以下设人事、薪酬、审计、风险管理等专门委员会。

第三十一条　董事会应当设董事会秘书或专门机构,负责股东(大)会、董事会的筹备、会议记录和会议文件的保管、信息披露及其他日常事务,并负责将股东(大)会、董事会等会议文件报中国银监会或其派出机构备案。

第四章　监事和监事会

第一节　监　事

第三十二条　信托公司监事应当符合法律、行政法规和中国银监会规定的资格条件,具备履行职责所必需的素质。

信托公司董事、高级管理人员及其直系亲属不得担任本公司监事。

第三十三条　监事有权了解公司经营情况,并承担相应的保密义务。

信托公司应当采取措施切实保障监事的知情权,为监事履行职责提供必要的条件。

第三十四条　监事应当列席董事会会议。列席会议的监事有权发表意见,但不享有表决权;发现重大事项可单独向中国银监会或其派出机构报告。

第二节　监事会

第三十五条　信托公司应当设监事会。

监事会应当制定规范的议事规则,经股东(大)会审议通过后执行,并报中国银监会或其派出机构备案。

第三十六条　监事会由监事会主席负责召集。

监事会可下设专门机构,负责监事会会议的筹备、会议记录和会议文件保管等事项,为监事依法履行职责提供服务。

第三十七条　监事会每年至少召开两次会议。监事会会议记录应当真实、完整,并自做出之日起至少保存十五年。出席会议的监事和记录人应当在会议记录上签字。

第三十八条　监事会可以要求公司董事或高级管理人员出席监事会会议,回答所关注的问题。

公司应将其内部稽核报告、合规检查报告、财务会计报告及其他重大事项及时报监事会。

第三十九条　基于履行职责的需要,监事会经协商一致,可以聘请外部审计机构或咨询机构,费用由信托公司承担。

第五章　高级管理层

第四十条　高级管理人员的任职资格应当符合法律、行政法规和中国银监会的规定。信托公司不得聘任未取得任职资格的人员担任高级管理人员或承担相关工作。

第四十一条 高级管理人员应当遵循诚信原则,谨慎、勤勉地在其职权范围内行使职权,不得为自己或他人谋取属于本公司的商业机会,不得接受与本公司交易有关的利益。

第四十二条 公司总经理和董事长不得为同一人。总经理向董事会负责,未担任董事职务的总经理可以列席董事会会议。

总经理应当根据董事会或监事会的要求,向董事会或监事会报告公司重大合同的签订与执行情况、资金运用情况和盈亏情况。总经理必须保证该报告的真实性。

第四十三条 高级管理层应当为受益人的最大利益认真履行受托职责:(一)在信托业务与公司其他业务之间建立有效隔离机制,保证其人员、信息、会计账户之间保持相对独立,保障信托财产的独立性;(二)认真管理信托财产,为每一个集合资金信托计划至少配备一名信托经理。

第四十四条 高级管理层应对公司的各个层面实施风险评估,实施评估的深度和广度应与公司的业务范围和各部门的职责相适应;同时应加强风险管理,有效检测、评估、控制和管理风险,逐步提高风险识别和风险管理的能力。

第四十五条 高级管理层应当根据公司经营活动需要,建立健全以投资决策系统、内部规章制度、经营风险控制系统、业务审批及操作系统等为主要内容的内部控制机制,并报中国银监会或其派出机构备案。

内控制度应当覆盖信托公司的各项业务、各个部门和各级人员,并融入决策、执行、监督、反馈等各个经营环节,保证各个部门和岗位既相互独立又相互制约。

第四十六条 信托公司应当设立内部审计部门,对本公司的业务经营活动进行审计和监督。信托公司的内部审计部门应当至少每半年向公司董事会提交内部审计报告,同时向中国银监会或其派出机构报送上述报告的副本。

第四十七条 高级管理层应当设立合规管理部门,负责公司的合规稽核,对公司各部门及其人员行为的合规情况进行全程监控,协助高级管理层有效识别和管理信托公司所面临的合规风险。

第六章 激励与约束机制

第四十八条 信托公司应当依法制订公开、公正的绩效评价标准和程序,建立薪酬与公司效益和个人业绩相联系的激励与约束机制。

第四十九条 信托公司应当与公司员工签订聘任协议,对公司员工的任期、绩效考核、薪酬待遇、解聘事由、双方的权利义务及违约责任等进行约定。

第五十条 信托公司的薪酬分配制度应获得董事会的批准。董事会应当向股东(大)会就公司高级管理人员履行职责的情况、绩效评价情况、薪酬情况做出专项说明。

第五十一条 信托公司应当拟订员工培训计划,定期开展学习培训,提高公司员工的业务能力、合规意识和道德水准等。

第五十二条 信托公司应当建立内部举报机制,鼓励员工举报公司内部运营缺陷或违规行为,并对举报的问题进行独立调查、处理。

第五十三条 信托公司在条件具备时,经股东(大)会批准,可以建立董事、监事和高级管理人员的职业责任保险制度。

第七章 附 则

第五十四条 信托公司应当按照法律法规和有关监管规定,及时披露公司治理方面的信息,并保证披露信息的真实性、准确性和完整性。

第五十五条 本指引由中国银监会负责解释。

第五十六条 本指引自 2007 年 3 月 1 日起施行。

附录5　　　　　**信托公司净资本管理办法**

2010 年 8 月 24 日公布并实行

第一章　总　则

第一条　为加强对信托公司的风险监管,促进信托公司安全、稳健发展,根据《中华人民共和国银行业监督管理法》、《中华人民共和国信托法》等有关法律法规,制定本办法。

第二条　本办法适用于在中华人民共和国境内依法设立的信托公司。

第三条　本办法所称净资本,是指根据信托公司的业务范围和公司资产结构的特点,在净资产的基础上对各固有资产项目、表外项目和其他有关业务进行风险调整后得出的综合性风险控制指标。对信托公司实施净资本管理的目的,是确保信托公司固有资产充足并保持必要的流动性,以满足抵御各项业务不可预期损失的需要。

本办法所称风险资本,是指信托公司按照一定标准计算并配置给某项业务用于应对潜在风险的资本。

第四条　信托公司应当按照本办法的规定计算净资本和风险资本。

第五条　信托公司应当根据自身资产结构和业务开展情况,建立动态的净资本管理机制,确保净资本等各项风险控制指标符合规定标准。

第六条　中国银行业监督管理委员会可以根据市场发展情况和审慎监管原则,对信托公司净资本计算标准及最低要求、风险控制指标、风险资本计算标准等进行调整。

对于本办法未规定的新产品、新业务,信托公司在设计该产品或开展该业务前,应当按照规定事前向中国银行业监督管理委员会报告。中国银行业监督管理委员会根据信托公司新产品、新业务的特点和风险状况,审慎确定相应的比例和计算标准。

第七条　中国银行业监督管理委员会按照本办法对信托公司净资本管理及相关风险控制指标状况进行监督检查。

第二章　净资本计算

第八条　净资本计算公式为:净资本＝净资产－各类资产的风险扣除项－或有负债的风险扣除项－中国银行业监督管理委员会认定的其他风险扣除项。

第九条　信托公司应当在充分计提各类资产减值准备的基础上,按照中国银行业监督管理委员会规定的信托公司净资本计算标准计算净资本。

第十条　信托公司应当根据不同资产的特点和风险状况,按照中国银行业监督管理委员会规定的系数对资产项目进行风险调整。信托公司计算净资本时,应当将不同科目中核算的同类资产合并计算,按照资产的属性统一进行风险调整。

(一)金融产品投资应当根据金融产品的类别和流动性特点按照规定的系数进行调整。信托公司以固有资金投资集合资金信托计划或其他理财产品的,应当根据承担的风险相应进行风险调整。

(二)股权投资应当根据股权的类别和流动性特点按照规定的系数进行风险调整。

(三)贷款等债权类资产应当根据到期日的长短和可回收情况按照规定的系数进行风险调整。

资产的分类中同时符合两个或两个以上分类标准的,应当采用最高的扣除比例进行调整。

第十一条　对于或有事项,信托公司在计算净资本时应当根据出现损失的可能性按照规定的系数进行风险调整。

信托公司应当对期末或有事项的性质(如未决诉讼、未决仲裁、对外担保等)、涉及金额、形成原因和进展情况、可能发生的损失和预计损失的会计处理情况等在净资本计算表的附注中予以充分披露。

第三章　风险资本计算

第十二条　由于信托公司开展的各项业务存在一定风险并可能导致资本损失,所以应当按照各项业务规模的一定比例计算风险资本并与净资本建立对应关系,确保各项业务的风险资本有相应的净资本来支撑。

第十三条 信托公司开展固有业务、信托业务和其他业务,应当计算风险资本。

风险资本计算公式为:风险资本=固有业务风险资本+信托业务风险资本+其他业务风险资本。

固有业务风险资本=固有业务各项资产净值×风险系数。

信托业务风险资本=信托业务各项资产余额×风险系数。

其他业务风险资本=其他各项业务余额×风险系数。

各项业务的风险系数由中国银行业监督管理委员会另行发布。

第十四条 信托公司应当按照有关业务的规模和规定的风险系数计算各项业务风险资本。

第四章　风险控制指标

第十五条 信托公司净资本不得低于人民币 2 亿元。

第十六条 信托公司应当持续符合下列风险控制指标:

(一)净资本不得低于各项风险资本之和的 100%;

(二)净资本不得低于净资产的 40%。

第十七条 信托公司可以根据自身实际情况,在不低于中国银行业监督管理委员会规定标准的基础上,确定相应的风险控制指标要求。

第五章　监督检查

第十八条 信托公司董事会承担本公司净资本管理的最终责任,负责确定净资本管理目标,审定风险承受能力,制定并监督实施净资本管理规划。

第十九条 信托公司高级管理人员负责净资本管理的实施工作,包括制定本公司净资本管理的规章制度,完善风险识别、计量和报告程序,定期评估净资本充足水平,并建立相应的净资本管理机制。

第二十条 信托公司应当编制净资本计算表、风险资本计算表和风险控制指标监管报表。

中国银行业监督管理委员会可以根据监管需要,要求信托公司以合并数据为基础编制净资本计算表、风险资本计算表和风险控制指标监管报表。

第二十一条 信托公司应当在每季度结束之日起 18 个工作日内,向中国银行业监督管理委员会报送季度净资本计算表、风险资本计算表和风险控制指标监管报表。如遇影响净资本等风险控制指标的特别重大事项,应当及时向中国银行业监督管理委员会报告。

第二十二条 信托公司总经理应当至少每年将净资本管理情况向董事会书面报告一次。

第二十三条 信托公司董事长、总经理应当对公司年度净资本计算表、风险资本计算表和风险控制指标监管报表签署确认意见,并保证报表真实、准确、完整,不存在虚假记载、误导性陈述和重大遗漏。

第二十四条 信托公司应当在年度报告中披露净资本、风险资本以及风险控制指标等情况。

第二十五条 信托公司净资本等相关风险控制指标与上季度相比变化超过 30%或不符合规定标准的,应当在该情形发生之日起 5 个工作日内,向中国银行业监督管理委员会书面报告。

第二十六条 信托公司净资本等相关风险控制指标不符合规定标准的,中国银行业监督管理委员会可以视情况采取下列措施:

(一)要求信托公司制订切实可行的整改计划、方案,明确整改期限;

(二)要求信托公司采取措施调整业务和资产结构或补充资本,提高净资本水平;

(三)限制信托公司信托业务增长速度。

第二十七条 对未按要求完成整改的信托公司,中国银行业监督管理委员会可以进一步采取下列措施:

(一)限制分配红利;

(二)限制信托公司开办新业务;

（三）责令暂停部分或全部业务。

第二十八条 对信托公司净资本等风险控制指标继续恶化，严重危及该信托公司稳健运行的，除采取第二十七条规定的相关措施外，中国银行业监督管理委员会还可以采取下列措施：

（一）责令调整董事、监事及高级管理人员；

（二）责令控股股东转让股权或限制有关股东行使股东权利；

（三）责令停业整顿；

（四）依法对信托公司实行接管或督促机构重组，直至予以撤销。

第六章　附　则

第二十九条 本办法由中国银行业监督管理委员会负责解释。

第三十条 本办法自公布之日起施行。

附录6　　　　　　关于规范金融机构资产管理业务的指导意见

近年来，我国资产管理业务快速发展，在满足居民和企业投融资需求、改善社会融资结构等方面发挥了积极作用，但也存在部分业务发展不规范、多层嵌套、刚性兑付、规避金融监管和宏观调控等问题。按照党中央、国务院决策部署，为规范金融机构资产管理业务，统一同类资产管理产品监管标准，有效防控金融风险，引导社会资金流向实体经济，更好地支持经济结构调整和转型升级，经国务院同意，现提出以下意见：

一、规范金融机构资产管理业务主要遵循以下原则：

（一）坚持严控风险的底线思维。把防范和化解资产管理业务风险放到更加重要的位置，减少存量风险，严防增量风险。

（二）坚持服务实体经济的根本目标。既充分发挥资产管理业务功能，切实服务实体经济投融资需求，又严格规范引导，避免资金脱实向虚在金融体系内部自我循环，防止产品过于复杂，加剧风险跨行业、跨市场、跨区域传递。

（三）坚持宏观审慎管理与微观审慎监管相结合、机构监管与功能监管相结合的监管理念。实现对各类机构开展资产管理业务的全面、统一覆盖，采取有效监管措施，加强金融消费者权益保护。

（四）坚持有的放矢的问题导向。重点针对资产管理业务的多层嵌套、杠杆不清、套利严重、投机频繁等问题，设定统一的标准规制，同时对金融创新坚持趋利避害、一分为二，留出发展空间。

（五）坚持积极稳妥审慎推进。正确处理改革、发展、稳定关系，坚持防范风险与有序规范相结合，在下决心处置风险的同时，充分考虑市场承受能力，合理设置过渡期，把握好工作的次序、节奏、力度，加强市场沟通，有效引导市场预期。

二、资产管理业务是指银行、信托、证券、基金、期货、保险资产管理机构、金融资产投资公司等金融机构接受投资者委托，对受托的投资者财产进行投资和管理的金融服务。金融机构为委托人利益履行诚实信用、勤勉尽责义务并收取相应的管理费用，委托人自担投资风险并获得收益。金融机构可以与委托人在合同中事先约定收取合理的业绩报酬，业绩报酬计入管理费，须与产品一一对应并逐个结算，不同产品之间不得相互串用。

资产管理业务是金融机构的表外业务，金融机构开展资产管理业务时不得承诺保本保收益。出现兑付困难时，金融机构不得以任何形式垫资兑付。金融机构不得在表内开展资产管理业务。

私募投资基金适用私募投资基金专门法律、行政法规，私募投资基金专门法律、行政法规中没有明确规定的适用本意见，创业投资基金、政府出资产业投资基金的相关规定另行制定。

三、资产管理产品包括但不限于人民币或外币形式的银行非保本理财产品，资金信托，证券公司、证券公司子公司、基金管理公司、基金管理子公司、期货公司、期货公司子公司、保险资产管理机构、金融资产投资公司发行的资产管理产品等。依据金融管理部门颁布规则开展的资产证券化业务，依据人力资源社会保障部门颁布规则发行的养老金产品，不适用本意见。

四、资产管理产品按照募集方式的不同,分为公募产品和私募产品。公募产品面向不特定社会公众公开发行。公开发行的认定标准依照《中华人民共和国证券法》执行。私募产品面向合格投资者通过非公开方式发行。

资产管理产品按照投资性质的不同,分为固定收益类产品、权益类产品、商品及金融衍生品类产品和混合类产品。固定收益类产品投资于存款、债券等债权类资产的比例不低于80%,权益类产品投资于股票、未上市企业股权等权益类资产的比例不低于80%,商品及金融衍生品类产品投资于商品及金融衍生品的比例不低于80%,混合类产品投资于债权类资产、权益类资产、商品及金融衍生品类资产且任一资产的投资比例未达到前三类产品标准。非因金融机构主观因素导致突破前述比例限制的,金融机构应当在流动性受限资产可出售、可转让或者恢复交易的15个交易日内调整至符合要求。

金融机构在发行资产管理产品时,应当按照上述分类标准向投资者明示资产管理产品的类型,并按照确定的产品性质进行投资。在产品成立后至期日前,不得擅自改变产品类型。混合类产品投资债权类资产、权益类资产和商品及金融衍生品类资产的比例范围应当在发行产品时予以确定并向投资者明示,在产品成立后至期日前不得擅自改变。产品的实际投向不得违反合同约定,如有改变,除高风险类型的产品超出比例范围投资较低风险资产外,应当先行取得投资者书面同意,并履行登记备案等法律法规以及金融监督管理部门规定的程序。

五、资产管理产品的投资者分为不特定社会公众和合格投资者两大类。合格投资者是指具备相应风险识别能力和风险承担能力,投资于单只资产管理产品不低于一定金额且符合下列条件的自然人和法人或者其他组织。

(一)具有2年以上投资经历,且满足以下条件之一:家庭金融净资产不低于300万元,家庭金融资产不低于500万元,或者近3年本人年均收入不低于40万元。

(二)最近1年末净资产不低于1 000万元的法人单位。

(三)金融管理部门视为合格投资者的其他情形。

合格投资者投资于单只固定收益类产品的金额不低于30万元,投资于单只混合类产品的金额不低于40万元,投资于单只权益类产品、单只商品及金融衍生品类产品的金额不低于100万元。

投资者不得使用贷款、发行债券等筹集的非自有资金投资资产管理产品。

六、金融机构发行和销售资产管理产品,应当坚持"了解产品"和"了解客户"的经营理念,加强投资者适当性管理,向投资者销售与其风险识别能力和风险承担能力相适应的资产管理产品。禁止欺诈或者误导投资者购买与其风险承担能力不匹配的资产管理产品。金融机构不得通过拆分资产管理产品的方式,向风险识别能力和风险承担能力低于产品风险等级的投资者销售资产管理产品。

金融机构应当加强投资者教育,不断提高投资者的金融知识水平和风险意识,向投资者传递"卖者尽责、买者自负"的理念,打破刚性兑付。

七、金融机构开展资产管理业务,应当具备与资产管理业务发展相适应的管理体系和管理制度,公司治理良好,风险管理、内部控制和问责机制健全。

金融机构应当建立健全资产管理业务人员的资格认定、培训、考核评价和问责制度,确保从事资产管理业务的人员具备必要的专业知识、行业经验和管理能力,充分了解相关法律法规、监管规定以及资产管理产品的法律关系、交易结构、主要风险和风险管控方式,遵守行为准则和职业道德标准。

对于违反相关法律法规以及本意见规定的金融机构资产管理业务从业人员,依法采取处罚措施直至取消从业资格,禁止其在其他类型金融机构从事资产管理业务。

八、金融机构运用受托资金进行投资,应当遵守审慎经营规则,制定科学合理的投资策略和风险管理制度,有效防范和控制风险。

金融机构应当履行以下管理人职责:

(一)依法募集资金,办理产品份额的发售和登记事宜。

(二)办理产品登记备案或者注册手续。

(三)对所管理的不同产品受托财产分别管理、分别记账,进行投资。

（四）按照产品合同的约定确定收益分配方案，及时向投资者分配收益。

（五）进行产品会计核算并编制产品财务会计报告。

（六）依法计算并披露产品净值或者投资收益情况，确定申购、赎回价格。

（七）办理与受托财产管理业务活动有关的信息披露事项。

（八）保存受托财产管理业务活动的记录、账册、报表和其他相关资料。

（九）以管理人名义，代表投资者利益行使诉讼权利或者实施其他法律行为。

（十）在兑付受托资金及收益时，金融机构应当保证受托资金及收益返回委托人的原账户、同名账户或者合同约定的受益人账户。

（十一）金融监督管理部门规定的其他职责。

金融机构未按照诚实信用、勤勉尽责原则切实履行受托管理职责，造成投资者损失的，应当依法向投资者承担赔偿责任。

九、金融机构代理销售其他金融机构发行的资产管理产品，应当符合金融监督管理部门规定的资质条件。未经金融监督管理部门许可，任何非金融机构和个人不得代理销售资产管理产品。

金融机构应当建立资产管理产品的销售授权管理体系，明确代理销售机构的准入标准和程序，明确界定双方的权利与义务，明确相关风险的承担责任和转移方式。

金融机构代理销售资产管理产品，应当建立相应的内部审批和风险控制程序，对发行或者管理机构的信用状况、经营管理能力、市场投资能力、风险处置能力等开展尽职调查，要求发行或者管理机构提供详细的产品介绍、相关市场分析和风险收益测算报告，进行充分的信息验证和风险审查，确保代理销售的产品符合本意见规定并承担相应责任。

十、公募产品主要投资标准化债权类资产以及上市交易的股票，除法律法规和金融管理部门另有规定外，不得投资未上市企业股权。公募产品可以投资商品及金融衍生品，但应当符合法律法规以及金融管理部门的相关规定。

私募产品的投资范围由合同约定，可以投资债权类资产、上市或挂牌交易的股票、未上市企业股权（含债转股）和受（收）益权以及符合法律法规规定的其他资产，并严格遵守投资者适当性管理要求。鼓励充分运用私募产品支持市场化、法治化债转股。

十一、资产管理产品进行投资应当符合以下规定：

（一）标准化债权类资产应当同时符合以下条件：

1.等分化，可交易。

2.信息披露充分。

3.集中登记，独立托管。

4.公允定价，流动性机制完善。

5.在银行间市场、证券交易所市场等经国务院同意设立的交易市场交易。

标准化债权类资产的具体认定规则由中国人民银行会同金融监督管理部门另行制定。

标准化债权类资产之外的债权类资产均为非标准化债权类资产。金融机构发行资产管理产品投资于非标准化债权类资产的，应当遵守金融监督管理部门制定的有关限额管理、流动性管理等监管标准。金融监督管理部门未制定相关监管标准的，由中国人民银行督促根据本意见要求制定监管标准并予以执行。

金融机构不得将资产管理产品资金直接投资于商业银行信贷资产。商业银行信贷资产受（收）益权的投资限制由金融管理部门另行制定。

（二）资产管理产品不得直接或者间接投资法律法规和国家政策禁止进行债权或股权投资的行业和领域。

（三）鼓励金融机构在依法合规、商业可持续的前提下，通过发行资产管理产品募集资金投向符合国家战略和产业政策要求、符合国家供给侧结构性改革政策要求的领域。鼓励金融机构通过发行资产管理产品募集资金支持经济结构转型，支持市场化、法治化债转股，降低企业杠杆率。

（四）跨境资产管理产品及业务参照本意见执行，并应当符合跨境人民币和外汇管理有关规定。

十二、金融机构应当向投资者主动、真实、准确、完整、及时披露资产管理产品募集信息、资金投向、杠杆水平、收益分配、托管安排、投资账户信息和主要投资风险等内容。国家法律法规另有规定的，从其规定。

对于公募产品，金融机构应当建立严格的信息披露管理制度，明确定期报告、临时报告、重大事项公告、投资风险披露要求以及具体内容、格式。在本机构官方网站或者通过投资者便于获取的方式披露产品净值或者投资收益情况，并定期披露其他重要信息：开放式产品按照开放频率披露，封闭式产品至少每周披露一次。

对于私募产品，其信息披露方式、内容、频率由产品合同约定，但金融机构应当至少每季度向投资者披露产品净值和其他重要信息。

对于固定收益类产品，金融机构应当通过醒目方式向投资者充分披露和提示产品的投资风险，包括但不限于产品投资债券面临的利率、汇率变化等市场风险以及债券价格波动情况，产品投资每笔非标准化债权类资产的融资客户、项目名称、剩余融资期限、到期收益分配、交易结构、风险状况等。

对于权益类产品，金融机构应当通过醒目方式向投资者充分披露和提示产品的投资风险，包括产品投资股票面临的风险以及股票价格波动情况等。

对于商品及金融衍生品类产品，金融机构应当通过醒目方式向投资者充分披露产品的挂钩资产、持仓风险、控制措施以及衍生品公允价值变化等。

对于混合类产品，金融机构应当通过醒目方式向投资者清晰披露产品的投资资产组合情况，并根据固定收益类、权益类、商品及金融衍生品类资产投资比例充分披露和提示相应的投资风险。

十三、主营业务不包括资产管理业务的金融机构应当设立具有独立法人地位的资产管理子公司开展资产管理业务，强化法人风险隔离，暂不具备条件的可以设立专门的资产管理业务经营部门开展业务。

金融机构不得为资产管理产品投资的非标准化债权类资产或者股权类资产提供任何直接或间接、显性或隐性的担保、回购等代为承担风险的承诺。

金融机构开展资产管理业务，应当确保资产管理业务与其他业务相分离，资产管理产品与其代销的金融产品相分离，资产管理产品之间相分离，资产管理业务操作与其他业务操作相分离。

十四、本意见发布后，金融机构发行的资产管理产品资产应当由具有托管资质的第三方机构独立托管，法律、行政法规另有规定的除外。

过渡期内，具有证券投资基金托管业务资质的商业银行可以托管本行理财产品，但应当为每只产品单独开立托管账户，确保资产隔离。过渡期后，具有证券投资基金托管业务资质的商业银行应当设立具有独立法人地位的子公司开展资产管理业务，该商业银行可以托管子公司发行的资产管理产品，但应当实现实质性的独立托管。独立托管有名无实的，由金融监督管理部门进行纠正和处罚。

十五、金融机构应当做到每只资产管理产品的资金单独管理、单独建账、单独核算，不得开展或者参与具有滚动发行、集合运作、分离定价特征的资金池业务。

金融机构应当合理确定资产管理产品所投资资产的期限，加强对期限错配的流动性风险管理，金融监督管理部门应当制定流动性风险管理规定。

为降低期限错配风险，金融机构应当强化资产管理产品久期管理，封闭式资产管理产品期限不得低于90天。资产管理产品直接或者间接投资于非标准化债权类资产的，非标准化债权类资产的终止日不得晚于封闭式资产管理产品的到期日或者开放式资产管理产品的最近一次开放日。

资产管理产品直接或者间接投资于未上市企业股权及其受（收）益权的，应当为封闭式资产管理产品，并明确股权及其受（收）益权的退出安排。未上市企业股权及其受（收）益权的退出日不得晚于封闭式资产管理产品的到期日。

金融机构不得违反金融监督管理部门的规定，通过为单一融资项目设立多只资产管理产品的方式，变相突破投资人数限制或者其他监管要求。同一金融机构发行多只资产管理产品投资同一资产的，为防止同一资产发生风险波及多只资产管理产品，多只资产管理产品投资该资产的资金总规模合计不得超过300亿元。如果超出该限额，需经相关金融监督管理部门批准。

十六、金融机构应当做到每只资产管理产品所投资资产的风险等级与投资者的风险承担能力相匹配，做到每只产品所投资资产构成清晰,风险可识别。

金融机构应当控制资产管理产品所投资资产的集中度:

(一)单只公募资产管理产品投资单只证券或者单只证券投资基金的市值不得超过该资产管理产品净资产的 10%。

(二)同一金融机构发行的全部公募资产管理产品投资单只证券或者单只证券投资基金的市值不得超过该证券市值或者证券投资基金市值的 30%。其中,同一金融机构全部开放式公募资产管理产品投资单一上市公司发行的股票不得超过该上市公司可流通股票的 15%。

(三)同一金融机构全部资产管理产品投资单一上市公司发行的股票不得超过该上市公司可流通股票的 30%。

金融监督管理部门另有规定的除外。

非因金融机构主观因素导致突破前述比例限制的,金融机构应当在流动性受限资产可出售、可转让或者恢复交易的 10 个交易日内调整至符合相关要求。

十七、金融机构应当按照资产管理产品管理费收入的 10% 计提风险准备金,或者按照规定计量操作风险资本或相应风险资本准备。风险准备金余额达到产品余额的 1% 时可以不再提取。风险准备金主要用于弥补因金融机构违法违规、违反资产管理产品协议、操作错误或者技术故障等给资产管理产品财产或者投资者造成的损失。金融机构应当定期将风险准备金的使用情况报告金融管理部门。

十八、金融机构对资产管理产品应当实行净值化管理,净值生成应当符合企业会计准则规定,及时反映基础金融资产的收益和风险,由托管机构进行核算并定期提供报告,由外部审计机构进行审计确认,被审计金融机构应当披露审计结果并同时报送金融管理部门。

金融资产坚持公允价值计量原则,鼓励使用市值计量。符合以下条件之一的,可按照企业会计准则以摊余成本进行计量:

(一)资产管理产品为封闭式产品,且所投金融资产以收取合同现金流量为目的并持有到期。

(二)资产管理产品为封闭式产品,且所投金融资产暂不具备活跃交易市场,或者在活跃市场中没有报价、也不能采用估值技术可靠计量公允价值。

金融机构以摊余成本计量金融资产净值,应当采用适当的风险控制手段,对金融资产净值的公允性进行评估。当以摊余成本计量已不能真实公允反映金融资产净值时,托管机构应当督促金融机构调整会计核算和估值方法。金融机构前期以摊余成本计量的金融资产的加权平均价格与资产管理产品实际兑付时金融资产的价值的偏离度不得达到 5% 或以上,如果偏离 5% 或以上的产品数超过所发行产品总数的 5%,金融机构不得再发行以摊余成本计量金融资产的资产管理产品。

十九、经金融管理部门认定,存在以下行为的视为刚性兑付:

(一)资产管理产品的发行人或者管理人违反真实公允确定净值原则,对产品进行保本保收益。

(二)采取滚动发行等方式,使得资产管理产品的本金、收益、风险在不同投资者之间发生转移,实现产品保本保收益。

(三)资产管理产品不能如期兑付或者兑付困难时,发行或者管理该产品的金融机构自行筹集资金偿付或者委托其他机构代为偿付。

(四)金融管理部门认定的其他情形。

经认定存在刚性兑付行为的,区分以下两类机构进行惩处:

(一)存款类金融机构发生刚性兑付的,认定为利用具有存款本质特征的资产管理产品进行监管套利,由国务院银行保险监督管理机构和中国人民银行按照存款业务予以规范,足额补缴存款准备金和存款保险保费,并予以行政处罚。

(二)非存款类持牌金融机构发生刚性兑付的,认定为违规经营,由金融监督管理部门和中国人民银行依法纠正并予以处罚。

任何单位和个人发现金融机构存在刚性兑付行为的,可以向金融管理部门举报,查证属实且举报内容未被相关部门掌握的,给予适当奖励。

外部审计机构在对金融机构进行审计时,如果发现金融机构存在刚性兑付行为的,应当及时报告金融管理部门。外部审计机构在审计过程中未能勤勉尽责,依法追究相应责任或依法依规给予行政处罚,并将相关信息纳入全国信用信息共享平台,建立联合惩戒机制。

二十、资产管理产品应当设定负债比例(总资产/净资产)上限,同类产品适用统一的负债比例上限。每只开放式公募产品的总资产不得超过该产品净资产的140%,每只封闭式公募产品、每只私募产品的总资产不得超过该产品净资产的200%。计算单只产品的总资产时应当按照穿透原则合并计算所投资资产管理产品的总资产。

金融机构不得以受托管理的资产管理产品份额进行质押融资,放大杠杆。

二十一、公募产品和开放式私募产品不得进行份额分级。

分级私募产品的总资产不得超过该产品净资产的140%。分级私募产品应当根据所投资资产的风险程度设定分级比例(优先级份额/劣后级份额,中间级份额计入优先级份额)。固定收益类产品的分级比例不得超过3∶1,权益类产品的分级比例不得超过1∶1,商品及金融衍生品类产品、混合类产品的分级比例不得超过2∶1。发行分级资产管理产品的金融机构应当对该资产管理产品进行自主管理,不得转委托给劣后级投资者。

分级资产管理产品不得直接或者间接对优先级份额认购者提供保本保收益安排。

本条所称分级资产管理产品是指存在一级份额以上的份额为其他级份额提供一定的风险补偿,收益分配不按份额比例计算,由资产管理合同另行约定的产品。

二十二、金融机构不得为其他金融机构的资产管理产品提供规避投资范围、杠杆约束等监管要求的通道服务。

资产管理产品可以再投资一层资产管理产品,但所投资的资产管理产品不得再投资公募证券投资基金以外的资产管理产品。

金融机构将资产管理产品投资于其他机构发行的资产管理产品,从而将本机构的资产管理产品资金委托给其他机构进行投资的,该受托机构应当为具有专业投资能力和资质的受金融监督管理部门监管的机构。公募资产管理产品的受托机构应当为金融机构,私募资产管理产品的受托机构可以为私募基金管理人。受托机构应当切实履行主动管理职责,不得进行转委托,不得再投资公募证券投资基金以外的资产管理产品。委托机构应当对受托机构开展尽职调查,实行名单制管理,明确规定受托机构的准入标准和程序、责任和义务、存续期管理、利益冲突防范机制、信息披露义务以及退出机制。委托机构不得因委托其他机构投资而免除自身应当承担的责任。

金融机构可以聘请具有专业资质的受金融监督管理部门监管的机构作为投资顾问。投资顾问提供投资建议指导委托机构操作。

金融监督管理部门和国家有关部门应当对各类金融机构开展资产管理业务实行平等准入、给予公平待遇。资产管理产品应当在账户开立、产权登记、法律诉讼等方面享有平等的地位。金融监督管理部门基于风险防控考虑,确实需要对其他行业金融机构发行的资产管理产品采取限制措施的,应当充分征求相关部门意见并达成一致。

二十三、运用人工智能技术开展投资顾问业务应当取得投资顾问资质,非金融机构不得借助智能投资顾问超范围经营或者变相开展资产管理业务。

金融机构运用人工智能技术开展资产管理业务应当严格遵守本意见有关投资者适当性、投资范围、信息披露、风险隔离等一般性规定,不得借助人工智能业务夸大宣传资产管理产品或者误导投资者。金融机构应当向金融监督管理部门报备人工智能模型的主要参数以及资产配置的主要逻辑,为投资者单独设立智能管理账户,充分提示人工智能算法的固有缺陷和使用风险,明晰交易流程,强化留痕管理,严格监控智能管理账户的交易头寸、风险限额、交易种类、价格权限等。金融机构因违法违规或者管理不当造成投资者损失的,应当依法承担损害赔偿责任。

金融机构应当根据不同产品投资策略研发对应的人工智能算法或者程序化交易,避免算法同质化加剧投资行为的顺周期性,并针对由此可能引发的市场波动风险制定应对预案。因算法同质化、编程设计错误、对数据利用深度不够等人工智能算法模型缺陷或者系统异常,导致羊群效应、影响金融市场稳定运行的,金融机构应当及时采取人工干预措施,强制调整或者终止人工智能业务。

二十四、金融机构不得以资产管理产品的资金与关联方进行不正当交易、利益输送、内幕交易和操纵市场,包括但不限于投资于关联方虚假项目、与关联方共同收购上市公司、向本机构注资等。

金融机构的资产管理产品投资本机构、托管机构及其控股股东、实际控制人或者与其有其他重大利害关系的公司发行或者承销的证券,或者从事其他重大关联交易的,应当建立健全内部审批机制和评估机制,并向投资者充分披露信息。

二十五、建立资产管理产品统一报告制度。中国人民银行负责统筹资产管理产品的数据编码和综合统计工作,会同金融监督管理部门拟定资产管理产品统计制度,建立资产管理产品信息系统,规范和统一产品标准、信息分类、代码、数据格式,逐只产品统计基本信息、募集信息、资产负债信息和终止信息。中国人民银行和金融监督管理部门加强资产管理产品的统计信息共享。金融机构应当将含债权投资的资产管理产品信息报送至金融信用信息基础数据库。

金融机构于每只资产管理产品成立后 5 个工作日内,向中国人民银行和金融监督管理部门同时报送产品基本信息和起始募集信息;于每月 10 日前报送存续期募集信息、资产负债信息,于产品终止后 5 个工作日内报送终止信息。

中央国债登记结算有限责任公司、中国证券登记结算有限公司、银行间市场清算所股份有限公司、上海票据交易所股份有限公司、上海黄金交易所、上海保险交易所股份有限公司、中保保险资产登记交易系统有限公司于每月 10 日前向中国人民银行和金融监督管理部门同时报送资产管理产品持有其登记托管的金融工具的信息。

在资产管理产品信息系统正式运行前,中国人民银行会同金融监督管理部门依据统计制度拟定统一的过渡期数据报送模板;各金融监督管理部门对本行业金融机构发行的资产管理产品,于每月 10 日前按照数据报送模板向中国人民银行提供数据,及时沟通跨行业、跨市场的重大风险信息和事项。

中国人民银行对金融机构资产管理产品统计工作进行监督检查。资产管理产品统计的具体制度由中国人民银行会同相关部门另行制定。

二十六、中国人民银行负责对资产管理业务实施宏观审慎管理,会同金融监督管理部门制定资产管理业务的标准规制。金融监督管理部门实施资产管理业务的市场准入和日常监管,加强投资者保护,依照本意见会同中国人民银行制定出台各自监管领域的实施细则。

本意见正式实施后,中国人民银行会同金融监督管理部门建立工作机制,持续监测资产管理业务的发展和风险状况,定期评估标准规制的有效性和市场影响,及时修订完善,推动资产管理行业持续健康发展。

二十七、对资产管理业务实施监管遵循以下原则:

(一)机构监管与功能监管相结合,按照产品类型而不是机构类型实施功能监管,同一类型的资产管理产品适用同一监管标准,减少监管真空和套利。

(二)实行穿透式监管,对于多层嵌套资产管理产品,向上识别产品的最终投资者,向下识别产品的底层资产(公募证券投资基金除外)。

(三)强化宏观审慎管理,建立资产管理业务的宏观审慎政策框架,完善政策工具,从宏观、逆周期、跨市场的角度加强监测、评估和调节。

(四)实现实时监管,对资产管理产品的发行销售、投资、兑付等各环节进行全面动态监管,建立综合统计制度。

二十八、金融监督管理部门应当根据本意见规定,对违规行为制定和完善处罚规则,依法实施处罚,并确保处罚标准一致。资产管理业务违反宏观审慎管理要求的,由中国人民银行按照法律法规实施处罚。

二十九、本意见实施后,金融监督管理部门在本意见框架内研究制定配套细则,配套细则之间应当相互衔接,避免产生新的监管套利和不公平竞争。按照"新老划断"原则设置过渡期,确保平稳过渡。过渡期为本意见发布之日起至 2020 年底,对提前完成整改的机构,给予适当监管激励。过渡期内,金融机构发行新产品应当符合本意见的规定;为接续存量产品所投资的未到期资产,维持必要的流动性和市场稳定,金融机构可以发行老产品对接,但应当严格控制在存量产品整体规模内,并有序压缩递减,防止过渡期结束时出现断崖效应。金融机构应当制定过渡期内的资产管理业务整改计划,明确时间进度安排,并报送相关金融监督管理部门,由其认可并监督实施,同时报备中国人民银行。过渡期结束后,金融机构的资产管理产品按照本意见进行全面规范(因子公司尚未成立而达不到第三方独立托管要求的情形除外),金融机构不得再发行或存续违反本意见规定的资产管理产品。

三十、资产管理业务作为金融业务,属于特许经营行业,必须纳入金融监管。非金融机构不得发行、销售资产管理产品,国家另有规定的除外。

非金融机构违反上述规定,为扩大投资者范围、降低投资门槛,利用互联网平台等公开宣传、分拆销售具有投资门槛的投资标的、过度强调增信措施掩盖产品风险、设立产品二级交易市场等行为,按照国家规定进行规范清理,构成非法集资、非法吸收公众存款、非法发行证券的,依法追究法律责任。非金融机构违法违规开展资产管理业务的,依法予以处罚;同时承诺或进行刚性兑付的,依法从重处罚。

三十一、本意见自发布之日起施行。

本意见所称"金融管理部门"是指中国人民银行、国务院银行保险监督管理机构、国务院证券监督管理机构和国家外汇管理局。"发行"是指通过公开或者非公开方式向资产管理产品的投资者发出认购邀约,进行资金募集的活动。"销售"是指向投资者宣传推介资产管理产品,办理产品申购、赎回的活动。"代理销售"是指接受合作机构的委托,在本机构渠道向投资者宣传推介、销售合作机构依法发行的资产管理产品的活动。

附录7　　　　　　商业银行理财业务监督管理办法

第一章　总　则

第一条　为加强对商业银行理财业务的监督管理,促进商业银行理财业务规范健康发展,依法保护投资者合法权益,根据《中华人民共和国银行业监督管理法》《中华人民共和国商业银行法》等法律、行政法规以及《关于规范金融机构资产管理业务的指导意见》(以下简称《指导意见》),制定本办法。

第二条　本办法适用于在中华人民共和国境内设立的商业银行,包括中资商业银行、外商独资银行、中外合资银行。

第三条　本办法所称理财业务是指商业银行接受投资者委托,按照与投资者事先约定的投资策略、风险承担和收益分配方式,对受托的投资者财产进行投资和管理的金融服务。

本办法所称理财产品是指商业银行按照约定条件和实际投资收益情况向投资者支付收益、不保证本金支付和收益水平的非保本理财产品。

第四条　商业银行理财产品财产独立于管理人、托管机构的自有资产,因理财产品财产的管理、运用、处分或者其他情形而取得的财产,均归入银行理财产品财产。

商业银行理财产品管理人、托管机构不得将银行理财产品财产归入其自有资产,因依法解散、被依法撤销或者被依法宣告破产等原因进行清算的,银行理财产品财产不属于其清算财产。

第五条　商业银行理财产品管理人管理、运用和处分理财产品财产所产生的债权,不得与管理人、托管机构因自有资产所产生的债务相抵销;管理人管理、运用和处分不同理财产品财产所产生的债权债务,不得相互抵销。

第六条　商业银行开展理财业务,应当按照《指导意见》第八条的相关规定,诚实守信、勤勉尽职地履行受人之托、代人理财职责,投资者自担投资风险并获得收益。

商业银行开展理财业务,应当遵守成本可算、风险可控、信息充分披露的原则,严格遵守投资者适当性管理要求,保护投资者合法权益。

第七条　银行业监督管理机构依法对商业银行理财业务活动实施监督管理。

银行业监督管理机构应当对理财业务实行穿透式监管,向上识别理财产品的最终投资者,向下识别理财产品的底层资产,并对理财产品运作管理实行全面动态监管。

第二章 分类管理

第八条 商业银行应当根据募集方式的不同,将理财产品分为公募理财产品和私募理财产品。

本办法所称公募理财产品是指商业银行面向不特定社会公众公开发行的理财产品。公开发行的认定标准按照《中华人民共和国证券法》执行。

本办法所称私募理财产品是指商业银行面向合格投资者非公开发行的理财产品。合格投资者是指具备相应风险识别能力和风险承受能力,投资于单只理财产品不低于一定金额且符合下列条件的自然人、法人或者依法成立的其他组织:

(一)具有 2 年以上投资经历,且满足家庭金融净资产不低于 300 万元人民币,或者家庭金融资产不低于 500 万元人民币,或者近 3 年本人年均收入不低于 40 万元人民币;

(二)最近 1 年末净资产不低于 1 000 万元人民币的法人或者依法成立的其他组织;

(三)国务院银行业监督管理机构规定的其他情形。

私募理财产品的投资范围由合同约定,可以投资于债权类资产和权益类资产等。权益类资产是指上市交易的股票、未上市企业股权及其受(收)益权。

第九条 商业银行应当根据投资性质的不同,将理财产品分为固定收益类理财产品、权益类理财产品、商品及金融衍生品类理财产品和混合类理财产品。固定收益类理财产品投资于存款、债券等债权类资产的比例不低于 80%;权益类理财产品投资于权益类资产的比例不低于 80%;商品及金融衍生品类理财产品投资于商品及金融衍生品的比例不低于 80%;混合类理财产品投资于债权类资产、权益类资产、商品及金融衍生品类资产且任一资产的投资比例未达到前三类理财产品标准。

非因商业银行主观因素导致突破前述比例限制的,商业银行应当在流动性受限资产可出售、可转让或者恢复交易的 15 个交易日内将理财产品投资比例调整至符合要求,国务院银行业监督管理机构规定的特殊情形除外。

第十条 商业银行应当根据运作方式的不同,将理财产品分为封闭式理财产品和开放式理财产品。

本办法所称封闭式理财产品是指有确定到期日,且自产品成立日至终止日期间,投资者不得进行认购或者赎回的理财产品。开放式理财产品是指自产品成立日至终止日期间,理财产品份额总额不固定,投资者可以按照协议约定,在开放日和相应场所进行认购或者赎回的理财产品。

第十一条 商业银行发行投资衍生产品的理财产品的,应当具有衍生产品交易资格,并遵守国务院银行业监督管理机构关于衍生产品业务管理的有关规定。

商业银行开展理财业务涉及外汇业务的,应当具有开办相应外汇业务的资格,并遵守外汇管理的有关规定。

第十二条 商业银行总行应当按照以下要求,在全国银行业理财信息登记系统对理财产品进行集中登记:

(一)商业银行发行公募理财产品的,应当在理财产品销售前 10 日,在全国银行业理财信息登记系统进行登记;

(二)商业银行发行私募理财产品的,应当在理财产品销售前 2 日,在全国银行业理财信息登记系统进行登记;

(三)在理财产品募集和存续期间,按照有关规定持续登记理财产品的募集情况、认购赎回情况、投资者信息、投资资产、资产交易明细、资产估值、负债情况等信息;

(四)在理财产品终止后 5 日内完成终止登记。

商业银行应当确保本行理财产品登记信息的真实性、准确性、完整性和及时性。信息登记不齐全或者不符合要求的,应当进行补充或者重新登记。

商业银行不得发行未在全国银行业理财信息登记系统进行登记并获得登记编码的理财产品。商业银行应当在理财产品销售文件的显著位置列明该产品在全国银行业理财信息登记系统获得的登记编码,并提示投资者可以依据该登记编码在中国理财网查询产品信息。

银行业理财登记托管中心应当在国务院银行业监督管理机构的指导下,履行下列职责:

(一)持续加强全国银行业理财信息登记系统的建设和管理,确保系统独立、安全、高效运行;

(二)完善理财信息登记业务规则、操作规程和技术标准规范等,加强理财信息登记质量监控;

(三)向国务院银行业监督管理机构报告理财业务、理财信息登记质量和系统运行等有关情况;

(四)提供必要的技术支持、业务培训和投资者教育等服务;

(五)依法合规使用信息,建立保密制度并采取相应的保密措施,确保信息安全;

(六)国务院银行业监督管理机构规定的其他职责。

第三章　业务规则与风险管理

第一节　管理体系与管理制度

第十三条　商业银行董事会和高级管理层应当充分了解理财业务及其所面临的各类风险,根据本行的经营目标、投资管理能力、风险管理水平等因素,确定开展理财业务的总体战略和政策,确保具备从事理财业务和风险管理所需要的专业人员、业务处理系统、会计核算系统和管理信息系统等人力、物力资源。

第十四条　商业银行应当通过具有独立法人地位的子公司开展理财业务。暂不具备条件的,商业银行总行应当设立理财业务专营部门,对理财业务实行集中统一经营管理。

商业银行设立理财子公司的监管规定由国务院银行业监督管理机构另行制定。

第十五条　商业银行开展理财业务,应当确保理财业务与其他业务相分离,理财产品与其代销的金融产品相分离,理财产品之间相分离,理财业务操作与其他业务操作相分离。

第十六条　商业银行应当根据理财业务性质和风险特征,建立健全理财业务管理制度,包括产品准入管理、风险管理与内部控制、人员管理、销售管理、投资管理、合作机构管理、产品托管、产品估值、会计核算和信息披露等。

商业银行应当针对理财业务的风险特征,制定和实施相应的风险管理政策和程序,确保持续有效地识别、计量、监测和控制理财业务的各类风险,并将理财业务风险管理纳入其全面风险管理体系。商业银行应当按照国务院银行业监督管理机构关于内部控制的相关规定,建立健全理财业务的内部控制体系,作为银行整体内部控制体系的有机组成部分。

商业银行内部审计部门应当按照国务院银行业监督管理机构关于内部审计的相关规定,至少每年对理财业务进行一次内部审计,并将审计报告报送审计委员会及董事会。董事会应当针对内部审计发现的问题,督促高级管理层及时采取整改措施。内部审计部门应当跟踪检查整改措施的实施情况,并及时向董事会提交有关报告。

商业银行应当按照国务院银行业监督管理机构关于外部审计的相关规定,委托外部审计机构至少每年对理财业务和公募理财产品进行一次外部审计,并针对外部审计发现的问题及时采取整改措施。

第十七条　商业银行应当建立理财产品的内部审批政策和程序,在发行新产品之前充分识别和评估各类风险。理财产品由负责风险管理、法律合规、财务会计管理和消费者保护等相关职能部门进行审核,并获得董事会、董事会授权的专门委员会、高级管理层或者相关部门的批准。

第十八条　商业银行开展理财业务,应当确保每只理财产品与所投资资产相对应,做到每只理财产品单独管理、单独建账和单独核算,不得开展或者参与具有滚动发行、集合运作、分离定价特征的资金池理财业务。

本办法所称单独管理是指对每只理财产品进行独立的投资管理。单独建账是指为每只理财产品建立投资明细账,确保投资资产逐项清晰明确。单独核算是指对每只理财产品单独进行会计账务处理,确保每只理财产品具有资产负债表、利润表、产品净值变动表等财务会计报表。

第十九条　商业银行开展理财业务,应当按照《企业会计准则》和《指导意见》等关于金融工具估值核算的相关规定,确认和计量理财产品的净值。

第二十条 商业银行开展理财业务,应当遵守市场交易和公平交易原则,不得在理财产品之间、理财产品投资者之间或者理财产品投资者与其他市场主体之间进行利益输送。

第二十一条 商业银行理财产品投资于本行或托管机构,其主要股东、控股股东、实际控制人、一致行动人、最终受益人,其控股的机构或者与其有重大利害关系的公司发行或者承销的证券,或者从事其他重大关联交易的,应当符合理财产品的投资目标、投资策略和投资者利益优先原则,按照商业原则,以不优于对非关联方同类交易的条件进行,并向投资者充分披露信息。

商业银行应当按照金融监督管理部门关于关联交易的相关规定,建立健全理财业务关联交易内部评估和审批机制。理财业务涉及重大关联交易的,应当提交有权审批机构审批,并向银行业监督管理机构报告。

商业银行不得以理财资金与关联方进行不正当交易、利益输送、内幕交易和操纵市场,包括但不限于投资于关联方虚假项目、与关联方共同收购上市公司、向本行注资等。

第二十二条 商业银行开展理财业务,应当按照《商业银行资本管理办法(试行)》的相关规定计提操作风险资本。

第二十三条 商业银行应当建立有效的理财业务投资者投诉处理机制,明确受理和处理投资者投诉的途径、程序和方式,根据法律、行政法规、金融监管规定和合同约定妥善处理投资者投诉。

第二十四条 商业银行应当建立健全理财业务人员的资格认定、培训、考核评价和问责制度,确保理财业务人员具备必要的专业知识、行业经验和管理能力,充分了解相关法律、行政法规、监管规定以及理财产品的法律关系、交易结构、主要风险及风险管控方式,遵守行为准则和职业道德标准。

商业银行的董事、监事、高级管理人员和其他理财业务人员不得有下列行为:

(一)将自有财产或者他人财产混同于理财产品财产从事投资活动;

(二)不公平地对待所管理的不同理财产品财产;

(三)利用理财产品财产或者职务之便为理财产品投资者以外的人牟取利益;

(四)向理财产品投资者违规承诺收益或者承担损失;

(五)侵占、挪用理财产品财产;

(六)泄露因职务便利获取的未公开信息,利用该信息从事或者明示、暗示他人从事相关的交易活动;

(七)玩忽职守,不按照规定履行职责;

(八)法律、行政法规和国务院银行业监督管理机构规定禁止的其他行为。

第二节 销售管理

第二十五条 商业银行理财产品销售是指商业银行将本行发行的理财产品向投资者进行宣传推介和办理认购、赎回等业务活动。

第二十六条 商业银行销售理财产品,应当加强投资者适当性管理,向投资者充分披露信息和揭示风险,不得宣传或承诺保本保收益,不得误导投资者购买与其风险承受能力不相匹配的理财产品。

商业银行理财产品宣传销售文本应当全面、如实、客观地反映理财产品的重要特性,充分披露理财产品类型、投资组合、估值方法、托管安排、风险和收费等重要信息,所使用的语言表述必须真实、准确和清晰。

商业银行发行理财产品,不得宣传理财产品预期收益率,在理财产品宣传销售文本中只能登载该理财产品或者本行同类理财产品的过往平均业绩和最好、最差业绩,并以醒目文字提醒投资者"理财产品过往业绩不代表其未来表现,不等于理财产品实际收益,投资须谨慎"。

第二十七条 商业银行应当采用科学合理的方法,根据理财产品的投资组合、同类产品过往业绩和风险水平等因素,对拟销售的理财产品进行风险评级。

理财产品风险评级结果应当以风险等级体现,由低到高至少包括一级至五级,并可以根据实际情况进一步细分。

第二十八条 商业银行应当对非机构投资者的风险承受能力进行评估,确定投资者风险承受能力等级,由低到高至少包括一级至五级,并可以根据实际情况进一步细分。

商业银行不得在风险承受能力评估过程中误导投资者或者代为操作,确保风险承受能力评估结果的真实性和有效性。

第二十九条 商业银行只能向投资者销售风险等级等于或低于其风险承受能力等级的理财产品,并在销售文件中明确提示产品适合销售的投资者范围,在销售系统中设置销售限制措施。

商业银行不得通过对理财产品进行拆分等方式,向风险承受能力等级低于理财产品风险等级的投资者销售理财产品。

其他资产管理产品投资于商业银行理财产品的,商业银行应当按照穿透原则,有效识别资产管理产品的最终投资者。

第三十条 商业银行应当根据理财产品的性质和风险特征,设置适当的期限和销售起点金额。

商业银行发行公募理财产品的,单一投资者销售起点金额不得低于 1 万元人民币。

商业银行发行私募理财产品的,合格投资者投资于单只固定收益类理财产品的金额不得低于 30 万元人民币,投资于单只混合类理财产品的金额不得低于 40 万元人民币,投资于单只权益类理财产品、单只商品及金融衍生品类理财产品的金额不得低于 100 万元人民币。

第三十一条 商业银行只能通过本行渠道(含营业网点和电子渠道)销售理财产品,或者通过其他商业银行、农村合作银行、村镇银行、农村信用合作社等吸收公众存款的银行业金融机构代理销售理财产品。

第三十二条 商业银行通过营业场所向非机构投资者销售理财产品的,应当按照国务院银行业监督管理机构的相关规定实施理财产品销售专区管理,并在销售专区内对每只理财产品销售过程进行录音录像。

第三十三条 商业银行应当按照国务院银行业监督管理机构的相关规定,妥善保存理财产品销售过程涉及的投资者风险承受能力评估、录音录像等相关资料。

商业银行应当依法履行投资者信息保密义务,建立投资者信息管理制度和保密制度,防范投资者信息被不当采集、使用、传输和泄露。商业银行与其他机构共享投资者信息的,应当在理财产品销售文本中予以明确,征得投资者书面授权或者同意,并要求其履行投资者信息保密义务。

第三十四条 商业银行应当建立理财产品销售授权管理体系,制定统一的标准化销售服务规程,建立清晰的报告路线,明确分支机构业务权限,并采取定期核对、现场核查、风险评估等方式加强对分支机构销售活动的管理。

第三节 投资运作管理

第三十五条 商业银行理财产品可以投资于国债、地方政府债券、中央银行票据、政府机构债券、金融债券、银行存款、大额存单、同业存单、公司信用类债券、在银行间市场和证券交易所市场发行的资产支持证券、公募证券投资基金、其他债权类资产、权益类资产以及国务院银行业监督管理机构认可的其他资产。

第三十六条 商业银行理财产品不得直接投资于信贷资产,不得直接或间接投资于本行信贷资产,不得直接或间接投资于本行或其他银行业金融机构发行的理财产品,不得直接或间接投资于本行发行的次级档信贷资产支持证券。

商业银行面向非机构投资者发行的理财产品不得直接或间接投资于不良资产、不良资产支持证券,国务院银行业监督管理机构另有规定的除外。

商业银行理财产品不得直接或间接投资于本办法第三十五条所列示资产之外,由未经金融监督管理部门许可设立、不持有金融牌照的机构发行的产品或管理的资产,金融资产投资公司的附属机构依法依规设立的私募股权投资基金以及国务院银行业监督管理机构另有规定的除外。

第三十七条 理财产品销售文件应当载明产品类型、投资范围、投资资产种类及其投资比例,并确保在理财产品成立后至到期日前,投资比例按照销售文件约定合理浮动,不得擅自改变理财产品类型。

金融市场发生重大变化导致理财产品投资比例暂时超出浮动区间且可能对理财产品收益产生重大影响的,商业银行应当及时向投资者进行信息披露。

商业银行应当根据市场情况调整投资范围、投资资产种类或投资比例,并按照有关规定事先进行信息披露。超出销售文件约定比例的,除高风险类型的理财产品超出比例范围投资较低风险资产外,应当先取得投资者书面同意,并在全国银行业理财信息登记系统做好理财产品信息登记;投资者不接受的,应当允许投资者按照销售文件约定提前赎回理财产品。

第三十八条 商业银行理财产品投资资产管理产品的,应当符合以下要求:

(一)准确界定相关法律关系,明确约定各参与主体的责任和义务,并符合法律、行政法规、《指导意见》和金融监督管理部门对该资产管理产品的监管规定;

(二)所投资的资产管理产品不得再投资于其他资产管理产品(公募证券投资基金除外);

(三)切实履行投资管理职责,不得简单作为资产管理产品的资金募集通道;

(四)充分披露底层资产的类别和投资比例等信息,并在全国银行业理财信息登记系统登记资产管理产品及其底层资产的相关信息。

第三十九条 商业银行理财产品投资于非标准化债权类资产的,应当符合以下要求:

(一)确保理财产品投资与审批流程相分离,比照自营贷款管理要求实施投前尽职调查、风险审查和投后风险管理,并纳入全行统一的信用风险管理体系;

(二)商业银行全部理财产品投资于单一债务人及其关联企业的非标准化债权类资产余额,不得超过本行资本净额的 10%;

(三)商业银行全部理财产品投资于非标准化债权类资产的余额在任何时点均不得超过理财产品净资产的 35%,也不得超过本行上一年度审计报告披露总资产的 4%。

第四十条 商业银行理财产品不得直接或间接投资于本行信贷资产受(收)益权,面向非机构投资者发行的理财产品不得直接或间接投资于不良资产受(收)益权。

商业银行理财产品投资于信贷资产受(收)益权的,应当审慎评估信贷资产质量和风险,按照市场化原则合理定价,必要时委托会计师事务所、律师事务所、评级机构等独立第三方机构出具专业意见。

商业银行应当向投资者及时、准确、完整地披露理财产品所投资信贷资产受(收)益权的相关情况,并及时披露对投资者权益或投资收益等产生重大影响的突发事件。

第四十一条 商业银行理财产品直接或间接投资于银行间市场、证券交易所市场或者国务院银行业监督管理机构认可的其他证券的,应当符合以下要求:

(一)每只公募理财产品持有单只证券或单只公募证券投资基金的市值不得超过该理财产品净资产的 10%;

(二)商业银行全部公募理财产品持有单只证券或单只公募证券投资基金的市值,不得超过该证券市值或该公募证券投资基金市值的 30%;

(三)商业银行全部理财产品持有单一上市公司发行的股票,不得超过该上市公司可流通股票的 30%。国务院银行业监督管理机构另有规定的除外。

非因商业银行主观因素导致突破前述比例限制的,商业银行应当在流动性受限资产可出售、可转让或者恢复交易的 10 个交易日内调整至符合要求,国务院银行业监督管理机构规定的特殊情形除外。

商业银行理财产品投资于国债、地方政府债券、中央银行票据、政府机构债券、政策性金融债券以及完全按照有关指数的构成比例进行投资的除外。

第四十二条 商业银行不得发行分级理财产品。

本办法所称分级理财产品是指商业银行按照本金和收益受偿顺序的不同,将理财产品划分为不同等级的份额,不同等级份额的收益分配不按份额比例计算,而是由合同另行约定、按照优先与劣后份额安排进行收益分配的理财产品。

商业银行每只开放式公募理财产品的杠杆水平不得超过 140%,每只封闭式公募理财产品、每只私募理财产品的杠杆水平不得超过 200%。

本办法所称杠杆水平是指理财产品总资产/理财产品净资产。商业银行计算理财产品总资产时,应当按照穿透原则合并计算理财产品所投资的底层资产。理财产品投资资产管理产品的,应当按照理财产品持有资产管理产品的比例计算底层资产。

第四十三条 商业银行应当建立健全理财业务流动性风险管理制度,加强理财产品及其所投资资产期限管理,专业审慎、勤勉尽责地管理理财产品流动性风险,确保投资者的合法权益不受损害并得到公平对待。

商业银行应当在理财产品设计阶段,综合评估分析投资策略、投资范围、投资资产流动性、销售渠道、投资者类型与风险偏好等因素,审慎决定是否采取开放式运作。

商业银行发行的封闭式理财产品的期限不得低于90天;开放式理财产品所投资资产的流动性应当与投资者赎回需求相匹配,确保持有足够的现金、活期存款、国债、中央银行票据、政策性金融债券等具有良好流动性的资产,以备支付理财产品投资者的赎回款项。开放式公募理财产品应当持有不低于该理财产品资产净值5%的现金或者到期日在一年以内的国债、中央银行票据和政策性金融债券。

第四十四条 商业银行理财产品直接或间接投资于非标准化债权类资产的,非标准化债权类资产的终止日不得晚于封闭式理财产品的到期日或者开放式理财产品的最近一次开放日。

商业银行理财产品直接或间接投资于未上市企业股权及其受(收)益权的,应当为封闭式理财产品,并明确股权及其受(收)益权的退出安排。未上市企业股权及其受(收)益权的退出日不得晚于封闭式理财产品的到期日。

第四十五条 商业银行应当加强理财产品开展同业融资的流动性风险、交易对手风险和操作风险等风险管理,做好期限管理和集中度管控,按照穿透原则对交易对手实施尽职调查和准入管理,设置适当的交易限额并根据需要进行动态调整。

商业银行应当建立健全买入返售交易质押品的管理制度,采用科学合理的质押品估值方法,审慎确定质押品折扣系数,确保其能够满足正常和压力情景下融资交易的质押品需求,并且能够及时向相关交易对手履行返售质押品的义务。

第四十六条 商业银行应当建立健全理财产品压力测试制度。理财产品压力测试应当至少符合以下要求:

(一)针对单只理财产品,合理审慎设定并定期审核压力情景,充分考虑理财产品的规模、投资策略、投资者类型等因素,审慎评估各类风险对理财产品的影响,压力测试的数据应当准确可靠并及时更新,压力测试频率应当与商业银行理财产品的规模和复杂程度相适应;

(二)针对每只公募理财产品,压力测试应当至少每季度进行一次,出现市场剧烈波动等情况时,应当提高压力测试频率;

(三)在可能情况下,应当参考以往出现的影响理财产品的外部冲击,对压力测试结果实施事后检验,压力测试结果和事后检验应当有书面记录;

(四)在理财产品投资运作和风险管理过程中应当充分考虑压力测试结果,必要时根据压力测试结果进行调整;

(五)制定有效的理财产品应急计划,确保其可以应对紧急情况下的理财产品赎回需求。应急计划的制定应当充分考虑压力测试结果,内容包括但不限于触发应急计划的各种情景、应急资金来源、应急程序和措施,董事会、高级管理层及相关部门实施应急程序和措施的权限与职责等;

(六)由专门的团队负责压力测试的实施与评估,该团队应当与投资管理团队保持相对独立。

第四十七条 商业银行应当加强对开放式公募理财产品认购环节的管理,合理控制理财产品投资者集中度,审慎确认大额认购申请,并在理财产品销售文件中对拒绝或暂停接受投资者认购申请的情形进行约定。

当接受认购申请可能对存量开放式公募理财产品投资者利益构成重大不利影响时,商业银行可以采取设定单一投资者认购金额上限或理财产品单日净认购比例上限、拒绝大额认购、暂停认购等措施,切实保护存量理财产品投资者的合法权益。

在确保投资者得到公平对待的前提下,商业银行可以按照法律、行政法规和理财产品销售文件约定,综合运用设置赎回上限、延期办理巨额赎回申请、暂停接受赎回申请、收取短期赎回费等方式,作为压力情景下开放式公募理财产品流动性风险管理的辅助措施。商业银行应当按照理财产品销售文件中约定的信息披露方式,在3个交易日内通知投资者相关处理措施。

本办法所称巨额赎回是指商业银行开放式公募理财产品单个开放日净赎回申请超过理财产品总份额的 10% 的赎回行为,国务院银行业监督管理机构另有规定的除外。

第四十八条 商业银行应当对理财投资合作机构的资质条件、专业服务能力和风险管理水平等开展尽职调查,实行名单制管理,明确规定理财投资合作机构的准入标准和程序、责任与义务、存续期管理、利益冲突防范机制、信息披露义务及退出机制,理财投资合作机构的名单应当至少由总行高级管理层批准并定期评估,必要时进行调整。商业银行应当以书面方式明确界定双方的权利义务和风险责任承担方式,切实履行投资管理职责,不因委托其他机构投资而免除自身应当承担的责任。

本办法所称理财投资合作机构包括但不限于商业银行理财产品所投资资产管理产品的发行机构、根据合同约定从事理财产品受托投资的机构以及与理财产品投资管理相关的投资顾问等。理财投资合作机构应当是具有专业资质并受金融监督管理部门依法监管的金融机构或国务院银行业监督管理机构认可的其他机构。

商业银行聘请理财产品投资顾问的,应当审查投资顾问的投资建议,不得由投资顾问直接执行投资指令,不得向未提供实质服务的投资顾问支付费用或者支付与其提供的服务不相匹配的费用。

商业银行首次与理财投资合作机构合作的,应当提前 10 日将该合作机构相关情况报告银行业监督管理机构。

第四十九条 商业银行不得用自有资金购买本行发行的理财产品,不得为理财产品投资的非标准化债权类资产或权益类资产提供任何直接或间接、显性或隐性的担保或回购承诺,不得用本行信贷资金为本行理财产品提供融资和担保。

第四节 理财托管

第五十条 商业银行应当选择具有证券投资基金托管业务资格的金融机构、银行业理财登记托管机构或者国务院银行业监督管理机构认可的其他机构托管所发行的理财产品。

第五十一条 从事理财产品托管业务的机构应当履行下列职责,确保实现实质性独立托管:

(一)安全保管理财产品财产;

(二)为每只理财产品开设独立的托管账户,不同托管账户中的资产应当相互独立;

(三)按照托管协议约定和理财产品发行银行的投资指令,及时办理清算、交割事宜;

(四)建立与理财产品发行银行的对账机制,复核、审查理财产品资金头寸、资产账目、资产净值、认购和赎回价格等数据,及时核查认购、赎回以及投资资金的支付和到账情况;

(五)监督理财产品投资运作,发现理财产品违反法律、行政法规、规章规定或合同约定进行投资的,应当拒绝执行,及时通知理财产品发行银行并报告银行业监督管理机构;

(六)办理与理财产品托管业务活动相关的信息披露事项,包括披露理财产品托管协议、对理财产品信息披露文件中的理财产品财务会计报告等出具意见,以及在公募理财产品半年度和年度报告中出具理财托管机构报告等;

(七)理财托管业务活动的记录、账册、报表和其他相关资料保存 15 年以上;

(八)对理财产品投资信息和相关资料承担保密责任,除法律、行政法规、规章规定、审计要求或者合同约定外,不得向任何机构或者个人提供相关信息和资料;

(九)国务院银行业监督管理机构规定的其他职责。

从事理财产品托管业务机构的董事、监事、高级管理人员和其他托管业务人员不得有本办法第二十四条第二款所列行为。

第五十二条 商业银行有下列情形之一的,国务院银行业监督管理机构可以要求其发行的理财产品由指定的机构进行托管:

(一)理财产品未实现实质性独立托管的;

(二)未按照穿透原则,在全国银行业理财信息登记系统中,向上穿透登记最终投资者信息,向下穿透登记理财产品投资的底层资产信息,或者信息登记不真实、准确、完整和及时的;

(三)国务院银行业监督管理机构规定的其他情形。

第五节　信息披露

第五十三条　商业银行应当按照国务院银行业监督管理机构关于信息披露的有关规定,每半年披露其从事理财业务活动的有关信息,披露的信息应当至少包括以下内容:当期发行和到期的理财产品类型、数量和金额、期末存续理财产品数量和金额,列明各类理财产品的占比及其变化情况,以及理财产品直接和间接投资的资产种类、规模和占比等信息。

第五十四条　商业银行应当在本行营业网点或官方网站建立理财产品信息查询平台,收录全部在售及存续期内公募理财产品的基本信息。

第五十五条　商业银行应当及时、准确、完整地向理财产品投资者披露理财产品的募集信息、资金投向、杠杆水平、收益分配、托管安排、投资账户信息和主要投资风险等内容。

第五十六条　商业银行发行公募理财产品的,应当在本行官方网站或者按照与投资者约定的方式,披露以下理财产品信息:

(一)在全国银行业理财信息登记系统获取的登记编码;

(二)销售文件,包括说明书、销售协议书、风险揭示书和投资者权益须知;

(三)发行公告,包括理财产品成立日期和募集规模等信息;

(四)定期报告,包括理财产品的存续规模、收益表现,并分别列示直接和间接投资的资产种类、投资比例、投资组合的流动性风险分析,以及前十项资产具体名称、规模和比例等信息;

(五)到期公告,包括理财产品的存续期限、终止日期、收费情况和收益分配情况等信息;

(六)重大事项公告;

(七)临时性信息披露;

(八)国务院银行业监督管理机构规定的其他信息。

商业银行应当在理财产品成立之后5日内披露发行公告,在理财产品终止后5日内披露到期公告,在发生可能对理财产品投资者或者理财产品收益产生重大影响的事件后2日内发布重大事项公告。

商业银行应当在每个季度结束之日起15日内、上半年结束之日起60日内、每年结束之日起90日内,编制完成理财产品的季度、半年和年度报告等定期报告。理财产品成立不足90日或者剩余存续期不超过90日的,商业银行可以不编制理财产品当期的季度、半年和年度报告。

第五十七条　商业银行应当在每个开放日结束后2日内,披露开放式公募理财产品在开放日的份额净值、份额累计净值、认购价格和赎回价格,在定期报告中披露开放式公募理财产品在季度、半年和年度最后一个市场交易日的份额净值、份额累计净值和资产净值。

商业银行应当至少每周向投资者披露一次封闭式公募理财产品的资产净值和份额净值。

第五十八条　商业银行应当在公募理财产品的存续期内,至少每月向投资者提供其所持有的理财产品账单,账单内容包括但不限于投资者持有的理财产品份额、认购金额、份额净值、份额累计净值、资产净值、收益情况、投资者理财交易账户发生的交易明细记录等信息。

第五十九条　商业银行发行私募理财产品的,应当按照与合格投资者约定的方式和频率,披露以下理财产品信息:

(一)在全国银行业理财信息登记系统获取的登记编码;

(二)销售文件,包括说明书、销售协议书、风险揭示书和投资者权益须知;

(三)至少每季度向合格投资者披露理财产品的资产净值、份额净值和其他重要信息;

(四)定期报告,至少包括季度、半年和年度报告;

(五)到期报告;

(六)重大事项报告;

(七)临时性信息披露;

(八)国务院银行业监督管理机构规定的其他信息。

第六十条 商业银行理财产品终止后的清算期原则上不得超过 5 日;清算期超过 5 日的,应当在理财产品终止前,根据与投资者的约定,在指定渠道向理财产品投资者进行披露。

第六十一条 商业银行应当在理财产品销售文件中明确约定与投资者联络和信息披露的方式、渠道和频率,以及在信息披露过程中各方的责任,确保投资者及时获取信息。

商业银行在未与投资者明确约定的情况下,在其官方网站公布理财产品相关信息,不能视为向投资者进行了信息披露。

第四章 监督管理

第六十二条 从事理财业务的商业银行应当按照规定,向银行业监督管理机构报送与理财业务有关的财务会计报表、统计报表、外部审计报告和银行业监督管理机构要求报送的其他材料,并于每年度结束后 2 个月内报送理财业务年度报告。

第六十三条 理财托管机构应当按照规定,向银行业监督管理机构报送与理财产品托管有关的材料,并于每年度结束后 2 个月内报送理财产品年度托管报告。

第六十四条 从事理财业务的商业银行在理财业务中出现重大风险和损失时,应当及时向银行业监督管理机构报告,并提交应对措施。

第六十五条 银行业监督管理机构应当定期对商业银行理财业务进行现场检查。

第六十六条 银行业监督管理机构应当基于非现场监管和现场检查情况,定期对商业银行理财业务进行评估,并将其作为监管评级的重要依据。

第六十七条 商业银行违反本办法规定从事理财业务活动的,应当根据国务院银行业监督管理机构或者其省一级派出机构提出的整改要求,在规定的时限内向国务院银行业监督管理机构或者其省一级派出机构提交整改方案并采取整改措施。

第六十八条 对于在规定的时限内未能采取有效整改措施的商业银行,或者其行为严重危及本行稳健运行、损害投资者合法权益的,国务院银行业监督管理机构或者其省一级派出机构有权按照《中华人民共和国银行业监督管理法》第三十七条的规定,采取下列措施:

(一)责令暂停发行理财产品;

(二)责令暂停开展理财产品托管等业务;

(三)责令调整董事、高级管理人员或者限制其权利;

(四)《中华人民共和国银行业监督管理法》第三十七条规定的其他措施。

第六十九条 商业银行开展理财业务,根据《指导意见》经认定存在刚性兑付行为的,应当足额补缴存款准备金和存款保险保费,按照国务院银行业监督管理机构的相关规定,足额计提资本、贷款损失准备和其他各项减值准备,计算流动性风险和大额风险暴露等监管指标。

第五章 法律责任

第七十条 商业银行从事理财业务活动,有下列情形之一的,由银行业监督管理机构依照《中华人民共和国银行业监督管理法》第四十六条的规定,予以处罚。

(一)提供虚假的或者隐瞒重要事实的报表、报告等文件、资料的;

(二)未按照规定进行风险揭示或者信息披露的;

(三)根据《指导意见》经认定存在刚性兑付行为的;

(四)拒绝执行本办法第六十八条规定的措施的;

(五)严重违反本办法规定的其他情形。

第七十一条 商业银行从事理财业务活动,未按照规定向银行业监督管理机构报告或者报送有关文件、资料的,由银行业监督管理机构依照《中华人民共和国银行业监督管理法》第四十七条的规定,予以处罚。

第七十二条 商业银行从事理财业务活动的其他违法违规行为,由银行业监督管理机构依照《中华人民共和国银行业监督管理法》《中华人民共和国商业银行法》等法律法规予以处罚。

第七十三条 商业银行从事理财业务活动，违反有关法律、行政法规以及国家有关银行业监督管理规定的，银行业监督管理机构除依照本办法第七十条至第七十二条规定处罚外，还可以依照《中华人民共和国银行业监督管理法》第四十八条和《金融违法行为处罚办法》的相关规定，对直接负责的董事、高级管理人员和其他直接责任人员进行处理；涉嫌犯罪的，依法移送司法机关处理。

第六章 附　则

第七十四条 政策性银行、农村合作银行、农村信用合作社等其他银行业金融机构开展理财业务，适用本办法规定。外国银行分行开展理财业务，参照本办法执行。

第七十五条 商业银行已经发行的保证收益型和保本浮动收益型理财产品应当按照结构性存款或者其他存款进行规范管理。

本办法所称结构性存款是指商业银行吸收的嵌入金融衍生产品的存款，通过与利率、汇率、指数等的波动挂钩或者与某实体的信用情况挂钩，使存款人在承担一定风险的基础上获得相应收益的产品。

结构性存款应当纳入商业银行表内核算，按照存款管理，纳入存款准备金和存款保险保费的缴纳范围，相关资产应当按照国务院银行业监督管理机构的相关规定计提资本和拨备。衍生产品交易部分按照衍生产品业务管理，应当有真实的交易对手和交易行为。

商业银行发行结构性存款应当具备相应的衍生产品交易业务资格。

商业银行销售结构性存款，应当参照本办法第三章第二节和本办法附件的相关规定执行。

第七十六条 具有代客境外理财业务资格的商业银行开展代客境外理财业务，参照本办法执行，并应当遵守法律、行政法规和金融监督管理部门的相关规定。

第七十七条 本办法中"以上"均含本数；"日"指工作日；"收益率"指年化收益率。

第七十八条 本办法附件《商业银行理财产品销售管理要求》是本办法的组成部分。

第七十九条 本办法由国务院银行业监督管理机构负责解释。

第八十条 本办法自公布之日起施行。《商业银行个人理财业务管理暂行办法》（中国银行业监督管理委员会令2005年第2号）、《商业银行个人理财业务风险管理指引》（银监发〔2005〕63号）、《中国银行业监督管理委员会办公厅关于商业银行开展个人理财业务风险提示的通知》（银监办发〔2006〕157号）、《中国银监会办公厅关于调整商业银行个人理财业务管理有关规定的通知》（银监办发〔2007〕241号）、《中国银监会办公厅关于进一步规范商业银行个人理财业务有关问题的通知》（银监办发〔2008〕47号）、《中国银监会办公厅关于进一步规范商业银行个人理财业务报告管理有关问题的通知》（银监办发〔2009〕172号）、《中国银监会关于进一步规范商业银行个人理财业务投资管理有关问题的通知》（银监发〔2009〕65号）、《中国银监会关于规范信贷资产转让及信贷资产类理财业务有关事项的通知》（银监发〔2009〕113号）、《商业银行理财产品销售管理办法》（中国银行业监督管理委员会令2011年第5号）、《中国银监会关于进一步加强商业银行理财业务风险管理有关问题的通知》（银监发〔2011〕91号）、《中国银监会关于规范商业银行理财业务投资运作有关问题的通知》（银监发〔2013〕8号）、《中国银监会关于完善银行理财业务组织管理体系有关事项的通知》（银监发〔2014〕35号）同时废止。本办法实施前出台的有关规章及规范性文件如与本办法不一致的，按照本办法执行。

第八十一条 本办法过渡期为施行之日起至2020年底。过渡期内，商业银行新发行的理财产品应当符合本办法规定；对于存量理财产品，商业银行可以发行老产品对接存量理财产品所投资的未到期资产，但应当严格控制在存量产品的整体规模内，并有序压缩递减。

商业银行应当制定本行理财业务整改计划，明确时间进度安排和内部职责分工，经董事会审议通过并经董事长签批后，报送银行业监督管理机构认可，同时报备中国人民银行。银行业监督管理机构监督指导商业银行实施整改计划，对于提前完成整改的商业银行，给予适当监管激励；对于未严格执行整改计划或者整改不到位的商业银行，适时采取相关监管措施。

过渡期结束之后，商业银行理财产品按照本办法和《指导意见》进行全面规范管理，因子公司尚未成立而达不到第三方独立托管要求的情形除外;商业银行不得再发行或者存续不符合《指导意见》和本办法规定的理财产品。

附录8　　　　　　商业银行理财子公司管理办法

第一章　总　则

第一条　为加强对商业银行理财子公司的监督管理,依法保护投资者合法权益,根据《中华人民共和国银行业监督管理法》等法律、行政法规以及《关于规范金融机构资产管理业务的指导意见》(以下简称《指导意见》)、《商业银行理财业务监督管理办法》(以下简称《理财业务管理办法》),制定本办法。

第二条　本办法所称银行理财子公司是指商业银行经国务院银行业监督管理机构批准,在中华人民共和国境内设立的主要从事理财业务的非银行金融机构。

本办法所称理财业务是指银行理财子公司接受投资者委托,按照与投资者事先约定的投资策略、风险承担和收益分配方式,对受托的投资者财产进行投资和管理的金融服务。

第三条　银行理财子公司开展理财业务,应当诚实守信、勤勉尽职地履行受人之托、代人理财职责,遵守成本可算、风险可控、信息充分披露的原则,严格遵守投资者适当性管理要求,保护投资者合法权益。

第四条　银行业监督管理机构依法对银行理财子公司及其业务活动实施监督管理。

银行业监督管理机构应当与其他金融管理部门加强监管协调和信息共享,防范跨市场风险。

第二章　设立、变更与终止

第五条　设立银行理财子公司,应当采取有限责任公司或者股份有限公司形式。银行理财子公司名称一般为"字号+理财+组织形式"。未经国务院银行业监督管理机构批准,任何单位不得在其名称中使用"理财有限责任公司"或"理财股份有限公司"字样。

第六条　银行理财子公司应当具备下列条件:

(一)具有符合《中华人民共和国公司法》和国务院银行业监督管理机构规章规定的章程;

(二)具有符合规定条件的股东;

(三)具有符合本办法规定的最低注册资本;

(四)具有符合任职资格条件的董事、高级管理人员,并具备充足的从事研究、投资、估值、风险管理等理财业务岗位的合格从业人员;

(五)建立有效的公司治理、内部控制和风险管理体系,具备支持理财产品单独管理、单独建账和单独核算等业务管理的信息系统,具备保障信息系统有效安全运行的技术与措施;

(六)具有与业务经营相适应的营业场所、安全防范措施和其他设施;

(七)国务院银行业监督管理机构规章规定的其他审慎性条件。

第七条　银行理财子公司应当由在中华人民共和国境内注册成立的商业银行作为控股股东发起设立。作为控股股东的商业银行应当符合以下条件:

(一)具有良好的公司治理结构、内部控制机制和健全的风险管理体系;

(二)主要审慎监管指标符合监管要求;

(三)财务状况良好,最近3个会计年度连续盈利;

(四)监管评级良好,最近2年内无重大违法违规行为,已采取有效整改措施并经国务院银行业监督管理机构认可的除外;

(五)银行理财业务经营规范稳健;

(六)设立理财业务专营部门,对理财业务实行集中统一经营管理;理财业务专营部门连续运营3年以上,具有前中后台相互分离、职责明确、有效制衡的组织架构;

(七)具有明确的银行理财子公司发展战略和业务规划;

（八）入股资金为自有资金，不得以债务资金和委托资金等非自有资金入股；

（九）在银行理财子公司章程中承诺 5 年内不转让所持有的股权，不将所持有的股权进行质押或设立信托，经国务院银行业监督管理机构批准的除外；

（十）国务院银行业监督管理机构规章规定的其他审慎性条件。

第八条 境内外金融机构作为银行理财子公司股东的，应当具备以下条件：

（一）具有良好的公司治理结构；

（二）具有良好的社会声誉、诚信记录和纳税记录；

（三）经营管理良好，最近 2 年内无重大违法违规经营记录；

（四）财务状况良好，最近 2 个会计年度连续盈利；

（五）入股资金为自有资金，不得以债务资金和委托资金等非自有资金入股；

（六）在银行理财子公司章程中承诺 5 年内不转让所持有的股权，不将所持有的股权进行质押或设立信托，经国务院银行业监督管理机构批准的除外；

（七）符合所在地有关法律法规和相关监管规定要求；境外金融机构作为股东的，其所在国家或地区金融监管当局已经与国务院金融监督管理部门建立良好的监督管理合作机制；

（八）国务院银行业监督管理机构规章规定的其他审慎性条件。

第九条 境内非金融企业作为银行理财子公司股东的，应当具备以下条件：

（一）具有良好的公司治理结构；

（二）具有良好的社会声誉、诚信记录和纳税记录；

（三）经营管理良好，最近 2 年内无重大违法违规经营记录；

（四）财务状况良好，最近 2 个会计年度连续盈利；

（五）入股资金为自有资金，不得以债务资金和委托资金等非自有资金入股；

（六）在银行理财子公司章程中承诺 5 年内不转让所持有的股权，不将所持有的股权进行质押或设立信托，经国务院银行业监督管理机构批准的除外；

（七）最近 1 年年末总资产不低于 50 亿元人民币，最近 1 年年末净资产不得低于总资产的 30%，权益性投资余额原则上不超过其净资产的 50%（含本次投资资金，合并会计报表口径）；

（八）国务院银行业监督管理机构规章规定的其他审慎性条件。

第十条 有以下情形之一的企业不得作为银行理财子公司的股东：

（一）公司治理结构与机制存在明显缺陷；

（二）关联企业众多、股权关系复杂且不透明、关联交易频繁且异常；

（三）核心主业不突出且其经营范围涉及行业过多；

（四）现金流量波动受经济景气影响较大；

（五）资产负债率、财务杠杆率明显高于行业平均水平；

（六）代他人持有银行理财子公司股权；

（七）其他可能对银行理财子公司产生重大不利影响的情况。

第十一条 银行理财子公司的注册资本应当为一次性实缴货币资本，最低金额为 10 亿元人民币或等值自由兑换货币。

国务院银行业监督管理机构根据审慎监管的要求，可以调整银行理财子公司最低注册资本要求，但不得少于前款规定的金额。

第十二条 同一投资人及其关联方、一致行动人参股银行理财子公司的数量不得超过 2 家，或者控股银行理财子公司的数量不得超过 1 家。

第十三条 银行理财子公司机构设立须经筹建和开业两个阶段。

第十四条 筹建银行理财子公司，应当由作为控股股东的商业银行向国务院银行业监督管理机构提交申请，由国务院银行业监督管理机构按程序受理、审查并决定。国务院银行业监督管理机构应当自收到完整申请材料之日起 4 个月内作出批准或不批准的书面决定。

  第十五条 银行理财子公司的筹建期为批准决定之日起 6 个月。未能按期完成筹建的,应当在筹建期限届满前 1 个月向国务院银行业监督管理机构提交筹建延期报告。筹建延期不得超过一次,延长期限不得超过 3 个月。

  申请人应当在前款规定的期限届满前提交开业申请,逾期未提交的,筹建批准文件失效,由决定机关注销筹建许可。

  第十六条 银行理财子公司开业,应当由作为控股股东的商业银行向银行业监督管理机构提交申请,由银行业监督管理机构受理、审查并决定。银行业监督管理机构自受理之日起 2 个月内作出核准或不予核准的书面决定。

  第十七条 银行理财子公司应当在收到开业核准文件并领取金融许可证后,办理工商登记,领取营业执照。

  银行理财子公司应当自领取营业执照之日起 6 个月内开业。不能按期开业的,应当在开业期限届满前 1 个月向国务院银行业监督管理机构提交开业延期报告。开业延期不得超过一次,延长期限不得超过 3 个月。

  未在前款规定期限内开业的,开业核准文件失效,由决定机关注销开业许可,发证机关收回金融许可证,并予以公告。

  第十八条 银行理财子公司董事和高级管理人员实行任职资格核准制度,由银行业监督管理机构参照《中国银监会非银行金融机构行政许可事项实施办法》规定的行政许可范围、条件和程序对银行理财子公司董事和高级管理人员任职资格进行审核,国务院银行业监督管理机构另有规定的除外。

  第十九条 银行理财子公司应当严格控制分支机构的设立。根据需要设立分支机构的,应当具备以下条件:

  (一)具有有效的公司治理、内部控制和风险管理体系,具备支持理财产品单独管理、单独建账和单独核算等业务管理的信息系统,具备保障信息系统有效安全运行的技术与措施;

  (二)理财业务经营规范稳健,最近 2 年内无重大违法违规行为;

  (三)具备拨付营运资金的能力;

  (四)国务院银行业监督管理机构规章规定的其他审慎性条件。

  银行理财子公司设立分支机构,由银行业监督管理机构受理、审查并决定,相关程序应当符合《中国银监会非银行金融机构行政许可事项实施办法》相关规定,国务院银行业监督管理机构另有规定的除外。

  第二十条 银行理财子公司有下列变更事项之一的,应当报经国务院银行业监督管理机构批准:

  (一)变更公司名称;

  (二)变更注册资本;

  (三)变更股权或调整股权结构;

  (四)调整业务范围;

  (五)变更公司住所或营业场所;

  (六)修改公司章程;

  (七)变更组织形式;

  (八)合并或分立;

  (九)国务院银行业监督管理机构规章规定的其他变更事项。

  银行理财子公司股权变更后持股 5% 以上的股东应当经股东资格审核。银行理财子公司变更持股 1% 以上、5% 以下股东的,应当在 10 个工作日内向银行业监督管理机构报告。变更股权后的股东应当符合本办法规定的股东资质条件。

  第二十一条 银行理财子公司有下列情况之一的,经国务院银行业监督管理机构批准后可以解散:

  (一)公司章程规定的营业期限届满或者公司章程规定的其他解散事由出现;

  (二)股东会议决议解散;

  (三)因公司合并或者分立需要解散;

（四）依法被吊销营业执照、责令关闭或者被撤销；

（五）其他法定事由。

第二十二条 银行理财子公司因解散、依法被撤销或被宣告破产而终止的，其清算事宜按照国家有关法律法规办理。银行理财子公司不得将理财产品财产归入其自有资产，因依法解散、被依法撤销或者被依法宣告破产等原因进行清算的，理财产品财产不属于其清算财产。

第二十三条 银行理财子公司的机构变更和终止、调整业务范围及增加业务品种等行政许可事项由国务院银行业监督管理机构受理、审查并决定，相关许可条件和程序应符合《中国银监会非银行金融机构行政许可事项实施办法》相关规定，国务院银行业监督管理机构另有规定的除外。

第三章 业务规则

第二十四条 银行理财子公司可以申请经营下列部分或者全部业务：

（一）面向不特定社会公众公开发行理财产品，对受托的投资者财产进行投资和管理；

（二）面向合格投资者非公开发行理财产品，对受托的投资者财产进行投资和管理；

（三）理财顾问和咨询服务；

（四）经国务院银行业监督管理机构批准的其他业务。

第二十五条 银行理财子公司开展业务，应当遵守《指导意见》和《理财业务管理办法》的总则、分类管理、业务规则与风险管理、附则以及附件《商业银行理财产品销售管理要求》的相关规定，本办法另有规定的除外。

银行理财子公司开展理财业务，不适用《理财业务管理办法》第二十二条、第三十条第二款、第三十一条、第三十六条第一款、第三十九条、第四十条第一款、第四十二条第一款、第四十八条第二款、第四十九条、第七十四条至第七十七条、附件《商业银行理财产品销售管理要求》第三条第（三）项的规定。

第二十六条 银行理财子公司发行公募理财产品的，应当主要投资于标准化债权类资产以及上市交易的股票，不得投资于未上市企业股权，法律、行政法规和国务院银行业监督管理机构另有规定的除外。

第二十七条 银行理财子公司销售理财产品的，应当在非机构投资者首次购买理财产品前通过本公司渠道（含营业场所和电子渠道）进行风险承受能力评估；通过营业场所向非机构投资者销售理财产品的，应当按照国务院银行业监督管理机构的相关规定实施理财产品销售专区管理，在销售专区内对每只理财产品销售过程进行录音录像。银行理财子公司不得通过电视、电台、互联网等渠道对私募理财产品进行公开宣传。

银行理财子公司可以通过商业银行、农村合作银行、村镇银行、农村信用合作社等吸收公众存款的银行业金融机构，或者国务院银行业监督管理机构认可的其他机构代理销售理财产品。代理销售银行理财子公司理财产品的机构应当遵守国务院银行业监督管理机构关于代理销售业务的相关规定。

第二十八条 银行理财子公司理财产品不得直接投资于信贷资产，不得直接或间接投资于主要股东的信贷资产及其受（收）益权，不得直接或间接投资于主要股东发行的次级档资产支持证券，面向非机构投资者发行的理财产品不得直接或间接投资于不良资产受（收）益权。

银行理财子公司发行的理财产品不得直接或间接投资于本公司发行的理财产品，国务院银行业监督管理机构另有规定的除外。银行理财子公司发行的理财产品可以再投资一层由受金融监督管理部门依法监管的其他机构发行的资产管理产品，但所投资的资产管理产品不得再投资公募证券投资基金以外的资产管理产品。

银行理财子公司主要股东是指持有或控制银行理财子公司5%以上股份或表决权，或持有资本总额或股份总额不足5%但对银行理财子公司经营管理有重大影响的股东。

前款所称"重大影响"包括但不限于向银行理财子公司派驻董事、监事或高级管理人员，通过协议或其他方式影响银行理财子公司的财务和经营管理决策以及国务院银行业监督管理机构认定的其他情形。

第二十九条 银行理财子公司理财产品投资于非标准化债权类资产的，应当实施投前尽职调查、风险审查和投后风险管理。银行理财子公司全部理财产品投资于非标准化债权类资产的余额在任何时点均不得超过理财产品净资产的 35%。

第三十条 同一银行理财子公司全部开放式公募理财产品持有单一上市公司发行的股票,不得超过该上市公司可流通股票的 15%。

第三十一条 银行理财子公司发行分级理财产品的,应当遵守《指导意见》第二十一条相关规定。

分级理财产品的同级份额享有同等权益、承担同等风险,产品名称中应包含"分级"或"结构化"字样。

银行理财子公司不得违背风险收益相匹配原则,利用分级理财产品向特定一个或多个劣后级投资者输送利益。分级理财产品不得投资其他分级资产管理产品,不得直接或间接对优先级份额投资者提供保本保收益安排。

银行理财子公司应当向投资者充分披露理财产品的分级设计及相应风险、收益分配、风险控制等信息。

第三十二条 银行理财子公司的理财投资合作机构包括但不限于银行理财子公司理财产品所投资资产管理产品的发行机构、根据合同约定从事理财产品受托投资的机构以及与理财产品投资管理相关的投资顾问等。

银行理财子公司公募理财产品所投资资产管理产品的发行机构、根据合同约定从事理财产品受托投资的机构应当是具有专业资质并受金融监督管理部门依法监管的金融机构,其他理财投资合作机构应当是具有专业资质,符合法律、行政法规、《指导意见》和金融监督管理部门相关监管规定并受金融监督管理部门依法监管的机构。

银行理财子公司可以选择符合以下条件的私募投资基金管理人担任理财投资合作机构:

(一)在中国证券投资基金业协会登记满 1 年、无重大违法违规记录的会员;

(二)担任银行理财子公司投资顾问的,应当为私募证券投资基金管理人,其具备 3 年以上连续可追溯证券、期货投资管理业绩且无不良从业记录的投资管理人员应当不少于 3 人;

(三)金融监督管理部门规定的其他条件。

银行理财子公司所发行分级理财产品的投资顾问及其关联方不得以其自有资金或者募集资金投资于该分级理财产品的劣后级份额。

第三十三条 银行理财子公司可以运用自有资金开展存放同业、拆放同业等业务,投资国债、其他固定收益类证券以及国务院银行业监督管理机构认可的其他资产,其中持有现金、银行存款、国债、中央银行票据、政策性金融债券等具有较高流动性资产的比例不低于 50%。

银行理财子公司以自有资金投资于本公司发行的理财产品,不得超过其自有资金的 20%,不得超过单只理财产品净资产的 10%,不得投资于分级理财产品的劣后级份额。

银行理财子公司应当确保理财业务与自营业务相分离,理财业务操作与自营业务操作相分离,其自有资产与发行的理财产品之间不得进行利益输送。

银行理财子公司不得为理财产品投资的非标准化债权类资产或权益类资产提供任何直接或间接、显性或隐性的担保或回购承诺。

第三十四条 银行理财子公司发行投资衍生产品的理财产品的,应当按照《银行业金融机构衍生产品交易业务管理暂行办法》获得相应的衍生产品交易资格,并遵守国务院银行业监督管理机构关于衍生产品业务管理的有关规定。

银行理财子公司开展理财业务涉及外汇业务的,应当具有开办相应外汇业务的资格,并遵守外汇管理的有关规定。

第三十五条 银行理财子公司发行理财产品的,应当在全国银行业理财信息登记系统对理财产品进行集中登记。

银行理财子公司不得发行未在全国银行业理财信息登记系统进行登记并获得登记编码的理财产品。

第四章 风险管理

第三十六条 银行理财子公司应当建立组织健全、职责清晰、有效制衡、激励约束合理的公司治理结构,明确股东(大)会、董事会、监事会、高级管理层、业务部门、风险管理部门和内部审计部门风险管理职责分工,建立相互衔接、协调运转的管理机制。

第三十七条 银行理财子公司董事会对理财业务的合规管理和风险管控有效性承担最终责任。董事会应当充分了解理财业务及其所面临的各类风险,根据本公司经营目标、投资管理能力、风险管理水平等因素,审核批准理财业务的总体战略和重要业务管理制度并监督实施。董事会应当监督高级管理层履行理财业务管理职责,评价理财业务管理的全面性、有效性和高级管理层的履职情况。

董事会可以授权其下设的专门委员会履行以上部分职能。

第三十八条 银行理财子公司高级管理层应当充分了解理财业务及其所面临的各类风险,根据本公司经营目标、投资管理能力、风险管理水平等因素,制定、定期评估并实施理财业务的总体战略和业务管理制度,确保具备从事理财业务及其风险管理所需要的专业人员、业务处理系统、会计核算系统和管理信息系统等人力、物力资源。

第三十九条 银行理财子公司监事会应当对董事会和高级管理层的履职情况进行监督评价并督促整改。监事长(监事会主席)应当由专职人员担任。

第四十条 银行理财子公司应当根据理财业务性质和风险特征,建立健全理财业务管理制度,包括产品准入管理、风险管理和内部控制、人员管理、销售管理、投资管理、合作机构管理、产品托管、产品估值、会计核算和信息披露等。

第四十一条 银行理财子公司与其主要股东之间,同一股东控股、参股或实际控制的其他机构之间,以及国务院银行业监督管理机构认定需要实施风险隔离的其他机构之间,应当建立有效的风险隔离机制,通过隔离资金、业务、管理、人员、系统、营业场所和信息等措施,防范风险传染、内幕交易、利益冲突和利益输送,防止利用未公开信息交易。风险隔离机制应当至少包括以下内容:

(一)确保机构名称、产品和服务名称、对外营业场所、品牌标识、营销宣传等有效区分,避免投资者混淆,防范声誉风险;

(二)对银行理财子公司的董事会成员和监事会成员的交叉任职进行有效管理,防范利益冲突;

(三)严格隔离投资运作等关键敏感信息传递,不得提供存在潜在利益冲突的投资、研究、客户敏感信息等资料。

第四十二条 银行理财子公司发行的理财产品投资于本公司或托管机构的主要股东、实际控制人、一致行动人、最终受益人,托管机构,同一股东或托管机构控股的机构,或者与本公司或托管机构有重大利害关系的机构发行或承销的证券,或者从事其他关联交易的,应当符合理财产品投资目标、投资策略和投资者利益优先原则,按照商业原则,以不优于对非关联方同类交易的条件进行,并向投资者充分披露信息。

银行理财子公司应当遵守法律、行政法规和金融监督管理部门关于关联交易的相关规定,全面准确识别关联方,建立健全理财业务关联交易内部评估和审批机制。理财业务涉及重大关联交易的,应当提交有权审批机构审批,并向银行业监督管理机构报告。

银行理财子公司不得以理财资金与关联方进行不正当交易、利益输送、内幕交易和操纵市场,包括但不限于投资于关联方虚假项目、与关联方共同收购上市公司、向本公司注资等。

第四十三条 银行理财子公司应当将投资管理职能与交易执行职能相分离,实行集中交易制度。

银行理财子公司应当建立公平交易制度和异常交易监控机制,对投资交易行为进行监控、分析、评估、核查,监督投资交易的过程和结果,不得开展可能导致不公平交易和利益输送的交易行为。

银行理财子公司应当对不同理财产品之间发生的同向交易和反向交易进行监控。同一理财产品不得在同一交易日内进行反向交易。确因投资策略或流动性等需要发生同日反向交易的,应当要求相关人员提供决策依据,并留存书面记录备查。国务院银行业监督管理机构另有规定的除外。

第四十四条 银行理财子公司应当按照理财产品管理费收入的10%计提风险准备金,风险准备金余额达到理财产品余额的1%时可以不再提取。风险准备金主要用于弥补因银行理财子公司违法违规、违反理财产品合同约定、操作错误或者技术故障等给理财产品财产或者投资者造成的损失。

第四十五条 银行理财子公司应当遵守净资本监管要求。相关监管规定由国务院银行业监督管理机构另行制定。

第四十六条 银行理财子公司应当建立健全内部控制和内外部审计制度,完善内部控制措施,提高内外部审计有效性,持续督促提升业务经营、风险管理、内控合规水平。

银行理财子公司应当按照国务院银行业监督管理机构关于内部审计的相关规定,至少每年对理财业务进行一次内部审计,并将审计报告报送董事会。董事会应当针对内部审计发现的问题,督促高级管理层及时采取整改措施。内部审计部门应当跟踪检查整改措施的实施情况,并及时向董事会提交有关报告。

银行理财子公司应当按照国务院银行业监督管理机构关于外部审计的相关规定,委托外部审计机构至少每年对理财业务和公募理财产品进行一次外部审计,并针对外部审计发现的问题及时采取整改措施。

第四十七条 银行理财子公司应当建立健全从业人员的资格认定、培训、考核评价和问责制度,确保理财业务人员具备必要的专业知识、行业经验和管理能力,充分了解相关法律法规、监管规定以及理财产品的法律关系、交易结构、主要风险及风险管控方式,遵守行为准则和职业道德标准。

银行理财子公司的董事、监事、高级管理人员和其他理财业务人员,其本人、配偶、利害关系人进行证券投资,应当事先向银行理财子公司申报,并不得与投资者发生利益冲突。银行理财子公司应当建立上述人员进行证券投资的申报、登记、审查、处置等管理制度,并报银行业监督管理机构备案。

银行理财子公司的董事、监事、高级管理人员和其他理财业务人员不得有下列行为:

(一)将自有财产或者他人财产混同于理财产品财产从事投资活动;

(二)不公平地对待所管理的不同理财产品财产;

(三)利用理财产品财产或者职务之便为理财产品投资者以外的人牟取利益;

(四)向理财产品投资者违规承诺收益或者承担损失;

(五)侵占、挪用理财产品财产;

(六)泄露因职务便利获取的未公开信息,利用该信息从事或者明示、暗示他人从事相关的交易活动;

(七)玩忽职守,不按照规定履行职责;

(八)法律、行政法规和国务院银行业监督管理机构规定禁止的其他行为。

第四十八条 银行理财子公司应当建立有效的投资者保护机制,设置专职岗位并配备与业务规模相匹配的人员,根据法律、行政法规、金融监管规定和合同约定妥善处理投资者投诉。

第五章 监督管理

第四十九条 银行理财子公司应当按照规定,向银行业监督管理机构报送与理财业务有关的财务会计报表、统计报表、外部审计报告、风险准备金使用情况和银行业监督管理机构要求报送的其他材料,并于每年度结束后2个月内报送理财业务年度报告。

第五十条 银行理财子公司在理财业务中出现或者可能出现重大风险和损失时,应当及时向银行业监督管理机构报告,并提交应对措施。

第五十一条 银行业监督管理机构应当按照规定对银行理财子公司业务进行现场检查。

第五十二条 银行业监督管理机构应当基于非现场监管和现场检查情况,定期对银行理财子公司业务进行评估。

第五十三条 银行理财子公司违反本办法规定从事理财业务活动的,应当根据国务院银行业监督管理机构或者其省一级派出机构提出的整改要求,在规定的时限内向国务院银行业监督管理机构或者其省一级派出机构提交整改方案并采取整改措施。

第五十四条 对于在规定的时限内未能采取有效整改措施的银行理财子公司,或者其行为严重危及本公司稳健运行、损害投资者合法权益的,国务院银行业监督管理机构或者其省一级派出机构有权按照《中华人民共和国银行业监督管理法》第三十七条的规定,采取下列措施:

(一)责令暂停发行理财产品;

(二)责令调整董事、高级管理人员或限制其权利;

(三)《中华人民共和国银行业监督管理法》第三十七条规定的其他措施。

第五十五条 银行理财子公司从事理财业务活动,有下列情形之一的,由银行业监督管理机构依照

《中华人民共和国银行业监督管理法》第四十六条的规定,予以处罚:

（一）提供虚假的或者隐瞒重要事实的报表、报告等文件、资料的;

（二）未按照规定进行风险揭示或者信息披露的;

（三）根据《指导意见》经认定存在刚性兑付行为的;

（四）拒绝执行本办法第五十四条规定的措施的;

（五）严重违反本办法规定的其他情形。

第五十六条　银行理财子公司从事理财业务活动,未按照规定向银行业监督管理机构报告或者报送有关文件、资料的,由银行业监督管理机构依照《中华人民共和国银行业监督管理法》第四十七条的规定,予以处罚。

第五十七条　银行理财子公司从事理财业务活动的其他违法违规行为,由银行业监督管理机构依照《中华人民共和国银行业监督管理法》等法律法规予以处罚。

第五十八条　银行理财子公司从事理财业务活动,违反有关法律、行政法规以及国家有关银行业监督管理规定的,银行业监督管理机构除依照本办法第五十五条至第五十七条规定处罚外,还可以依照《中华人民共和国银行业监督管理法》第四十八条和《金融违法行为处罚办法》的相关规定,对直接负责的董事、高级管理人员和其他直接责任人员进行处理;涉嫌犯罪的,依法移送司法机关处理。

第六章　附　则

第五十九条　本办法中"以上"均含本数,"以下"不含本数。

第六十条　本办法所称控股股东是指根据《中华人民共和国公司法》第二百一十六条规定,其出资额占有限责任公司资本总额50%以上,或其持有的股份占股份有限公司股本总额50%以上的股东;出资额或者持有股份的比例虽然不足50%,但依其出资额或者持有的股份所享有的表决权已足以对股东(大)会的决议产生重大影响的股东。

第六十一条　本办法由国务院银行业监督管理机构负责解释。

第六十二条　本办法自公布之日起施行。

融资租赁篇

篇前序

租赁，是一种交易，就是，我有东西，可以给你用，用完还我。只是，不能白用，你得给我钱。如果白用，那叫借用，不是交易。如果用完不还我，始终归你，那是买卖，无论是一次性付款，还是分期付款。如果这东西不是实体物，而是货币，那也不是租赁，而是借贷。

租赁古已有之，具有无比顽强的生命力。为什么？因为甭管是谁，在正常条件下，你想得到任何东西，都得付出代价。可是，如果你对这东西只有一时的需求，例如，你只想在这个湖面上划一小时的船，你难道会为此去买一条船？因而，租别人的东西用，则无须承担这个东西一旦对自己没有用时的风险。

在租赁交易中，有一种交易叫融资租赁。假如你我将进行这种交易，我其实并没有你要的任何东西，我有的只是 money。现在，你来找我，要我从你看中的张三李四那里买你看中的什么东西。而且，价钱啦，质量啦，交货时间、地点啦，等等，都得由你说了算。我的任务只有一条，出钱替你买来。但是，我的钱不是白来的。所以，我出钱替你买，你将来要还本付息，而且还须承担我为你垫付资金进行融资所付的费用等。

融资租赁的生命力何在？在于，它不是简单地向客户提供资金，而是主要提供设备。其效果，是促进企业的设备投资，促进企业的技术升级，从而从根本上促进全社会生产力的发展。这个作用，是银行信贷所未必能够具备的。

融资租赁并非单一的资金借贷，而是以某个实体物为标的物，因此，其合同当事人的权利义务关系，其会计处理，其税收待遇，以及行政部门对它的监管，就有着一系列的有别于银行信贷的特点。

第六章

融资租赁概览

学习目标

本章的重点内容是把握融资租赁的本质。本章首先介绍了租赁的一般概念及演变过程,阐明融资租赁产生的特殊性,从而深刻认识融资租赁不同于一般租赁的本质之处;其次分析了融资租赁交易的构成要素;最后阐述了当代融资租赁在世界范围的主要发展及特征。

第一节　融资租赁的本质

一、租赁的一般发展

（一）租赁的定义[①]

1.一般定义。租赁是以收取租金为对价而让渡对有体物的占有权、使用权和收益权的一种交易。从物的使用者的角度说，本质是"出代价用别人的东西"；从物的所有者的角度说，则是"出租"。

租赁与买卖的区别在于让渡的权利不同。从内容看，租赁交易与一般的商品买卖交易都是让渡一定的权利。但是，租赁只让渡标的物的占有权、使用权和收益权，而买卖则让渡标的物的包括处分权在内的完整的所有权，既包括占有权、使用权和收益权，还包括处分权。正因如此，适合买卖交易标的物的类别范围，远远大于适合租赁标的物的类别范围。例如，水泥可以买卖，却不能租赁；股票也可以买卖，却也不能租赁。

2.我国的定义。《中华人民共和国合同法》第212条规定，"租赁合同是出租人将租赁物交付承租人使用、收益，承租人支付租金的合同"。

3.国外的定义。《美国统一商法典》（Uniform Commercial Code）中§2A-103.定义及定义标准（1）（i）规定，"'租赁'是指以支付对价为报酬而在某个期限内转移占有和使用货物的权利，但是出售，包括试用出售或剩货可退出售，或某项担保权益的保留或形成，则都不是租赁。除非上下文另有指明，该用语包括转租赁"。

（二）租赁的分类
以不同的依据，对租赁可以有不同种类的划分。

1.按照租赁的目的不同可分为经营租赁和融资租赁。我国《企业会计准则第21号——租赁》中将租赁分为"融资租赁"和"经营租赁"。《中华人民共和国合同法》中则有租赁合同和融资租赁合同两个列名专章。

（1）经营租赁是为了满足经营使用上的需求而发生的对某种标的物的租赁。这种经营使用上的需求可以是临时性或季节性需求，也可以是中长期的需求。例如，租入1台核磁共振仪，租期4年。此外，经营租赁绝不限于设备，可以是房屋、土地、游船等。在经营租赁下，与租赁资产所有权有关的风险与报酬并没有实质上转移给承租人，承租人不承担租赁资产的余值风险。这是一般意义上租赁概念的所指。

（2）融资租赁（也可称为金融租赁）是指出租人对承租人所选定的租赁物件，进行为承租人融资为目的的购买，然后再以收取租金为条件，将该租赁物件出租给该承租人使用。融资租赁一般时间较长，但近年来，实际情况是，租期不长于3年的融资租赁合同也相当普遍。在融资租赁下，出租人向承租人实际转移了与租赁设备所有权有关的风险与报酬。

2.按租赁物的资产类别可分为动产租赁和不动产租赁。动产租赁是指标的物为动产的

[①]　关于定义，裴企阳先生认为，应该从规范当事人权利义务关系的私法的角度讲，而不应该从规范各类机构的会计行为的会计准则之类的公法的角度讲。

租赁,动产租赁业务中,租赁标的物的范围十分广泛,主要是大型生产设备。不动产租赁是指标的物为不动产的租赁,主要有房屋租赁与土地租赁。

3.按出租人和承租人管辖区的异同划分为境内租赁和跨境租赁。境内租赁是指出租人和承租人国别属于同一国家(或地区)。跨境租赁是指出租人和承租人国别不属于同一国家(或地区)。跨境租赁又可分为进口租赁和出口租赁。

4.按出租人是否负责租赁物的维护划分为毛租赁和净租赁。出租人负责租赁物件的维护(维修、保险和财产税等)为毛租赁,由承租人自行负责租赁物件的维护为净租赁。

此外,按租赁物的用途划分,有工程机械租赁和医疗设备租赁;按租金的币种划分,有本币租赁和外汇租赁;按租赁期限的长短划分,有短期租赁和中长期租赁;等等。

这里需要澄清两个概念的使用。一是关于"特许权租赁"的提法是不存在的,因为特许权是一种无形资产,不属于物权的范畴,当然也不能按实体物所有权的4个权能来行使。二是"股权租赁"的提法也不成立。股权是股东对企业净资产的权利,包括选举董事和监事的权利、分配股利的权利、优先认股的权利等,但股东对这些权利不存在处分权和使用权问题。

在上述种类划分中,融资租赁与经营租赁的种类划分是当代租赁形式最基本、最常见的划分方式。本书对租赁的研究亦基于此种分类。

(三)租赁的演进

就全球范围而言,无论中外,租赁都是古已有之。受经济发展水平和生产关系特点的影响,在不同时期,租赁形成了不同特点,尤其是现代租赁交易甚为活跃。

1.古代传统租赁。租赁是一个古老的经济范畴。早期的租赁发展源于何时,目前尚无确切记载,就目前所掌握的最早记录是公元前1400年,居住在地中海沿岸的腓尼基人发明了租赁这种新的商业贸易模式。当时有些商人从事水上贸易,另一些人对出租船只更感兴趣,于是船主便租船给那些从事货物贸易而不愿或无力自备船只的商人使用,船只租赁便由此产生了。一直到现在,船舶租赁始终是资助水运业务的一种主要方式,"造船不如买船,买船不如租船",这句古老的格言就是对船舶租赁历史最好的写照。后来,欧洲的租赁业迅速发展起来。到中世纪时,土地租赁是大多数国家农业活动中普遍存在的、最基本的租赁行为;地租是土地所有者让渡土地使用权的报酬。随着交通条件的改善,某些交通相对便利的地区(如地中海沿岸)商品交易繁荣发达,商人们开始经常租赁运输货物的车船马匹,船只、农具、马匹都成为租赁对象,极大地推进了水运、陆运贸易的发展。对于古时关于租赁的记载和说法虽然很多,但是可以明确的是,那部刻在石柱上的、世界上现存最古老、最完整的法典中对实物租赁和租业纠纷是有法律条文规定的,这部法典就是巴比伦第一王朝第六代国王汉谟拉比(约前1792年~前1750年)制定的著名的汉谟拉比法典(The Code of Hammurabi)。因此,通常将公元18世纪以前尚未出现有影响力的法典记录租赁的时期称为传统租赁发展阶段。

古代传统租赁发展阶段的主要特点是:①租赁物随机地表现为不同的物品。这一时期租赁交易在很大程度上体现出对某种物品的偶然交换,具有一定的随机性,是单纯的融物行为。②这一时期的租赁物主要是船只、农具等必要的贸易工具。这一特点与当时商品经济发展水平及社会生产交换特征有密切联系。③租赁期较短,承租人对租赁物的租赁是暂时的租借。这种短期租借发生的前提是存在一方闲置不用而另一方急需使用的物品,且承租人不愿购买或无力购买,愿意以承诺付租为条件短期内使用。

2.近代设备租赁。近代设备租赁在 18 世纪的工业革命后深入发展起来①。工业革命使社会生产从以农业、手工业为主转向以机器制造业为主。这主要表现在:①出现了钢铁、煤炭、电力、石油等工业部门;②蒸汽机、内燃机、纺纱机、织布机等机械制造业成为社会的支柱产业;③新型的交通运输工具蒸汽机车、船舶、飞机和现代通信工具电报、电话、无线电等广泛应用。虽然当时土地、房屋作为财富资源的作用仍很重要,但与迅速增长的机器设备制造业相比则有所下降。为适应社会化生产方式和产业结构的变化,租赁业发展进入了一个新阶段,租赁对象发生了明显变化,由原来的以土地、房屋、农具、简单交通运输工具为主转向了以各种工业设备、通信设备、货车、铁路线为主。因此,这一时期的租赁业称为近代设备租赁业。

英国是最早发生产业革命的国家,也是近代设备租赁业的发源地。19 世纪中叶,英国钢铁、煤炭等重工业开始发展,工业革命使运输方式转为铁路运输为主,从而使火车、铁路线的租赁首先发展起来。最具代表性的案例是伦敦到格林尼治铁路线,这是伦敦的第一条铁路,在建造者自己经营 8 年后于 1849 年租赁给东南铁路公司经营,租期长达 999 年。英国铁路大王乔治·哈逊当时利用租赁铁路线的方式控制了很多条铁路,他的米得兰铁路公司因此不断扩大。开掘新矿山使矿产品的货运量猛增,矿主由自备货车转为租车运货,出现了大量专门从事火车、货车出租的货车租赁公司。最早的伯明翰货车公司于 1855 年成立,到 1862 年,英国的货车租赁公司已有 20 家。货车租赁公司的大量涌现使竞争愈加激烈,租赁形式日益灵活多样,承租人的主动权越来越大,一是租赁期限不断延长,二是当租期届满时,承租人可以选择买下货车或退租、续租,选择购买权成为租赁条件之一,使承租人在租期内非常注意保护货车。货车租赁由租借发展为租购,租购交易迅速增长,缝纫机、汽车和各种工业机器设备等均成为租赁购买对象,长期租赁方式被广泛采用,租赁成为企业获得新机器设备的好方法,租购制度使企业的设备需求得到满足。

此外,在近代租赁业发展历史中,一些大企业还利用设备租赁方式垄断产品市场。例如,19 世纪末,英国联合制鞋机器公司对于拥有专利权的制鞋机只租不售,通过对机器以旧换新,使承租人一旦租用了它的机器,就不可能租购其他公司同类的制鞋机,1919 年英国 80% 的制鞋厂长期固定地同一家生产制鞋机的公司建立了租赁关系。另外一个典型案例是美国休斯家族出租而不出售钻头。休斯家族拥有钻探业用的 166 个切削面钻头的专利,被世界 75% 的钻探业采用,但休斯家族从不出售钻头,用户只能租赁。此外,1887 年,美国著名的贝尔电话公司开始电话机的租赁业务,以类似的租赁方式占领市场。许多生产厂家利用租赁方式控制市场,限制竞争,以维持自己的市场垄断地位,获取超额利润。

近代设备租赁是在传统租赁基础上发展起来的。近代设备租赁发展阶段的主要特点是:①工业机器设备成为主要的租赁对象,以此来满足社会化大生产条件下扩大再生产对生产资料的需求。②从事租赁业务的主体是设备制造企业,专业性的租赁公司尚未产生。在这一时期,租赁交易在生产厂家(出租人)和用户(承租人)二者之间进行,用户把租赁作为代替购买的手段,制造商以促进设备销售为主要目的,租赁对象主要是自己生产的设备。③租赁期限较长,特别是租购的出现,使企业有意识地利用租赁先行取得使用权开始生产,解决扩大再生产之急需。但是,尽管现代设备租赁在许多方面发生了变化,这种交易市场的

① 实际上在 1640 年英国资产阶级革命爆发后世界史就翻开了近代一页。1769 年,瓦特制成第一台蒸汽机,随后进行了一系列改进,解决了工业发展中的动力问题,最终使机械化生产冲破自然条件的限制,是人类社会进入机械化时代的标志。此后,社会化大生产中各行业对设备的需求快速增加。

活力还是较小,主要原因在于此种交易仍然是企业主之间的直接租赁,承租人自由选择的空间较小,难以根据自己的需求从事租赁活动。

3.古代租赁和近代租赁的特点比较。租赁活动的基本特征是出租人以获得租金为条件,让渡一定时期内商品的使用价值供承租者使用。这一基本的经济关系在租赁发展的两个阶段表现不同,因而使每一阶段的租赁关系呈现不同的特点,如表6-1所示。

表6-1　古代租赁和近代租赁的特点

	古代租赁	近代租赁
产生背景	自然经济占主导地位的农业社会,社会分工和交换均不发达,但产品开始出现剩余	农业社会向工业化社会发展,资本主义商品经济确立,工厂手工业得到发展
租赁主体关系	平等交易关系,不固定	商业信用关系,相对稳定
租赁对象	规模小,数量少,租赁对象主要是农具、马匹、船只等闲置物件和土地	数量、种类、规模均有增长,工业设备成为主要租赁对象
交易目的	满足相互交换物件的需要,出租人不期望获得租赁物件的价值增值	获得利润,租金必须能保证租赁设备的价值增值
信用形式	原始的实物信用,没有固定的契约关系和报酬关系,交易完全建立在自愿的基础上	商业信用关系,以合同的形式建立起平等的经济契约关系,规定明确的报酬条件

二、融资租赁的产生与实质

(一)融资租赁的产生

1.背景。现代社会融资租赁的产生是市场经济条件下更大规模的社会化生产和自由竞争的市场经济形式导致的结果,其产生标志是1952年第一家专业租赁公司——美国租赁公司的成立。第二次世界大战后美国的许多企业开始实现军转民,大批设备需要更新,资金需求非常大,此时传统的银行信贷方式无法及时满足这种大量的资金需要。

2.产生。1952年初,美国加州一名食品加工业老板杰恩·费尔德搞到一大笔订单,但他迫切需要资金以更新带小型升降机的卡车,为不至于失去这个赚钱的机会,在利益的驱使下他采取了租赁的做法,即先向那些有设备但没有搞到订单的同业老板借入设备,待投入生产获得盈利后,再以租金的形式给对方补偿,这一举措获得了成功。通过这次经历,杰恩·费尔德获得很大启示,他意识到,"利润的产生在于设备的早日投入使用,而不能仅依赖于对设备的所有",并认为以融资为目的的租赁将成为为企业提供资金支持的新途径,融资租赁的专门化发展将拥有广阔的前景。于是,杰恩·费尔德改行组建了第一家现代融资租赁公司。之后其他商人也纷纷效仿,组建了各种专业融资租赁公司。自此,融资租赁业作为一个独立的行业发展起来,开辟了租赁发展的新纪元。

20世纪60年代,当代融资租赁作为与社会生产过程紧密结合的新型信贷方式在国际上推广开来,并且在专门化发展的融资租赁公司经营这项业务的同时,越来越多的银行也参与到这项业务的经营中。

3.意义。对于承租企业来说,融资租赁是一种保存资金的途径。因为,事实上承租企业得到的是100%的融资。对于出租人而言,尤其是对银行所属的融资租赁公司来说,融资租赁是能够满足银行客户需求的另一种有竞争力的产品。因为融资租赁交易是有担保的,会比其他银行产品安全。此外,由于融资租赁交易方式内含的优势,诸如税收好处,会比商业贷款有更大的盈利可能。

(二)融资租赁的定义

融资租赁(Financial Lease)的定义。融资租赁是为了使企业实现融通资金的目的而发生的设备租赁,是 20 世纪 50 年代产生于美国的一种新型交易方式,由于它适应了现代经济发展的要求,在 20 世纪六七十年代迅速在全世界发展起来,迄今已成为企业更新设备的主要融资手段之一。这种交易方式是出租人根据承租人的请求,向承租人指定的供货人,按承租人同意的条件,购买承租人指定的货物,并以承租人支付租金为条件,将该项资本货物的占有、使用和收益权转让给承租人。

在融资租赁形式中,出租人为承租人购买设备所垫付的资金,要从选定设备的承租人那里通过租金的方式全部收回。不仅如此,承租人所支付的租金不仅包括了相当于本金性质的出租人的垫付资金,还有包括出租人垫付资金所应该承担的融资成本和费用成本,以及出租人应该获得的合理的投资回报,这也就是完全补偿的具体体现,又称为净租赁。

由于世界各国租赁业的发展过程不同,各国的法律制度和会计制度不同,各国的融资租赁业也各有特点,对融资租赁概念的表述也有所区别。当前国际上有代表性的几种定义主要是由美国、英国、国际统一私法协会和国际会计标准委员会提出的。

美国财务会计准则委员会的第 13 号公告对融资租赁的定义主要包括以下几个方面:租赁设备由承租人选择并指示出租人购入,租期内双方不得任意解除租赁合同;承租人按期向出租人支付租金,租期与设备的经济耐用年限基本相同,租金的合计金额超过设备的原价;设备的所有权归出租人,承租人在租期届满时可以重新续租,也可以留购,承租人最终可以获得设备的所有权。

英国设备租赁协会强调融资租赁的定义要有以下特征:由承租人而不是出租人从供货厂商或经销商那里选择设备,出租人保留设备的所有权,永不变为承租人的资产;承租人在按期支付租金并履行各项条款的情况下,在租期内享受独有使用设备的权利;出租人即租赁公司在租期内,设法补偿资本支出的全部或主要部分以及有关开支和实际利润;由承租人完全承担设备陈旧的风险,并负责设备维修和保险;租赁期届满时承租人有权选择降低租金续租。英国对融资租赁的定义中没有提到留购,这和其他国家不同。在英国,如果留购的话,则是指其近代租赁中的"租购",而不是"融资租赁"。

国际统一私法协会在调查研究各国融资租赁交易的基础上,于 1988 年 5 月在加拿大渥太华召开会议,审议通过了《国际融资租赁公约》,公约第 1 条即提出了融资租赁的概念和特点:在一项典型的融资租赁交易中,出租人依照承租人提供的规格,与第三方(供应方)订立一项协议(供货协议),据此协议,出租人按照承租人在与其利益有关的范围内所同意的条款取得工厂、资本货物或其他设备(简称设备),并且拥有所有权,同时出租人与承租人订立一项协议(租赁协议),以承租人支付租金为条件授予承租人使用设备的权利。这一融资租赁交易包括如下特点:承租人指定设备和选择供货商,并不是主要依靠出租人的技能和判断;出租人所取得的设备是和一项协议关联的,这项协议据供货方所知,已经或将在出租人和承租人之间订立;根据租赁协议应支付的租金是固定的,并须考虑摊提全部或一部分设备成本。

国际会计准则委员会在《国际会计准则——租赁》中对融资租赁做了如下定义:融资租赁是指出租人将实质上属于资产所有权的风险和报酬转移给承租人的租赁,租赁期结束时名义所有权可以转移也可以不转移给承租人。这个定义特别强调的是:一方面,租赁资产的经济所有权发生转移,不重视法律上的名义所有权的转移;另一方面,融资租赁实质上只是将租赁资产的经济所有权(而不是其他意义上的所有权)转移给承租人。正是因为国际会计标准委员会认为融资租赁资产的经济所有权转移给承租人,因而主张融资租赁的财产须在承租人的资产负债表中资本化。

《中华人民共和国合同法》规定,凡是租赁物是出租人根据承租人对出卖人、租赁物的选择,而向出卖人买来并出租给承租人的合同,就是融资租赁合同。按《企业会计准则第21号——租赁》的规定,融资租赁是指实质上转移了与资产所有权有关的全部风险和报酬的租赁。该准则还规定,凡是在租赁期届满时,租赁资产的所有权一定转移给承租人的,或者,届时承租人有廉价购买租赁资产的选择权的,或者,租赁期占租赁资产使用寿命的大部分的,或者,承租人所付的全部租金折现到起始日的数值几乎相当于租赁资产的公允价值的,或者,该租赁资产只适合于该承租人使用的,只要符合其中一条,就都是融资租赁。可见,从经济实质而不是法律关系来剖析,融资租赁无异于承租人用出租人提供的抵押贷款购买所需的资产,或是出租人对承租人的分期付款销售。

2007年1月23日,中国银行业监督管理委员会颁布实施的《金融租赁公司管理办法》第3条对融资租赁做了如下定义:本办法所称融资租赁,是指出租人根据承租人对租赁物和供货人的选择或认可,将其从供货人处取得的租赁物按合同约定出租给承租人占有、使用,向承租人收取租金的交易活动。

(三)交易实质

融资租赁是一种通过"融物"达到"融资"的交易。当企业(承租人)需要添置设备时,不是以自有资金或者向金融机构借款购买,而是委托出租人根据承租人的需要、意愿和请求,通过出租人自有资金或向金融机构融资购入设备再出租给承租人使用,承租人按照融资租赁合同规定,定期向出租人支付租金,租赁期满后,选择留购、退租或续租的一种交易活动。

在同一宗融资租赁交易中,必定包含有资本货物的买卖和以该货物为租赁物的租赁这样两类互为条件、又相互独立的交易,它们分别由相关的买卖合同和融资租赁合同体现。在这种融资租赁交易中,必定要有货物的供货人、兼为租赁物出租人的该货物的买入人,以及租赁物的承租人这样的三方当事人存在。因此,融资租赁关系复杂,涉及至少三方当事人、两个合同。不同的融资租赁交易形式,其相应的当事人和合同可能会增加,如,杠杆租赁就增加了债权人与投资人。但任何一项融资租赁交易至少都有三方当事人,即承租人、出租人和出卖人,并至少有两个合同即买卖合同和融资租赁合同。通常把融资租赁描述为是包含着两类合同和三方当事人的交易。

三、融资租赁的特征分析

(一)融资租赁与一般租赁的比较

相对于以往任何一个时期的租赁,融资租赁的产生是一次质的飞跃,并具有不同于一般租赁交易的鲜明特征。

1.融资租赁不是传统租赁发展起来的,而是由解决银行信贷不足发展而来的。传统租赁做得再大,也不会向融资租赁发展。反过来讲,融资租赁虽然是从满足金融需求而发展过来的,但在操作方式上借鉴了传统租赁的一些内容。

2.融资租赁成为可以获得成套设备的重要融资手段。对承租人而言,承租人不仅取得物品的使用权,更重要的是将租赁作为一种融资手段,也就是说,在租赁以获得生产要素的手段来发挥融物作用的同时,也实现了出租人为承租人提供资金融通的目的。通常,当代租赁即指融资租赁,有时两者称谓混用。

3.专门化融资租赁公司的出现,解决了出租人和承租人在租赁市场上的被动局面。通过租赁公司的第三方服务,理顺了制造商和承租人的关系,租赁物的购买选择权由承租人决定,租期末承租人对租赁物还具有留购、续租或退还设备的选择权,使租赁市场渠道畅通,租赁公司把融资与融物集中在一起。随着租赁交易额规模的扩大,租赁作为独立的行业发展起来。

4.租赁设备范围更加广泛。融资租赁中所涉及的现代租赁设备已经突破传统通用设备的范围,租赁设备多样,能够满足某一特定承租人的特定需要。租赁所涉及的租赁物范围也比以前要广得多,包括从飞机、农业机械甚至灌溉系统到无线通信设施等。

5.单个交易项目的金额增大,有的可达数亿元。比如当前比较热门的飞机租赁业务,交易金额动辄就是几亿元,甚至几十亿元。

更深入地比较分析见后续内容"融资租赁与经营租赁的比较"。

(二)融资租赁与其他信用形式的比较

1.融资租赁与商业信用中分期付款的区别。商业信用是以商品形式提供的,以偿付为条件的价值运动的特殊形式。它包括以赊销、分期付款、预付货款、预付定金等形式提供的信用。融资租赁与分期付款相比,有很多类似的地方。例如,它们都是购物者先获得商品,然后再在一段较长的时期内分批归还商品的价款及利息,二者均是以商品形态提供的信用。但就其实质而言,融资租赁与分期付款还是存在着显著区别。

(1)所有权转移状况不同。融资租赁同分期付款销售的本质区别在于其法律形式,即二者所转让的权利范围不同。而就经济实质而言,融资租赁无异于分期付款销售。分期付款实际是一种买卖行为,一般在物品交付验收或购物合同生效后,物件的所有权就发生了转移。在买方付清全部货款之前,双方之间存在的只是债权债务关系,所有权不是在货物交付验收时转移,而是在末期货款支付完毕时转移。在融资租赁建立的信用关系下,出租行为是出租人行使租赁物件所有权的表现,租赁物件的占有、使用以及收益权,则全都归于承租人。承租人只有租赁物件的使用权,并且负有把租赁物件维护完好的义务。承租人未经出租人同意,不得进行任何侵犯租赁物件所有权的行为,例如将租赁物件出售、转让或作为抵押等。一旦发生侵犯所有权的行为,出租人有权终止租赁合同,并要求承租人支付租金和违约金。

(2)当事人的关系不同。分期付款是一种涉及双方的买卖关系,即买方和卖方的关系。而租赁一般涉及三方关系,即承租人、出租人和出卖人。其中,出租人履行融资者的职责。在办理租赁业务时,必须签订买卖合同和融资租赁合同,这两个合同的联系非常密切,两个合同使签约的三方利益相连,任何一方违约,势必影响其他两方的利益。

(3)业务范围不同。分期付款受企业业务范围的制约,如,商品种类的范围和业务的地理范围。而融资租赁的业务范围则不然,不仅租赁物的种类繁多,而且不受地理范围制约。

2.融资租赁与银行信贷的区别。从融通资金的角度来看,融资租赁与银行信贷都是向企业提供资金,并收取一定的利息,并且当代金融租赁类似于银行的固定资产贷款。但就法律形式而言,融资租赁与银行信贷存在着很大差异。

(1)标的物的类别不同。银行信贷为纯粹的资金运动,标的物不是有体物,而是货币(一般等价物)。同时,在银行发放贷款时,不一定会伴随有物的运动,比如,通过贷款购物往往是先办理贷款筹措资金,然后再购置所要的货物。这时,融资与购物往往是分别进行的,融资与购物两笔业务是独立的、互不约束的。而融资租赁是以融物而达到融资目的的信用形式,租赁物品是出租人向承租人提供资金信用的等价物,在承租人得到租赁物的同时,相当于获得了租赁物购置成本的信贷资金,在这种情况下,资金运动紧紧伴随着物资运动。

(2)当事人关系不同。银行信用只涉及借贷双方的关系,一方贷出资金,一方借入资金,虽然借款人的目的是将借来的资金购买设备,但贷款人不介入购买行为,与供货商不发生直接的关系。而融资租赁则不同,它涉及三方的当事人,即出租方、承租方和供货方,且三方当事人都要发生直接的关系。

(3)信用扩张能力不同。利用银行信贷融通资金,受国家货币政策影响,会引起企业生产过程的过度扩张或者急剧滑坡。这样的忽涨忽缩,使一些中小企业发展极不稳定,容易导致破产倒闭。而融资租赁由于融物融资紧密结合,受国家货币政策波动影响较小,企业不易迅速地扩张或收缩,在使用中不具有信用扩张的"乘数效用"。因此,如果能够正确地加以运用,融资租赁对企业的稳定发展和一国经济的持续稳定增长可以起到积极的作用。

(4)与企业授信额度的关联度不同。商业银行对企业提供贷款时,遵循稳健性原则,是不得超过某个限额的。而对企业来说,在需要新的资金以取得设备时,当时的借款余额或许已经接近授信额度,新增借款已经不再可能,即使额度尚余不少,但是,它必须为应对市场的变化,把该余额留作用于随时可能发生的流动资金之急需。而融资租赁可以节约银行对企业的授信额度。承租企业可以根据自己现金流的需求,协商十分灵活的租金支付方式,在一定条件下可以享受加速折旧优惠,可以在不减损对自己固定资产的使用前提下,加大自己资产的流动性。如果某企业有上述需求,而其控股母公司或关联方有剩余资金,则可以假手某融资租赁公司,以委托租赁的方式,将该资金用于该企业,因此,明智的企业会将它作为取得固定资产所需资金的来源。除了基本建设、原材料购置等无法直接利用融资租赁的方式外,在出现需要长期资金以取得设备的情况时,企业都可以考虑利用融资租赁的方式。

(5)融资选择在企业的内部决策程序上不同。利用银行贷款购置固定资产是预算性支出,需要有董事会的决议;而融资租赁项下的租金支出是营业性支出,可以由公司管理层(经营班子)做主,相比之下,利用融资租赁取得固定资产,在程序上会简单一些。

3.融资租赁与金融信托的区别。信托是以相互信任为基础,接受他人委托,代委托人管理、经营或处理某些经济事务。其中,金融信托中同样会涉及融资。但融资租赁实现的融资与金融信托中的融资有很大区别。

(1)资金流向不同。信托的资金流向是双向的,信托公司可以接受企业委托,在国内外代为其筹措资金,也可以接受拥有资产、资金的单位或个人的委托,管理或经营这些财物,达到委托人所要求的目的。融资租赁的资金流向是单向的,只能是租赁公司为企业垫付或筹措资金,购买企业所需的设备,然后租给企业使用。信托公司不仅可放款,也可接受存款(委托存款);租赁公司可以放款,但不接受存款。

(2)金融业务范围不同。信托的范围相当广泛,信托公司的业务范围包括信托存款、信托贷款、信托投资、委托贷款和投资、代理发行证券、代理保管和信用担保等,也可从事租赁业务。相比之下,专业融资租赁公司经营的只是出租资产、融通资金的业务,业务范围相对狭小。

(3)服务重点不同。金融信托服务的重点是帮助经济组织或个人管好、用好财物,保证财物的安全,获取稳妥的收益。租赁的重点是向经济组织或个人提供所需的资金或财产,至于这些资产能否有效利用则是承租人的职责。

(三)融资租赁与经营租赁的比较

融资租赁和经营租赁是当代租赁的两种形式,但二者是两种经济实质截然不同的交易,属于完全不同的行业。融资租赁属于金融行业,在金融业里有一个分支叫银行业,融资租赁又是银行业的一个业务类别,与其并列的业务就是银行借贷。经营租赁是狭义的商业服务业,与其并列的是如摄影、维修之类的行业。融资租赁与经营租赁作为当代租赁的重要形式,拥有各自特征,两者之间存在区别。

1.经营性租赁(Operating Lease)的定义。经营性租赁是为了满足经营使用上的临时性或季节性需要而发生的设备租赁,又称服务租赁、管理租赁或操作性租赁。虽然经营性租赁在短时期内有一定的融资性,但不是其业务开展的初衷,业务开展的初衷是满足对租赁物临时性的需要。

在经营租赁条件下,与租赁资产所有权有关的风险与报酬并没有实质上转移给承租人。因而,承租人不承担租赁资产的主要风险。对出租人来说,由于每一次交易的租赁期限大大短于租赁物件的正常使用寿命,所以并不从一次出租中收回全部成本和利润,而是将租赁物件反复租赁给不同的承租人而获得收益。由于一个承租人所付租金只是出租人所投资的一部分,一次租赁的租金不足以抵消购置设备的成本,所以又称之为"非全额清偿租赁"。

我国《企业会计准则第21号——租赁》中规定,凡不满足融资租赁条件的租赁业务都是经营租赁。国际海运中常用的租船合同形式——程租,船只、船员均由船东负责提供,一切管理、维修、保险等义务也由船东负责,从性质上看,程租就属于经营性租赁。我们日常生活中所见的出租车、租船、租房屋等,也属于经营性租赁的范畴。

相比较而言,西方发达国家的经营租赁比我国发达得多,其原因在于:一是技术进步速度较快,客户更加希望避免承担设备技术陈旧的风险;二是设备的二手市场比较发达,租赁公司无须视设备的返还和再处置为畏途;三是设备制造商/供货商对经营租赁的认知程度普遍较高,成为经营租赁的积极参与者,许多制造商/供货商设立自己的下属机构,专门以经营租赁方式促销其自产设备。

2.经营租赁的交易实质。经营租赁交易的实质是"自有物件出租",租赁交易的标的物为出租人自有或由出租人独立决策购买,正因如此,经营租赁会形成一定库存。经营租赁交易通常包含"一个标的物、一个租赁合同、两方当事人(承租人、出租人)"。在会计上,按"经营租赁"标准进行核算,租赁物不纳入承租人的资产负债表;在税收上,出租人按租金全额为基数缴纳营业税及附加税费,承租人所支付的租金可在所得税前全额列支。

对于制造商/供货商来说,经营租赁的利用价值大致是:增强竞争优势,扩大市场份额;通过全程服务强化同客户的联系;增加保养良好的二手设备来源。

3.融资租赁与经营租赁的区别

(1)租期不同。融资租赁租期较长,经营租赁租期较短。

融资租赁以满足承租人对资金融通的需要为目的,租期一般为资产的有效使用年限或其大部分,故出租人几乎只需通过一次出租,就可收回在租赁资产上的全部投资。一般情况下,设备的法定折旧年限都在1年以上,所以,所有融资租赁交易的绝对期限都在1年以上。此外,按照国际惯例,融资租赁期限一般接近租赁资产经济使用寿命的70%~80%。融资租赁中,承租人是法人。

经营租赁的租期通常较短,一般低于1年,租期最长不能超过20年。这里所说的"租期短"是相对于租赁标的物的使用寿命而言的,绝对时间并不一定很短。经营租赁是满足承租人生产经营活动的临时需要,使用完毕即退还出租人,因而资产的租期远远短于其有效使用年限。正因为如此,租赁标的物一般会被反复出租才能收回其投资额。经营租赁中,承租人是法人或个人。此外,经营性租赁由于租赁期限短,租金数额较小,从某种角度来说,不属于借贷关系的范畴,因此承租人的偿债压力较轻。而融资性租赁由于租赁期限长,租金数额较高,出租人与承租人之间形成了一种债权债务关系,从而使承租人的偿债压力较大。

(2)风险承担者不同。融资租赁中承租人承担租赁交易的风险,且租赁资产的风险伴随租赁的发生而转移。经营租赁中出租人承担租赁交易的风险,且租赁资产的风险不伴随租赁的发生而转移。

(3)租赁标的物不同。融资租赁的标的物一般是专用设备,且多为量身制作,能够满足某一特定承租人的特定需要。按照融资租赁的程序,承租人根据自己的需要先选择好租赁物件,然后选择出租人并通知其购买租赁物件。融资租赁中的出租人只负责按承租人的要求购买租赁物件,以融物的形式给承租人提供融资的便利。承租人对租赁物的选择权较大,出租人也不会形成库存。

经营租赁的标的物一般是通用物件,具有泛用性。由于经营租赁的出租人在承租对象不确定的情况下批量购买租赁设备,购买时并不针对某一特定承租人的特定需要,为使租赁风险最小化,出租人对租赁物件的选择一般偏好通用物件,且批量购买。承租人对租赁物的选择权较小,只能在现有库存中挑选。

(4)对租赁物的出租过程与次数不同。融资租赁对租赁物的出租是单一的出租过程。融资性租赁中,承租人交付租金的次数和每次所付金额均可由双方具体磋商。经营租赁的出租人对同一租赁物的出租是一个出租后收回,然后再出租的过程。当第一个客户的租期期满后,将设备退回,出租人再与第二个承租人签订合同,出租设备,或者第一个客户可以续租,续租时可优惠。

(5)租赁物的期末处理不同。就留有余值的融资租赁交易而言,有两种交易伴随进行。其一是融资租赁交易,到租赁期限届满和租金支付完毕时终止;其二是原出租人同原承租人各以出卖人和买入人的身份发生的以原租赁物为标的物的买卖行为。两者之间是完全相互独立的。前者是"租",后者是"购",相互独立。在融资租赁合同中预留出来未来值,是租赁双方事先按照法律依据,预先约定的一种融资余值,不是租赁物件本身折旧后的财务残值。租期结束时若租赁余值低于租赁物件的公允价值,承租人可以优先按租赁余值购买并获得租赁物件的所有权。当租赁结束时承租人对残值的处理有选择权时,这部分余值需要有担保的,就是担保余值,没有担保的部分就是未担保余值。担保方可能与承租人有关也可能是与承租人无关的第三方,如供货商等。《企业会计准则——租赁》中的担保余值/未担保余值就是这部分租赁余值。在英国,因视融资租赁为委托合同,故自始至终不发生所有权转移,所以不以租购方式处理物件。

经营租赁中,在租赁物期末处理方式上可以采取承租人续租或退租。在租赁期限届满时,租赁物可能会存在折旧后的财务残值,这样就形成了经营租赁中出租人要承担租赁物残值的风险。

(6)承租人对租赁物的责任不同。融资租赁中,承租方负责对租赁资产的维护。承租人获得使用权,且要承担所有权的全部责任,如维修、保险等,并在期末可以获得所有权,也可在租赁期满时将租赁物退还给出租人,这全视合同如何约定。出租人获得全额补偿的净租金,实际上是承租人承担租赁资产风险的另一个相关方面。在完全履行合同条款的情况下,承租人在整个租赁期内对租赁设备享有独占的权利。经营租赁中,出租方负责对租赁资产的维修、保养、纳税和提供专门的技术服务,承担设备老化的风险。出租人获得非全额补偿的租金,承租人只获得一定时期内的使用权,不负责设备维护等。

(7)租赁合同的终止规定不同。融资租赁不可提前终止合同。合同期间,承租人不可以中止合同,退回设备。由于租赁的物件是由承租人自行选定,出租人按照承租人的决策来出资购买的,因此,在租赁合约有效期内,承租人无权单独以退还租赁物件为条件来提前终止合同,即使在供货商所提供的货物与合同不符或存在瑕疵的情况下,也不例外。换句话说,在租赁合约执行过程中,只要不是出租人的过错,承租人就负有绝对支付租金的义务。而经营租赁可以提前终止合同。

(8)租赁的适用范围与经营机构不同。由于融资租赁是出租人通过融物向承租人提供了信贷,因而,融资租赁方式主要用于解决企业在发展生产、进行技术改造时需要添加新设备而又感到资金不足的困难。融资租赁的经营机构可分为银行所属或与银行有关的租赁公司、从属于制造商的租赁公司、独立的租赁公司三大类。经营租赁是一种以提供租赁物件的中、短期使用权为特点的租赁形式,通常适用于一些需要专门技术进行维修保养、技术更新较快的设备。我国的税法规定,不适用于融资租赁的即视为经营租赁。经营租赁的经营机构众多,日常生活中常见的建筑用吊装设备租赁公司、房屋出租机构、汽车租赁公司等都属于经营租赁机构。

(9)融资租赁业务与经营租赁业务的营业税税基不同。以我国为例,财政部、国家税务总局《关于营业税若干问题的通知》规定,"经中国人民银行、外经贸部和国家经贸委批准经营融资租赁业务的单位从事融资租赁业务的,以其向承租者收取的全部价款和价外费用(包括残值)减除出租方承担的出租货物的实际成本后的余额为营业额。以上所称出租货物的实际成本,包括由出租方承担的货物的购入价、关税、增值税、消费税、运杂费、安装费、保险费和贷款的利息(包括外汇借款和人民币借款利息)"。也就是说,融资租赁业务营业税的税基,是出租人所得利差的5.5%。而经营租赁属于一般服务行业,其营业税的税基则是租金全额,税率是5.5%。

☞ **背景链接**

汽车租赁

2007年7月19日,由北京市运管局等单位制定的国内首个汽车租赁行业地方标准——《汽车租赁经营服务规范》正式对外公布,并于2007年9月1日起施行。目前北京市汽车租赁企业有130家,共有租赁车辆1.7万辆。汽车租赁行业主要存在经营服务标准水平参差不齐等问题。根据规范,租赁前,租赁经营者除了要保证车辆的发动机、仪表盘等技术状况良好外,还需保证车辆随车物件配备齐全,车内应该备有随车工具、备胎、灭火器、防盗装置等,车辆应备有不低于10升的备用燃油,汽车租赁经营者应给租赁车办理机动车交通事故责任强制保险、第三方责任险等险种。

根据规范,如果租赁车辆发生事故且事故地点在五环内,或单程距离20公里以内,租赁企业救援车须在两小时内到达;事故地点超过范围及行程的,租赁企业也要向租车人预告到达时间。救援人员到达后,故障车辆两小时内无法恢复正常行驶的,汽车租赁经营者应向租车人提供相应功能和租价的临时替换车辆。如果经营者不能按照约定提供故障维修、救援时,租车人有权解除合同,出租方应退还租赁车辆停驶期间的租金,并支付停驶期间租金20%的违约金。

第二节 融资租赁交易的构成要素

在融资租赁交易中,租赁标的、租赁关系的当事人、租金、租期等是主要构成要素。

一、融资租赁的标的

(一)租赁标的的一般范围

标的是指经济合同中当事人权利和义务共同指向的对象。对租赁而言,租赁标的是指租赁合同中当事人权利和义务共同指向的对象,或称为租赁物,或称为租赁对象。在租赁业务中,由于出租人出让的是物品的使用权,因而,租赁标的物的范围应该是可以转让使用权的有体物,这样的有体物就是通常所说的动产和不动产。但是,并非任何动产和不动产都可以作为租赁的标的物。

(二)不可列为租赁标的的资产

不可列为租赁标的的资产有无形资产、低值易耗品、完整主体设备的一部分以及国家禁止自由买卖的物。

1.无形资产。在租赁中,无形资产如债权、股权、知识产权和特许权等不可以租赁。

2.低值易耗品。即使是有体物,如果是在使用中会转化为他物的(如燃料、原材辅料),不能成为租赁标的物。因为消耗物一经使用后转化为它物,意味着原物消灭,即所有权客体物的消灭使所有权也不复存在,因而消耗物不能作为租赁物存在。

3.完整主体设备的一部分零部件或附着物。属于整体设备的一个组成部分,例如零部件,或一个建筑物的上下水管道,由于不能相对独立地发挥功能,或者一旦分离会造成主体物的无效用,也不可以租赁。

4.国家禁止自由买卖的物。凡是国家禁止自由买卖的物,由于谈不上其所有权在买卖交易中的转让,因此也就不能作为融资租赁合同的标的物。例如,在我国,由于土地是专属国家的实体财产,因此,土地就不能作为融资租赁合同的标的物。又如,设置在保税区内的、购置时享受了减免进口关税优惠待遇的固定资产,除非在与融资租赁交易相关的买卖交易中补交了关税,或经海关当局特别允许,否则也不能作为融资租赁合同的标的物。

《国际会计准则第 17 号——租赁》中的租赁标的不包括:开采或利用诸如石油、天然气、木材、金属以及其他矿产权之类的自然资源和涉及诸如电影、录像、戏剧、文稿、专利权和著作权之类的项目。

(三)融资租赁交易对租赁物的限制

在融资租赁交易的实际操作中,对租赁标的的限制规定主要是针对被自然人使用的消费品。目前,融资租赁合同中的承租人不包括自然人,因此,即使是能够独立发挥功能以及其形态在使用过程中不发生变化的实物财产,只要它将被自然人使用,也就是说是消费品,也仍不能作为融资租赁合同的标的物。

概括起来,凡是可以列为法人的固定资产的实体财产,原则上均可以作为融资租赁合同的标的物,反之则不能。但是,也不能一概而论。根据国家对各类固定资产监管政策的差异,例如,房屋、机动车这类特殊的固定资产,其可否作为融资租赁合同的租赁物,需视当时的相关法规而定。我国《金融租赁公司管理办法》第3条中明确规定,"适用于融资租赁交易的租赁物为固定资产"。一般而言,国际上流行把租赁物统称为"设备",这固然不是十分严密,但基本上可以体现租赁物适用范围的特征。

在融资租赁交易中,标的物不一定由融资租赁公司自己购买。融资租赁公司也可以委托他人(包括承租人)购买。当标的物是融资租赁公司委托他人购买时,融资租赁公司同被委托者之间是委托代理关系,后者是融资租赁公司在购买中的代理人。买卖合同的价款由融资租赁公司提供,买卖合同项下的货物的所有权归融资租赁公司所有。

二、租赁当事人

租赁当事人即指租赁交易中的关系人,主要涉及出租人与承租人两方面。

(一)出租人

1.出租人的定义。一般而言,出租人是租赁交易的基本当事人之一,是出租物件的所有者,拥有租赁物品的所有权,并将物品租给他人使用,以收取报酬。但是在现代融资租赁中,出租人不一定是租赁物的所有者或出资购买人,如转租赁交易中的出租人即是如此。

2.出租人的类型。根据不同的分类基础,出租人可以分为不同类型。如图6-1所示。

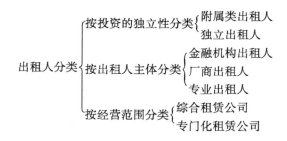

图6-1 出租人的分类

(1)附属类出租人与独立出租人。这是根据从事租赁业务的出租人与其投资人主营业务之间是否存在相关关系而进行的分类。附属类出租人是指附属于其投资人的主营业务,以服务投资人主营业务为主要目的而开展融资租赁业务的出租人。独立出租人不需要以服务投资人的主营业务为目的,是专门从事融资租赁业务的出租人。

(2)金融机构出租人、厂商出租人和专业出租人。这是根据出租人主体性质所进行的分类,也是通常情况下对出租人的最基本分类。金融机构出租人是指由金融机构直接充当提供融资租赁服务的主体机构,一般由银行来经营。通过提供融资租赁服务,银行能够取得巨额利润。厂商租赁是指生产设备的制造企业设立自己的经营融资租赁业务的专属实体来从事融资租赁业务。厂商租赁的交易动机在于其为了促销自己的设备。专业出租人是指专门组建的融资租赁公司,从事融资租赁专业服务。独立的专业租赁公司既不隶属于银行,也不是制造商的分支机构,属于非银行金融机构。它们先购入有关的设备,然后再租给用户,但并不经营设备本身,而是通过办理各种业务手续完成租赁过程,并从中获取相应的利润。专业租赁公司经营融资租赁的优势在于其拥有精通融资租赁交易的人力资源。

(3)综合租赁公司和专门化租赁公司。根据一家租赁公司所经营租赁设备的种类与范围,出租人有综合租赁公司和专门化租赁公司之分。综合租赁公司一般指租赁公司没有自己的专业产品,因此,其经营的设备范围非常广泛,完全根据客户需要而决定,只要是客户选择的,出租人就负责去购买。所以,这类出租人所经营的设备几乎包括各种类型和各个行业所使用的设备。综合租赁公司以为用户提供长期融资及有关的贸易服务为主,常带有"一揽子"服务的性质。专门化租赁公司则一般局限于某个产业、部门或领域,以出租自己的母体企业生产的专业设备或出租特定类型的设备为主,这类公司所提供的服务通常带有较强的技术专业性,需要专门的技术人才。

3.出租人的权利。出租人享有的权利主要有以下几点。

(1)在租赁期间内,拥有租赁物件的附条件的处分权。在融资租赁中,出租人向供货人支付价款,取得设备的所有权,将设备租给承租人使用。

(2)按合同约定向承租人收取租金的权利。收取租金是出租人收回融资成本和获取利润的唯一途径。承租人未支付租金,经催告后在合理期限内仍不支付租金的,出租人可以请求支付到期以及未到期的全部租金,出租人也可以解除合同,收回租赁物。

(3)租赁期届满,若合同规定采取退租方式处理租赁物件,出租人有收回租赁物件的权利。

(4)出租人享有对供货人索赔的权利。针对租赁物买卖合同而言,由于出租人出资购买租赁物,出租人实际上担当起买卖合同中的买受人的角色,所以,当供货人违约时,出租人当然有权向供货人提出赔偿要求。在此种情况下,承租人由于了解供货人的违约情况,因而应当提供有关证据,积极协助出租人索赔。出租人享有的这种索赔权也可以转让给承租人,由承租人行使。

4.出租人的义务。出租人的义务主要有以下几点。

(1)购买租赁物。在融资租赁中,出租人以自己的名义与供货人签订购买租赁物的买卖合同,购买租赁物,以实现融资租赁。出租人只是根据承租方的要求出资购进设备,然后租给承租方使用。而出租人为了保障自己的利益,也可拒绝承购一些不合适的设备。出租人不履行委托协议,不与供货人订立购买租赁物买卖合同的,应当向承租人负赔偿责任。承租人对设备和供货商具有选择的权利和责任。

(2)向供货人支付货款。按照买卖合同的要求及时向供货人支付货款,也是出租人的一项基本义务。由于买卖合同是融资租赁交易的组成部分,出租人向供货人履行付款义务后,供货人才可能履行交付义务,因此出租人的支付义务与承租人能否取得对租赁物的使用收益相联系。出租人对承租人的合同义务是转让标的物的占有、使用和收益权。出租人不按照合同约定向供货人支付货款,致使承租人不能依照合同约定使用租赁物时,应对承租人承担违约责任,承租人可解除合同,或者请求减少租金,或者相应的延长租期。

(3)保证承租人的设备使用权。出租人应担保租赁物件权益的合法性,排除他人对承租人设备使用权的侵犯,无论出租人转让其合同中的权利和义务,还是将设备出售、抵押,都必须以保证承租人的设备使用权为前提,否则,凡因出租人的过错而导致承租人的设备使用权受到侵犯的,出租人应当承担损害赔偿责任。

(4)协助承租人向供货人索赔。在融资租赁中,由于供货人直接向承租人履行买卖合同中的卖方义务,而出租人是买卖合同的买方当事人,所以,在一般情况下,如果供货人未按时向承租人交付标的物,出租人应当向供货人主张权利,请求供货人交付标的物。当然,融资租赁中出租人对标的物的瑕疵一般不负担保责任,在供货人交付的标的物不符合合同约定条件而存有瑕疵时,承租人有权直接向供货人索赔。此时,出租人有义务协助承租人向供货人索赔。如果买卖合同中规定出租人负责就标的物不合约定条件向供货人索赔,则出租人在供货人交付的标的物不合约定条件时,有向供货人索赔的权利和义务。

当前在我国,只有经过银监会批准设立的金融租赁公司和商务部批准设立的外商投资融资租赁公司和内资融资租赁公司,才可以主营融资租赁业务。经银监会批准,其他非银行金融机构也可以兼营融资租赁业务。就上述机构而言,如果所订立的融资租赁合同的计价货币不是人民币(本币)而是外币,那么,在我国当前,除了商务部批准设立的外商投资融资租赁公司外,其他机构还必须首先从中国人民银行取得经营外汇业务的许可,否则,它们将不具备订立这类融资租赁合同的主体资格。

（二）承租人

1.承租人的定义。承租人是出租物品的使用者,租用出租人的物品,并向出租人支付一定的租金。一般来讲,世界各国对承租人几乎没有任何限制,任何单位或个人只要在法律许可的范围内交纳租金,均可成为承租人。但融资租赁的承租人主要是各类法人组织。承租人之所以选择租赁,主要是其必需设备的价款太大,承租人无力支付这么大的一笔款项,只能选择租赁,通过分期支付租金来延长付款期,减小每次的付款额;另一个原因是,承租人可能只是短期的使用该设备,如果购买设备,设备可能大部分时间闲置,发挥不出它的生产能力,承租人购买设备不如租赁经济。

2.承租人的类型。承租人可以有两种分类,如图6-2所示。

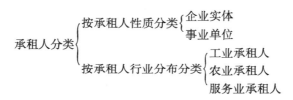

图6-2　承租人的分类

（1）根据承租人性质不同,承租人可分为以营利为经营目标的企业实体(通常称为工商企业)和不以营利为目标的事业单位(通常称为政府部门和相关机构)。一般来说,以营利为目的工商企业是承租人最主要的组成部分,但政府部门和相关机构也是承租人的一部分。政府部门及其相关机构一般指那些为社会提供服务,可以通过收费而弥补经营开支的承租人,由于其有稳定的现金流,从而可以弥补其投资支出的开支,所以,也具有成为承租人的可能。医疗设备租赁中的医院,就属于这类承租人。

（2）按照承租人的行业分布分类。在融资租赁交易中,从行业分布看,承租人既可以是来自制造业、交通运输业、通信业、纺织业、农业及金融行业的企业,也可以是政府的公共部门或事业单位,如医院、政府机构等。简而言之,承租企业可以是分布于国民经济所有行业的企业。

3.承租人的权利。承租人享有的权利有以下几点。

（1）租赁物及供货商的选择权。承租人有权根据自己的需要,选择最适合的设备和条件最优的供货商。

（2）在租赁期内,享有对租赁物的占有、使用和收益权。承租人的目的是通过使用设备而取得一定的收益。承租人在租赁期间对租赁物件享有收益权,但承租人行使此项权利时,以不危害出租人对设备的处分权为限。

（3）对供货商的请求权。承租人有权选择所需设备及其生产厂家和供货商。这种请求权是出租人让与承租人的。对于设备的质量、规格、技术性能的鉴定验收等,都由承租方负责。租赁物如遇瑕疵,因供货商原因迟延交货,承租人享有购货合同所授予买方的一切权利,如对货物瑕疵担保的请求权,损害赔偿请求权等,但是承租人不得以此为由解除支付租金的义务。

(4)合同期末,在承租人完全履行了合同义务之后,承租人有权依据合同约定,无偿地或支付象征性价格而获得标的物的所有权。

4.承租人的义务。承租人的义务有以下几点。

(1)租赁物的接受、验收、通知义务。承租人应当接受供货人交付的标的物,并进行验收,将验收结果及时通知出租人。

(2)租赁物的使用、保管、维修、保险义务。在融资租赁合同履行完毕之前,承租人未经出租人同意将租赁物抵押、转让、转租或投资入股的行为无效。因承租人的无效行为给第三方造成损失的,承租人应承担赔偿责任。

(3)交付租金的义务。在租赁期间,承租人应按照约定向出租人支付租金,这是承租人的基本义务。但融资租赁的承租人应交付的租金,其性质不同于一般租赁合同中承租人应交付的租金。它不是承租人使用租赁物的对价,而是出租人向承租人提供资金的对价。出租人通过收取租金而收回其向供货人购买租赁物所支付的价款。

由于租金并非融物的对价而为融资的对价,所以,承租人支付租金的义务有以下主要特点:第一,在租赁标的物存有瑕疵时,承租人不得拒付租金。如前所述,融资租赁的出租人不负标的物的瑕疵担保责任。在标的物存有瑕疵时,承租人应期待自己或出租人向供货人请求其承担瑕疵担保责任而弥补损失。但即使因标的物有瑕疵致使承租人不能使用,也不能影响承租人支付租金的义务,承租人仍应按照约定支付租金。第二,在租赁期间,承租人承担标的物灭失的风险责任。在租赁期间,若标的物因不可归责于出租人和承租人双方的事由而发生毁损、灭失时,承租人仍应支付租金,而不能免除或减少其支付租金的义务。

(三)其他参与人

融资租赁关系中的其他参与人包括供货人、租赁经纪人和租赁行业协会。

1.供货人。供货人只是在融资租赁中才存在的当事人。融资租赁交易中的买卖合同是由出租人而不是承租人同出卖人订立的。供货人的主要权利是向出租人收取货款,主要义务是代替出租人向承租人直接交货,并向承租人承担设备的品质担保责任。

2.租赁经纪人。租赁经纪人(或称经销商)是租赁市场的代理人。经纪人可以自营租赁业务,这时他们往往凭借灵活的经营推销能力,广泛的销售网点,承办大出口商或制造商的租赁业务。租赁经纪人也可以是租赁市场的中介人,这时他们或安排租赁交易,或者提供租赁咨询,从中收取佣金或咨询费。租赁经纪人是租赁市场不可缺少的组成部分。

3.租赁行业协会。租赁行业协会是各种不同类型的出租人为了互通情报,协调行动,减少竞争,控制并发展租赁市场所成立的具有地区性的、全国性的或国际性的租赁组织。

三、租金

(一)租金的定义

租赁是一种出租人为取得租金、承租人为取得某种资产的使用权而进行的有价交易。租金是该交易关系中的价格,租金的计算及支付方式是租赁业务中的核心问题,对租赁双方都有重要的意义。

（二）租金确定的意义

租金的确定对出租人和承租人都具有重要意义。

1.对出租人而言，出租方通过收取租金收回租赁标的物的购买支出、贷款利息和为租赁标的物所耗费的所有开支，并在此基础上获取必要的利润。大部分租赁公司购买进口设备所需的外资均以市场利率从国际市场上筹措，购买国产设备所需的人民币，除少量自有资金外，均需从国内银行借款。如果租金过低，将会导致出租人的筹资成本大于收益，增加出租人的筹资风险，不利于业务的开展，就会出现出租人因无利可图而放弃出租业务，而承租人想承租又无设备可承租，只好购买设备的情况。因而，制定合理的租金才能保证租赁交易的实现。

2.对承租人来说，运用租赁方式，只要先付一小部分资金，就能提前获得关键设备的使用权，企业可以边生产、边创利、边付租金，使企业资金运动有效循环，能很好地解决资金不足的问题。同时，由于融资租赁以设备为媒介，不仅增加了企业筹措资金的来源，而且降低了筹资成本，使生产资金能迅速到位，加快了整个社会总资本的周转速度。如果租金过高，将会导致承租人租不起设备，不利于外资和先进设备的引进。若承租人在这种情况下承租，将会使企业的固定债务增加，与其他种类举债相比，固定负债增加意味着增大了企业破产的风险性，而且一般融资租赁的时间又相当长，由此带来的损失是比较大的。租金合理，潜在承租人才能选择租赁方式引进设备。

此外，租金的大小不是通过使用次数来衡量，而是通过租期长短来确定。也就是说，在租期内，不论承租人是否行使了使用权，是否由于行使了使用权而获得了收益，出租人都要收取租金。因此，承租人也要对租赁费用的开支和租赁标的物使用后可获得的收入进行分析和研究，从而制订相应的现金收支计划，保证按期支付租金。

（三）租金的构成

租金的构成取决于租赁方式，不同种类的租赁，其租金构成要素也不相同，但任何一种租赁的租金都是以耗费在租赁资产上的价值为基础的。一般来说，租金的构成要素包括四部分：租赁物的购置成本、租赁期间成本（即资金应产生的利息）、出租人的营业费用和净利润。

1.租赁物的购置成本。租赁物的购置成本是指出租人购买设备所支付的资金，除租赁标的物本身的价值外，还包括出租人支付的运输费、保险费、进口关税和安装调试费等，也称为租赁物的概算成本。租赁物的购置成本将在租赁业务成交后从租金中得到补偿。第八章第二节对此有详细介绍。

在计算租赁物的购置成本时，要剔除估计的期末残值收入。估计残值是指在租赁期满时，该租赁标的物在当时市场上的公开销售价格。剔除估计残值的原因是由于在租赁期满时，租赁公司将在市场上处理该项尚有使用寿命的租赁标的物，或由承租人留购。但是，在我国金融租赁业务的实际操作中，金融租赁公司在计算租赁金时，往往将租赁标的物的买价全部折算完，不留残值，待租赁合同期满时，由承租方以象征性的价格（比如1元人民币）买下。

2.利息。承租人需要向出租人支付使用相当于设备购置款融资的报酬。在融资租赁交易中，出租人用于支付购买租赁设备的资金，可以是出租人自有资金，也可以通过向银行申请贷款来获得。无论是融资租赁公司的自有资金还是利用银行贷款，都要计算利息。在融资租赁交易成交并计算利息时，一般要参考同档次银行贷款利率，并按复利计算。

3.营业费用。营业费用是出租人在租赁过程中所开支的费用,如业务人员工资、办公费、差旅费及相应的盈利。我国将营业费用分成手续费和利润,手续费列入成本,与价款和利息合起来形成租赁设备的计算成本。另外,也可以将手续费在租赁交易发生时一次性收取。由于融资性租赁设备的维护费、税负、保险费以及折旧费一般由承租人负担,所以租金的构成中不包含这些因素。

4.净利润。净利润是指通过提供融资租赁服务,融资租赁机构扣除经营成本后最终获得的盈利。

(四)影响租金确定的因素

一般说来,影响租金确定的因素包括市场利率、付租方式、手续费、租赁保证金和支付币种。

1.市场利率。在本金(租赁物的成本)固定时,利率将是影响租金总额的首要因素,是计算租金的基础。利率通过利息额的变动来影响租金总额。一般来说,利率越高,租金总额就越大。就人民币业务而言,主要依据的是中国人民银行的各类贷款利率。在资金市场上,利率种类繁多,因条件和来源不同有很大差别,按时间可划分为长期利率和短期利率,划分标准以 1 年期为准。国际融资使用的短期利率一般为伦敦银行同业拆借利率(LIBOR)加上一个利差,短期利率有时还用在宽期限内的利率计算。

2.付租方式。付租方式主要包括期初付租、期末付租和等额支付方式付租。期初付租是指承租人在各个付租间隔期间的期初支付租金,期末付租是指承租人在各个付租间隔期间的期末支付租金。期初付租情况下,承租人占用出租人资金的时间相对较短,因此,租金较少;反之,期末付租的租金则要相对增大。等额支付方式是指每期支付租金金额相等,其中,等额本金支付方式是指各期租金中所包含的本金额是相等的,而等额租金支付方式下各期所含本金额是递增的。还有其他一些付租方式,付租方式不同,实质上是承租人占用资金时间的长短不同,占用资金时间长,租金自然高,反之则低。

3.手续费。手续费本身不是租金的组成部分,它是租赁交易中由承租人向出租人支付的一部分劳动报酬。一般情况下,承租人应在租赁合同签订生效时将手续费支付给出租人,也可以将手续费转化为租金分期支付。

4.租赁保证金。租赁保证金并不是为融资租赁合同的正式订立而支付,也不是融资租赁合同成立的证据,因此,它不是立约定金。租赁保证金的支付,并不是融资租赁合同生效的唯一条件,因此,它不是成约定金。租赁保证金通常在融资租赁合同完全履行时返还,因此,它不是解约定金。在融资租赁合同中,在某方违约时,并不是以租赁保证金收受方没收该保证金的方式解决,更不是以向支付方双倍返还该保证金的方式解决,而是由违约方按合同的约定赔偿损失,因此,租赁保证金也不是违约定金。固然,租赁保证金可用于冲抵应付租金或延迟利息或损失赔偿金,但仅仅是冲抵而已。损失赔偿额的确定仍需依合同的约定或法院、仲裁机构的裁定。

综上所述,租赁保证金应视为是某种形式的承租人预付款,是其自行承担该融资租赁项目中的风险的基金。但在我国的实际操作中,确实存在一些融资租赁机构把收取保证金作为自己占用客户无息或低息贷款的手段。

5.支付币种。在跨国租赁中,如果国内承租人承租国外设备,应考虑租金的支付币种。因为国际金融市场上各种货币的汇率是瞬息万变的。汇率的波动将影响本国货币与支付货币的兑换比率,进而直接影响租金总额。在能比较准确地判断汇率变化趋势的基础上,正确选择合适的支付币种不仅能够避免汇率风险,而且还可能从中受益。

(五)租赁利率的约定

无论在融资租赁合同中采用何种用语,利率也罢,费率也罢,承租人占用出租人的资金必须付出代价这一点,是无可争议的。占用资金的代价,就是利率,用某个百分率来计算。融资租赁合同中可以约定不同的租赁利率取值方式,包括约定某个固定不变的绝对值(例如,6.187 5%)、约定以金融市场上的某类利率在计算租金的时点的数值为租赁利率(例如,伦敦市场银行间欧元6个月期同业拆借利率)、以上述数值加上某个固定不变的系数为租赁利率(例如,中国人民银行中长期贷款3~5年人民币贷款利率加2.5%),等等。

四、租赁期限

(一)租赁期限的定义

租赁期限是指出租人出让物品给承租人使用的期限。租期的长短直接影响租金总额的大小。租期越长,租金总额越大,因为承租人占用出租人资金的时间长,出租人承受的利息负担也就重,所以,出租人必将通过租金的方式收回这些利息负担。

承租人可根据使用物品的时期确定租期,租赁期限的时间长度通常以月数或年数表示。在客观上,租期受租赁物件的使用寿命、法定折旧年限以及项目可行性报告财务分析中投资回收期的限制。

(二)确定租赁期限的意义

租赁期限与租金两者是正比关系。对于承租人来说,如不考虑汇率对租金的影响,总希望租期长,每年支付期数多,使每期租金相对少一些,以减少每期还债的压力,但实际利率和表面利率的差距会因此加大,租金总额随之增大。出租人则希望租期不要过长,从而减少资金回收风险,但每期租赁的金额增大反而使租赁回收难度增大。

(三)约定租期时的影响因素

在约定租赁期限的长度时,通常考虑两方面的因素。

1.起租日和计息日。起租日是双方正式约定的某个日期,一般为签订租赁合同的日期。它是核算租赁对象的实际成本之日,是计算租金的起算日期,而在起租日之前出租人为租赁物件所发生的各项支出,以及这些支出的利息费用,必须在起租日计入设备的总成本。计息日是指核算租赁对象实际成本中的租前利息时,租赁项目的各类开支计息之日。一般计息日在起租日之前,由于起租日与计息日的不同确定方法,起租日与计息日之间的时间间隔就不同,利息也不同,最后核算出来的实际成本也会不同,进而对租金总额产生一定的影响。承租人自起租日起算的、运用包括租赁物在内的全部资产进行经营活动的未来各年各期的现金流预期,决定着其各年各期将有怎样的租金支付能力。

2.付租间隔期。付租间隔期是指上期租金支付日与当期租金支付日之间的间隔,一般分为年付、半年付、季付、月付等。付租间隔期越长,承租人占用出租人资金的时间就越长,这时租金总额也就越大。付租间隔的确定,应避免承租人因租赁期限过长而加大租金中所含的财务费用(例如,资金占用期超过5年时其计息利率会显著提高),也应该避免因租赁期限过短而丧失税务当局关于融资租赁项下固定资产可以加速折旧的优惠待遇。

第三节　现代融资租赁在各国的发展情况

一、国外融资租赁的发展概述

（一）业务以银行兼营为主

20世纪80年代是各国金融制度变革最集中的年代，此后以商业银行为核心的金融机构体系变革也逐渐展开。其间，西方国家商业银行为改善经营状况开始加大对其他金融行业的介入，尤其集中于更大范围地开展信托业务和更大规模地经营融资租赁业务。近些年，更多的融资租赁交易额是由银行兼营的融资租赁部门来完成的。除银行兼营融资租赁业务，银行对融资租赁的介入还包括对租赁机构的实业投资，使银行成为租赁机构的投资主体。受上述情况影响，专门融资租赁机构独立发展的空间正逐渐缩小[①]。

（二）相关法规的约束和保护

完善的法规是融资租赁业健康有序运作的前提。融资租赁业务至少涉及三方当事人（出租人、承租人、供货人），至少涉及两个或三个合同，还涉及金融与贸易双边关系，关系复杂，各方行为的约束和合法权益的保障，都离不开健全的法律和制度。

在发达国家，无论是英美法系国家还是大陆法系国家，都没有专门的融资租赁法，但都有完善的民法、商法、税法体系。对融资租赁所涉及的各种法律纠纷，或以现存的各种合同法规来解决，或以判例来解决，均属有法可依。在发展中国家和地区，由于融资租赁起步于跨境融资租赁业务，且以进口租赁为主，为了保护国家利益和保证融资租赁业的健康发展，各国都注意制定专门的法规。如，韩国、新加坡、巴西、委内瑞拉等国，都制定有专门法规，对租赁公司的注册资本、资金来源、租赁期限、有关当事人的权利和义务、租赁对象的范围、折旧和违约责任等事项均作出了详细的规定。

（三）国际协调配合，国内监管不同

在经济发展全球化的趋势下，各国间的经济交往增多。由于各国在税收等单项法规上存在差别，导致跨境租赁的规模提高。国际统一私法协会在1988年通过了《国际融资租赁统一公约》，表明各国的立法注重在国际范围内的统一和协调。

在美国等发达市场经济国家，只对吸收居民存款的银行实施监管，而不对其他金融机构监管。其原因是其信用体制完善，各种金融机构识别和控制风险的能力强，社会监督得力。此外，一些国家在一定时期对租赁业实行优惠政策。例如，美国和日本都有租赁信用保险措施；日本政府支持的银行对符合日本产业政策和环保政策的融资租赁公司提供低息贷款；韩国则允许融资租赁公司发行10倍于自有资金的债券；等等。

---

① 美国租赁行业整体存在小型化、分散化的特点。就年营业额而言，美国1998年租赁交易总额为1 798亿美元，其中年交易额在1 000万美元以下的租赁机构竟占33%，在5 000万美元以下的则占58%。就美国的单个融资租赁公司的资产规模而言，小于1亿美元的占39.6%，小于2.5亿美元的占54.3%。

二、租赁交易数额情况①

（一）交易额增长趋势

根据《2010 年度世界租赁年报》的统计数据，自 1985 年以来，除了个别年份，世界租赁年交易额（主要是金融租赁）市场整体呈现增长的态势。从全球租赁市场看，到 2007 年金融租赁交易规模总额达到 7 602 亿美元，2008 年后，受国际金融危机影响金融租赁交易规模总额下降到 6 340 亿美元。根据怀特克拉科集团（White Clarke Group）2012 年发布的报告②：2009 年，84% 的国家呈现负增长，2010 年有所好转，有 33% 的国家是负增长。2010 年，北美国家仍然是这个领域的重要市场，其交易规模占全球交易的 34.6%，保持 11.8% 的增长速度。

而《2015 年度世界租赁年报》显示，在经历了 2007 年全球经济金融危机后的三年期的调整与恢复，全球租赁业保持着一个积极态势，截止到 2013 年年末，租赁业世界前 50 个国家业务规模年增长 1.7%，达到 8 839.6 亿美元，尤其欧洲和南美保持了正增长。

根据《2018 年度世界租赁年报》披露的 2016 年统计数据，租赁业世界前 50 个国家业务规模增加 9.4%，达到 10 998 亿美元。欧洲、北美洲和亚洲保持了正增长。市场渗透率仍然保持一个相对较高的比率（市场渗透率是指以租赁方式取得的设备的价值占同期整个设备投资的百分比。近年来，国际上又增加了一个指标，即租赁交易额占国内生产总值的百分比）。其中，北美国家仍然是这个领域的重要市场，其交易规模占全球交易的 37.90%，保持 2.21% 的增长速度。2016 年，南美洲、澳洲及非洲租赁规模的下降幅度分别为 6.52%、8.97% 及 19.40%。全球租赁业前 50 个国家 9.4% 的增幅大幅低于 2011 年的增幅（2011 年超过 20%），部分原因是因为金融危机后必要的资本再投入，另外部分原因是一些国家内部的财政变革。

（二）市场渗透率

租赁市场渗透率（Leasing Market Penetration）是指租赁交易在固定资产投资中的占比，该指标能够反映出一国设备租赁市场的发展状况。美国、加拿大、瑞典等欧洲国家的租赁渗透率较高（见表 6-2、表 6-3。这两个表选取了一些国家的渗透率指标数据）。

表 6-2　2010 年各国租赁市场情况　　　　　　　　（%）

排名	国家	市场渗透率	排名	国家	市场渗透率
1	美国	17.1	7	意大利	13.1
2	日本	6.3	8	巴西	7.7
3	德国	14.3	9	加拿大	15.1
4	韩国	4.8	10	澳大利亚	12.0
5	英国	18.5	11	瑞典	19.2
6	法国	10.5			

资料来源：White Clarke Global Leasing Report2012，http://www.whiteclarkegroup.com/knowledge-centre/category/global_leasing_reports.

---

① 世界租赁统计信息的数据涵盖融资租赁和经营租赁两个市场的状况。

② White Clarke Group's Global Leasing Report，由怀特克拉科集团（White Clarke Group）提供。怀特克拉科集团是英国一家主要提供汽车、消费金融等业务咨询和软件服务的跨国企业，成立于 1992 年。总部设在英国白金汉郡。它每年提供涉及 50 多个国家的融资租赁发展报告，提供报告的网址是：http://www.whiteclarkegroup.com/knowledge-centre。

表6-3 2016年各国租赁市场情况　　　　　　　　　　　　　（%）

排名	国家	市场渗透率	排名	国家	市场渗透率
1	美国	21.5	7	澳大利亚	40.0
2	中国大陆	6.0	8	加拿大	32.0
3	英国	33.7	9	意大利	14.1
4	德国	17.0	10	瑞典	26.0
5	日本	8.4	11	波兰	21.6
6	法国	15.3			

资料来源：https://www.whiteclarkegroup.com/reports/global-leasing-report-2018.

（三）全球租赁市场份额分布不均

2013年，北美洲、欧洲占据了超过70%的全球市场，大洋洲、非洲和南美洲的租赁市场所占份额仍非常小，亚洲增长迅速（见表6-4、表6-5）。

表6-4 2013年全球租赁市场各大洲或地区总量情况

（单位：10亿美元，%）

排名	地区	年度总量	年度增长（%）（2012—2013）	世界租赁市场份额（2013）	世界租赁市场年度份额变化
1	欧洲	333.6	6.3	37.7	−1.6
2	北美洲	335.1	−0.4	37.9	−0.9
3	亚洲	177.3	−1.6	20.1	−0.7
4	南美洲	18.0	37	2.0	0.5
5	非洲	7.5	−8.2	0.8	−0.1
6	大洋洲	12.5	−22.3	1.4	−0.4

资料来源：White Clarke Global Leasing Report 2015，http://www.whiteclarkegroup.com/knowledge-centre/category/global_leasing_reports.

表6-5 2016年全球租赁市场各大洲或地区总量情况

（单位：10亿美元，%）

排名	地区	年度总量	年度增长（%）（2015—2016）	世界租赁市场份额（2016）	世界租赁市场年度份额变化
1	北美洲	416.8	2.2	37.9	−2.7
2	欧洲	346.3	7.3	31.5	−0.6
3	亚洲	289.9	30	26.4	4.2
4	大洋洲	28.4	−8.9	2.6	−0.5
5	南美洲	12.9	−6.8	1.2	−0.2
6	非洲	5.4	−19.5	0.5	−0.2

资料来源：https://www.whiteclarkegroup.com/reports/global-leasing-report-2018.

（四）2010—2016 年全球租赁业排名前 20 的国家或地区租赁交易对经济增长的贡献

租赁对经济增长的贡献是指租赁交易在国内生产总值（GDP）中的占比，用于衡量租赁对经济增长的贡献度（见表 6-6、表 6-7、表 6-8、表 6-9）。

表 6-6　2010 年全球租赁市场租赁交易对经济增长的贡献排名

（前 30 的国家或地区的情况）　　　　　　　　　（单位：%）

排名	国家	租赁占 GDP 比率
1	爱沙尼亚 Estonia	3.23
2	斯洛文尼亚 Slovenia	2.28
3	波兰 Poland	2.18
4	葡萄牙 Portugal	2.17
5	瑞典 Sweden	2.05
6	瑞士 Switzerland	1.99
7	智利 Chile	1.94
8	奥地利 Austria	1.68
9	秘鲁 Peru	1.67
10	拉脱维亚 Latvia	1.62
11	爱尔兰 Ireland	1.62
12	德国 Germany	1.59
13	丹麦 Denmark	1.53
14	斯洛伐克 Slovakia	1.47
15	挪威 Norway	1.41
16	俄罗斯 Russia	1.39
17	美国 US	1.33
18	捷克 Czech Republic	1.32
19	摩洛哥 Morocco	1.26
20	意大利 Italy	1.25
21	保加利亚 Bulgaria	1.23
22	法国 France	1.21
23	比利时 Belgium	1.16
24	中国大陆 China	1.11
25	匈牙利 Hungary	1.05
26	芬兰 Finland	1.04
27	加拿大 Canada	1.03
28	哥伦比亚 Colombia	0.97
29	日本 Japan	0.94
30	罗马尼亚 Romania	0.92

资料来源：White Clarke Global Leasing Report2012,http://www.whiteclarkegroup.com/knowledge-centre/category/global_leasing_reports.

表 6-7 2013 年全球租赁市场租赁交易对经济增长的
贡献排名前 30 的国家或地区的情况 （单位：%）

排名	国家	租赁占 GDP 比率
1	爱沙尼亚 Estonia	5.91
2	瑞典 Sweden	3.82
3	拉脱维亚 Latvia	3.36
4	英国 UK	2.67
5	立陶宛 Lithuania	2.65
6	丹麦 Denmark	2.50
7	斯洛伐克 Slovakia	2.48
8	芬兰 Finland	2.31
9	瑞士 Switzerland	2.19
10	斯洛文尼亚 Slovenia	2.09
11	波兰 Poland	2.03
12	德国 Germany	2.01
13	美国 US	1.92
14	奥地利 Austria	1.74
15	挪威 Norway	1.73
16	哥伦比亚 Colombia	1.62
17	中国台湾 Taiwan,China	1.60
18	捷克 Czech Republic	1.55
19	保加利亚 Bulgaria	1.51
20	摩洛哥 Morocco	1.29
21	法国 France	1.25
22	南非 South Africa	1.23
23	俄罗斯 Russia	1.22
24	秘鲁 Peru	1.21
25	比利时 Belgium	1.13
26	中国大陆 China	1.11
27	日本 Japan	1.11
28	匈牙利 Hungary	1.09
29	智利 Chile	0.96
30	澳大利亚 Australia	0.88

资料来源：White Clarke Global Leasing Report2012，http://www.whiteclarkegroup.com/knowledge-centre/category/global_leasing_reports.

表 6-8 2014 年全球租赁市场租赁交易对经济增长的贡献排名

（前 30 的国家或地区的情况）　　　　（单位：%）

排名	国家	租赁占 GDP 比率
1	爱沙尼亚 Estonia	4.81
2	瑞典 Sweden	3.30
3	英国 UK	2.84
4	拉脱维亚 Latvia	2.47
5	澳大利亚 Australia	2.47
6	丹麦 Denmark	2.36
7	瑞士 Switzerland	2.30
8	斯洛伐克 Slovakia	2.24
9	芬兰 Finland	2.14
10	波兰 Poland	2.11
11	立陶宛 Lithuania	2.07
12	美国 US	1.95
13	德国 Germany	1.87
14	斯洛文尼亚 Slovenia	1.73
15	加拿大 Canada	1.69
16	奥地利 Austria	1.63
17	挪威 Norway	1.63
18	中国台湾 Taiwan,China	1.63
19	捷克 Czech Republic	1.36
20	保加利亚 Bulgaria	1.31
21	中国大陆 China	1.29
22	法国 France	1.12
23	哥伦比亚 Colombia	1.09
24	南非 South Africa	1.07
25	比利时 Belgium	0.99
26	葡萄牙 Portugal	0.95
27	匈牙利 Hungary	0.93
28	摩洛哥 Morocco	0.91
29	日本 Japan	0.89
30	土耳其 Turkey	0.88

资料来源：https://www.whiteclarkegroup.com/reports/global-leasing-report-2018.

表6-9 2016年全球租赁市场租赁交易对经济增长的
贡献排名前30的国家或地区的情况 （单位：%）

排名	国家	租赁占GDP比率
1	爱沙尼亚 Estonia	4.97
2	瑞典 Sweden	3.93
3	立陶宛 Lithuania	3.72
4	丹麦 Denmark	3.40
5	英国 UK	3.11
6	斯洛文尼亚 Slovenia	3.09
7	波兰 Poland	2.98
8	拉脱维亚 Latvia	2.74
9	捷克 Czech Republic	2.31
10	芬兰 Finland	2.27
11	澳大利亚 Australia	2.25
12	哥伦比亚 Colombia	2.20
13	美国 US	2.06
14	中国台湾 Taiwan, China	1.89
15	奥地利 Austria	1.85
16	德国 Germany	1.85
17	中国大陆 China	1.84
18	挪威 Norway	1.83
19	瑞士 Switzerland	1.81
20	保加利亚 Bulgaria	1.79
21	加拿大 Canada	1.69
22	葡萄牙 Portugal	1.65
23	匈牙利 Hungary	1.65
24	法国 France	1.58
25	斯洛伐克 Slovakia	1.54
26	比利时 Belgium	1.50
27	意大利 Italy	1.37
28	罗马尼亚 Romania	1.31
29	摩洛哥 Morocco	1.30
30	日本 Japan	1.20

资料来源：https://www.whiteclarkegroup.com/reports/global-leasing-report-2018.

三、美国、英国和日本租赁业的发展情况

（一）美国租赁业发展现状

1.市场状况。美国是世界上租赁业最发达的国家。1952 年美国租赁公司的成立标志着现代租赁业的开端。之后,各类租赁公司相继成立,租赁交易额逐年大幅增长。

在美国租赁市场上,融资租赁占统治地位,比例为 85%,其中直接租赁占 45%,杠杆租赁占 40%;传统的经营性租赁只占 15%。一般计算机设备、办公设备、医疗器械和产业机械采用直接租赁,而价值高昂的飞机、船舶、铁路车辆和大型生产设备则采用杠杆租赁。经营性租赁主要用于二手市场发达的计算机、汽车及石油钻井平台租赁等。据《2018 年度世界租赁年报》,2016 年美国租赁交易市场渗透率为 21.5%。

从租赁物的行业分布看,运输设备占 32%,电脑及办公设备占 25.7%,两者合计占 57.7%,而制造设备只占 5.8%。由此也可以看出,在美国,多数租赁设备具有通用化、易于进入二手市场和易于变现的特点。

2.租赁机构的类型。从美国租赁机构的类型看,主要有两种:①专业租赁机构。美国从事专业租赁的代表公司是美国租赁公司。其业务特点是典型的金融租赁,即租赁公司不库存租赁设备,而是随时按用户需要从制造厂商那里购进设备。租期平均为 3~5 年,但不能中途解约。之所以称其为专业租赁机构,是因为这些公司既不隶属于银行,也不隶属于制造厂商,从资金筹措到设备购买都是租赁公司独自办理。其筹措资金的方式是多种多样的,如发行股票、债券,或与金融机构合作进行联合筹资等。②附属单位租赁。在美国,附属于某一单位的租赁公司主要有两类,一类是银行或其他金融机构所属的租赁公司,另一类是从属于制造商的租赁公司。这两种类型的租赁公司在美国租赁业中占有主要地位。美国国际集团(AIG)的金融服务部门涉足飞机与设备租赁、资本市场、消费者金融与保险资金融资。其旗下的国际租赁金融公司(ILFC)通常被视为全球最大的融资租赁公司,业务收入主要来自飞机租赁。AIG 的整个金融服务业务收入也主要来源于此。

3.监管。美国对租赁业没有专门的监管机构,对租赁限制的法律很少,租赁公司被视为普通企业,市场进入比较容易。作为现代租赁业的发源地,美国的租赁法律很健全。1954 年的税务法律规定了租赁和有条件销售的区别,以确定谁(出租人和承租人)是税收申报人;美国会计准则委员会 1976 年颁布的《财务会计准则第 13 号——租赁会计》(FAS13)对租赁的会计处理和信息披露进行了规定,以真实反映出租人和承租人的资产负债状况。

（二）英国租赁业发展现状

英国的现代租赁业是 20 世纪 60 年代从美国引进的。当时,英国金融机构的业务重点正从消费信贷转向工业信贷市场,租赁作为设备融资的有效手段被金融界和工商界所重视。1960 年,英国第一家租赁公司——英美合资商业租赁公司成立,标志着租赁业的发展进入一个新阶段。1971 年 8 月,英国成立了英国设备租赁协会。由于发展初期就有金融机构的大量参与,租赁业发展很快。据《2006 年度世界租赁年报》,2004 年,英国租赁交易额为 279.3 亿美元,租赁渗透率为 9.4%。据《2018 年度世界租赁年报》,2016 年英国租赁交易市场渗透率为 33.7%。

1.英国租赁业的类型。英国的租赁市场以银行和其他各类金融机构背景的租赁公司为主,主要从事融资租赁业务,工业附属租赁机构以租购业务为主。在英国,租赁对象不包括不动产和土地,专指设备租赁,以生产设备和运输设备为主。目前,租赁对象中工业机械约

占 27.3%,交通工具(主要是客车、飞机、船舶等)约占 42%,计算机约占 5.5%,商业服务设备约占 9.2%,办公设备约占 6%。

2.英国租赁业的相关法律。英国将租赁合同视为委托契约的一种形式,受普通法条文的限制。税务部门对租赁和租购有严格的定义。1987 年,英国颁布了《租赁和租购交易会计》(SSAP21),用以规范出租人和承租人的会计信息披露行为。

(三)日本租赁业发展现状

日本的现代租赁业是从 1963 年成立的日本国际租赁公司开始的,1964 年又成立了东方租赁公司和东京租赁公司。由于金融机构不能直接从事(包括兼营)租赁业务,各大全国性金融机构纷纷投资参股综合性租赁公司。1973 年以后,以地方银行为背景的租赁公司相继成立,租赁公司数量大增,1986 年已有租赁经营机构 298 家。日本现代租赁业随着日本经济的发展而壮大,90 年代初达到高峰,1991 年租赁交易额曾达到 8.8 万亿日元,之后稍有回落。1998 年受亚洲金融危机的影响下降较快,1998 年度租赁交易额为 7.14 万亿日元,比上年度下降 9.9%。到 2008 年,日本已有租赁经营机构 1 000 多家。据《2018 年度世界租赁年报》,2016 年,日本租赁交易市场渗透率为 8.4%。

1.市场状况。在日本租赁市场上,租赁对象以知识和技术密集型的高新技术设备以及运输设备为主,其中,信息处理设备占 44%(其中计算机和通信设备分别占 38%和 6%),商业服务设备占 14.5%,办公设备占 8.1%,工业及加工设备占 14.5%,运输工具占 6.6%,建筑机械占 6.6%,医疗设备占 3.8%。从承租人分布来看,大型企业占 49.2%,中小型企业占 46.3%,私人占 4.5%。可见,日本租赁业主要为法人服务,以融资租赁为主,对一些通用物品采用经营租赁。

2.日本租赁业的类型。日本的租赁公司基本以综合性租赁公司为主,大多数公司由金融机构和综合商社投资而成,如最早成立的日本租赁公司有金融机构股东 25 家、综合商社股东 4 家、生产厂家股东 36 家,东方租赁公司股东中有银行 5 家、综合商社 2 家,各大金融机构均与租赁公司保持密切关系。另外,还有部分以销售本企业产品为目的的厂商租赁公司,如日立租赁公司、日本电气租赁公司和松下电器国际租赁公司等。

3.日本租赁业的相关法律与政策。日本没有关于租赁的专门法律,租赁公司由通产省审批和管理,租赁遵照《国内交易法》进行交易;税务法令则对有节税功能的租赁进行了严格定义,以与分期付款销售、贷款相区别;会计方面,租赁公司需遵循日本租赁协会颁布的《租赁公司财务报告及主要会计原则》及证券交易委员会颁布的《租赁公司的财务披露》。1993年 6 月,日本会计审议委员会颁布了《租赁会计准则》,内容基本与《国际会计准则——租赁(第 17 号)》一致。

日本是给予租赁业优惠政策最多的国家,政府充分利用租赁手段引导投资方向,实施产业政策,解决中小企业实现设备现代化的困难。日本对租赁业的扶植政策有以下几项。

(1)日本对租赁公司给予政策性低息资金融资。政府为促进特定设备的普及和某些特殊行业(如工业机器人、卫星通信接收设备、环保设备、医疗设备、液化石油气系统等)的发展,对这些行业的租赁项目通过日本开发银行提供政策性融资。

(2)实施租赁保险制度。为帮助中小企业利用租赁方式实现设备现代化,日本通产省会同中小企业信用保险公司对 37 种机械设备的租赁实施保险,以保证中小承租企业破产时,租赁公司能获得未收回租金 50%的保险补偿。1995 年实施的《中小企业促进法案》和 1996年实施的《风险投资信用保险法案》又将保险比例提高到 70%。

（3）产业部门对特定行业的设备租赁给予租金补贴,如 1987 年实施的木材加工设备租赁项目、1990 年实施的加油站服务项目、1995 年实施的畜牧业项目、1996 年实施的文化项目和 1999 年实施的农业现代化项目等。

（4）实行租赁税收减免,特别是针对中小企业的设备租赁给予租金总额4.2%的税收抵免,分别体现在 1984 年的鼓励中小企业设备现代化税收减免政策、1995 年的风险投资税收减免政策和 1998 年的促进中小企业投资税收减免政策等上。

可见,日本政府充分利用租赁方式支持中小企业实现设备现代化,这是日本租赁业快速发展、长期稳居世界第二的重要因素。

本章小结

租赁,是一个古老的经济范畴,受不同时期经济发展水平和生产关系特点的影响,在不断发展过程中形成了不同特点,尤其在现代交易中甚为活跃。根据租赁的目的不同,现代租赁可划分为融资租赁和经营租赁,这是目前最基本的划分方式。融资租赁的主要构成要素是租赁标的、租赁关系当事人、租金、租期等。融资租赁的发展与宏观经济同步,在不同国家和地区呈现出不同的特点。但总的来说,它的产生是租赁发展中一个质的飞跃,为企业的融资提供了重要方式。

复习思考题

1.试分析说明古代传统租赁和近代设备租赁的特点。

2.与一般租赁相比,融资租赁有何不同之处?

3.试比较融资租赁与其他信用形式的区别。

4.试比较融资性租赁和经营性租赁的不同。

5.融资租赁的构成要素有哪些?融资租赁租金包含的主要内容有哪些?

6.现代租赁在国外的发展有何特点?

第七章

融资租赁的市场功能

　　本章的重点内容是介绍融资租赁在经济中的作用。首先介绍了融资租赁在一般市场的功能；其次强调并分析了融资租赁在企业融资中的重要作用；最后具体介绍了融资租赁的分类及各自在经济中的独特作用。

第一节 融资租赁的一般市场功能

融资租赁在经济活动中发挥着重要作用,主要体现在三个方面。

一、增加企业经营的灵活性

(一)为承租企业提供了一种特殊的融资方式
融资租赁对承租企业来说,是一种特殊的信贷。

1.为企业提供了一定规模的长期资金融通。对承租企业而言,融资租赁公司通过融资租赁项目的实施为承租企业提供了近似于全额信贷。因为借款人在向银行贷款时,银行通常要求借款人提供担保和抵押,抵押品的价值一般是被低估的,同时银行只能提供相当于设备价款的一定比率的资金贷款,仅是部分融资。而融资租赁公司提供了相当于设备购置价款的全额信贷。

2.节约了银行对企业的授信额度。对承租企业来说,通过融资租赁虽然是获得了如同信贷的资金支持,但与一般的银行信贷存在不同,即节约了银行对本企业的授信额度。在企业需要新的资金以取得设备时,存在这样的情况:①借款余额或许已经接近授信额度,新增借款已经不再可能。②即使额度尚余不少,但是,为应对市场的变化,必须把该余额留作用于随时可能发生的流动资金之急需。因此,明智的企业会将融资租赁作为取得固定资产所需资金的来源,作合理的搭配。除了基本建设、原材料购置等无法直接利用融资租赁外,在出现需要长期资金以取得设备的情况时,都可以考虑利用融资租赁的方式。

(二)有利于满足承租企业增强资产流动性的需求
1.融资租赁可以使承租企业在不减损对自己固定资产使用的前提下,加大自有资产的流动性。融资租赁公司通过回租业务,不改变对原有固定资产的使用,但同时却获得资金的融通,从而满足承租企业增加资产流动性的需求(详情见本章第三节)。而用银行贷款购置设备则不同,企业在一开始就要支付一大笔设备预付款及运费、保险费、安装费等,另外也增加了自身的债务负担。融资租赁作为一种全新的资金提供方式,帮助企业解决了这些问题。

2.融资租赁灵活的租金偿付方式便于缓解承租企业资金紧张的压力。承租企业只需筹措一小部分资金甚至不用筹措资金就可及时用上所需要的设备,从而可以边生产、边创利润、边还租金。企业还可根据生产收益情况灵活安排租金偿还进度,或者根据自己对现金流的需求,与出租方协商十分灵活的租金支付方式。

(三)满足关联交易的需求
如果某企业有融资需求,而其控股母公司或关联方有剩余资金,则可以假手某融资租赁公司,以委托租赁的方式,将该资金用于上述企业。

二、加速企业折旧

(一)企业加速折旧的意义
同常规折旧相比较,在同一会计期间,加速折旧会使得折旧费用加大,导致企业在其他条件相同的情况下,在该期间所得税的税基减小,从而减少应缴纳的所得税金额。

（二）融资租赁项下固定资产加速折旧的法规依据

融资租赁项下固定资产可以加速折旧的政策法规依据是国家税务总局《关于促进企业技术进步有关财务税收问题的通知》第4条第3款的规定和财政部《企业会计准则第21号——租赁》第16条的规定。

1.《关于促进企业技术进步有关财务税收问题的通知》中具体规定的内容是："企业技术改造采取融资租赁方式租入的机器设备,折旧年限可按租赁期限和国家规定的折旧年限孰短的原则确定,但最短折旧年限不短于3年。"在第6条中又规定："本通知适用于国有、集体工业企业。"可见,这条优惠政策的适用范围仍有着对承租人企业的所有制类别和行业类别的限制。

2.《企业会计准则第21号——租赁》中具体规定的内容是："承租人应当采用与自有固定资产相一致的折旧政策计提租赁资产折旧。能够合理确定租赁期届满时取得租赁资产所有权的,应当在租赁资产使用寿命内计提折旧。无法合理确定租赁期届满时能够取得租赁资产所有权的,应当在租赁期与租赁资产使用寿命两者中较短的期间内计提折旧。"可见,如果承租人想运用这一法规对融资租赁项下固定资产加速折旧,相关的融资租赁合同中就一定不能有承租人在租赁期届满时能够取得租赁资产所有权的明确约定。

三、在宏观经济领域发挥着重要作用

（一）促进产业结构调整

传统产业构成了国民经济的主要部分,传统产业的技术升级是实现国民经济产业结构调整的根本所在。目前,我国传统企业的技术改造主要采取局部装备更新的方式,这非常适于对融资租赁的运用。租赁机构集融资、贸易于一体,能通过它们熟悉的商业渠道为企业及时购进价格合理的先进设备,而且当传统产业的地区分布不平衡时,融资租赁还可以将较发达地区闲置或淘汰的设备移入较不发达的地区,实现较不发达地区产业结构的合理调整,节约全社会的投资成本,实现资源的最佳利用。

具体调整过程是:在一定发展时期某一行业或企业设备的多少、优劣能反映出投入到该行业或企业的资金和技术状况,对其投入多,发展的后劲就大。融资租赁的介入恰恰能使企业花很少的钱就能用上先进的设备,对市场效率、生产效率都会产生影响。通过这种设备投入既支持了某行业的发展,又强化了其在经济发展中的地位,进而推动了产业结构的调整及合理构建。而且,随着融资租赁规模的增加,其对产业结构的影响将越加明显。

不过,政府要有明确的产业政策引导,否则融资租赁对产业结构的调整会有一定的盲目性,从而可能加重重复生产和重复建设,进一步加重产业结构的不合理性。

（二）有利于引进更多的外资

利用外资有多种形式,借款、发债都可以,但这些方式受债务规模、配套资金、国内投资环境等因素的制约,而融资租赁是一种很好的利用外资方式,如以转租赁的方式可以在不增加债务总量的前提下,引进国外的技术、设备。

（三）有利于提高国家经济发展的整体效益

从资金的融通看,融资租赁可以使资金被有效利用,不会被挪用。从出租人方面来看,出租前要对承租人的资信、经营方向、经营状况作深入调查,而且只选择较佳企业的项目,因此投出去的资金有较好的安全性。而从承租人来看,由于只有使用权,没有所有权,所以企业对设备一定要做到最佳配置以充分发挥其作用。

第二节 融资租赁与企业融资

一、企业融资的形式

个人、企业、政府都有融资问题,但通常情况下,企业被视为当前的赤字部门,是社会融资中的最终借款人,因此,研究融资问题主要指向企业融资。

(一)内源性融资和外源性融资

在一般的研究中,经常把企业融资分为内源性融资和外源性融资。当金融部门作为资金借贷的中间人提供的融资不能完全满足企业的融资需求时,企业也会从自身资源中寻找所需的资金,这就是内源性融资。内源性融资包括企业在创业过程中的原始资本积累、发展过程中的资本扩充(企业从股东那里筹集股本)和经营过程中的剩余价值或利润的资本化(纯收益中未分配给股东的部分),即财务报表上的自有资本及权益。另外,企业在收入中提取的折旧基金也被视为内源性融资。普遍的看法是,内源性融资成本低于外源性融资成本,因为内源性融资不存在代理成本问题,不存在困扰外源性融资中有关投资项目信息不对称和激励问题,也不存在企业与其他经济行为主体之间产生的交易成本问题。

除了内源性融资外,外源性融资在企业融资中同样具有非常重要的意义。外源性融资是指企业举借的各类对外债务,其获得渠道主要有两种,一种是通过银行举借各种短期或中长期贷款,另一种是通过证券市场发行企业债券或发行股票筹集资金。两类融资的比例组合称为企业融资结构,企业融资结构更多反映的是企业的财务问题,反映企业在某种特定资金需求下采取怎样的融资途径来解决资金问题。

(二)直接融资与间接融资

一般情况下,企业通过外源性融资获取资金的具体渠道被称为融资形式。传统上,划分融资形式的依据是融资活动是否需要通过金融机构。通过金融机构进行的融资被称为间接融资,没有通过金融机构的融资被称为直接融资。这种划分在金融中介机构主要是银行性机构时,是可以被采纳的。但是当金融中介机构不仅包含银行,还包含保险公司、投资管理公司,以及其他提供金融便利服务的机构时,就显得不合适了。因为不仅银行,保险公司、投资管理公司等金融中介组织都是以发行间接融资证券的形式从事融资活动,即便是资本市场上的直接融资也需要各种资本市场服务机构提供辅助服务。因此,从银行获得贷款属于间接融资,通过资本市场发行融资证券筹集资金属于直接融资,这样的界定更符合通常对企业外源性融资考察的习惯。对借款企业来说,直接融资是一种获取资金的快捷方式;对贷款者来说,融资证券则是债权资产(或股权资产)。

在金融中介理论研究中,还存在另一种对直接融资和间接融资的划分,这就是格利和肖(1956)依据资金盈余部门(最终贷款人)与借款企业(最终借款人)之间借贷关系建立的特征做出的划分。储蓄者直接购买借款企业发行的融资证券,是直接融资;储蓄者先行购买金融机构发行的间接融资证券,间接对借款企业发放贷款,就是间接融资。具体使用哪种划分,要看从哪个角度分析问题。

二、企业融资的具体类型

企业在实际经营过程中,常见的融资方式主要有以下几种。

(一)股权融资

股权融资是指企业通过公开发行股票筹集资金。股票具有永久性、无到期日、不需归还、没有还本付息的压力等特点,因而筹资风险较小。股票市场可促进企业转换经营机制,使之真正成为自主经营、自负盈亏、自我发展、自我约束的法人实体和市场竞争主体。同时,股票市场为企业的资产重组提供了广阔的舞台,有利于优化企业组织结构,提高企业的整合能力。

(二)债权融资

债权融资是指企业对外公开发行企业债券来筹集资金。企业债券,也称公司债券,是企业依照法定程序发行、约定在一定期限内还本付息的有价证券,表示发债企业和投资人之间是一种债权债务关系。债券持有人不参与企业的经营管理,但有权按期收回约定的本息。在企业破产清算时,债权人优先于股东享有对企业剩余财产的索取权。企业债券与股票一样,同属有价证券,可以自由转让。

但在我国,企业债券与公司债券是有区别的,我国 2005 年《公司法》和《证券法》对此做出了明确规定。企业债券是由中央政府部门所属机构、国有独资企业或国有控股企业发行的债券。公司债券的发行属公司的法定权力范畴,无须经政府部门审批,只需登记注册,发行成功与否基本由市场决定。

(三)银行信贷

银行贷款是企业最主要的融资渠道。按资金性质,分为流动资金贷款、固定资产贷款和专项贷款三类。专项贷款通常有特定的用途,其贷款利率一般比较优惠,贷款分为信用贷款、担保贷款和票据贴现。银行贷款是非常传统的外部融资方式。商业银行对企业提供贷款时,无论该企业多么优秀,总是要遵循稳健性原则而不得超过某个贷款限额。因此,企业只能有限地利用银行贷款的资金支持。同时,银行贷款审批时,所提供的放款额度也只是企业所需资金的一定比例,不是全额信贷。

(四)融资租赁

融资租赁方式是第二次世界大战后国际金融市场上的金融创新,20 世纪 50 年代首先在美国出现,随后在世界许多国家得到迅速传播与发展。融资租赁业务为企业技术改造开辟了一条新的融资渠道,采取融资融物相结合的新形式,提高了生产设备和技术的引进速度,还可以节约资金使用,提高资金利用率。

除上述境内融资外,企业还可利用的海外融资方式包括国际商业银行贷款、国际金融机构贷款和企业在海外各主要资本市场上的债券、股票融资业务。

三、融资租赁在企业融资中的优势

融资租赁作为一种具有"融物"特征的融资方式,融资与融物相结合,与其他融资方法相比较,具有如下特点。

(一)同股权融资的比较

同股权融资相比,融资租赁不仅程序上要简单得多,而且可以避免分散自己的股权利益或过多地披露自己的商业秘密。

（二）同发行债券的比较

我国当前债券市场还不很发达,对于企业来说,取得进入此类资本市场的资格远非易事。与之相比,租赁融资在程序上要简单一些。

（三）同银行信贷的比较

同银行信贷相比较,融资租赁的优势如在本章第一节中所述,近似于为承租企业提供了全额信贷,同时节约了银行对本企业的授信额度。除此之外,融资租赁还有以下一些优势。

1.程序上简单得多。同利用银行贷款购置固定资产相比,利用融资租赁取得固定资产在企业的内部决策程序上可能会简单一些。原因在于购置固定资产是预算性支出,融资租赁项下的租金支出是营业性支出。前者多半需要有董事会的决议,后者则可以由公司管理层(经营班子)做主。

2.租赁不是企业的负债,不计入资产负债表的负债项目,不改变企业的负债比率,也不影响贷款限额。因此,租赁不失为一种对企业十分有利的融资形式,它既获得了资金,又不增加负债,还不受金融机构的贷款限制;而银行贷款是企业对银行的负债,贷款增加,企业的负债比率也随之提高。

第三节　融资租赁的分类

对融资租赁的分类,有不同的分类标准,主要包括按经营方式划分、按融资风险程度划分和按融资租赁公司组织形式划分。

一、按经营方式划分

按经营方式划分,融资租赁分为直接租赁、转租赁和售后回租。

（一）直接租赁

1.直接租赁的含义。直接租赁(Direct Lease)是融资租赁业务的传统形式,即由银行或融资租赁公司根据对市场的判断,筹措资金后从供货厂商处直接购进租赁设备,然后租给承租人使用。出租人直接向承租人提供了相当于购置设备资金的全额贷款。由于出租人以自己的信誉筹措资金并承担风险,所以,直接租赁中的出租人往往具有较强的资金实力。直接租赁中,一般包括两个合同,一个是租赁合同,由出租人和承租人签订;一个是购货合同,由出租人与供货商签订。早期的直接租赁多以出租人选购租赁为主,目前各国普遍采用的是承租人选购租赁。

2.出租人选购租赁与承租人选购租赁的区别。这主要体现在以下几个方面。

（1）租赁交易过程不同。出租人选购租赁交易中,租赁公司根据对市场的判断,购入一定类别或型号的租赁设备,承租人从其库存中挑选自己所需。交易流程如图7-1所示。

因为是先买后租,第一环节购买和第二环节出租是一个分离的过程。如此,租赁公司购买的设备不一定能完全符合承租人的需求,从而阻碍融资租赁交易的顺利发展。而在承租人选购租赁交易中,第一环节购买与第二环节出租是同步的行为过程,即出租人向融资租赁公司提出融资租赁申请,租赁公司经过审查决定立项;承租人向其所选中的供货商提出购买申请,并提出详细的要求,诸如设备型号、规格等,达成协议后由融资租赁公司与供货商签订

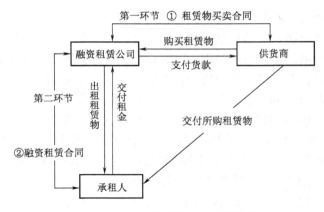

图7-1　出租人选购租赁交易流程图

购买合同,融资租赁公司与承租企业签订融资租赁合同。在这一交易中,买和租是同一过程。如此,租赁公司购买的设备必然是承租企业真正需要的。

(2)当事人关系不同。出租人选购租赁交易中,由于第一个环节购买和第二个环节租赁是分离的过程,因而在两个分别进行的交易过程中,只签订一个属于本交易过程的合同,即供货人—出租人、出租人—承租人,三方的关系是割裂的。而在承租人选购租赁交易中,由于第一环节购买与第二环节租赁是同步的行为过程,因此,在这个统一的交易过程中,需要同时签订购货合同和融资租赁合同,三方构成了一个统一的关系。

(3)库存不同。出租人选购租赁交易中,由于第一个环节购买和第二个环节租赁是分离的过程,因而在第一个环节出租人会出现库存。库存形成资金占用,影响出租人的资金周转,最终也会成为阻碍融资租赁发展的因素。而在承租人选购租赁交易中,由于第一环节购买与第二环节租赁是同步的行为过程,当租赁设备最终下线后,会直接运往承租企业。因此,在这个统一的交易过程中,不会形成出租人的库存。

(4)承租人对租赁物的选择权不同。出租人选购租赁交易中,承租人对设备和供货商选择的权利比较小。而承租人选购租赁交易中,承租人有权选择所需设备及其生产厂家和供货商,出租方只是根据承租方的要求出资购进设备,然后租给承租方使用,因此,对于设备的质量、规格、技术性能的鉴定与验收等,都由承租方负责,而出租方为了保障自己的利益,也可拒绝承购一些不合适的设备。

(二)转租赁

1.转租赁的含义。转租赁(Sub Lease)是指融资租赁合同的承租人先以第一承租人的身份向租赁公司或厂商(第一出租人)租进其用户所需要的设备,然后再以第二出租人的身份把设备租给第二承租人使用的租赁方式。采用这种方式,转租人能够获得其他融资租赁公司的融资便利。

在转租赁中,转租人同第一出租人的区别在于,转租人并非是该项融资租赁交易中的出资人及标的物买入人,即并非是该标的物的所有权人。转租人之所以可以以出租人的身份向第三人转让对该标的物的占有、使用及通过使用获得收益的权利,是因为它在上一层次的融资租赁合同中作为承租人受让了这些权利。而且,上一层次的融资租赁合同约定,它有权将这些权利向第三人转让。转租人同融资租赁交易中的最终承租人的区别在于,它并非是为了占有、使用及通过使用获得收益而承租租赁物,它承租租赁物的目的是为了能向第三人转让对该租赁物的占有、使用及通过使用获得收益的权利。

转租人的上述特点决定了转租赁交易需符合下面几个条件:①各层次的融资租赁合同的标的物必须是同一的。②在一般情况下,各层次的融资租赁合同的租赁期限应该也是同一的。但是,无论如何,下一层次的融资租赁合同的租赁期限届满日不得迟于上一层次的融资租赁合同的租赁期限届满日。③各层次的融资租赁合同对租赁期届满时租赁物的归属(留购、续租或收回)的约定必须同一。尽管如此,各层次的融资租赁合同在法律关系上又是相互独立的,不同层次的融资租赁合同的当事人之间不存在债权债务关系。也就是说,下面层次的融资租赁合同的承租人,并非是上面层次的融资租赁合同的出租人的租赁债务人。

2.转租赁的适用范围。转租赁之所以受到市场欢迎并大量存在,就境内业务而言,是由于它具备促成融资租赁交易这一根本功能。具体地说,下述情况的存在使直接的融资租赁有时难以实现。这些情况包括:①当某个企业想利用融资租赁时,而它自己的资信状况却不能让融资租赁公司满意;②融资租赁公司不太熟悉承租企业所处的行业状况;③一家租赁公司自身借贷能力较弱,或融资技术不发达,资金来源有限。对于第一种情况,如果有一个资信状况能令该融资租赁公司满意的第三人介入充当信用中介,即转租人,则该项交易将易于达成;对于第二种情况,如果某个潜在的承租人企业因地处偏远或其他原因,使得融资租赁公司不便于在融资租赁合同的履行期间对它监控时,一个被该融资租赁公司认为易于监控的第三人介入来充当转租人,则该项交易将易于达成;对于第三种情况,如果借助其他融资公司的融资便利,也将有利于融资租赁交易的顺利实现。

3.转租赁在我国的应用。就跨境业务而言,转租赁在我国融资租赁行业早期的主要功能,是由我国的融资租赁公司充当转租人来利用国外第一出租人的资金。后来,这一功能有所淡化。但是,转租赁的另一功能仍不可忽视,即规避国际贸易中某些国家对出口我国技术设备的限制。如,如果某项设备及其附带技术是其所在国家限制或禁止对我国出口的,那么,我国的融资租赁公司将它租入,再转租给别的企业,只要合同约定最终不转让所有权,就可以绕过该国政府的贸易限制。这一点,对于我国企业取得国外某些体现敏感技术的设备而言,仍是很有价值的。

我国境内转租赁交易受到市场欢迎,并大量存在。在我国,转租赁第三方之所以愿意以转租人的身份介入,承担资金回收的风险,主要原因一是为取得租金差,二是为其关联企业(即最终承租人)利用融资租赁达到特定经营目的而提供条件。由于第三方一般是某种非银行金融机构,拥有对最终承租人的多方面控制手段,因而其所面临的信用风险会小于一般融资租赁公司所面临的风险。

☞ **背景链接**

关联企业与关联交易

关联企业是指与其他企业之间存在直接或间接控制关系或重大影响关系的企业,如企业集团、合营企业、联营企业控股公司。关联交易是指在关联方之间发生转移资源或义务的事项。根据《上海证券交易所股票上市规则》(2001 年修订本)和《深圳证券交易所股票上市规则》(2001 年修订本)规定,上市公司关联交易是指上市公司及其控股子公司与关联人之间发生的转移资源或义务的事项。

企业通过关联交易,可以转移资产和利润并从中获取利益。现实生活中,关联交易大都发生在上市公司与其大股东之间。大股东在与上市公司进行关联交易时,可以利用其在上市公司中的优势地位影响交易的正常进行,如,以不合理的高价将其产品或劣质资产出售或置换给上市公司,换取上市公司的现金或优良资产;或者以不合理的低价从上市公司购买产品或资产,甚至不支付价款,致使上市公司应收账款不断增加、资金被长期占用,严重影响上市公司的正常生产经营,进而损害中小股东的合法权益。如果上市公司对关联交易信息作虚假披露、掩盖实情,则对中小股东的合法权益损害更为严重。因而,关联企业以及关联交易的发展,给金融机构的风险管理和监管当局的风险监管带来了巨大的挑战。曾经轰动一时的德隆公司集团在收购新疆金融租赁公司和新世纪金融租赁公司后,通过对上述两个公司的操纵,完成给德隆公司集团关联企业的融资和违规担保,以及参与二级市场的股票炒作,严重破坏了金融安全,最终使多家银行陷入困境,新疆金融租赁公司和新世纪金融租赁公司已被银监会勒令停业。

(三) 售后回租

1.售后回租的含义。售后回租(Sale-Lease-Back)是指承租人将自有物件出卖给出租人,同时与出租人签订融资租赁合同,再将该物件从出租人处租回的融资租赁形式。售后回租业务是承租人和供货人为同一人的融资租赁方式。

为使售后回租交易合法,确定回租标的物时需要考虑:①被出售的货物必须是该企业既有的、而且未曾向任何人抵押的财产,当然,更不能是正在作为诉讼标的的财产或已列入企业破产财产的财产。为了确认这一点,通常需要通过某种确认产权的程序,例如该财产所有权的公证等。②企业固定资产出售需要有一定的批准程序。例如,对于国有企业而言,需有国资委的批准;对于非国有企业的有限责任公司或股份有限公司而言,需有其董事会批准该项出售的相应决议;对于上市公司而言,则还需有其股东大会的相应决议和相应的披露程序。上述买卖交易的价格由买卖双方商定,但通常都必须有一个合理的、不违反会计准则的定值依据作为参考,例如该财产的账面净值或经合格的资产评估机构评估的公允价值等。

此外,在实务中,还会有转租赁和回租两种方式的结合使用,即某融资租赁公司向某企业收购其固定资产,然后再将该资产出租给另一公司,由后者再转租给出售固定资产的企业,通常称这种方式为转回租。售后回租业务的出现,不仅满足了承租企业短期的资金需求,融资租赁企业也由于承租人的增多而扩大了业务范围。

2.回租的目的。售后回租具有较强的融资功能,实践中企业急需资金时,这是一种改善企业财务状况的快捷方式。回租这种交易方式的目的,是在基本上不改变企业资产规模和不影响对其既有实体资产使用和受益的前提下,变企业某些实体资产为金融资产,以改变其资产结构,提高其资产的流动性,满足其特定的经营需要。

例如,有些企业通过售后回租取得现金价款,用于偿还此前为购置该固定资产所借入的银行长期贷款,从而使其既可以将银行核准给予的十分宝贵和有限的授信额度更有效地用做流动资金之需,也使银行的信贷结构更加合理(即提高其流动性),商业化的步伐得以加快。又如,某些大型证券公司在已往的经营中,对其下属机构的实物投资过多,严重影响了其总资产的流动性,因而也限制了利用银行证券质押业务的机会。通过售后回租,公司可以大幅度地改变资产结构,大大提高货币资金及证券资产的比重,从而为扩展自营证券业务的主业创造了有利的条件。再如,在优势企业对其他企业的合并、兼并中,迫切需要一定的流动资金用于安置职工和进行适度技术改造及扩大适销产品的生产规模。这时,它们将自有的或被合并、兼并企业的有效实体资产向融资租赁公司出售并同时租入使用,就可以在一定程度上减轻信贷压力,缓解上述资金瓶颈,促进国有企业资产重组的成功。

回租作为企业资产经营的一种有效手段,不仅在国际上广为流行,而且在我国企业资产重组中也发挥着日益显著的作用。也正因如此,回租深受企业界的欢迎。如果说,我国早期融资租赁业务的主要功能是向企业提供资金,以满足企业技术改造的需要,即发挥融资租赁的融资功能,那么,在我国宏观经济形势发生重大变化的今天,融资租赁的其他功能正在显现,其中就包括通过回租方式所发挥的资产管理及资本经营功能。

3.售后回租与抵押贷款的区别。从形式上看,售后回租与抵押贷款十分相似,二者都是债务人在不放弃对出售或抵押的实物财产的使用权的条件下而获得资金融通的方式。但二者在交易中存在一些本质差异。在抵押贷款中,借款人或第三人是抵押物的所有权人;而在回租中,承租人不是租赁物的所有权人,仅仅是租赁物的占有、使用人。

4.售后回租的基本特征。售后回租主要有以下几个基本特征。

(1)售后回租交易中的出售与回租是一个交易的两个环节,出售是形式,融资是实质。回租同直接融资租赁交易一样,是由买卖交易和租赁交易这两项互为条件、不可分割的交易构成的。也就是说,先是由融资租赁公司以买入人的身份同作为出卖人的企业订立买卖合同(或称"所有权转让协议"),购买企业自有的某实物财产(在《金融租赁公司管理办法》中规定为是"固定资产",在《国际融资租赁公约》中规定为是"不动产、厂场和设备")。在该买卖合同中,融资租赁公司的责任是支付买卖合同项下货物的价款,其权利是取得该货物的所有权。与此同时,该融资租赁公司又以出租人的身份同作为承租人的企业订立融资租赁合同,将上述买卖合同项下的货物作为租赁物,出租给该企业。在该融资租赁合同中,出租人的责任是在规定的租赁期间内,向承租人转让该租赁物的占有、使用和通过使用获取收益的权利,出租人的权利是收取租金。

(2)售后回租是一种租金与实物反向运动的融资活动。各种融资活动的一般运动规律是从货币到实物再到货币的运动过程。除了售后回租这种租赁形式外,所有融资租赁的形式也都遵循着这样的运动规律,即交易的起点是先取得货币资金,再把货币资金转化为实物,然后才有对物的所有权的处置问题。而售后回租交易的起点却是实物,是以物的所有权的处置为起点的由实物到货币偿还的运动过程,实际上是一种实物与资金反向运动后有机结合在一起的租赁安排,是对融资租赁中融资与融物相结合这一基本特征的进一步灵活运用,它仍属于融资租赁的范畴。

(3)回租中的买卖与一般买卖的不同之处是,由于售后回租中的出售和租入是同时发生的,因此,交易的过程中不存在出卖人向买入人的实物交付和承租人对标的物的验收,也就是说,不存在通常货物买卖中物的流动。同时,企业将该实体财产出卖,由于随之又租入,因此不改变对该实体财产的实际占有和使用状况。换句话说,该企业在进行了售后回租之后,其对该项交易标的物的占有、使用条件毫无变化,仍同未进行此项交易之前的情况一样。

二、按融资风险程度划分

在通常情况下,融资租赁交易中的融资风险由出租人承担。出租人所提供的租赁融资,来源于自有资金(股东权益)和借入资金(企业债务)。只要租金不能按时足额回收,就必将减损该出租人的偿债能力或其股东权益。也就是说,出租人的融资风险,是由它独自承担的。但是,在融资租赁交易的发展演变过程中,出现了上述融资风险不由或不完全由出租人承担的情况。按融资风险程度划分,融资租赁分为联合租赁、杠杆租赁和委托租赁。

(一)联合租赁

联合租赁是指具有经营融资租赁业务资质的融资租赁公司之间的一种合作方式,是由一家融资租赁公司出面同用户企业订立融资租赁合同,而所需资金(租赁融资)则是由各家融资租赁公司分别提供的。这些公司将按各自提供的资金比例承担风险和得到报酬。

(二)杠杆租赁

1.杠杆租赁的含义。杠杆租赁是出租人承担租赁融资额中的一小部分(20%～40%),其余资金由其他租赁公司、银行提供,是融资租赁的一种特殊方式。它是目前采用较为广泛的一种国际租赁方式,是一种利用财务杠杆原理形成的租赁形式。

杠杆租赁至少有三方面的人员参与:贷款人、出租人和承租人。融资租赁公司受到自身资本充足率的限制和为了贯彻风险分散原则,往往不愿或无力独自购买租赁设备并将其出租。因此,出租人要利用自己的有限资金来启动租赁融资规模较大的项目,即,要发挥资金的杠杆作用。就其他出资人(委托人)而言,是要借助于融资租赁公司的专业能力及服务来实现自己资金的增值。而各种参与者之所以愿意同时承担融资风险,是由于确信在出现问题时可以通过对租赁物的有效处分而减少风险。

使用杠杆租赁方式时,出租人自筹租赁设备购置成本20%～40%的资金,其余60%～80%的资金由银行或财团等以贷款方式提供,但出租人拥有设备的法定所有权。这样,在很多发达国家,出租人按国家税法规定就可享有以设备的购置成本金额为基础计算的减税优惠。但是,出租人需将设备的所有权、租赁合同和收取租金的权利抵押给银行或财团,以此作为取得贷款的担保,每期租金由承租人交给提供贷款的银行或财团,由其按商定比例扣除偿付贷款及利息的部分,其余部分交出租人处理。

2.杠杆租赁的适用范围。杠杆租赁是20世纪70年代在美国首先发展起来的租赁方式,由于金融机构的广泛参与,目前大部分资金需求量很大的项目,以及经济寿命在10年以上的资本密集型设备,如飞机、船舶、邮电通信系统、输油管道等的成套设备均采用这种方式。

在正常情况下,杠杆租赁的出租人一般愿意将一部分利益以低租金方式转让给承租人,从而使杠杆租赁成为一种低租金租赁。在杠杆租赁中,贷款参与人的资金也能在租赁物上得到可靠保证,比一般信贷安全。由于杠杆租赁的直接目的是税收节约,因此税务部门对杠杆租赁一般有严格规定,如美国规定:①出租人投资必须占租赁资产初始总成本的20%以上,且在租赁期内一直保留这笔投资;②租赁期限不能超过租赁资产经济寿命的80%;③租赁期结束后,残值不低于20%,且由出租人承担风险和收益;④承租人及其关联人在租期期末不能以低于市场公允价格留购;⑤租金和残值总额必须超过还本付息和投资的总额。

3.杠杆租赁的作用

(1)通过财务杠杆与交易结构,改变了出租人资金来源的单一性。在杠杆租赁以外的多数融资租赁形式中,就一项租赁交易中的资金来源而言,所需资金的100%都是由出租人(合办租赁中为整体出租人)提供的。出租人所提供的全部融资资金来源有两种,一是其自有的股本,二是出租人以债务人身份通过对外负债取得。出租人通过对外负债形成的资金与每一项租赁交易没有直接关系,换言之,如果租赁交易中的承租人违约,出租人不能以此为由而拒绝偿还其对其他债权人的负债,即出租人为提供租赁交易而进行的筹资与每一项租赁交易是相互独立的交易行为。

(2)投资现金回收速度加快。杠杆租赁的财务杠杆作用主要体现在出租人用设备价款20%~40%的投资便可获得设备全部所有权的利益并获得全部价款投资在税法上的全部优惠,从而降低了实际纳税率,加快了投资现金的回收速度。

(3)投资报酬得以提高。由于出租人购买设备60%~80%的投资来自借款,每年有大量利息作为费用无须纳税,从而提高了投资报酬。

(4)分散了投资风险。就其他债权人而言,多数情况下是银行提供的无追索权的贷款,如承租人违约,为抵还借款,被清偿的资产仅限于设有担保物权的出租资产。但也可以是通过发行债券而募集投资人的投资,根据募集方式的不同,还可分为面向机构投资人的私募方式和面向债券市场的公募方式。由于出租人由多个产权参加者构成,从而分散了投资风险。

(5)为其他当事人构建了参与融资租赁的交易平台。杠杆租赁交易中的多样性组合,给其他投资人、其他债权人构建了一种参与融资租赁交易的平台,为其参与融资租赁交易提供了可能性。特别值得分析的是杠杆租赁交易中的债权人。绝大多数杠杆租赁交易的债权人都是以无追索权的方式来为出租人提供资金融通,与有追索权贷款相比较,其风险程度加大。但是单纯的贷款融资,因其不具备与物的内在联系,所以就不能满足用户关于融物特征的需求。杠杆租赁的出现,就为以简单融资方式无法满足其用户需求的债权人提供了一条向其用户提供资金融通的渠道。简言之,当债权人希望进入出租人所在领域,但没有出租人所在领域的客户资源,或仅凭单一的资金融通而缺乏竞争优势时,就可以通过参与杠杆租赁而间接地进入出租人所在领域。

4.杠杆租赁的条件。杠杆租赁交易必须满足以下条件:具备真实租赁的各项条件;出租人必须在租期开始和租赁有效期间持有至少20%的有风险的最低投资额;租赁期满租赁物的残值必须相当于原设备有效寿命的20%,或至少尚能使用1年;承租人行使合同规定的购买选择权时,价格不得低于这项资产当时的公平市场价格。我国租赁市场还不很发达,实践中,租赁的形式多为典型的融资租赁和出售回租,杠杆租赁的作用还没有充分发挥出来。

(三)委托租赁

1.委托租赁的含义。委托租赁是委托人基于对受托人的信任,将其合法所有的、不被禁止或限制流通的、适合于租赁的财产委托给受托人,由受托人按委托人的意愿以自己的名义,为受托人的利益或特定目的,以租赁的方式运用和处分的行为。

在委托租赁交易中,融资租赁公司完全不承担风险,只是作为受托人替出资人(委托人)以租赁方式运用和处分信托资金或设备的租赁。在委托租赁中,增加了委托人和一份委托代理合同,委托的可以是资金,也可以是委托人闲置的设备。

2.委托租赁的本质。委托租赁不是融资租赁的某种交易方式,其本质是一种信托关系或信托行为,即委托人基于对受托人的信任,将其货币资金财产的使用权委托给受托人,由受托人按委托人的意愿以自己的名义,为受托人的利益或特定目的,以租赁的方式运用和处分的行为。这里说的是"以租赁的方式运用和处分",既包括以融资租赁方式的运用和处分,也包括以经营租赁方式的运用和处分。所以,实际上委托租赁并非是可以同直接租赁、转租赁、回租等并列的某种交易方式。

3.委托租赁的当事人。委托租赁中的委托人不是融资租赁交易的当事人。作为资金提供者,可以同委托人并列对比的,仅仅是其他类别的资金提供者,即出租人的股权人和债权人,它们无一例外地也都不是融资租赁交易的当事人。之所以出现了委托租赁这一用语,仅仅是为了说明,在此类业务中出租人所运用的资金来源的特殊性,以及因此出租人既不承担此类资金运用的风险,也不享有此类资金运用的利益。

4.委托租赁的适用范围。有两种情况适用委托租赁,其一是委托人不具备出租人资格,对租赁业务不熟悉;其二是委托人与受托出租人、承租人不在同一地区和国家,没有条件亲自管理,只好交给受托人。委托租赁实际上具有资产管理功能,可以帮助企业利用闲置设备,提高设备利用率。集约化的资金委托租赁实际上就是租赁信托行为。

在我国的委托租赁交易中,委托人多基于两个目的,一是使自己的剩余资金通过融资租赁方式增值;二是使自己的关联方取得以融资租赁或其他租赁方式交易所带来的某些好处,达到某些特定目的。这涉及各类租赁对于承租人企业而言的有别于借贷、自行购买的独特功能。

5.对委托人关联企业的作用。委托租赁对于委托人参股或控股的公司来说,有以下作用:

(1)当委托人参股或控股的公司需要取得某项固定资产时,该公司想节约授信额度,或难以获得发行债券融资资格,或者不愿意增发普通股分散股权,或者不愿意过多地暴露自己的商业秘密,此时,委托人可以通过委托租赁,利用融资租赁交易使其参股或控股的公司取得该项固定资产。

(2)当委托人参股或控股的公司认为加速折旧对自己的经营效果关系重大时,委托人可以通过委托租赁,采取融资租赁方式,使其参股或控股的公司取得该项固定资产。因为,对于国有、集体工业企业融资租赁项下的固定资产,国家规定可以按法定折旧年限同融资租赁期限两者孰短的期限折旧(但是不得短于3年)。而用其他方式取得固定资产时,则没有这种加速折旧的优惠。

(3)当委托人参股或控股的公司需要加大自己的资产流动性,又不能以减损自己的固定资产为手段时,企业可以利用委托租赁,采取出售回租这种融资租赁交易方式。一方面企业把自有固定资产的所有权转让给某融资租赁公司,从而取得自己所需的价款(货币资金)。与此同时,它又从融资租赁公司租入该固定资产,因而丝毫不妨碍对该固定资产的继续使用。当然,它也可以通过向银行抵押该固定资产的方式来从银行取得贷款,从而达到上述相同的效果。这就要看企业是否存在授信额度问题。

委托人参股或控股的公司之所以要加大自己资产的流动性,往往出自信息披露的需要,即,或者是为了优化其财务状况中的流动比率和速动比率之类指标,从而提高其在资金和资本市场的信用等级;或者是为了获得现金直接用于偿债,以减少其长期借款和增加其银行授信额度中的可灵活利用的部分。这种手段也可以在委托人参股或控股的公司短期头寸不足时运用。方法是,先订立出售回租式融资租赁合同,从融资租赁公司把钱拿去,一旦自己有了钱,即使合同未到期,也完全可以提前结束,把钱再还给该融资租赁公司。

(4)当委托人参股或控股的公司为避免设备陈旧时可使用委托租赁。某些企业处在技术更新速度较快的行业,尤其是高科技领域,这类企业为避免设备陈旧风险和控制初始投入资金,可以通过委托租赁,利用经营租赁,来取得这类设备。这种方式的要点是,租金不以摊提该设备购置成本的全额为其计算基础,该固定资产不在该承租企业账上资本化,其在租赁期满时的剩余价值的贬值风险,由与该融资租赁公司关联的出卖人承担。

三、按融资租赁公司组织形式划分

按融资租赁公司组织形式划分,融资租赁分为自营租赁、合办租赁和代理租赁。

（一）自营租赁

自营租赁是指租赁公司自行筹资并购入设备,由此产生的收益和风险自己承担。

（二）合办租赁

合办租赁是指租赁公司与制造商或其他租赁机构联合,按各自垫资比例占有租期内物件的所有权、租金收益权,并分担风险。

（三）代理租赁

代理租赁是指受托人接受企业(有闲置设备)委托,代其做宣传和寻找承租人,不垫资,属于广义的信托业务。对此业务与前述委托租赁的区别,可参见本书第一章信托与代理的区别。

四、按融资租赁交易涉及的区域划分

按融资租赁交易涉及的区域划分,融资租赁分为国内租赁和跨境租赁。

（一）国内租赁

国内租赁是指租赁交易只处于国内区域,交易中所涉及的当事人同属一国居民,因而是一种融通国内资金的形式。

（二）跨境租赁

跨境租赁是指租赁交易的地域扩展到国外,交易中涉及的当事人分别属于不同的国家。跨境租赁又分为进口租赁和出口租赁。

案　例

飞机租赁

2002 年,远东国际租赁有限公司(以下简称远东租赁)经过 1 年多的调查研究和市场开发,在中化集团公司领导及各部门的关心支持下,其战略性业务之一的飞机租赁业务终于取得了实质性进展。远东租赁与新华航空达成一项飞机租赁项目,标的物为一架波音 737-300 型飞机,交易形式为售后回租,原所有权人新华航空公司将飞机出售给远东租赁以后再回租,飞机实际飞行 9 年,已完成 D 检,剩余使用寿命在 10~15 年,现投放北京首都机场,执行新华航空北京飞往全国各地的航班。

过去 20 多年来,国内很少有租赁公司参与到飞机租赁业务中来,一是因为交易比较复杂,需要高素质的人才;二是需要大量的金融资本,即使国内的大银行也仅仅在飞机租赁交易中提供担保之类的业务,很少全面介入。因此,国外金融机构赚取了大量的垄断利润。飞

机资产已被金融机构认为是最好的资产之一,资产保值性强,流动性大,变现性强,是公认的硬通货。中国航空公司在20多年来没有一起不偿还租金的记录,所有参与中国飞机租赁业务的机构都是在风险极低的情况下稳稳地赚取利润。在此笔飞机租赁交易中,中化集团拥有第一架自己的飞机,为中化集团优良资产的扩张增添了新的内容。通过这次交易,远东租赁公司锻炼和培养了一批飞机租赁专业队伍。这虽是远东租赁第一笔飞机租赁业务,但公司能够在交易的各个环节高标准、严要求,按照国际惯例操作,得到了航空公司的好评,认为远东租赁是"国内操作规范、值得信赖的租赁公司"。

新华航空的两大股东——海航集团和神华集团都是国内比较知名的企业,发展潜力较大。中化集团公司作为国家骨干企业,各方面经营状况很好,这为远东租赁公司的发展提供了强大的支持。中国航空二集团与远东租赁公司近年来也在不断加强合作,遵照国务院领导指示,共同致力于国产飞机的销售与租赁业务。

经验表明,民航业的增长一般大于GDP的增长,按十六大制定的中国经济总量在2020年比现在翻两番的战略目标计算,至2020年,中国民航业也至少能够翻两番,届时飞机数量将会从目前的600架增加至2 600架,这2 000架飞机的市场空间,就算50%的份额由国内租赁公司运作,也有1 000架的份额。按每架平均6 000万美元计,国内市场将有600亿美元之巨。中国如此大的飞机融资租赁市场,国内租赁公司应该进入,远东租赁与新华航空、中化集团与海航集团将有更大、更全面的合作机会。

飞机租赁在中国具有良好的前景,政府的支持力度也将进一步加大,本次签约是中国国内租赁公司独立运作的第五个飞机租赁项目,这是国内航空公司、飞机制造商和租赁公司梦寐以求的盛事。从国外看,飞机租赁业务在租赁市场中的地位举足轻重,占17%以上的比重,而我国由国内租赁公司自主运作的飞机租赁业务则刚刚起步。

(资料来源:长城融资租赁公司网站 http://www.gwflc.com)

案例分析:

售后回租是企业缺乏资金时,为改善其财务状况而采用的一种筹资方式。航空公司将现有飞机出售回租,可以取得现金,用于偿还以前为购置飞机所借入的银行长期贷款,在基本不改变航空公司规模和不影响既有飞机使用的前提下,变实物资产为金融资产,使其可以将银行给予的授信额度用于流动资金,以便盘活固定资产,加速资金流动,这在很大程度上加快了航空业的发展。目前,售后回租这种租赁方式在国际航空界广泛采用,在我国也将大有市场。

本章小结

随着经济的不断发展,融资租赁在金融市场中的作用越来越大,融资租赁的不同功能也在逐渐发挥作用。目前的市场上,个人、企业、政府都存在融资问题,但通常情况下,企业被视为社会融资中的最终借款人,因此目前研究融资问题主要是指向企业融资,而融资租赁在企业融资中具有一般融资方式不可替代的特殊优势。在我国宏观经济发生重大变化的今天,融资租赁更是在我国的经济发展中发挥着日益重要的作用。

复习思考题

1.试分析融资租赁在企业融资中的地位。

2.试概括融资租赁在市场中的主要功能。

3.什么是转租赁与售后回租?

4.什么是杠杆租赁与委托租赁?

5.简述售后回租的基本特征。

第八章

融资租赁合同的处理

学习目标

　　本章的重点内容是掌握融资租赁交易中所涉及的四个基本问题。首先介绍了融资租赁交易合同及其法律问题;其次分析了融资租赁合同中的租赁确定问题;再次提出了融资租赁合同中的担保问题;最后概括了融资租赁合同中的会计处理问题。

第一节　融资租赁合同

一、融资租赁合同的一般要求

融资租赁合同是租赁当事人的法律保障,是融资租赁业务的主要环节之一。我国《合同法》对融资租赁合同有明确定义:"融资租赁合同是出租人根据承租人对卖出人、租赁物的选择,向卖出人购买租赁物,提供给承租人使用,承租人支付租金的合同。"

(一)融资租赁合同的属性

1.融资租赁合同的实质。融资租赁合同是以融资为目的、融物为手段的合同,具有融资、融物的双重属性。融资租赁合同作为在市场经济条件下出现的一种新型、独立的合同,巧妙地将融资与融物结合在一起。所谓融资,体现在承租人不需要一次性支付所需设备的货款,而是先由出租人利用自己的资金以及在此基础上形成的借贷资金支付货款,承租人再以租金的方式向出租人分期给付;所谓融物,体现在承租人能以固定的租金获得指定设备的使用权,期满之后,可以选择留购、续租或退租。

2.融资租赁合同实质的表现形式。形式上,出租人出资购买承租人指定的标的物,提供给承租人使用并获得收益,而不是直接提供贷款,但实质上是以融物代替融资,出租人通过融物解决承租人购置生产设备的资金需求,并在此基础上追求利润。而出租人则通过收取高于贷款本息的租金获得投资回报。融资租赁合同把借钱与借物两者有机结合起来,并以借物还钱(租金)的形式实现租赁全过程。

3.融资租赁合同与传统租赁合同的区别。融资租赁合同和传统租赁合同都是以租金换取租赁物的使用权,但融资租赁公司与传统租赁合同的一个显著不同就是承租人通过租赁物的使用达到融资的目的,承租人在获得租赁物使用权的同时,也解决了自己一次性购买租赁物所需资金的不足。因此,融资租赁合同不同于只注重物的使用的传统租赁合同,融资租赁是在所有权和使用权分离的基础上将融资与融物相结合的一种新型的信用方式。

(二)融资租赁合同解约限制

1.融资租赁合同的解约限制。在融资租赁合同的租期内,除非出现特殊情况,出租人和承租人双方不得中途解约。融资租赁合同中一般都有类似"除合同约定条款外(或除特殊情况外),未经对方书面同意,任何一方不得中途变更合同内容或解除合同"的规定。

2.融资租合同对解约严格限制的原因

(1)出租人与承租人签订融资租赁合同的意图在于融资,租赁物是出租人按照承租人的指定购买的,一般不具有通用性。如果允许承租人中途解约,即使将租赁物返还给出租人,在一定期间内出租人也很难将退回的租赁物再次租给新的承租人,更难期待通过出卖租赁物使出租人收回残存租金的相当金额。在这种情况下,出租人不仅要失去数量可观的租费收入,而且要遭受租赁设备无形损耗的损失。

(2)购买设备需要大量资金,这些资金除了出租人的自有资金以外,绝大部分来自第三方的融资,包括国外金融机构的融资。出租人除了要支付这些融资的本息外,还承担着汇率变动的风险。如果允许承租人中途解约,则出租人很难收回投入的资金,更不要说偿付融资本息了。

（3）租赁物的购入价款、利息、保险费、手续费等，在固定的租赁期间内以租金的方式分期偿还，租赁期届满时将全额收回。如果允许承租人中途解约，将使出租人所投入的各项资金成本难以收回。

（三）租金对融资的补偿性

1.融资租赁合同中的租金与传统租赁中租金的区别。在融资租赁合同中，承租人要向出租人支付租金，但租金并不是对租赁物使用收益的代价，而是"融资"的代价，这不同于传统租赁合同中承租人支付的租金。出租人通过收取租金而收回其向供应商购买租赁物所支付的价款。因此，融资租赁合同的租金标准和传统租赁合同的租金标准是不同的，一般要高于传统租赁合同的租金。

2.融资租赁合同中租金的确定。通常情况下，融资租赁合同中的租金应根据购买租赁物的大部分或者全部成本以及出租人的合理利润来确定。在租赁期内，融资租赁合同约定的租金总额不仅足够抵补出租人购置租赁标的物所垫支的全部资金，并且还可以从中获得一定的利润。

二、融资租赁交易合同的构成及条款

（一）融资租赁交易合同中的购买

就融资租赁交易而言，必定要有购买和融资租赁这两种交易存在，必定要有融资租赁合同和与之相关的买卖合同存在，并且两者互为条件，然而，这两种交易却又是相互独立的两个不同的民事法律关系。

1.关于融资租赁合同中购买的规定。《国际融资租赁公约》第1条第1款规定：一方（出租人）按照另一方（承租人）的规格要求同某第三方（供货人）订立一项协议。根据该协议，出租人按承租人就涉及其利益的部分所认可的条件取得成套设备、资本货物或其他设备。《中华人民共和国合同法》第237条规定：融资租赁合同是出租人根据承租人对出卖人、租赁物的选择，向出卖人购买租赁物，提供给承租人使用，承租人支付租金的合同。

2.融资租赁合同中购买的特点。融资租赁合同中的购买不同于一般购买，具有以下几个特点：①买受人是出租人，要支付货款。②向谁买、买什么、以什么条件买，由融资租赁合同中的承租人决定。③在融资租赁合同承租人同出租人之间，分担着买受人的义务和分享着买受人的权利，即就买受人的义务而言，支付价款的义务归融资租赁合同中的出租人，受领货物的义务归融资租赁合同中的承租人；就买受人的权利而言，取得货物所有权的权利归融资租赁合同中的出租人，对出卖人的选择和对货物进行规定并从出卖人那里取得对该规定的保证的权利归融资租赁合同中的承租人。在实务中，上述对买受人权利义务的分享和分担，通常是难以通过买卖合同的条款来体现的。因此，必须在融资租赁合同的条款中具体约定。④由于融资租赁合同中承租人有上述权利，因此，随附于租赁物所有权的风险就必须归于融资租赁合同中的承租人，而不是通常情况下的买受人或融资租赁合同中的出租人。在这里，融资租赁合同中的出租人尽管是标的物的法定所有权人，但却并非其经济所有权人，不承担因购买该货物所产生的经济后果。这一点，在《企业会计准则第21号——租赁》中有十分明确的规定，其第5条规定，"融资租赁，是指实质上转移了与资产所有权有关的全部风险和报酬的租赁"。在实务中，这一点体现在融资租赁合同项下租金计算的依据上。

3.融资租赁交易中购买合同与一般买卖合同的联系。尽管融资租赁交易中的购买与一般购买有上述区别,但作为购买合同的内容仍然具有相关买卖合同的一般特征。从出卖人的角度看,向兼为融资租赁合同出租人的买受人出卖,同向别人出卖相比,并无实质性的不同。因此,即使买卖合同中参照《国际融资租赁公约》的表述,列入了"出租人之取得设备是同某一租赁协议相关联的,并且供货人知悉该协议已经或必将在出租人和承租人之间订立"的条款,也没有改变该买卖合同的性质。因此,融资租赁交易中的买卖合同,同其他交易中的买卖合同一样,应受《中华人民共和国合同法》或《联合国国际货物销售合同公约》的约束。

总之,各个当事人在购买合同和融资租赁合同中各自的权利义务是不可混淆的,不能把相关的买卖合同视为融资租赁合同的从合同。

（二）融资租赁购买合同及其内容

由上可知,融资租赁交易的合同应该包括两个合同,一个是融资租赁购买合同,另一个是融资租赁合同。融资租赁购买合同在融资租赁业务中不作为一个独立的主体合同,而是租赁合同不可分割的部分,因此,在签订购买合同时,要考虑购买合同条款与租赁条款的一致性,分清楚当事人之间的权利和义务。具体包括以下几方面内容。

1.租赁物的名称、数量。在购买合同中,必须写明合同标的物即租赁物的名称。租赁物可以是一件,也可以是多件,在租赁合同中应明确约定租赁物的数量。

2.租赁物的价格。在购买合同中应明确约定租赁物的价格,价格是租赁合同中最为重要的条款。价格约定不明会对租赁合同产生很大影响,引发不必要的纠纷。

3.支付条款。订立合同时要确定用哪种货币进行计价和选择哪种支付方式。选择计价币种应该对货币的汇率走势、利率走势进行分析比较,将租金的计价币种因素考虑进来,选择有利于己方的货币。支付方式通常采用信用证结算方式和凭公司出具的银行保函方式,有时也可采用托收方式。

4.交货和运输条款。在购买合同中,应当明确交货日期,对于承租方来说,应尽量早日收到设备以便投入生产。对于运输条款,应该明确运输途中的风险分担,并且约定由谁投保。

5.设备的安装调试、验收和质量保证条款。对于大型的需要安装调试的设备,购买合同中应该明确规定由卖方派出具有专业能力的工作人员,在规定天数内安装调试完该设备。对设备的质量验收标准也应当规定清楚,对不能达标的产品,应规定由供货方承担直接损失并支付罚款。

6.争议性条款。在购买合同中还应当规定,在双方出现合同争议时,该争议事项应由何地的仲裁机构仲裁解决。

7.其他条款。这类条款包括:有关合同的货物质量保证及其他服务由供货人向承租人负责;供货人承认该买卖合同是买方购入用以出租给承租人使用的。

（三）融资租赁合同的条款

实务中,融资租赁合同的主要条款一般包括租金条款、租金支付条款、租赁物所有权条款、租赁物维护条款、保险条款、租期结束后租赁物的处理条款、承租人不得任意中途解约条款、转租赁条款、租赁保证条款和担保条款等。

1.租金条款。租金条款是租赁合同的必备条款,租金条款包括租金的构成、租金的支付方式、租金的计价货币以及延付租金的惩罚性条款。其中,租金的构成一般包括出租人为承租人购买设备支付的货款、融资利息、融资费用以及出租人的利润。

2.租金的支付方式和期限。各国立法一般均规定租赁合同为有期限的合同,承租人只能有期限地使用他人的财产,而不能永久性地使用,因为租赁只是通过订立合同有偿地转移了财产的使用权而非所有权。我国《合同法》中规定:"租赁期限不得超过 20 年,超过 20 年的,超过部分无效。租赁期限届满,当事人可以续订租赁合同,但约定的租赁期限自续订之日起不得超过 20 年。"当事人对租赁期限没有约定或约定不明的,为不定期租赁,当事人有权随时解除合同。不定期租赁最长期限仍不得超过法定最高期限。

3.所有权及所有权保护条款。出租人在购买合同中作为买方,依据购买合同支付了价款,取得了租赁物的所有权,但在融资租赁交易中,供应商将租赁物直接交付给承租人的,承租人直接占有租赁物,享有对租赁物实际控制、行使占有和使用的权利。在这种情况下,如何保障出租人的所有权便成为融资租赁合同中至关重要且必须加以规定的内容。通常在合同中加入如下条款:"租赁物的所有权在本合同租期内始终归出租人所有。出租人有权在租赁设立时标明其所有权的标记。未经出租人书面同意,承租人不得将租赁物处置、转租、转让、出售或抵押给任何第三方或采取其他任何侵犯或足以侵犯出租人租赁标的物所有权的行为。若承租人破产,租赁设备不得列入破产财产范围,破产债权人无权处分租赁物。"

4.租赁物的日常维护条款。在出租人与承租人签订的融资租赁合同中,一般都订有关于对租赁物进行日常的使用、保管、维修和保养的条款,这种责任条款是维护出租人利益,免除其相应责任的重要条款。租赁物是出租人按照承租人的要求购买并出租给其使用的,租赁物的状况对承租人有更直接的影响。因此,承租人也应妥善保管、合理使用租赁物,租赁物由其维修并自行承担维修费用。即使租赁物不能正常使用,承租人也不能免除其支付租金的义务。

5.保险条款。在租赁业务中,对租赁物进行保险是必经程序。保险一般分为两部分,即财产保险和责任保险。合同中应明确规定保险范围、谁负责投保、保险费用的负担、保险人的选择、投保的时间和期间、保险受益人等事项。

6.租赁期满后对租赁设备的处理条款。租赁期限届满后,承租人可以选择留购、续租或退租。对租赁期满后租赁物的处置,合同中应有明确规定。由于租赁物多为专业设备,因此我国目前多数选择留购方式,即由出租人和承租人商定租赁物的残值,承租人交纳一定的名义价款后即获得设备的所有权。

7.承租人不得任意中途解约条款。在合同中规定发生租赁设备灭失和毁损,不得中途解约并需继续交纳租金的条款是由融资租赁的特殊性质决定的。因为出租人为承租人购进设备,其资金来源除自有资金外绝大部分来自第三者的贷款。出租人面临着双重风险,即购货合同和租赁合同对方违约的风险和贷款的信用风险。因此,在租赁合同中有必要规定承租人有绝对义务遵守租赁合同,不能以任何理由终止租赁合同。当然,如果由于出租人的过失迟付货款或造成租赁设备的迟延交付并致使不能实现合同目的的,承租人可以依据合同法的规定解除合同并要求损害赔偿。

8.转租赁条款。由于承租人在融资租赁期间内承担绝对的和无条件支付租金的义务,因此承租人有权要求将租赁设备转租赁给其他人使用,但是必须取得出租人的书面同意。因为租赁设备如果转租给不可靠、无信用的第三人使用,将会使出租人蒙受损失。

9.租赁保证条款和担保条款。融资租赁合同中出租人通常要求承租人在签订合同后立即支付一定比例的保证金,作为承租人支付租金的保障。如果承租人拒付或延付租金时,出租人可以从这笔保证金中进行扣除。在承租人按期支付租金的情况下,期满后出租人将全部保证金返还给承租人,或者抵作最后一期或几期租金的全部或部分。在租赁期内,如果承租人违约给出租人造成损失时,出租人也有权从保证金中扣留相应的赔偿金额。

租赁保证金的比例一般为全部租金的 10% 左右,因为租赁保证金不能担保出租人的全部债权,所以在融资租赁合同中通常另外规定有担保条款。该担保条款可以表现为第三方的连带责任担保条款,也可以表现为承租人的抵押或质押担保条款,其担保方式可以由出租人和承租人在担保法规定的范围内协商确定。担保的范围应是向出租人支付全部租金、其他应付而未付款项及迟付的利息等。

(四)融资租赁购买合同与融资租赁合同的联系

正是融资租赁合同的联立性,使得购买合同和租赁合同这两个看似不同的合同紧密联系在了一起。任何一个合同的生效,都牵扯到另一合同的效力。因此,在实务操作中,对于购买合同和融资租赁合同的效力问题,往往通过在合同中附生效条件来解决,即在购买合同中规定,购买合同经承租人同意并在融资租赁合同生效后生效。同样,也可以在融资租赁合同中规定,只有在购买合同订立并经承租人同意的情况下,融资租赁合同才能生效。这样,融资租赁合同就是以其中的购买合同和租赁合同共同生效为条件的。

三、融资租赁合同的签订、履行与解除

(一)融资租赁合同的签订

签订融资租赁合同的原则是当事人之间应当是平等、自愿、公平、有偿和诚实的,同时,合同当事人必须是法人组织。任何以欺诈、胁迫手段签订合同或当事人恶意串通损害国家利益、社会公众利益和第三人合法权益的合同无效。

一般来说,融资租赁交易合同订立的程序包括如下几个阶段。

1.选择租赁物和供应商。承租人应根据自己的业务需要,选定合适的租赁设备。在选择租赁物时,出租人应重点考察设备的属性,确定其是否符合自己的投资计划。承租人也可以委托出租人代为选择租赁设备,由承租人确认。在确定了合适的设备后,承租人根据供应商的信誉、产品质量、售后服务等条件选择适宜的供货商。

2.选择出租人。在选择好了租赁物和供应商之后,承租人应该选择出租人。由承租人对众多的出租人进行反复调查比较,综合考虑其资金实力、筹资能力、租金高低、支付方式、信誉、提供的服务等,择优选择,然后向选中的租赁公司发出要约邀请。具体来说,对出租人的考察包括:①有足够的实力完成租赁项目,尤其在租赁项目规模很大的情况下,应当找一家筹资能力强,筹资渠道多,融资成本低的租赁公司;②对于租金成本,该租赁公司的报价应该低,支付方式灵活,还款期限较长;③在同行业中,该租赁公司有丰富的融资租赁交易经验,有较高的知名度和较好的业绩,并且该租赁公司拥有专门的技术人员,能承担技术咨询、提供经济信息,能帮助解决税务、保险、法律、会计、谈判等问题。

3.项目受理。在融资租赁交易中,出租人购入租赁物提供给承租人使用,相当于向承租人提供了一笔长期贷款。为了确保其投入的本金、利息的回收,并获取相应的利润,出租人必须对租赁项目本身和承租人的资信情况进行全面的审查和评估。内容包括:①对租赁项目的审查。租赁项目是租金的还款基础,项目本身必须有良好的经济前景才能够为租金及时偿付提供保障。项目的审查内容包括该项目是否符合国家产业发展及技术进步的大方向、该项目是否有市场潜力、承租方的技术是否能够支持项目的运行等。②对承租人的资信进行审查。承租人的信誉对于租金的偿还也非常重要。考察承租人的信用状况主要从其偿

债能力和盈利能力进行分析,常用的有营运资本、流动比率、速动比率、资产负债率、资产净利润率等指标。

4.租赁谈判。这是当事人各方就合同具体条款不断进行谈判,反复磋商的过程,最后各方达成协议,在合同文本上签字,谈判即告结束。

5.订立相关的供货合同。供货合同由出租人和供应商签订,其订立的过程与一般买卖合同并无大的差异。但由于相关供货合同和融资租赁合同之间的联立性,因此,在签订供货合同时,必须考虑到与融资租赁合同条款的一致。

6.订立融资租赁合同。租赁谈判在出租人和承租人之间进行,谈判的主要内容包括确定租金数额和支付方式、租期、担保、租赁物期满后的归属等问题。租赁合同一经生效即对租赁双方产生法律的约束力,双方不得随意变更合同,也不得随意拖延履行合同。

（二）融资租赁合同的履行

融资租赁合同签订后,当事人应当按照约定全面履行自己的义务,即双方当事人应按合同约定的标的、数量、质量、价款和报酬、履行地点和方式等全面履行合同,否则将承担违约责任。具体来说,租赁合同的履行涉及两方面的内容,一方面是购买合同的履行,另一方面是租赁合同的履行。

1.购买合同的履行。国内设备购买合同的履行较为简单,其基本步骤是:第一步,由出租方按照购买合同向供货方支付订金;第二步,供货商收到订金后,安排交通运输,将货物运输至承租人处;第三步,由出租人对租赁物件的运输、装卸、储存等进行投保;第四步,在设备运抵指定地点后,出租人向供货商支付货款,供货商向承租人交付货物。

国际设备购买合同的履行步骤相对于国内来说要复杂一些,它还涉及信用证的开立、安排国际运输(一般是海洋运输)、报关等步骤。

2.租赁合同的履行。在设备运抵承租人处时,租赁项目正式投产,在此期间出租人应做好对承租人经营管理的监督工作,出租人应该定期检查承租人的财务状况,要求承租人定期提供财务报表,对发现的问题应及时协助承租方解决,不定期地检查租赁物件是否完好。承租人应当按照租赁合同的要求按时支付租金。

3.约定不明条款的解决方法。合同生效后,当事人就质量条款或者报酬、履行地点等内容没有约定或者约定不明确的,可以协议补充;不能达成补充协议的,按照合同有关条款或者交易习惯确定;仍不能确定的,适用下列规定:

（1）融资租赁合同的标的质量要求不明确的,按照国家标准、行业标准履行;没有国家标准、行业标准的,按照通常标准或者符合合同目的的特定标准履行。

（2）价款或者租金不明确的,按照订立合同时履行地的市场价格履行;依法应当执行政府定价或者政府指导价的,按照规定履行。

（3）履行地点不明确,给付货款或租金的,在接受一方所在地履行;其他标的,在履行义务一方所在地履行。

（4）履行期限不明确的,债务人可以随时履行,债权人也可以随时要求履行,但应当给对方必要的准备时间。

（5）履行方式不明确的,按照有利于实现合同目的的方式履行。

（6）履行费用的负担不明确的,由履行义务一方负担。

因不可抗力不能履行合同的,根据不可抗力的影响,除法律另有规定的,可以部分或全部免除责任。不可抗力是指不能预见、不能避免并不能克服的客观情况。供货人、出租人或承租人一方因不可抗力不能履行合同的,应及时通知对方,以减少可能给对方造成的损失,并应当在合理期限内提供证明。

（三）融资租赁合同的解除

我国《合同法》规定,融资租赁合同的解除包括三种方式,即协议解除、法定解除和约定解除。

1.协议解除。所谓协议解除,是指合同成立之后,在未履行或未完全履行之前,当事人双方通过协商解除合同,使合同效力消灭的行为。当事人在订立合同时或订立合同之后约定解约条款,解除合同的条件成就时,解除权人可以解除合同。值得注意的是,协议解除在性质上是需经双方一致同意而共同解除合同的双方法律行为,并不是一方行使法定或约定的解除权的单方法律行为。

2.约定解除。约定解除指在合同依法成立后而尚未履行完毕前,当事人基于双方约定的事由行使解除权而解除合同的行为。其基本特征在于,当事人在合同中约定解除条件,当条件成就时,解除权人即行使解除权解除合同。协议解除属事后协商解除合同,而约定解除则是事先确定解除合同的条件,在条件成就时,解除权人可以单方面行使解除权而解除合同的方式,不需要和另一方商议。因此,约定解除属于单方法律行为。

3.法定解除。法定解除是指合同成立后,没有履行或者没有完全履行完毕之前,当事人一方行使法定的解除权而使合同效力消灭的行为。其特点在于,法律规定了在何种情况下当事人享有法定的解除权,通过行使该解除权,可以导致合同的解除。法定解除是当事人在法定解除条件成就时,单方直接行使法定解除权的结果,无须征得对方同意,属单方法律行为。

第二节　融资租赁合同中的租金和费用

一、融资租赁合同中的租金及费用

在融资租赁合同中,包含有租金、费用的确定,还包含违约金、损失赔偿的确定。本节只重点介绍租金和费用的确定问题。

（一）合同中租金与费用的用途

融资租赁合同中的租金用于计息摊付租赁物件的购置成本,融资租赁合同中的费用用于偿付出租人的经营成本,两者同时又都含有出租人在该合同项下的利润。哪类项目构成购置成本,哪类项目单列费用,由融资租赁合同约定。

在实务中,以从境内购置的货物为租赁物件时,把货价列为购置成本;以从境外购置的货物为租赁物件时,把货价、境外运输保险费及境外运输费之和,即 CIF① 总价列为购置成本,这是通行的惯例。由于某些经营成本是难以以合同为单位而单独核算的,一般选择的做法是在合同中约定一个费率,以此来确定该项成本的数额。

---

① CIF/C&F/FOB 都是常用的国际贸易术语。CIF 是成本保险费加运费(COST INSURANCE AND FREIGHT,缩写 CIF);C&F 是成本加运费(COST AND FREIGHT,缩写 C&F);FOB 是装运港船上交货(FREE ON BOARD,缩写 FOB)。

（二）确定 CIF 总价的重要性

在 CIF 合同条件下，该合同的合同价就是 CIF 总价。在 C&F 或 FOB 合同条件下，融资租赁合同中将分别约定境外运输费或境外运输保险费的以货价为基数的费率，由此得出 CIF 总价。CIF 总价是 C&F 合同价乘以（1+境外运输保险费率）或 FOB 合同价乘以（1+境外运输保险费率+境外运输费率）。任何其他成本均以 CIF 总价为基数，用合同约定的费率求出。其他成本是 CIF 总价乘以该成本费率。在并非由出租人直接购买，因而出租人不是向出卖人而是向代理人汇付买卖合同价款时，以各次汇付额之和为 CIF 总价。

（三）租金计算的概念基础

1.货币时间价值。与租金计量直接相关的一个重要因素就是货币的时间价值，为此，有必要在介绍租金计量方法之前，首先介绍货币时间价值概念。货币时间价值（The Time Value of Money）从经济学的角度来观察，是指在不考虑通货膨胀因素的条件下，随时间流逝，投资在生产经营中的货币价值的增加。例如，今天的 100 元钱，与一年后的 100 元钱的价值是不等的，这是由于货币随着时间推移会"自动增值"。这一"自动增值"是由于放弃现在使用货币的消费机会，从而换取将来更大消费机会的利得，这种利得就叫做货币的时间价值。

例如，现有 1 000 元闲置资金，存入银行，定期 1 年，由银行加以运用。1 年期满后，银行给还 1 100 元，其中 100 元就是银行使用 1 000 元钱所给的利得，这个利得通常称为利息（Interest）。把这种利得占原来货币金额的百分比率，即 10%，叫做利率（Interest Rate）。这里的利息与利率都是货币的时间价值，其中，利息是表现货币时间价值的绝对数，利率是表现货币时间价值的相对数。

2.货币时间价值终值与现值。终值（Future Value），即"本和利"，是现在的货币经过一段时间后将来的价值，即上例中的 1 100 元；现值（Present Value），即"本金"，是货币现在的价值，即例子中的 1 000 元。

（四）成本的确定

1.会计成本 PV_0 的确定。会计成本是 CIF 总价及出租人在购买环节中为承租人垫付的其他费用之和。①在向买卖合同的出卖人多次支付，且各次实付额之和不等于买卖合同价时，用实付额之和取代买卖合同价来确定 CIF 总价。②买卖合同与融资租赁合同币种不同，并且出租人依合同的约定受承租人的委托，以承租人所接受的汇率，用融资租赁合同租金的币种买入买卖合同币种，以便向出卖人支付时，会计成本用融资租赁合同币种按购汇时实际发生的汇率确定。③买卖合同与融资租赁合同币种相同，但是会计成本中含有用其他币种支付的项目（如境外运输费）时，该项目的数额应按实付日外汇市场实付币种卖出价折算成合同币种后计入会计成本。

2.合同成本 PV_1 的确定。只含 CIF 总价及出租人在购买环节中为承租人垫付的其他费用之和的合同成本等于会计成本。合同成本中含 CIF 总价及出租人在购买环节中为承租人垫付的其他费用之和以外的收费项目时，这些项目的名目及费率由合同约定。合同成本是一个未考虑时间价值的概念。若融资租赁合同约定，计算租金时只考虑摊提部分而不是全部购置成本，则结算合同成本时用的计算公式为：

会计成本数额=会计成本 PV_0×合同约定的摊提系数（例如 90%）

3.起租日合同成本 PV_2 的确定。起租日合同成本是合同成本中各个项目的至起租日的本利和或折现值的总和。①各类项目发生日的确定。发生日制约起息日或折现日，何时为发生日,由合同约定。在一般情况下,开证金额可以以开证日为发生日,实付额可以以支付日为发生日,按费率计算的项目可以以开证日或向代理人汇付日为发生日。在调汇情况下,实付日迟于起租日时,以调汇日为发生日;反之,以开证日或该项实付日为发生日。②各项目计息利率或折现率的确定。计息利率及折现率条件由合同约定,例如,某绝对值,或者,某基准利率加系数。凡是约定以某基准利率加系数的方式确定计息利率或折现率时,该基准利率的取值日期,对利率而言,是合同约定的起息日,如发生日或发生日前几日;对折现率而言,是起租日。但若有调汇,则是开证日或开证日前几日,或者是发生日或发生日前二日。

各项目至起租日的本利和公式与各项目至起租日的折现公式计算如下:

(1)各项目至起租日的本利和公式

$$各项目至起租日的本利和 = 该项目数额 \times \left(1 + \frac{计息年利率}{360} \times \begin{array}{c}计息期不大于 6 个月\\时的日历天数\end{array}\right)$$

$$各项目至起租日的本利和 = 该项目数额 \times \left(1 + \frac{计息年利率_1}{360} \times 前 6 个月日历天数\right) \times$$
$$\left(1 + \frac{计息年利率_2}{360} \times 其余天数\right)$$

$$各项目至起租日的本利和 = 该项目数额 \times \left(1 + \frac{计息年利率_1}{360} \times 前 6 个月天数\right) \times$$
$$\left(1 + \frac{计息年利率_2}{360} \times 后 6 个月天数\right) \times$$
$$\left(1 + \frac{计息年利率_3}{360} \times 其余天数\right)$$

(2)各项目至起租日的折现值公式

$$各项目至起租日的折现值 = 该项目数额 \times \left(\frac{1}{1 + \dfrac{折现率}{360} \times 天数}\right)$$

$$= 该项目数额 \times \left(\frac{1}{1 + \dfrac{折现率_1}{360} \times 前 6 个月天数}\right) \times$$
$$\left(\frac{1}{1 + \dfrac{折现率_2}{360} \times 其余天数}\right)$$

4.租前息。起租日合同成本与合同成本之差称租前息,即 $PV_2 - PV_1$。租前息是起租日前发生的利息,它反映由于起租日迟于诸项发生日而使成本加大的数额。租前息如何收取由合同约定。若从避免财务费用资本化的角度考虑,则租前息应单独收取。但是,这样收取在操作上有一定的难度。因为,当知道合同约定的应作为起租日的事由发生时,肯定已经过了起租日,这就使得承租人无论如何做不到在起租日支付计算到这一日的租前息,至多只能约定如在第一期租金日收取。这样,所收取的已不再是租前息,而是租前息的本利和了。因此,如果没有其他限制性因素,则可供选择的做法是,把租前息含在起租日合同成本内,既不单立名目,更不单独收取。

5.宽限期末日合同成本 PV_3。合同约定有宽限期,并且宽限期末日不付息时,代入租金公式 PV 的将是宽限期末日合同成本。其计算公式是:

$$宽限期末日合同成本 = 起租日合同成本 \times \left(1 + \frac{起租日年利率}{360} \times 宽限期天数\right)$$

若宽限期不止一个,并且均不付息,则宽限期末日成本用复利计算。

$$宽限期末日合同成本=起租日合同成本×\left(1+\frac{起租日年利率}{360}×第一宽限期天数\right)×$$

$$\left(1+\frac{第一宽限期末日年利率}{360}×第二宽限期天数\right)$$

宽限期末日合同成本和起租日合同成本之差称宽限期利息,用 PV_3-PV_2 表示。

6.合同成本结算单。结算单是记载起租日或宽限期末日合同成本的工作单证,是计算租金的依据之一。①结算单中除列出与计算租金有关的合同条件外,主要记载列入购置成本的诸项目的名称、币种、数额、发生日期、计息利率或折现率、计息或折现天数以及至起租日的本利和或折现值,从而确定租金的合同成本。②合同约定租赁利率固定,则结算单同时确定各期租金及总租金,否则各期租金分期确定。③本结算单由出租人依合同约定的条件和实际发生的单证上的数据填列和计算。除非与合同条件或单证数据不符,否则,在出租人盖章并向承租人提交后,即具有合同效力。

如果合同约定,合同成本是会计成本的某个百分数,则 PV_1 可以通过将 PV_0 乘以该系数的方法直接得出。

二、租金的计算

(一)租金的计算方法及其内容

1.租金是起租日或宽限期末日合同成本的分期计息摊付。各期租金是该期租金中应摊付的成本与该期期初日合同成本余额(未收回合同成本)在该期内应计的利息和之和。合同约定某期租金中不摊付成本时,该期租金中只含上述利息,称"只付息不还本"。这里说的"期",其所包含月份数应由合同约定,一般假设每期为 6 个月,当租金币种是人民币时,每期为 3 个月。

2.租金从起租日开始计算,即从起租日开始对起租日合同成本余额计息。计息时,每 6 个月复利一次。通常情况下,第一次租金应付日是起租日后 6 个月的这一日,末次租金日是起租日后相隔等于合同约定的租赁期限的月数的这一日。因此,租金支付次数是租赁期限月数除以 6。

有些融资租赁合同约定有宽限期。在宽限期末日不摊付成本,即在宽限期末日(第一次租金应付日),应付的租金中不含成本;若合同约定宽限期末日不付息,则租金从宽限期末日开始计算,即从宽限期末日对宽限期末日合同成本计息。

3.租金的内容。对构成起租日合同成本或宽限期末日合同成本的诸项金额的计息,同对起租日合同成本余额或宽限期末日合同成本余额计息,两者有所不同。前者是成本结算的内容,后者是租金计算的内容。因此,应该把按起租日合同成本或宽限期末日合同成本计算出来的应付额均视为租金,而不是只把其中含成本的应付额视为租金。反之,凡是并非按上述合同成本计算出来的应付额(例如,各年分别应付的财产保险费),即使合同约定在某几期租金应付日支付,也不应视为租金。

(二)各期租金计算的适用公式

1.含本息的各期租金的计算公式

(1)等额,租金先付法。其计算公式是:

$$各期租金 = \frac{起租日或宽限}{期末日合同成本} \times \frac{\left(1 + \dfrac{合同年利率}{每年支付次数} \times \dfrac{365}{360}\right)^{成本摊付次数-1} \times \left(合同年利率 \times \dfrac{365}{360}\right)}{\left(1 + \dfrac{合同年利率}{每年支付次数} \times \dfrac{365}{360}\right)^{成本摊付次数} - 1}$$

（2）不等额，租金先付法。其第 1 期租金计算公式是：

$$第 1 期租金 = \frac{PV_2 \ 或 \ PV_3}{成本摊付次数}$$

（3）等额，租金后付法。其计算公式是：

$$各期租金 = \frac{起租日或宽限}{期末日合同成本} \times \frac{\left(1 + \dfrac{合同年利率}{每年支付次数} \times \dfrac{365}{360}\right)^{成本摊付次数} \times \left(合同年利率 \times \dfrac{365}{360}\right)}{\left(1 + \dfrac{合同年利率}{每年支付次数} \times \dfrac{365}{360}\right)^{成本摊付次数} - 1}$$

（4）不等额，租金先付法。从第 2 期起的各期租金以及租金后付法时的各期租金计算公式是：

$$本期租金 = \frac{PV_2 \ 或 \ PV_3}{成本摊付次数} + \left(PV_2 \ 或 \ PV_3 - \frac{PV_2 \ 或 \ PV_3}{成本摊付次数} \times (本期次-1)\right) \times$$

$$\frac{本期年利率}{360} \times 本期天数$$

式中，本期次指在还本付息各期中的排序。

2.只付息不还本的租金的计算公式：

$$本期租金 = 本期期初日上述合同成本余额 \times \frac{本期年利率}{360} \times 本期天数$$

在租前息单收的情况下，通常不采用某项费用"打入成本"的做法，因此，上列式中的任何成本均为购置成本。

（三）租金计算示例

1.固定利率合同，租金先付。

合同条件：起租日合同成本 5 248 007.86 元，起租日是 2004 年 7 月 24 日，租赁期限 42 个月，自起租日起每 6 个月初付租金 1 次，共付 7 次，首次租金日是 2004 年 7 月 24 日，末次租金日是 2007 年 7 月 24 日，合同利率固定为6.187 5%，在计算时取 365/360 法。因此，代入公式的利率是 6.273 437 5%。各期租金如表 8-1 所示。

表 8-1　各期租金计算情况　　　　　　　　　　　　单位：元

期次	应付日	应付金额	其中含成本	其中含利息	本期付租后成本余额
1	2004.07.24	820 933.82	820 933.82	0	4 427 074.04
2	2005.01.24	820 933.82	682 068.96	138 864.86	3 745 005.08
3	2005.07.24	820 933.82	703 463.55	117 470.27	3 041 541.53
4	2006.01.24	820 933.82	725 529.22	95 404.60	2 316 012.31
5	2006.07.24	820 933.82	748 287.03	72 646.79	1 567 725.28
6	2007.01.24	820 933.82	771 758.69	49 175.13	795 966.59
7	2007.07.24	820 933.82	795 966.59	24 967.23	0
合计		5 746 536.74	5 248 007.86	498 528.88	

2.固定利率合同,租金后付。

合同条件:起租日合同成本5 248 007.86元,起租日是2004年7月24日,租赁期限42个月,自起租日起每6个月末付租金1次,共付7次,首次租金日是2005年1月24日,末次租金日是2008年1月24日,合同利率固定为6.187 5%,在计算时取365/360法。因此,代入公式的利率是6.273 437 5%。各期租金如表8-2所示。

表8-2 各期租金计算情况 单位:元

期次	应付日	应付金额	其中含成本	其中含利息	本期期初日成本余额
1	2005.01.24	846 684.21	682 068.96	164 615.25	5 248 007.86
2	2005.07.24	846 684.21	703 463.55	143 220.66	4 565 938.90
3	2006.01.24	846 684.21	725 529.22	121 154.99	3 862 475.35
4	2006.07.24	846 684.21	748 287.03	98 397.18	3 136 946.13
5	2007.01.24	846 684.21	771 758.69	74 925.52	2 388 659.10
6	2007.07.24	846 684.21	795 966.59	50 717.62	1 616 900.41
7	2008.01.24	846 684.21	820 933.82	25 750.39	820 933.82
合计		5 926 789.47	5 248 007.86	678 781.61	

3.固定利率合同,租金后付,含宽限期,宽限期末日不付息。

合同条件:起租日合同成本5 088 823.11元,起租日是2004年1月24日,租赁期限48个月,含6个月的宽限期,宽限期末日是2006年7月24日,宽限期末日不付息,自宽限期末日起每6个月末付租金1次,共付7次,首次租金日是2005年1月24日,末次租金日是2008年1月24日,合同利率固定为6.187 5%,在计算时取365/360法。因此,代入含本息的租金公式的利率是6.273 437 5%,宽限期末日合同成本是5 248 007.86元。各期租金如表8-3所示。

表8-3 各期租金计算情况 单位:元

期次	应付日	应付金额	其中含成本	其中含利息	本期期初日成本余额
1	2005.01.24	846 684.21	682 068.96	164 615.25	5 248 007.86
2	2005.07.24	846 684.21	703 463.55	143 220.66	4 565 938.90
3	2006.01.24	846 684.21	725 529.22	121 154.99	3 862 475.35
4	2006.07.24	846 684.21	748 287.03	98 397.18	3 136 946.13
5	2007.01.24	846 684.21	771 758.69	74 925.52	2 388 659.10
6	2007.07.24	846 684.21	795 966.59	50 717.62	1 616 900.41
7	2008.01.24	846 684.21	820 933.82	25 750.39	820 933.82
合计		5 926 789.47	5 248 007.86	678 781.61	

4.固定利率合同,租金后付,含宽限期,宽限期末日付息。

合同条件:起租日合同成本5 248 007.86元,起租日是2004年1月24日,租赁期限48个月,含6个月的宽限期,宽限期末日是2004年7月24日,宽限期末日付息,自宽限期末日起每6个月末付含本息的租金1次,共付7次,首次租金日是2004年7月24日,末次租金日是 2008 年 1 月 24 日,合同利率固定为6.187 5%,在计算时取 365/360 法。因此,代入含本息的租金公式的利率是6.273 437 5%,宽限期末日合同成本是 5 248 007.86 元。各期租金如表 8-4 所示。

表 8-4　各期租金计算情况　　　　　　　　单位:元

期次	应付日	应付金额	其中含成本	其中含利息	本期期初日成本余额
1	2004.07.24	164 164.25	0	164 164.25	5 248 007.86
2	2005.01.24	846 684.21	682 068.96	164 615.25	5 248 007.86
3	2005.07.24	846 684.21	703 463.55	143 220.66	4 565 938.90
4	2006.01.24	846 684.21	725 529.22	121 154.99	3 862 475.35
5	2006.07.24	846 684.21	748 287.03	98 397.18	3 136 946.13
6	2007.01.24	846 684.21	771 758.69	74 925.52	2 388 659.10
7	2007.07.24	846 684.21	795 966.59	50 717.62	1 616 900.41
8	2008.01.24	846 684.21	820 933.82	25 750.39	820 933.82
合计		6 090 953.72	5 248 007.86	842 945.86	

5.浮动利率合同,等额还本,租金先付。

合同条件:起租日合同成本 5 250 259.95,起租日是 2004 年 7 月 10 日,租赁期限 48 个月,自起租日起每 6 个月付租金 1 次,共付 8 次,各次等额还本,成本余额计息,首次租金日是 2004 年 7 月 10 日,末次租金日是 2008 年 1 月 10 日,合同利率浮动,是各期期初日的 LIBOR+3%。各期租金如表 8-5 所示。

表 8-5　各期租金计算情况

期次	本期利率(%)	应付日	应付金额(元)	其中含成本(元)	其中含利息(元)	本期期初日成本余额(元)
1		2004.07.10	656 282.49	656 282.49	0	5 250 259.95
2	8.812 5	2005.01.10	863 202.89	656 282.49	206 920.40	4 593 977.46
3	8.562 5	2005.07.10	826 738.20	656 282.49	170 455.71	3 937 694.97
4	9.000 0	2006.01.10	807 227.46	656 282.49	150 944.97	3 281 412.48
5	8.687 5	2006.07.10	770 945.07	656 282.49	114 662.58	2 625 129.99
6	8.937 5	2007.01.10	746 220.54	656 282.49	89 938.05	1 968 847.50
7	9.187 5	2007.07.10	716 913.42	656 282.49	60 630.93	1 312 565.01
8	8.820 0	2008.01.10	685 867.73	656 282.52	29 585.21	656 282.52
合计			6 073 397.80	5 250 259.95	827 137.85	

6.浮动利率合同,等额还本,租金后付。

合同条件:起租日合同成本 4 593 977.46 元,起租日是 2004 年 7 月 10 日,租赁期限 42 个月,自起租日起每 6 个月末付含本息的租金 1 次,共付 7 次,首次租金日是 2005 年 1 月 10 日,末次租金日是 2008 年 1 月 10 日,合同利率浮动,是各期期初日的 LIBOR+3%。各期租金如表 8-6 所示。

表 8-6　各期租金计算情况

期次	本期利率(%)	应付日	应付金额(元)	其中含成本(元)	其中含利息(元)	本期期初日成本余额(元)
1	8.812 5	2005.01.10	863 202.89	656 282.49	206 920.40	4 593 977.46
2	8.562 5	2005.07.10	826 738.20	656 282.49	170 455.71	3 937 694.97
3	9.000 0	2006.01.10	807 227.46	656 282.49	150 944.97	3 281 412.48
4	8.687 5	2006.07.10	770 945.07	656 282.49	114 662.58	2 625 129.99
5	8.937 5	2007.01.10	746 220.54	656 282.49	89 938.05	1 968 847.50
6	9.187 5	2007.07.10	716 913.42	656 282.49	60 630.93	1 312 565.01
7	8.820 0	2008.01.10	685 867.73	656 282.52	29 585.21	656 282.52
合计			5 645 203.10	4 593 977.46	1 051 225.64	

7.浮动利率合同,等额还本,租金后付,含宽限期,宽限期末日付息。

合同条件:起租日合同成本 4 387 927.69 元,起租日是 2003 年 7 月 10 日,租赁期限 48 个月,含 6 个月的宽限期,宽限期末日是 2004 年 1 月 10 日,宽限期末日付息,自宽限期末日起每 6 个月末付含本息的租金 1 次,共付 7 次,首次租金日是 2004 年 1 月 10 日,末次租金日是 2008 年 1 月 10 日,合同利率浮动,是各期期初日的 LIBOR+3%。各期租金如表 8-7 所示。

表 8-7　各期租金计算情况

期次	本期利率(%)	应付日	应付金额(元)	其中含成本(元)	其中含利息(元)	本期期初日成本余额(元)
1	9.875 0	2004.07.10	228 087.79	0	228 087.79	4 593 977.46
2	8.812 5	2005.01.10	863 202.89	656 282.49	206 920.40	4 593 977.46
3	8.562 5	2005.07.10	826 738.20	656 282.49	170 455.71	3 937 694.97
4	9.000 0	2006.01.10	807 227.46	656 282.49	150 944.97	3 281 412.48
5	8.687 5	2006.07.10	770 945.07	656 282.49	114 662.58	2 625 129.99
6	8.937 5	2007.01.10	746 220.54	656 282.49	89 938.05	1 968 847.50
7	9.187 5	2007.07.10	716 913.42	656 282.49	60 630.93	1 312 565.01
8	8.820 0	2008.01.10	685 867.73	656 282.52	29 585.21	656 282.52
合计			5 645 203.10	4 593 977.46	1 051 225.64	

8.浮动利率合同,等额还本,租金后付,含宽限期,宽限期末日不付息。

合同条件:起租日合同成本 4 395 099.22 元,起租日是 2004 年 1 月 10 日,租赁期限 48 个月,含 6 个月的宽限期,宽限期末日是 2004 年 7 月 10 日,宽限期末日不付息,自宽限期末日起每 6 个月末付含本息的租金 1 次,共付 7 次,首次租金日是 2005 年 1 月 10 日,末次租金日是 2008 年 1 月 10 日,合同利率浮动,各期期初日的利率是 LIBOR+3%,起租日的 LIBOR 是 6%,宽限期末日成本是 4 593 977.46元。各期租金如表 8-8 所示。

表 8-8 各期租金计算情况

期次	本期利率(%)	应付日	应付金额(元)	其中含成本(元)	其中含利息(元)	本期期初日成本余额(元)
1	8.812 5	2005.01.10	863 202.89	656 282.49	206 920.40	4 593 977.46
2	8.562 5	2005.07.10	826 738.20	656 282.49	170 455.71	3 937 694.97
3	9.000 0	2006.01.10	807 227.46	656 282.49	150 944.97	3 281 412.48
4	8.687 5	2006.07.10	770 945.07	656 282.49	114 662.58	2 625 129.99
5	8.937 5	2007.01.10	746 220.54	656 282.49	89 938.05	1 968 847.50
6	9.187 5	2007.07.10	716 913.42	656 282.49	60 630.93	1 312 565.01
7	8.820 0	2008.01.10	685 867.73	656 282.52	29 585.21	656 282.52
合计			5 645 203.10	4 593 977.46	1 051 225.64	

9.浮动利率合同,租金后付,每隔1期等额还本1次。

合同条件:起租日合同成本1 331 200.03元,起租日是2003年3月2日,租赁期限60个月,自起租日起每6个月末付租金1次,共付10次,奇数次只付息,偶数次等额还本,余额计息,首次租金日是2003年9月2日,末次租金日是2007年3月2日,合同利率浮动,是各期期初日的中国银行利率+0.25%。各期租金如表8-9所示。

表 8-9 各期租金计算情况

期次	本期利率(%)	应付日	应付金额(元)	其中含成本(元)	其中含利息(元)	本期期初日成本余额(元)
1	6.062 5	2003.09.02	41 248.71	0	41 248.71	1 331 200.03
2	5.500 0	2004.03.02	303 051.39	266 240.01	36 811.38	1 331 200.03
3	5.000 0	2004.09.02	27 215.64	0	27 215.64	1 064 960.02
4	5.250 0	2005.03.02	294 350.52	266 240.01	28 110.51	1 064 960.02
5	6.062 5	2005.09.02	24 749.23	0	24 749.23	798 720.01
6	7.812 5	2006.03.02	297 613.34	266 240.01	31 373.33	798 720.01
7	8.812 5	2006.09.02	23 983.79	0	23 983.79	532 480.00
8	8.062 5	2007.03.02	287 944.12	266 240.01	21 704.11	532 480.00
9	7.375 0	2007.09.02	10 035.77	0	10 035.77	266 239.99
10	7.937 5	2008.03.02	266 239.99	266 239.99	10 625.10	266 239.99
合计			5 645 203.10	4 593 977.46	1 051 225.64	

10.浮动利率合同,租金后付,不规则还本,余额计息。

合同条件:起租日合同成本1 000 000.00元,起租日是2004年5月28日,租赁期限48个月,自起租日起每6个月末付息1次,共付7次,其中,第5次和第7次分别还本500 000.00元,首次租金日是2004年11月28日,末次租金日是2007年11月28日,合同利率浮动,是各期期初日的LIBOR+1.5%。各期租金如表8-10所示。

表 8-10　各期租金计算情况

期次	本期利率(%)	应付日	应付金额(元)	其中含成本(元)	其中含利息(元)	本期期初日成本余额(元)
1	7.375 0	2004.11.28	37 694.44	0	37 694.44	1 000 000.00
2	7.437 5	2005.05.28	37 394.10	0	37 394.10	1 000 000.00
3	7.437 5	2005.11.28	38 013.89	0	38 013.89	1 000 000.00
4	7.500 0	2006.05.28	37 916.67	0	37 916.67	1 000 000.00
5	7.375 0	2006.11.28	537 694.44	500 000.00	37 694.44	1 000 000.00
6	7.312 5	2007.05.28	18 382.81	0	18 382.81	500 000.00
7	7.250 0	2007.11.28	518 527.78	500 000.00	18 527.78	500 000.00
合计			1 225 624.13	1 000 000.00	225 624.13	

三、费用的确定方法

(一) 费用的含义

费用可以理解为对经营成本的偿付。凡是在合同中列为费用的项目,均应是其金额已确定,因而无须另行结算的和应在规定日期按确定金额不计息支付的项目。

(二) 费用的确定

费用的确定包括金额、内容及应付日期 3 项。

1.费用金额的确定方式。费用金额的确定方式主要有以下几种。

(1)直接记载双方商定的绝对值。如,"留购价款是 100 美元"。

(2)记载以合同中已知其绝对值的项目为基数和按双方商定的费率算出的数额。如,"租赁手续费是 CIF 总价的 1.5%,即 2 360 581.20 美元×1.5%,即35 408.72美元"。

(3)凭将要发生的支付的支付凭证所记金额。如,"各年应付财产保险费是甲方该年投保时保险单所记保险费金额"。

2.费用的内容。费用内容的确定主要有以下几方面的内容。

(1)在买卖合同履行中,往往会发生不可预见或金额不可预知的由出租人替承租人垫付的项目,如出国考察费之类。如果双方约定这些项目的金额列入购置成本,由承租人在租金中偿付,则只有当合同采取成本结算的方式时才可行,否则必须单独结算。这类项目的不确定性,使之不能按费用处理。在发生垫款时,双方应另行订立协议,记明垫款用途、金额、币种、计息利率及偿付期限。这类协议是独立于融资租赁合同之外的借款合同,需单独履行。

(2)租赁保证金不是融资租赁合同的费用,但是可以用费用金额确定方式中的第 1、第 2 种方式结合确定。

(3)留购价款也不是融资租赁合同中的费用,而是承租人实现预期权利(取得租赁物件的所有权这一后合同权利)的对价,但确定方法可用费用确定方式中的第 1 种方式。

3.应付日期的确定。确定应付日期时,要有可操作性,要便于承租人支付。例如,如果按费用确定方式中第 3 种方式的规定收取保险费,则其应付日期必须在甲方各年可能支付保险费并取得保险单的日期之后的若干天。

第三节　融资租赁合同中的担保

一、融资租赁合同中的担保概述

（一）担保的概念和方式

担保，又称为债权的担保，是指根据法律或者合同的约定，为确保债权的实现而由合同的债务人向债权人提供的，保障其债务得以履行的一种法律制度。担保关系一旦成立，就在相关当事人之间产生一定的权利义务关系，债权人凭着担保关系的保护，可以在债务人不能履行债务时，确保其债权得以实现。

根据《中华人民共和国担保法》（以下简称《担保法》）的规定，在我国，担保的方式有五种，即保证、抵押、质押、定金和留置，其中，保证是信用担保，其余四种是财产担保。

（二）融资租赁合同的担保

融资租赁合同的标的物通常是大型成套设备等价值巨大的财产，此外，由于融资租赁合同租期较长，承租人使用租赁设备的收益情况容易受市场因素影响，因而出租人收回投资获得利润的风险系数相当大。在融资租赁交易中，出租人能否及时、足额收回租金直接关系到出租人订立融资租赁合同的目的能否实现，这也是融资租赁合同出租人最大的风险所在。因而，在融资租赁实践中，为了确保承租人能履行合同，按合同规定支付租金，降低出租人的风险，出租人往往通过要求承租人为其支付租金提供财产担保，以降低其收回租金的风险系数，这就是融资租赁合同的担保，是债权担保的一种形式。设定担保是融资租赁实务中常见的交易条件之一。但是，融资租赁合同不一定都要担保，是否需要担保由双方约定。

二、融资租赁合同的担保方式

融资租赁合同的担保是债权担保的一种，因此，融资租赁合同的担保方式就是《担保法》规定的五种担保方式，即保证、抵押、质押、定金和留置。在融资租赁实务中，当事人应当根据融资租赁合同的特殊性设定合同担保方式。融资租赁合同虽可适用留置和定金这两种担保方式，但是在实践中极少使用，主要采用的是保证、抵押和质押三种方式。

（一）保证担保

1.保证担保的概念。根据《担保法》的规定，保证是指保证人和债权人约定，当债务人不履行债务时，保证人按照约定履行债务或者承担责任的行为。由此可见，保证有以下几个特点：首先，保证是一种双方的法律行为；其次，保证是担保他人履行债务的行为；最后，保证是对主债务履行负有保证责任的行为。此外还应注意到，保证担保的保证与通常意义上所说的保证是有区别的，这是一种债权担保制度，是具有法律意义的。

融资租赁合同的保证，是指承租人以外的第三人（即保证人）和出租人（即债权人）约定，当承租人（即债务人）不履行合同约定的义务时，由保证人按照保证合同的约定履行支付租金的义务或承担相应责任的行为。保证担保中债权人与保证人的权利义务关系是通过订立保证合同约定的。

2.保证担保的方式。按照保证人责任的不同，保证可以分为一般保证和连带责任保证两种方式。

（1）一般保证。就融资租赁合同而言，一般保证是保证人与出租人在保证合同中约定，当承租人不能履行支付租金的义务时，由保证人承担偿付租金的保证责任。一般保证中，只有当融资租赁主合同纠纷经审判或仲裁，并将承租人财产依法强制执行，承租人仍不能履行合同约定的义务时，保证人才承担偿债责任。

（2）连带责任保证。就融资租赁合同而言，连带责任保证是指保证人与出租人在保证合同中约定，保证人与承租人对租金支付义务承担连带责任。也就是说，在承租人未按融资租赁合同的约定履行支付租金的义务时，保证人与承租人履行义务没有先后顺序，出租人既可以要求承租人支付租金，也可以要求保证人在其保证责任范围内承担保证责任。

根据《担保法》的规定，当事人对保证方式没有约定或者约定不确定时，按照连带责任保证承担保证责任。同时，一般保证和连带责任保证的保证人享有债务人的抗辩权，即当债权人行使债权时，债务人根据法定事由，对抗债权人行使请求权的权利。债务人放弃对债务的抗辩权的，保证人仍享有抗辩权。

（二）抵押担保

1.抵押担保的概念。抵押担保是财产担保的一种方式，是指债务人或者第三人不转移对某一特定财产的占有，而将该财产作为债权的担保，当债务人不履行债务时，债权人有权依照《担保法》的规定以该财产折价或者以拍卖、变卖该财产的价款优先受偿。

在融资租赁中，承租人或第三人以特定的财产作为抵押，担保承租人履行支付租金的义务，出租人实现收取租金的债权。抵押担保需要订立抵押合同，在抵押担保法律关系中，抵押人是提供抵押物的债务人或者第三人，抵押权人是接受担保的债权人，抵押物是用于抵押担保的财产。

抵押担保有以下特点：首先，抵押人可以是第三人，也可以是债务人自身。这与保证不同，在保证担保中，债务人自己不能作为担保人。其次，抵押物可以是动产，也可以是不动产。这与质押不同，质押物只能是动产。再次，抵押人不转移抵押物的占有，抵押人可以继续占有、使用抵押物。这也与质押不同，质押物必须转移，由质押权人占有。最后，抵押权人有优先受偿的权利。

2.抵押担保的效力。抵押担保的效力是指生效的抵押合同对担保的债权及当事人产生的约束力。

（1）对债权的效力。就抵押合同对债权的效力而言，根据《担保法》的规定，除非抵押合同另有约定，当债务人不履行债务时，抵押权人有权以抵押物折价或以拍卖、变卖抵押物所得价款优先受偿主债权及利息、违约金、损害赔偿金和实现抵押权的费用。

（2）对抵押物的效力。就抵押合同对抵押物的效力而言，根据《担保法》的规定，债务履行期届满时，债务人不履行债务致使抵押物被人民法院依法扣押的，自扣押之日起抵押权人有权收取由抵押物分离的天然孳息以及抵押人就抵押物可以收取的法定孳息。也就是说，抵押权不但及于抵押物，还及于抵押物的孳息。

（3）对抵押物转让合同的效力。抵押期间，抵押人转让抵押合同约定的抵押物的，应当通知抵押权人并告知受让人转让物已经抵押的情况，抵押人未通知抵押权人或者未告知受让人的，转让行为无效。

（4）对抵押人其他行为的效力。根据《担保法》的规定，抵押人的行为足以使抵押物价值减少的，抵押权人有权要求抵押人停止其行为。抵押物价值减少时，抵押权人有权要求抵押人恢复抵押物的价值,或者提供与减少的价值相当的担保。

(5)抵押权与主债权的效力关系。抵押权是依附于主债权而存在的,因此,抵押权应与其担保的债权同时存在,债权消灭的,抵押权也随之消灭,而且,抵押权不得与债权分离而单独转让或作为其他债权的担保。

（三）质押担保

1.质押担保的概念。质押担保是贷款的一种担保方式,即借款人可以用银行存款单、债券等权利凭证作为质押物交贷款银行保管,当借款人不能还款时,贷款银行依法处分质押物偿还贷款本息、罚息及相关费用。

在融资租赁中,质押担保是指承租人将银行存单等权利凭证作为质押物交出租人保管,当承租人不能履行租赁合同约定的义务时,出租人依法处置质押物以保障自身权利的实现。对于质押物,有较严格的要求,仅限于银行存款单、国家债券、国有银行发行的金融债券及银行汇票、银行本票。

质押与抵押最大的区别在于,质押要求将作为担保的财产转移给债权人占有,而抵押并不要求转移作为担保的财产,担保物仍然由债务人或者第三人占有。

2.质押担保的分类。根据《担保法》的规定,质押分为动产质押和权利质押。同样,融资租赁合同中,质押也可分为动产质押担保和权利质押担保两种,这是依据质押物的不同性质对质押担保进行的分类。

(1)动产质押担保。融资租赁合同的动产质押担保,是指承租人或者第三人将其动产移交出租人占有,将该动产作为出租人收取租金的担保。当承租人没有履行支付租金义务时,出租人有权依法以该动产折价或以拍卖、变卖该动产的价款优先受偿。

(2)权利质押担保。融资租赁合同的权利质押担保,是指承租人或者第三人将其享有并可转让的权利作为其支付租金的担保。当承租人没有履行支付租金义务时,出租人有权依法以该权利折价或转让该权利优先受偿。

（四）定金担保

定金是指当事人一方依照约定向对方支付一定数额的金钱作为债权的担保,债务人履行债务后,定金应当抵作价款或者收回。给付定金的一方不履行约定的债务的,无权要求返还定金;收受定金的一方不履行约定的债务的,应当双倍返还定金。定金可以分为成约定金、证约定金、违约定金和解约定金。

在融资租赁交易中,一方面,定金不同于保证金;另一方面,在实务中,以定金作为融资租赁合同担保的比较少见。

定金担保应注意以下事项:首先,定金应当以书面形式约定;其次,定金合同从实际交付定金之日起生效,即使当事人已签订了定金合同,如果未实际交付定金,定金合同也不能生效;最后,当事人约定的定金数额不得超过主合同标的额的20%,超过该标准的部分无效。

（五）留置担保

留置担保是指债权人按照合同约定占有债务人的动产,债务人不按照合同约定的期限履行债务的,债权人有权依照法律规定留置该财产,以留置财产折价或者以拍卖、变卖该留置物的价款中优先受偿。

留置担保具有以下特点:①依照法律规定直接产生留置权,不需要当事人之间有约定为前提;②被留置的财产必须是动产;③留置的动产与主合同有牵连关系,即必须是因主合同合法占有的动产;④留置权人就留置物有优先受偿的权利。

留置是我国经济生活中较普遍存在的一种合同担保形式,但其主要适用于保管合同、运输合同、仓储合同和加工承揽合同,在融资租赁实践中并不多见。

三、影响租赁合同效力的因素

《担保法》第 5 条规定:"担保合同是主合同的从合同,主合同无效,担保合同无效。担保合同另有约定的,按照约定。"因此,租赁合同无效将导致租赁担保合同无效。根据《中华人民共和国合同法》(以下简称《合同法》)的有关规定,影响租赁合同效力的因素可以分为以下几类。

（一）租赁合同当事人缺乏主体资格和相应行为能力

当事人缺乏主体资格主要是发生在企事业单位借款人没有取得相应主体资格的情形,如企业被吊销营业执照或营业执照超过有效期。此外,根据最高人民法院《关于适用〈中华人民共和国合同法〉若干问题的解释(一)》第 10 条的规定,企业违反国家限制经营、特许经营以及法律法规禁止经营规定签订的合同也将被法院认定为无效合同。

当事人缺乏相应行为能力的情形包括无行为能力人自己签订合同、限制行为能力人自己签订与其年龄、智力不相适应的合同。不过,限制行为能力人签订的合同经其法定代理人追认的,合同有效。

行为人缺乏相应权限主要指无权代理和法人或其他组织的法定代表人或者负责人超越权限。我国《合同法》第 48 条规定:"行为人没有代理权、超越代理权或者代理权终止后以被代理人名义订立的合同,未经被代理人追认的,对被代理人不发生效力。"我国《合同法》第 50 条规定,法人或者其他组织的法定代表人、负责人超越权限订立的合同,除相对人知道或者应当知道其超越权限的以外,该代表行为有效。

（二）租赁合同当事人的意思表示有瑕疵

"当事人意思表示有瑕疵"指当事人的意思表示不是其真实意思表示,包括受欺诈、受胁迫签订合同。根据我国《合同法》第 52 条和 54 条,当事人受欺诈或者受胁迫所签订的合同的效力因是否损害国家利益而有所不同,损害国家利益的,合同无效;没有直接损害国家利益的合同属于可撤销合同。

（三）租赁合同违反法律或行政法规中的强制性规定

根据我国《合同法》第 52 条,当事人恶意串通,损害国家、集体或者第三人利益的合同、以合法形式掩盖非法目的的合同、损害社会公共利益的合同和违反法律、行政法规的强制性规定的合同均是无效合同。

当租赁主合同出现上述导致租赁合同无效的情形时,该租赁合同附带的担保合同亦失效。

四、主合同解除后的担保责任

根据《担保法》第 10 条,主合同解除后,担保人对债务人应当承担的民事责任仍应承担担保责任。但是,担保合同另有约定的除外。这包含两层含义:第一,主合同解除的,抵押、保证和质押等担保合同并不必然消灭;第二,原担保合同约定或依照法律推定的责任范围变更为主债务人应当承担的民事责任,如果主债务人不应当承担责任,则担保人无责任。

（一）主合同解除后,担保人担保责任的要件

当主合同解除后,根据《担保法解释》第 10 条的规定,担保人承担担保责任的要件包括

债务人应当承担民事责任和债务人承担的民事责任在担保人的担保范围之内。

主合同解除后,有下列情形之一的,担保人可以不承担担保责任:一是当担保人的担保范围仅是主合同履行后产生的债权和利息,在主合同未履行之前,合同即被当事人协议或按照解约条件依法解除。因主合同未履行,担保债权没有发生,担保人可以免除承担担保责任。二是主合同解除后,债务人自愿对债权人承担补偿责任,而该补偿责任不属于担保人的担保范围之内,担保人不承担担保责任。

（二）主合同解除后,担保人的责任范围

主合同解除后,担保人承担的担保责任,其范围以债务人责任范围和担保人原担保合同约定的担保范围为限,担保人的责任相对于主合同未解除而言要小。也就是说,担保人承担的担保责任不能超过债务人应当承担的责任范围,也不能超过担保人应当承担的责任范围。主合同尚未开始履行就解除的,担保债权没有发生,担保人免除担保责任。主合同是因债权人的责任而解除的,债务人不承担民事责任,担保人也不承担担保责任。

此外,应注意到,合同无效后的法律责任与合同被解除后的法律责任不同。《合同法》规定,合同解除后,尚未履行的合同部分不再履行,已经履行的部分可以根据履行情况和合同的性质采取恢复原状等补救措施,并可以要求损害赔偿。因此,合同解除不影响合同当事人承担应当承担的民事责任,担保人对债务人仍应承担担保责任。

第四节　融资租赁的会计处理

一、国际租赁会计准则的修订

《国际会计准则17——租赁会计》的初始本,批准于1982年,自1984年1月1日开始实施,1994年有所矫正,1997年批准了现在的修订本,后者对始自1999年1月1日及其后的会计期间有效。这个修订本的批准和实施,对我国租赁会计准则的制定产生了重大的影响。

（一）主要修订内容

1.在"租赁协议"的定义中,把"租金"改成了"一次或多次付款"。看来,即使某项交易的协议中并未使用"租金"这个用语,甚至其协议名称中无"租赁"字样,但只要是以付款为条件而让与某资产的使用权的,该交易就是租赁交易。

2.在坚持以转让某资产的使用权作为租赁协议的特征的同时,增加了并不排除出租人同时还提供与运用和维护该资产相关的实质性服务的规定。换句话说,关键不在于是否提供服务,而在于是否转让使用权。凡是转让使用权的,则不论提供服务与否,就都是租赁协议;凡是只提供服务而不转让使用权的,就不是租赁协议,而是服务合同。

3.就判别某项租赁协议是否是融资租赁协议而言,其根本出发点仍是随附于某资产的风险和报酬是否实质性地向承租人转移。但是,这次增加了体现这个出发点的一些指标,列述了8种使得某项租赁应归类为融资租赁的情况。

4.对资产减损时的会计处理方法适用涉及资产减损的国际会计准则的规定。

5.增加了5项对披露的新的要求,包括分3个时间段(1年以内、超过1年不超过5年和超过5年)披露承租人的租赁负债和出租人的毛出资额及与上述项目相关的财务费用,披露未来各次最小转租赁付款、累计准备金和出租人收入中所确认的随机租金等。

6.对售后回租下经营租赁损益的会计处理,用不作为正文的附表作了解释。

7.删除了原先对杠杆租赁情况下会计处理方法的规定。

（二）关于租赁的定义和分类

1.本准则从会计处理的角度出发,对租赁交易作了界定。租赁是以对方付款为条件而把资产的使用权让与对方的交易,不论是否同时还提供服务,也不论最终是否还转让该资产的所有权。如果只提供服务,不转让使用权,那就不是租赁,而是服务,以服务合同体现。如果转让的是资产的所有权,而不只是其使用权,那也不是租赁,而是买卖,以买卖合同体现。当然,如果所涉及的资产不是实物,而是货币,则即使是转让其使用权的交易,也不是租赁,而是借贷,以借款合同体现。

2.本准则的重点是对租赁分类的界定。从会计处理的角度出发,租赁只有两类:融资租赁和经营租赁。

对融资租赁的最严密的定义,是说它"实质性地转移随附于某资产的所有权的风险和报酬"。所谓"风险",包括因能力闲置或技术老化而或有的损失,以及因经济环境变化而或有的回报波动。所谓"报酬",是指在其经济寿命内使用该资产所预期的盈利,以及该资产残值的或有的升值。较为通俗的解释,是说承租人所付出的,是近似于该资产公允价值的金额和相关的财务费用;承租人所得到的,是在该资产的大部分经济寿命内使用该资产而获得的经济利益。

为了更直观地判别某项交易是否是融资租赁,本准则还列举了作为指标的一些交易条件,具备其中之一的就是融资租赁。这些条件是:①租赁期末转让租赁资产的所有权;②租赁期末承租人有以远低于该资产公允价值的价格购买该资产的选择权;③租赁期限为该资产经济寿命的大部分;④承租人的最小租赁付款额的期初折现值不小于该资产的公允价值;⑤该资产只有该承租人才能不加重大改动而使用;⑥承租人若撤销该租赁协议就得赔偿出租人的损失;⑦该资产残值的贬值风险由承租人承担;⑧承租人若在租赁期满时续租,其租金远低于市场租金。

对经营租赁的定义是"并非融资租赁的租赁"。而所谓"并非融资租赁的租赁",就是"不实质性地转移随附于某资产所有权的风险和报酬"的租赁。在这里,"不实质性地转移",包括从根本不转移到有所转移的较大范围的交易条件,只要不是"实质性地转移",就都应归类为经营租赁。而是不是"实质性地转移",我们至少可以用上面所列的融资租赁的8个指标来判别。

此外,本准则还规定,如果某租赁协议更改了条款,则其分类应按所更改后的条款来再次判别。当然,对租赁资产的经济寿命或残值估计的改变,或者因承租人违约而作的处理,并不导致对该租赁协议的新的分类。

（三）关于其他定义

关于"租赁协议的开始"。这一日期十分重要,正是在这一日,融资租赁协议的承租人开始在其财务报表中确认该租赁协议项下的资产和负债,融资租赁协议的出租人开始在其财务报表中确认该租赁协议项下的租赁应收款和残值。这一日期如何确定呢? 根据本准则,应该是该租赁协议订立日或各方对该租赁协议主要条款的承诺日两者之中较早的那个日期。其用意是,要求在某租赁交易一旦事实上(而不是法律上)成立之日,就在各方的财务报表上予以反映。值得注意的是,这里对租赁协议开始的界定,同我国融资租赁合同中常见的对起租日的界定,多半是不同的。

关于"租赁期限"。定义租赁期限,从会计处理的角度看,是为了确定折旧年限和财务费用的摊销期间。由于国际上的融资租赁有续租选择权,因此,只要在一开始就能肯定承租人必将续租,则无论续租的条件如何,都应把续租期也计算在租赁期限之内。

关于"最小租赁付款"。粗略地说,这是指承租人在租赁期限内的应付款。确切地说,其中除了通常所理解的租金外,如果承租人在期末有廉价购买选择权,就还应包括该购买价;如果承租人或与其关联方就租赁资产的残值向出租人提供了担保,还应包括该担保金额。而这里所理解的租金,不包括先由出租人垫付然后由承租人向出租人偿付的随机租金、服务费用和税金。另外,为什么称"最小"租赁付款呢?是指约定的应付款,不包括随机租金和承租人违约时的额外付款(各种形式的违约金),因为这些金额在期初是不能确定的。

关于"有担保或无担保的残值"。所谓残值,是该租赁资产在租赁协议期末日的公允价值。当在租赁协议期末日租赁资产的所有权不转移的情况下,租赁资产由出租人收回和处分,其变现值归出租人所有。而该变现值未必就是该资产的公允价值。也就是说,出租人在那时也许能实现残值,也许不能实现残值。在承租人对残值无担保的情况下,出租人变现时的损失,由自己承担;在承租人对残值作担保的情况下,出租人将确保实现残值,而不会有变现损失的风险。如前所述,有担保的残值是最小租赁付款的构成部分。

(四)关于融资租赁的会计处理

1.承租人的会计处理。在承租人的财务报表中,融资租赁在租赁开始日以等额的资产和负债确认。本准则规定,资产和负债的金额应是承租人的"最小租赁付款额"折现到租赁开始日的金额或该租赁资产在租赁开始日的公允价值这两者中孰低的金额,加上承租人为成就该项租赁交易所发生的初始直接费用。其中,负债应区分为当期负债和非当期负债。

所谓"公允价值",本准则的定义是,"在不亲密的情况下的交易中,在知情而有愿望的当事方之间某资产可以交换或某债务可以了结的金额"。也就是说,一是并无特殊优惠;二是并非受骗上当;三是各方均愿成交。因此,"公允价值"是公平合理的价格。

为什么要有在"最小租赁付款"折现值同公允价值之间的选择呢?这是因为,该租赁资产未必是出租人为该项融资租赁交易而购买的,可能没有相应的买卖合同的购买价作为计算最小租赁付款现值的依据。如同出租人从这一承租人那里收回租赁资产后向另一个承租人出租时的情况那样,由于并未发生买卖,所以只能以该资产的公允价值作为资产和负债的取值依据。

关于租赁资产的折旧,本准则规定了需区分承租人最终将取得还是不取得所有权的两种不同情况。若最终将取得所有权,则同承租人的自有资产一样,按租赁资产的有用寿命折旧。否则,则按其有用寿命和租赁期限孰短的年限折旧。换句话说,融资租赁协议项下的租赁资产并非一概可以加速折旧,关键在于所有权是否最终转移。此外,由于某期间折旧费用与财务费用之和很少有同该期间的租赁付款额相同的,因此,在租赁协议开始之后,租赁资产和相关负债就不大可能相等了。

2.出租人的会计处理。在出租人的财务报表中,融资租赁项下的资产应该表示为应收租赁款,其金额应等于净出资额。该应收租赁款是对出租人出资的偿还和服务的回报。

出租人的各期财务收益,是各期期初应收租赁款余额乘以期回报率。期回报率各期固定不变,就是前面说的确定租赁协议开始日的净出资额时用的那个折现率。

3.对兼为制造商或供货商的出租人会计处理的补充规定:①融资租赁协议会形成两类

收益,一类是正常销售中的损益,另一类涉及租赁协议项下的财务收益。②这种情况下的销售收入,应该是正常的公允价值和以商业利率(不是该租赁协议的利率)折现的最小租赁付款的现值这两者中的较低者。③这种情况下在租赁期限开始时的销售成本,是该资产的成本或维持费用减去无担保残值的现值后的差值。④销售利润不在经营租赁协议订立时确认,以区别于一般销售。

（五）对制定我国租赁会计准则的启示

1.本准则明确了租赁分两类,即融资租赁和经营租赁,没有第三类。《中华人民共和国合同法》中的租赁合同和融资租赁合同的列名,与其是一致的。因此,以此种分类为基础,制定我国的租赁会计准则,是适当的和可操作的。

2.就融资租赁同经营租赁的区别而言,本准则既有原则规定,又有具体指标,有很强的可操作性。尤其是所列的8个可认定为融资租赁的指标,具有重要参考价值。这些指标的列示,既表明国际上融资租赁交易条件的多样性,也体现了本准则对各种交易条件的兼容性。

3.就融资租赁中的会计处理而言,在开始时的资产确认上,承租人用的是净额法,即取已知的最小租赁付款额的现值;出租人用的是总额法,即取已知的最小租赁付款额本身。而且在确认上述现值时,以及在各次确认租赁收益时,都必须使用同一个折现率或回报率。可见,这一规定只适用于各期租赁付款额已知的交易,也就是我们常说的固定利率合同。对于任何以其他方式计算的、期初不能确定的租赁付款,均称为随机租金,而记为当期损益。

4.在核算租赁资产时,本准则还要求把初始直接费用、期末残值的或许贬值及租赁期限内资产本身的或许减损也都考虑在内,并及时调整。

二、我国租赁会计准则的内容

（一）融资租赁合同出租人会计处理的法规依据

1.财政部2001年11月27日印发的、自2002年1月1日起施行的《金融企业会计制度》(财会〔2001〕49号)的第1条规定称,"本制度适用于中华人民共和国境内依法成立的各类金融企业(简称金融企业,下同),包括银行(含信用社,下同)、保险公司、证券公司、信托投资公司、期货公司、基金管理公司、租赁公司、财务公司等。"也就是说,本规章只适用于目前由银监会监管的金融租赁公司,而不适用于由商务部批准设立的非金融企业的外商投资融资租赁公司和内资融资租赁公司。

2.财政部2006年2月15日印发的、自2007年1月1日起在上市公司范围内施行的、鼓励其他企业执行的《企业会计准则第21号——租赁》(以下简称"本准则")中指出,"为规范企业会计确认、计量和报告行为,保证会计信息质量,根据《中华人民共和国会计法》《企业会计准则——基本准则》等国家有关法律、行政法规,我部制定了《企业会计准则第1号——存货》等38项具体准则,现予印发,自2007年1月1日起在上市公司范围内施行,鼓励其他企业执行。执行该38项具体准则的企业不再执行现行准则、《企业会计制度》和《金融企业会计制度》。"也就是说,只要是上市公司,都必须执行本规章。不是上市公司,也鼓励执行。但是,在现行法规中,未见有对融资租赁会计科目设置的统一规定。

（二）租赁会计准则对租赁标的的规定

本准则把租赁标的统称为资产,但是排除了以自然资源、土地及知识产权等资产为标的的租赁协议或许可证协议。这一点是借鉴了国际会计准则的规定。事实上,并非任何资产都是可以租赁的。例如，货币资金就只能借贷，而不能租赁；消耗性资产不能租赁；无形资产本身也不能租赁；人、人力或人才更不能租赁。可以租赁的，只能是在使用中其形态不会改变、并能相对独立地发挥其功能的实物财产，无论出租人是否还提供服务，也无论在租赁期满时租赁物的所有权是否向承租人转移。正因如此，《金融租赁公司管理办法》把融资租赁的标的物概括为固定资产，《国际融资租赁公约》把融资租赁的标的物概括为不动产、设备等。

（三）对租赁的分类

本准则将租赁分为融资租赁和经营租赁两类，这一分类方法同《国际租赁会计准则》是一致的，同《中华人民共和国合同法》中的《融资租赁合同》和《租赁合同》也形成了相互对应的关系。本准则对融资租赁的界定，是说它实质上转移了与资产所有权有关的全部风险和报酬。这一界定，着眼于交易的经济实质，而有别于合同法所着眼的交易形式，即租赁物是否是根据承租人对出卖人、租赁物的选择而向出卖人购买的这一点。同时，也不以租赁物所有权最后是否转移为依据。关于经营租赁，这一用语是从《国际会计准则》中取来的，而且是《中华人民共和国合同法》中所没有的。对于经营租赁，本准则说，经营租赁是指除融资租赁以外的其他租赁。既然如此，我们必须承认，租赁只有两类，不是融资租赁，就是经营租赁，不再有第三类。体现经营租赁交易的契约，正是《中华人民共和国合同法》中的租赁合同。

（四）关于担保余值和未担保余值

本准则提到了余值，并有担保余值和未担保余值之分。这显然是为了适应我国融资租赁正在发展的交易方式，即租金的计算并不一定以摊提租赁物的全部购置成本为基础。本准则规定，资产余值是指在租赁开始日估计的租赁期届满时租赁资产的公允价值。对于租金的计算是以摊提租赁物的全部购置成本为基础、租赁期届满时租赁资产是由承租人以名义价格留购的融资租赁交易来说，租赁物的余值不必考虑。在融资租赁交易中，需要考虑余值的，是在租金的计算仅以摊提租赁物的购置成本的大部分为基础的情况。这里又分两种情况，一是该余值有担保（指由承租人或与其有关的第三方向出租人担保）；二是没有担保。在有担保的情况下，该余值同约定的应付租金一样，是该融资租赁合同项下确定的金钱债务。因此，其应纳入最低租赁付款额内。在未担保的情况下，就承租人来说，该余值同它无关。它在租赁开始日所应借记的融资租赁项下固定资产的金额和所应贷记的应付租赁款的金额中，都将不含该余值；就出租人来说，该余值是它在该融资租赁合同项下的租赁资产科目借方余额同待转租赁资产科目贷方余额之间的差值，是该租赁资产中未向承租人转移与所有权有关的全部风险和报酬的部分。因此，为了贯彻审慎原则，本准则规定，出租人应当定期对未担保余值进行检查，至少于每年年末检查 1 次。如有证据表明未担保余值已经减少，应当确认为当期损失。

（五）关于信息披露

本准则规定了承租人和出租人应予披露的会计信息内容。对承租人而言，披露的内容包括：每类租入资产在资产负债表日的账面原值、累计折旧及账面净值；资产负债表日后连续 3 个会计年度每年将支付的融资租赁和经营租赁最低租赁付款额，以及以后年度将支付的融资租赁或经营租赁最低租赁付款额总额；未确认融资费用的余额；分摊未确认融资费用所采用的方法。对出租人而言，披露的内容包括：资产负债表日后连续 3 个会计年度每年将收到的最低租赁收款额，以及以后年度将收到的最低租赁收款额总额；未实现融资收益的余额；分摊未实现融资收益所采用的方法；经营租赁项下每类租出资产在资产负债表日的账面价值。这些规定都是合理的,有利于反映各方涉及融资租赁交易的主要的资产负债状况及风险程度。

本章小结

融资租赁合同是租赁当事人的法律保障,是融资租赁业务的主要环节之一。它是以融资为目的、融物为手段的合同,具有融资、融物的双重属性。融资租赁合同包括购买合同和租赁合同。在融资租赁实践中,为了确保承租人能履行合同,降低出租人的风险,往往要求承租人提供财产担保,这就是融资租赁合同中的担保,是债权担保的一种形式。关于融资租赁合同的会计处理方法,国际租赁会计准则修订本对我国租赁会计准则的制定产生了重大影响。

复习思考题

1.融资租赁合同的实质是什么? 它与传统的租赁合同有何区别?

2.融资租赁合同中的租金如何确定,其对融资的补偿性有何特点?

3.融资租赁合同包括哪两个部分? 二者有何联系?

4.融资租赁合同的担保有哪几种方式? 各自的特点是什么?

5.我国融资租赁会计准则的主要法规依据有哪些?

第九章

融资租赁公司经营与风险防范

学习目标

　　本章的重点内容是掌握专业的融资租赁公司的经营问题。本章首先介绍融资租赁公司用于开展业务的主要资金来源;其次分析融资租赁公司在从事融资租赁项目融资时遭遇的主要风险,并针对融资租赁信用风险的防范进行了深刻阐述;最后介绍了融资租赁的保险问题。

第一节　融资租赁公司的资金来源

　　融资租赁中,租赁设备的价值非常高,要求初始投入的资金数额非常大,融资租赁公司的自有资金对于租赁项目来说往往不够。如何安排债务资金,融资租赁公司筹资能力的大小等直接关系着租赁公司的发展。融资租赁公司要持续开展业务,必须不断开拓资金来源的渠道,进行融资方式的创新。融资租赁公司的资金来源如图9-1所示。总的说来,融资租赁公司90%的营运资金来自外部。

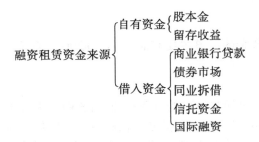

图9-1　租赁资金的来源

一、自有资金

(一)股本金

　　1.股本金额的规定。自有资金是企业投资者投入的风险资金,它是融资租赁的基础。从自有资金的来源出发,可以将自有资金分为股本金和留存收益。股本金是融资租赁公司成立之时投资者投入的资本。股份有限公司通过在证券交易所上市公开募集股本金,是公司筹措股本金最常用的一种手段。

　　根据《中华人民共和国公司法》和《中华人民共和国证券法》,股份有限公司申请股票上市募集资金必须具备以下条件:第一,股票经国务院证券管理机构批准已向社会公开发行;第二,公司股本总额不得低于3 000万元人民币;第三,公司最近3年连续盈利;第四,向公众发行的股份达到股份总数的25%以上,股本总额超过人民币4亿元的,公司公开发行股份比例为10%以上;第五,公司最近3年无重大违法行为,财务会计报告无虚假记载等。在目前的市场体系下,境内上市的方式有A股和B股,A种股票以人民币支付,B种股票以外币认购并进行交易。

　　2.股本在经营中的意义。自有资金对整个融资租赁项目起着很大作用。首先,自有资金可以提高项目的抗风险能力,自有资金投入越多,项目的抗风险能力就越强,银行贷款的风险就越低;其次,自有资金决定了融资租赁公司对项目的关心程度,能够有效降低"道德风险";最后,自有资金体现了融资租赁公司对租赁项目的承诺和对未来项目发展前景的信心。

　　在银监会2007年修订的《金融租赁公司管理办法》中规定:经银监会批准的金融租赁公司为非银行金融机构,持有《金融许可证》,银监会对其实施审慎性监管;在市场准入方面,新设公司最低注册资本金为1亿元人民币,股东结构中必须有主要出资人,只有符合一定资质要求的商业银行、大型设备制造商、租赁公司以及合格的金融机构才能充当主要出资人。修订后的管理办法使金融租赁公司的准入资金由 5 亿元下调至 1 亿元,门槛大为降低。2014年 3 月颁布实施的新版《金融租赁公司管理办法》延续上述规定。

(二) 留存收益

留存收益是指租赁公司在经营过程中创造的保留在公司内部的利润。租赁公司的自有资金还有很大一部分需要靠公司的留存收益转化为内源融资。以留存收益作为资金来源,不需要对外支付利息和股利,不会减少企业的现金流量。同时,由于公司的资金来源是内部的,不需要发生融资费用。留存收益对于一些规模较小的租赁公司更加重要,小型公司缺乏融资来源,其股票不具备上市资格,债券信用等级较低,融资成本较高,在这种情况下,留存收益是其资金来源的最佳选择。

二、借入资金

融资租赁公司借入资金的渠道主要有商业银行贷款、债券融资、同业拆借、信托资金和国际融资。

(一) 商业银行贷款

商业银行贷款是租赁公司最重要的融资来源,由于商业银行具备雄厚的资金实力,能够为租赁提供巨额的资金,并且商业银行具备评估租赁项目信贷风险的能力,能够最大限度地降低信用风险。按照贷款方式的不同,商业银行贷款可以分为信用贷款、质押贷款、抵押贷款和保证贷款。

1.信用贷款。信用贷款是指没有任何租赁资产作为抵押和担保的贷款。信用贷款的取得需要靠借款人的信用,无担保贷款只发放给历史长、财务状况良好且与贷款人业务关系良好的公司。

2.质押贷款和抵押贷款。质押贷款和抵押贷款是以租赁设备作为抵押担保品,以此来获得数额较大的贷款。银行对设置了抵押或质押的设备有优先受偿权。质押和抵押的本质区别在于前者一般需要转移设备的占有权,而后者不需要转移占有权。

3.保证贷款。保证贷款是凭借保证人的信用即可获得银行贷款,保证人既可以是公司企业,也可以是银行,一旦借款人无法偿还贷款,保证人负有清偿义务。

融资租赁公司在选择贷款银行时,一般要考虑以下因素:①银行的规模。当租赁项目是一个非常大的项目时,贷款银行的规模应该和项目相对称。也就是说,银行要在租赁项目启动之后为项目提供足够的贷款。②银行的经验,即贷款银行从事租赁贷款的经历以及在以往的租赁贷款业务中发挥的作用。③借款人与贷款银行之间的联系。借款人应该与贷款银行有良好的业务往来关系,这样在借款人出现资金周转困难时能够得到贷款人的支持和理解。

(二) 债券融资

债券融资是融资租赁公司通过发行金融债券获得资金来源的直接融资手段。

1.债券融资的意义。债券融资的意义包括以下方面:①债券在公开的资本市场发行,便于为租赁项目筹措大量的资金,因为资本市场上存在着大量的机构投资者和个人投资者。②在资本市场上发行的债券平均期限一般比银行贷款要长,即通过债券融资可以获得较长期限的资金。③债券融资要比银行贷款受到更少的限制。在商业银行贷款中,租赁项目往往会受到诸多限制,以防止出现对银行不利的情况,而债券融资市场上的投资者一般很少参与租赁项目的管理,只有当融资租赁公司不能及时兑付债券时投资者才进行干预。

2.债券融资的种类。在债券市场筹集资金,可以通过发行不同的债券来达到借款人不同的目的。传统上,债券可以分为固定利率债券、浮动利率债券、零息债券、可赎回债券和附有认股权证债券。

(1)固定利率债券。该种债券是指实现确定利率,每半年或者一年付息一次,或者一次还本付息的公司债券。

(2)浮动利率债券。浮动利率债券是在某一基础利率(如同期的政府债券收益率或者LIBOR)上增加一个固定的溢价,以防止未来市场利率变动可能造成的价值损失。

(3)零息债券。这是一种以低于面值的贴现方式发行,到期按面值支付而不另付利息的债券,该种债券的价格对利率变动极为敏感。

(4)可赎回债券。这是指公司债券附加提前赎回的条款,允许发行公司选择于到期日之前赎回全部或者部分债券。

(5)附有认股权证债券。附有认股权证债券是公司债券附加可转换条款,赋予债券持有人按预先确定的转换比率将债券转换为公司普通股的选择权。

3.债券融资中的问题。债券融资中最显著的问题是债券到期时租赁公司的现金流压力非常大,而租赁公司收取租金是阶段性的,一般一年一次,这样就会出现债券兑现要求与现金流不匹配的问题,且有可能引发租赁公司的破产危机。

债券融资是我国《金融租赁公司管理办法》中所规定的金融租赁公司的经营范围之一,但是迄今还没有非常成功的案例,根本原因在于我国融资租赁机构发行债券的客观条件尚不具备,与融资租赁公司进行债务融资相关的信用评估体系、资产评估体系、破产隔离体系、二手市场等条件都难以满足市场的需求。

(三)同业拆借

同业拆借是各类金融机构之间调头寸的业务。例如,某融资租赁公司有一笔银行贷款要在3月12日偿还,但是,相应数额的租金应收日是3月15日,于是该公司就可以利用同业拆借。

同业拆借也是我国《金融租赁公司管理办法》中所规定的金融租赁公司的经营范围之一。但是,这种"以短接长"的做法不应该是融资租赁公司提供租赁融资的主要来源。

(四)信托资金

信托资金是金融租赁公司既不承担资金风险也不享有资金收益的资金来源。它对于金融租赁公司的意义在于,尽管只能取得服务报酬,却可以不受资本充足率的限制而扩大自己的市场占有份额,从而提高自己的知名度。而且,单就无风险的服务报酬而言,对于没有银行或制造商背景的融资租赁公司而言,这也是发挥其人力资源或专业技能优势以取得收益的不可忽视的重要途径。

对于接受委托贷款的融资租赁公司而言,其效果同接受银行贷款并无差别,即同样是融资租赁公司的硬债务。我国《金融租赁公司管理办法》中规定金融租赁公司可以接受法人机构委托租赁的资金。

(五)国际融资

面对融资租赁公司在租赁项目启动时的巨大资金需求,仅仅依靠国内融资有时是不够的。因此,通过国际融资渠道融通资金,对融资租赁公司的生存与发展也具有重要意义。

国际商业银行贷款是租赁公司国际融资的最大来源,对于融资租赁公司来说,最为主要的是国际辛迪加贷款(Syndicated Loan)。融资租赁中,由于大多数的租赁设备都是价格昂贵的专业大型设备,其购买价格少则数百万美元,多则数亿美元甚至数十亿美元。这样巨额的贷款,仅靠一家银行的力量是承担不了的,即使能够承担,风险也过于集中。为了分散贷款的风险,从事国际融资贷款业务的银行往往组成一个集团,由集团内的每一个成员分别承担贷款总金额的一部分,按照该集团与租赁公司订立的单一借贷协议所规定的条件,由集团的代表统一借款给租赁公司,这种做法即国际银团贷款,也称为辛迪加贷款。在国际金融市场上,银团贷款常由美国、英国、德国、瑞士、日本和中国香港的银行联合组成。

融资租赁公司在国际金融市场上筹措资金,获得资金的渠道不同,导致资金的使用成本大小不同,占用资金的期限长短也不尽相同。如何选择筹资的渠道,合理安排不同筹资成本、不同期限的融资,并将筹集到的资金灵活运用,不发生资金浪费或短缺,这也是国际融资中需要解决的问题。一般长期贷款利息比短期贷款利息高,在筹资时要降低成本,选择短期贷款似较为适宜。但又要考虑到在资金市场紧张时,短期贷款难于借到,而长期贷款较稳定,可以不急于还款,租赁公司还可以用租金抵偿贷款。因此,应该短期贷款和长期贷款兼顾为好。如果是从银行贷款或发行企业债券取得资金,要在借款到期时支付全都利息,一旦到期日无法全部支付,租赁公司就必须承担违约风险;若采用发行股票筹集到的资金可以长期使用,风险分散到每一个股东身上,租赁公司承担的风险就会减少很多。因此,要全面衡量筹资渠道,加强管理,使租赁公司的国际筹资运作更加科学合理。

三、借入资金的创新

(一)创新方式

银行贷款的期限与设备租赁的长期性相比较短,且容易产生时间缺口。为了扩大业务规模,融资租赁公司可以将缺乏流动性的出租设备委托给信托公司,由信托公司将设备作为还款的基础资产,发行融资证券,进行再融资,即使租赁资产证券化。概括而言,租赁资产证券化是将一种流动性较差但是现金流稳定的资产,通过结构性重组,转化为可以在金融市场上出售和流通的债权。

(二)租赁资产证券化的流程

租赁资产组合证券化流程如图9-2所示。

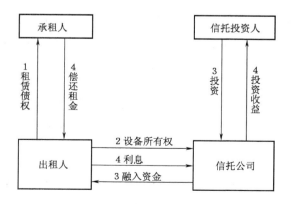

图9-2 租赁资产组合证券化流程

首先,出租人和承租人之间按照租赁合同,由出租人为承租人购入租赁设备,并转移该设备的使用权;其次,租赁公司将该设备估价确认,并将其所有权转移给信托公司,信托公司以该设备作为担保,将受托的金融租赁财产分割成若干份信托单位并发行;再次,投资者认购该信托单位,随后信托公司将融得的资金支付给出租人;最后,承租人定期给付租金,再由出租人向信托公司支付信托产品的利息,信托公司再将利息返还给信托投资人,而信托公司从中收取一定的佣金。

为了提高信托单位的安全性,保护投资者的资金安全,一般要求承租人的信誉等级高,租金交付记录良好,业务经营正常,租金现金流稳定。同时,信托财产的资金账户要由专业化的商业银行托管。

（三）租赁资产组合证券化的意义

1.提高了租赁公司租赁资产的流动性,拓展了租赁公司直接筹资的渠道。租赁公司将其租赁设备以信托工具的方式,通过与信托公司合作发行租赁设备信托产品的方式,将租赁设备的所有权转让给信托投资人,这样,租赁公司变现了租赁设备,提前收回了租赁投资,有效解决了银行贷款不足以及银行贷款期限与租赁公司资金运用期限不匹配的问题。这样既增强了融资租赁公司自身的安全性,也减轻了商业银行的信贷压力。

2.能够分流社会资金,使之通过融资租赁方式直接进入投资领域。对于投资者来说,租赁公司通过信托计划剥离了租赁公司的租赁资产,其实质是租赁资产所有权的转移。在这种融资方式下,即使出现出租人破产,根据我国破产法和信托法的规定,破产企业的债权人对已经通过信托途径剥离的资产不能行使任何权利。这样有利于保障信托投资人的投资安全,增加信托投资的吸引力。

第二节　融资租赁的信用风险与防范

一、融资租赁风险特征与类型

（一）融资租赁风险的含义

一般情况下,风险是指在一定条件下和一定时期内,由于各种结果发生的不确定性而导致行为主体遭受损失的可能性的大小。

融资租赁风险是指租赁未来结果的不确定性(如未来收益变化的不确定性、未来资产成本的不确定性等)给租赁项目带来损失的可能性。融资租赁交易较为复杂,持续时间长,而且涉及金融、法律、外贸、交通运输等多个环节。

（二）融资租赁风险特征

融资租赁风险特征表现为分离性、复杂性和长期性。

1.分离性。融资租赁作为创新的融资方式,提供的是类似于银行信贷的经营活动。然而,融资租赁又与银行信贷在形式上不同。中国金融学会融资租赁委员会的专家委员把融资租赁形象地形容为"挂羊头,卖狗肉",即,羊头——法律形式,是租赁,跟任何租赁都是一样的;狗肉——经济实质,是融资,就是融通资金。因此,如何处理好这样一种特殊的金融业务就关系到能否有效地抑制和防范金融风险。

另外,融资租赁过程中也存在某种分离性。出租人为设备的购买垫付资金,然后将该设备交给承租人使用,在租赁期间,出租人无法对租赁设备实施干预和管理,导致设备的所有权和处置权相分离。承租人使用设备时,一旦设备的安全、保养等方面出现问题,极有可能加大出租人的风险。

2.复杂性。融资租赁涉及至少三个当事人,即出租人、承租人和供货商。同时,融资租赁需要签订两个或两个以上的合同。其中,承租人委托出租人代为融资,并直接与供货商洽谈选定设备,然后由出租人购买设备,最后由供货商直接将设备发运给承租人。所以,对融资租赁公司来说,除了掌握金融技术之外,还需要熟悉设备技术及价格行情等,这就加大了其风险性。在合同方面,至少存在出租人与承租人之间的租赁合同,出租人与供货商之间的购买合同这样两个合同,有时还伴随着出租人与银行之间的贷款合同等。就出租人而言,涉及的合同越多,产生的风险也就越大。

3.长期性。融资租赁的特性决定了其租期较长,往往在 3~5 年之间,长的可达 10 年以上。这样,融资租赁公司就具有长期风险投资性质,在租赁期内,任何宏观经济的变化(如利率的变化、汇率的变化、产品需求的变化),都可能给租赁公司带来风险。而且,融资租赁产品一次性投入大且不可转让,租金需在一个较长的时间段内收回,这又加大了租赁公司所面临的流动性风险。

正是上述融资租赁的长期性、复杂性和使用权与所有权的分离性,导致了融资租赁面临着诸多风险。

(三)融资租赁风险类型

从类型上来说,融资租赁风险主要分为信用风险、市场风险和其他风险,如图 9-3 所示。

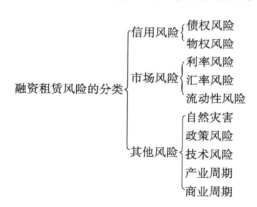

图 9-3 融资租赁风险的分类

在上述风险类型中,承租人的信用风险和市场利率风险对融资租赁公司的经营会产生较大影响。

如对于融资租赁公司的利率风险而言,如果租赁公司的负债和资产在期限上不匹配,还会进一步加大利率风险的影响程度。对融资租赁机构而言,可以通过发行金融债券、向其他金融机构贷款或通过同业拆借来筹措资金,但是未来的应收租金并不一定和负债的期限一致,甚至绝大多数情况下都不一致,因而当利率水平处于不断地变化之中时,其资产的价值变化和负债的价值变化不同,使利率风险不可避免地伴随于融资租赁机构的整个经营之中。

此外,融资租赁机构一般都要持有一定数量的流动性很强的资产,如现金、短期证券、商业票据、国库券等，以满足随时出现的支付要求。当所持有的流动资产为国库券、短期公司债时，由于其票面利率一般是固定的，当实际利率水平上升时，短期证券的现值必然会减少，资产的价值会下跌。同时，如果利率水平的变化波动过于剧烈，证券的价格也必然会随之急剧的上下波动，从而不可避免地存在巨大损失的可能性。

融资租赁的信用风险是融资租赁公司所遭遇的最主要的风险，而且对公司的发展会产生最直接的影响。以下详细加以阐述。

二、融资租赁的信用风险及成因

（一）融资租赁信用风险的危害

1.融资租赁的信用风险。融资租赁信用风险是指承租人的责任不能全部、按时履行而产生的风险。这与其他金融活动中信用风险的成因有极为相似之处，如，承租人还租能力下降、还租意愿不强，甚至存在承租人恶意骗取资金、转移资产的可能性。

2.融资租赁信用风险的危害。由于当前融资租赁公司的营运资金都来自银行，且其资本充足率只要不低于10%即可，因此融资租赁公司的信用风险是系统性金融风险的一部分。融资租赁公司的任何坏账损失，其受害者必定是银行。

（二）融资租赁信用风险的成因

导致融资租赁信用风险的原因主要有：

1.在租赁期内，由于承租人业务经营不善或者产品市场情况发生恶化，都有可能造成企业现金流量短缺，使得承租人无法按时支付租金，从而给出租人造成信用风险。此外，承租人恶意拖欠租金，也会给出租人带来信用风险。

2.根据租赁合同，承租人负有对租赁设备的维修、保养等义务，但是由于出租人无法对租赁设备实施干预和管理，一旦承租人不合理使用、维修、保养所租设备，而出现掠夺式使用或其他短期行为时，就会给出租人造成财产损失。

3.承租人非法处置本应属于出租人所有的租赁资产，也可能给出租人带来损失。融资租赁交易中租赁资产的所有权归出租人所有，这在我国的租赁合同中有明确规定，但在实践中，由于作为租赁资产的机器设备登记制度不严密，常会发生承租人将不属于自己所有的租赁资产用于抵押担保等情况。在融资租赁项目中，风险暴露期往往较长，融资租赁的长期性特点，使得出租人承担的信用风险更为突出。

4.就融资租赁业务本身来说，集中发生的租金偿付拖延和租赁设备回收困难可能会引起租赁公司的流动性风险。这种情况的产生更有可能是由商业性周期引起的。还有一种情况是单个或几个租赁项目的投资额过大，如果出现租金偿付和租赁设备回收困难及中途解约，也会发生足以影响整个租赁公司的流动性风险。总的来说，由于租赁产品缺乏流动性，所以融资租赁公司的流动性风险相对来说也较大。对这类风险的防范，在采用浮动利率，以及租赁物需要用外汇购买时，尤其重要。而这主要取决于公司人员的专业能力和尽职程度。

5.在我国的融资租赁实践中，合同风险也是一个重要的因素。从我国融资租赁实践中所出现的问题来看，相关的买卖合同、融资租赁合同，或者担保合同缺乏严密性，从而造成由于合同文本本身的瑕疵，以及合同履行过程中程序上的疏漏，使融资租赁公司在因承租人违约所提起的诉讼中自己的合理请求得不到法院的支持。

三、融资租赁信用风险的防范

对融资租赁信用风险的防范，先要认真进行项目评估与选择，严格把关，然后再从融资租赁公司的内控、金融监管、行业自律、社会监督等方面进行防范。

（一）审查承租人的情况

在作出租赁决策之前，出租人应当详细分析承租人的相关经营、财务信息，对承租人的资质进行审核。这些信息包含了承租人所处行业的发展状况、竞争能力、市场份额及其信用情况，并对承租人过去的、现在的、未来的财务状况进行综合判断。

1.审查承租人的资信情况。要调查承租人的真实信用状况，就要重点调查其还租能力和还款意愿。还租能力主要是从承租人的产品技术、经营管理、财务、后续融资能力等方面考察，还租意愿主要从承租人的应收应付款、贷款记录、资信等级、社会声誉、修养品德等方面调查。

要了解承租企业的资信情况，与其负责人交谈很重要。要事先拟定交谈内容和提纲，设置一些逻辑关系和印证关系，用已有知识与其交谈，了解掌握该企业的真实状况和判断经营者的诚信状况，可以摘录生产数据或销售发单统计状况，从而全面掌握企业的真实信息。

2.审查承租人的经营管理能力。经营管理能力是企业实现利润的关键，它直接关系到租赁设备、生产线能力的发挥程度，影响租赁项目的盈利能力。一个善于经营管理的企业，会使设备或生产线最大限度地发挥效用。如果承租人经营管理能力差，即使设备和生产线是一流的，也难以创造佳绩，甚至会损毁这些先进的设备及生产线。

出租人对承租人经营管理能力的审查和评估，先要对承租企业的领导进行评估，因为领导者的素质关系到整个企业的前途和命运。评估领导者及主要管理人员的年龄、才干、胆识、眼光、成就如何，精力是否充沛，有没有强烈的责任心、开放的头脑、活跃的思维、创新的精神、公共关系的意识，对国内外市场的了解程度和把握程度如何，管理方法是否先进、科学，等等。然后，要对承租企业的员工进行评估。员工的整体素质如何，技术水平高低，技改经验、生产经验如何，创新意识如何，对本行业高精尖技术了解、把握的程度如何，有无敬业精神、全员参与观念等等，均应考察。

3.审查承租人的盈利能力。承租企业的盈利能力是企业财力的源头，是企业生存、发展、壮大的财力保证，也是出租人租赁获利的依据。盈利能力强的企业，可以确保财源不会枯竭，而且可能财源滚滚，如此，出租人的风险就相对较低。一般而言，企业的经营管理能力直接影响盈利能力。

审查企业的盈利能力时，要从多方面予以考察，如企业的资本结构、固定资产状况、企业的生产效率，等等。反映企业盈利能力的指标很多，主要有销售毛利率、资产净利率、资产周转速度、销售净利率、净资产报酬率等。

此外，还要关注承租企业的未分配利润，未分配利润不宜过大。因为企业股东随时可以决定分配这些利润，其直接的结果将是提高企业的资产负债比，降低流动比，从而使债权人面临的风险增高。

4.要对融资租赁行业进行选择。由于租赁公司的规模、人才、经验等方面的限制，不可能从事所有行业的项目，所以要确定重点行业、优势行业开展业务，与这些行业共同成长。在选择行业时，首先要考虑到国家的产业政策，限制甚至禁止性领域不要涉及；其次，在行业分析中要充分考虑到行业的周期性、行业内的竞争程度、行业壁垒、产品替代性、定价能力等等；最后，把业务重点放在具有成长性、基础性、有效益性、垄断性的行业上。

5.要与其关联企业联合起来考察。要注意考察关联企业之间是否存在关联交易，交易价格是否公允。考察这些的目的在于判断承租人是否有恶意骗取资金、转移资产的可能性。

6.承租人的地域因素也要考虑,所在地区偏远、经济发展水平较低、信用状况较差,承租人容易受当地环境影响,出现问题的概率也会相应增大。

7.掌握承租企业的全部债务状况。要掌握承租企业未来的融资租赁债务,而且应该是在拟订立的融资租赁合同期间其全部的对外债务情况。

总之,要从纵向和横向两方面对承租企业的资信、经营管理能力、盈利能力等进行审查。把承租企业的现在与过去相比较,把承租企业与同行其他企业相比较,力争取得一个较全面的考察结果。

(二)评估和审查融资租赁项目

1.评估和审查融资租赁项目的出发点。租金偿还大多来源于租赁物投产后带来的效益,所以,项目现金流分析是考察重点。租赁公司必然希望租赁项目能带来收入,且现金流足以覆盖未来租金,这是所有租赁项目的核心所在。因此,出租人对租赁项目进行审查评估,就是以盈利能力为核心审查内容,根据承租人提交的项目可行性研究报告,对该项目在技术、财务、效益等方面作出的可行性结论加以评估。

2.评估和审查融资租赁项目时应该注意的问题。租赁公司的业务人员不能轻信承租人的一面之词,也不可轻信承租人提供的可行性分析报告,应该根据谨慎原则,通过银行对账、业务订单、行业平均数据、实地测量等方法来核实测算租赁项目的现金流量。租赁项目本身牵涉到原料供应和产品销售问题,还有配套资金的落实问题,这些因素都要考虑,以防止"钓鱼工程"或"半拉子工程"。

3.对租赁项目进行审查的主要内容

(1)该租赁项目是否已获得有关部门批准,是否符合国家引进项目规定的审批程序,是否具备了委托租赁所必需的全部文件。

(2)租赁项目是否符合国家的产业政策,在宏观上是否符合国家经济发展的方向,是否有利于调整产业结构、促进技术发展进步,是否具有良好的社会经济效益。

(3)租赁项目属于技改项目、新建项目还是扩建项目,现有工艺、设备运转状况如何。

(4)项目所需的原材料供应是否已经落实,其他条件(水、电、气、油、煤、厂房、其他配套设施等)是否齐备。

(5)项目产品是否有市场需求,市场竞争力和应变力如何,能否外销、创汇和节汇。

(6)与租赁项目配套的其他资金是否落实。

(7)担保人的资信状况、经济实力、担保能力如何。

4.对租赁项目进行的三项基本评估。

(1)技术评估。技术评估是对项目的工艺、设备诸方面进行经济技术论证,以判断项目在技术上是否可行。评估的重点是企业的技术力量、生产力布局、项目规模、项目成本、技术设备性能以及对外采购等方面。技术评估应有周密的分析比较,最终用经济效益指标进行衡量,以判断项目的取舍。

(2)财务评估。财务评估就是从企业角度分析租赁项目的财务效益,以判断项目的盈利能力和租金的偿还期限。财务评估要先计算项目的投资利润率及租金偿还期,从而初步判断租赁项目在财务上是否可行。此处宜采用动态法来进行分析,即以现值法分析,在考虑了租赁项目整个经济技术寿命期及货币的时间价值之后,将期内一切现金流入和现金支出均折算为现值,再按现值加以计算评价。现值越大,说明项目的效益越好,出租人的利益越有保证。只有符合上述要求的,财务上才是可行的。

（3）效益评估。对项目进行财务评估并不能完全看出项目的全部效益,还要进一步从整个项目的社会效益、经济效益的角度进行评价,因此,要分析整个国民经济对项目付出的成本和代价以及项目对国民经济所作的贡献,从而计算出该项目的净经济效益。此外,还要进一步分析那些不能以货币度量的因素,即分析项目对劳动就业、社会技术进步以及环境改善等方面的影响。只有效益良好的项目才是可行的。

5.融资租赁项目评估的步骤。融资租赁项目评估的步骤主要有以下几步。

（1）评估租赁项目的盈利能力。要对承租企业提出的可行性研究报告中用以计算盈利能力的数据加以审核。审核的基础数据主要有销售收入、投资、生产成本、税金等。

①销售收入的审核。审核销售收入,实质上是评估承租企业提交的项目可行性研究报告中的市场可行性结论。由于销售收入由销售量和单价所决定,所以对销售收入的审核,实际上是对销售量和单价两个方面的审核。必须认真审查承租企业作出的产品市场需求预测,尤其是在竞争状态下,要对该项目产品的市场占有率、产品销售渠道、销售价格等进行认真审查。有的承租企业夸大市场需求和项目产品的市场占有率,主观假设产品售价,并按百分比逐年递增,这是常用的夸大项目盈利能力的方法之一,出租人对此必须要有足够的警惕。

②投资和成本数据的审核。对投资和成本数据的审查,要结合项目的生产规模、建设进度、技术及工艺流程来进行。一般而言,租赁公司缺乏专门的工程技术人员,所以必要时,应聘请有关专家和权威人士参加评估。要审查构成投资和生产成本的各分项数据是否有充分的工程技术及商业上的依据,有无漏项,各分项是否合理,有关的估算是否符合国家的有关财税规定,以及必要的假设是否合理等。承租企业可能压低投资和成本,以夸大项目的盈利能力,出租人对此亦应警惕。

③税金的审核。税金是指租赁项目根据国家税法的规定必须缴纳的各种税款。税金的计算依据政策性很强,决不能为了夸大项目的盈利能力而随意压低税金的数额。审查这类数据时,必须熟悉和清楚国家的有关规定。对承租企业提交的可行性研究报告中所采用的所有优惠待遇(如税收减免、财政补贴等),一定要全部取得有关部门的认可和批准。

④审查用来测算项目盈利能力的方法是否科学合理。一般情况下,测算项目盈利能力要采用现金流量贴现法,对项目作动态分析。在评估租赁项目时,租赁公司不仅要关心项目的盈利能力,还要关心租赁项目偿还其他债务的能力。

此外,租赁公司还要考虑各种风险对项目的盈利能力会有哪些影响,计算在各种风险下项目的盈利能力会降低到何种程度。

（2）评估租赁项目的构成及其合理性。划出租赁项目内必不可少的子项目、配套工程,剔出与租赁项目无关的工程,明晰租赁项目的组成。多余的环节会产生内耗,干扰其他环节功能的正常发挥,破坏整体运行;缺少必要的环节又会使整体运行失去应有的基础,所以,要注意考察租赁项目的构成是否合理。

（3）评估各环节对租赁项目盈利能力的影响。租赁公司在评估项目时,要牢牢抓住项目盈利这个中心,评估筹资、投资、建设、生产、销售、还贷、分红等一系列环节的构成、功能及相互关系对项目盈利能力的影响。对每一个环节,出租人都要结合其对整体目标的影响予以考虑。

（4）分析租赁项目所处环境的适应性。出租人在评估项目时,应认真分析项目所处的环境以及项目对环境的适应能力。所谓项目所处的环境,包括政治、经济、社会、金融、财政、公用基础设施、自然生态等各项内容。项目对环境的适应能力一般包括这样几层含义：一是环境能为项目生存发展提供有利条件；二是项目本身能够承受环境带来的不利影响；三是项目进行中可能会对环境产生不利影响，而这种影响是能为环境所许可的。

（三）信用风险的后期管理

信用风险的后期管理是通过设定一整套定期检查体系来对所有业务进行监控，并根据租赁的质量来确定其检查的频率。在后期信用管理的各环节中，最为关键的一个环节就是租金收取。只有这一环节控制好了，信用风险管理才算真正成功。因此，风险管理者们应该对应收租金进行监控，其目的是尽早发现存在财务困难或者习惯性延迟支付租金以提高其现金状况的承租人。如果承租人出现财务困难，租赁公司需尽快了解并采取措施，保护租赁担保品，敦促承租人及时支付租金。租赁公司还应对租赁业务进行审计考察，目的是为了审核租赁项目的信用状况及价值，这是一种事后的信用评估；对承租人及租赁业务还应该根据其风险程度进行分级，并评估信用风险损失的大小。

另外，为了防范和控制各种随时可能发生的潜在风险，项目的合同需要以书面形式记录，明确各方对租赁业务的责任。融资租赁合同中的各项条款，都应符合我国现有的法律法规的规定。例如，在合同中应明确规定诉讼或仲裁的地点和机构，重大的和当事人认为有必要进行公证的文件应经公证部门公证。这些做法虽然不能直接给风险带来的损失予以补偿，但可以划清责任，减少纠纷，保证出现损失时补偿措施的顺利实施，并可节约时间。

（四）融资租赁业监管

有效的监管是融资租赁业健康发展的前提条件，监管机构必须通过规定融资租赁的经营和运行规则，规范并引导整个行业的有序竞争。对融资租赁公司的监管，主要涉及市场准入、经营监管以及退出等方面。

1.市场准入。融资租赁公司的非银行金融机构性质，决定了只有具备一定规模、具备一定专业能力的公司才能进入该行业。具体来说，融资租赁公司的监管体系主要从以下几个方面设立：①融资租赁公司的资本必须满足最低资本额。公司的资本是其抵御风险的基础，资本多的公司抗风险的能力一般强于资本少的公司。②公司大股东必须符合一定的净资产和公司盈利能力等条件。规模大、信誉好的大型企业作为租赁公司的大股东，能够给租赁公司在资金、管理、市场开拓等方面带来好处。③融资租赁公司应该具有符合规定的公司章程，具有完善的公司治理和内部控制等制度。④融资租赁公司要有符合任职资格条件的高级管理人员和熟悉融资租赁业务的合格从业人员。专业化的人才是租赁公司业务开展的根本，缺少了这类人才的租赁公司就不能生存发展。⑤有合格的营业场所及其他业务设施。此外，申请筹建融资租赁公司，必须履行公司信息披露义务，在申报时向管理机构提交一系列的规范性文件，包括租赁公司筹建申请书、可行性研究报告、拟设立融资租赁公司的章程（草案）、出资人基本情况、出资人经审计的年度审计报告等。

2.经营监管。在经营监督管理方面，监管当局限定融资租赁公司的业务经营范围，明确哪些业务能够开展，哪些不能开展。此外，监管当局设置一系列融资租赁公司必须遵守的财务指标，规定租赁公司对单个客户的风险暴露程度。同时，融资租赁公司必须接受监管机构的现场检查和非现场检查，并于每一会计年度终了后的一个规定时限内报送上一年度的财务报表和资料。监管机构对日常监督管理中发现的问题，可以向融资租赁公司的法定代表人和高级管理人员提出质询，并责令该公司限期改正或进行整顿。拒不改正或整顿的，监管机构可以取消该公司法定代表人或有关高级管理人员的任职资格。对违反具体监管措施的融资租赁公司,监管机构要详细规定惩罚性措施,以避免监督检查流于形式。

3.市场退出。对于一般工商企业来说,通过企业破产程序即可从市场退出。但是,对于具有金融性质的企业,由于其与社会大众的利益紧密联系,所以监管机构不得不对其市场退出机制作特殊的安排。对融资租赁企业市场退出机制的安排,在参考其他金融企业市场退出机制利弊的前提下,着重围绕融资租赁企业的特殊性进行相关的制度设计,比如说可以采取托管等方式,严格追查融资租赁机构终止的事由,责令融资租赁机构内部整顿,以保护投资者的利益。

总之,监管当局要确保融资租赁公司是在安全和良好的环境下运行的。

第三节　融资租赁保险

一、融资租赁保险及其种类

(一)融资租赁保险的含义

融资租赁保险是指对融资租赁物件在运输、装卸、存储、安装以及租赁物件在租赁期内的使用过程中,可能遭受的风险损失进行经济补偿的一种措施。

融资租赁保险可以帮助租赁企业将风险尽量降低,减少出租人或承租人的损失,维护出租人或承租人的利益,有利于租赁业务的开展。所以,融资租赁保险是保障金融租赁业务顺利开展的必不可少的条件。

(二)融资租赁保险的种类

融资租赁保险可以分为租赁物件运输保险和租赁期内租赁物件保险。租赁物件的运输保险可分为海洋运输保险、内陆运输保险及航空运输保险。租赁期内租赁物件保险主要有财产保险、财产一切险、机器损失险、营运中断险、盗窃险等险种。本书主要介绍租赁期内险的几个险种。

1.财产保险。租赁物件运达承租人所在地,并且安装完毕投入生产之后,保险公司应该对以下事件负责:

(1)水灾、雷击、爆炸或水管爆裂等造成的租赁物件的损失。

(2)洪水、暴雨、飓风、台风、雹灾、雪灾、岩崩、泥石流、地面塌陷等造成的租赁物件的损失。

(3)飞机坠毁或飞机部件坠落造成的损失(飞机或飞机部件为租赁物件)。

但保险公司对因战争行为、类似于战争行为和敌对行为、武装冲突、被保险人的故意行为或物件使用不当造成的损失不负赔偿责任。

2.盗窃险。盗窃险是财产保险的附加险。保险公司对参保盗窃险的财产,在保险期内因被抢劫、偷窃或盗贼暴力侵入保险财产存放处所造成的灭失或损失负责赔偿。但盗窃险对被保险人故意行为或重大过失造成的财产损失、自然灾害造成的财产损失、因财产盘点发现的损失不负赔偿责任。

3.机器损坏险。该险种是机器的意外保险,它承保各项租赁机器因不可预见的突然发生的保险事故所造成的损失(如设计、制造或安装错误,工作人员操作失误及管理维修不善),由保险公司负担需要修理或换置所花费的费用。

4.营业中断险。营业中断险是对财产保险的一种扩展,它承保租赁物件遭受自然灾害或意外事故造成企业生产停顿或营运中断而带来的直接或间接的财产损失,即赔偿预期毛利润的损失及营运中断仍需支付的必要费用。

5.建筑工程一切险。建筑工程一切险是租赁保险的主要险种之一,它承保在工程建设过程中因自然灾害、意外事故、盗窃、人员操作过失等造成的损失。该险种以工程建设期为保险期,并以完工时的总价值作为保险金额。在工程总价无法确定时,可按照工程概算投保,待完工后再进行调整。

6.安装工程一切险。安装工程一切险是对租赁物件安装技术不善而导致的事故负赔偿责任的险种。保险责任包括被安装的租赁物件、安装用的机械设备、工程临时设施以及工程期间的第三者责任。

7.一揽子保险。一揽子保险是保险人将两种或两种以上的险种纳入一张保单予以承保,即在融资租赁保险中,出租人可以将租赁物件的运输险和租赁期内租赁物件保险同时向一家保险公司申请办理投保。

二、租赁保险合同的内容

租赁保险的投保程序一般是:投保人(出租人或承租人)向保险公司提出投保的要求并向保险公司索取投保单,如实填写保险单中的每项内容,同时加盖公章;保险公司接到出租人或承租人的投保单后,经核实同意保险后,即出具保险单,并通知投保人交付保险费。

租赁保险合同的主要内容包括:保险标的、保险金额、保险责任、除外责任、保险费和保险期限。

(一)保险标的

在签订租赁保险合同时首先要明确保险标的,只有明确了投保标的,才能够判断投保人对保险标的是否存在可保利益,进而确定保险金额,使合同付诸实施。租赁保险中的保险标的即是租赁物件。

(二)保险金额

在明确了保险标的之后,应该对保险标的进行估价,以该投保标的的价值决定保险金额。一般情况下,租赁保险的保险金额可以低于保险标的的价值,即为低额保险;也可以等于保险标的价值,即为全额保险;但不能超过保险标的的实际价值,不能成为超额保险,即在投保责任内的损失发生时,保险人给付的最高保险金额不得超过保险标的的实际价值。

(三)保险责任

保险责任是保险合同中规定的保险人对投保人所承担的损失赔偿责任。保险合同签订后,投保人就将保险责任内的风险转移给保险公司了。上文中列举的不同险种,其保险责任各不相同,保险公司收取的投保人保险费也不相同。

(四)除外责任

所谓除外责任,是指保险标的的损失不是由于保险责任范围内的风险事故所引起,因而保险人不承担赔偿的责任。一般情况下,因投保人故意行为所致的损失,均属除外责任,其损失由投保人自己承担。不同的融资租赁保险险种,除外责任也不尽相同。

（五）保险费

保险费是投保人向保险人缴付的费用,这是投保人的义务。保险费的决定因素是保险金额的大小与保险费率的高低。保险费等于保险金额与保险费率的乘积,其中,保险金额是由保险标的决定的,而保险费率则由保险责任决定。保险金额越大,保险费率越高,保险费也就越多。

（六）保险期限

保险期限是指租赁保险合同的有效期限,是合同双方当事人履行权利和义务的起止时间。确定保险期限的方法有两种,一种是用日历计期,比如租赁物件的一切财产保险均以 1 年为期,即从起保日的零时开始,到终止日的 24 时为止。另一种是用事件的始末计算,比如,租赁物件的运输险从起运日开始,到抵达日止。只有在保险期限内发生的保险事故,保险公司才承担赔偿责任,超出这一时间范围,保险公司概不负责。

租赁保险的具体投保事项涉及众多的因素,在此过程中还应当注意以何种货币投保、应在租赁物件启运前办好保险手续、有的险种要考虑加保等问题。

三、融资租赁保险的索赔和理赔

（一）融资租赁保险的索赔

1.保险索赔。在保险的有效期限和保险责任范围内,如果租赁物件发生损失,被保险人按照保险合同的有关条款约定,向保险人提出赔偿损失的要求,这一行为称为保险索赔。保险的索赔必须及时提出,以免丧失时效。索赔时效是指投保人就保险事故造成其保险利益的损失向保险人提出赔偿请求的最长期限。如果超过了这一时效,保险人可以对赔偿请求不予受理。

2.索赔工作一般按照如下程序进行:①通知。当发生灾害损失时,被保险人应及时将灾害事件告知保险公司,要求保险公司派人处理。通知时要将被保险人的名称,发生损失的原因、部位、时间等情况通告清楚。②填具出险通知书。出租人或承租人必须按照保险公司出具的出险通知书的要求认真填写,主要内容有:被保险人名称、出险日期、出险原因、保险标的的名称、保险金额、保险单号、出险的经过、损失程度、请求赔付金额等。③提供有关索赔单证。为了证明被保险人索赔的事实,便于保险公司审核和处理,被保险人必须在索赔时提供有关索赔单证。主要的单据和证明文件有:保险单正本(或保险凭证)、账册、收据、发票、装箱单、租赁物运输的货单、运输合同、海关税单、出险调查报告、出险证明书、损失鉴定证明、施救整理费用单证。④开具权益转让书。这一步不是必经程序,只有涉及第三者责任时,被保险人领取赔款后才需要出具权益转让书,表明保险公司已经给予损失赔偿,从而使第三方享有被保险人转移过来的权益。

（二）融资租赁保险的理赔

1.融资租赁的理赔。融资租赁的理赔是指被保险人向保险人提出索赔后,保险人对该索赔请求进行处理的行为。在发生保险责任范围内的自然灾害或意外事故后,由保险公司根据出险情况进行现场勘查,确定保险责任和索赔金额,最后付清被保险人赔款。保险人和被保险人之间的权利与义务都是通过保险合同来实现的,而理赔工作是保险人履行保险合同中有关保险人赔偿义务的具体表现,因此保险人应当认真履行应由保险公司承担的赔偿责任。在被保险人发生保险事故后,保险公司应主动深入现场开展理赔工作,按合同规定的时限及时赔付。

2.租赁保险理赔一般按照如下程序进行:①损失勘查。在保险公司接到被保险人的损失通告后,即应派人到现场查勘,了解出险原因、受损情况及损失程度。为了有效确定出险原因及损失大小,被保险人应提供损失证明、损失清单以及有关索赔的其他单证。②核定损失。在上一步损失勘查的基础上,保险公司应全面分析出险原因,确定损失大小及赔偿范围,并根据保险条款的规定,确定赔款金额。③余损处理。受损的租赁物一般仍然具有一定的经济价值,该残值可折价给被保险人,将折价从保险赔款中扣除以冲减保险金。④给付赔款。在确定损失原因和责任范围后,保险人应具体计算赔偿金额,在被保险人和保险公司达成一致后,被保险人应尽快到保险人处领取赔款。若出租人或承租人不按规定时间领取赔偿,保险公司将视其为"自动放弃索赔权益"。

案 例

X 租赁有限公司与 Y 工业集团公司、Z 投资管理公司融资租赁合同纠纷案

1992 年 2 月 10 日,为达成回租租赁交易,原告 X 租赁有限公司(以下简称 X 公司)与被告 Y 工业集团公司(以下简称 Y 公司)签订了 92EBL003 号购买合同,约定由 X 公司向 Y 公司购买日产吹塑瓶机 4 套,用以回租,合同总额 250 万美元。同日,X 公司作为出租方,Y 公司作为承租方,双方签订了 92EBL003 号外汇回租租赁合同,约定 Y 公司向 X 公司回租上述设备,租赁期限为 5 年,租金总额为 2 949 518 美元,以出租方支付货款日为起租日,共分 9 期支付完毕。出租方在合同生效后 7 日内支付货款,租赁物件在合同生效后即转为出租方所有。如承租方不按期支付租金或违反租赁合同的任何条款时,出租方可要求即时付清租金和其他全部费用、终止合同、收回租赁物件,并要求赔偿损失。如承租方未按时支付租金及其他款项,则应按中国银行同期美元贷款利率乘以 120% 向出租方加付迟延利息。双方在租赁合同中还就租赁保证金、手续费、租赁期满后租赁物件的处理等作出了约定。Z 投资管理公司(以下简称 Z 公司)在合同上盖章,并向 X 公司出具了不可撤销担保书,确认租赁合同的全部内容,保证在承租人 Y 公司未按合同约定履行义务时,负责代其支付所欠全部租金及其他费用,如利率波动需增加租金和逾期利息,亦予担保,负责照付。

合同签订后,X 公司于 1992 年 2 月 27 日向 Y 公司支付了设备款。自 1993 年 2 月 1 日起,X 公司相继向 Y 公司发出 4 期租金变更通知书,要求其支付租金。但 Y 公司仅支付了第一期租金 1 565 937 美元和第二期部分租金 166 568 美元,其余租金没有支付。经 X 公司多次催要,Z 公司亦未履行其担保义务。在案件审理期间,经 A 市第一中级人民法院委托 B 审计会计公司对被告 Y 公司所租赁的生产线进行评估,至 1995 年 5 月 29 日,上述租赁物件价值人民币 655 万元,折合 788 558 美元。

原告 X 公司请求法院判令二被告:①立即偿还已到期的应付租金 1 144 337.24 美元;②立即偿还已到期的未付租金所产生的迟延利息 52 227.54 美元(暂计至 1995 年 2 月 28 日);③终止本合同,由原告收回租赁物;④赔偿因终止本合同给原告造成的经济损失。

被告 Y 公司与被告 Z 投资公司均未答辩。

A 市第一中级人民法院经审理认为:原告 X 公司与被告 Y 公司所签外汇回租租赁合同及被告 Z 公司所作的担保均合法有效。被告 Y 公司未按租赁合同规定履行义务,未支付到

期租金,对造成纠纷应付全部责任,除应向原告 X 公司支付已到期租金外,还应支付上述未支付租金的迟延利息。被告 Z 公司未履行担保义务,对造成纠纷亦应承担相应责任。鉴于被告 Y 公司在合同约定的期限内没有履行合同、已构成严重违约,且其已无履行合同的能力,故原、被告所签租赁合同已无履行的必要,原告 X 公司要求解除合同的理由正当,应予支持,被告 Y 公司应赔偿由此给原告 X 公司造成的经济损失。依照《中华人民共和国经济合同法》(1999 年 10 月 1 日《中华人民共和国合同法》施行,《中华人民共和国经济合同法》同时废止。——编者注)第 12 条第 1 款第 3 项、第 2 款和第 29 条,依照《最高人民法院关于保证的若干问题的规定》第 2 条第 4 项、第 5 项及《中华人民共和国民事诉讼法》第 120 条之规定,A 市第一中级人民法院于 1995 年 7 月 13 日判决如下:①被告 Y 公司偿还原告 X 公司租金 1 144 337.24 美元及迟延利息(租金计算截止到 1995 年 2 月 28 日,迟延利息自应付租金日起至实际给付之日止,按中国银行同期贷款利率乘以 120%计算);②自 1995 年 2 月 28 日起解除原告 X 公司与被告 Y 公司签订的外汇回租租赁合同;③租赁物件全部返还 X 公司;④被告 Y 公司赔偿原告 X 公司因解除合同而造成的直接经济损失,即租金总额减去已收租金及本判决书第一项之款项和设备折款后的剩余部分;⑤被告 Z 投资管理公司对本判决第一、四项规定的应负义务承担保证责任;⑥案件受理费 105 377 元、财产保全费 25 520 元、财产评估费 34 700 元,由被告 X 公司、被告 Z 投资管理公司负担。

(资料来源:张雅萍.融资租赁案例选评.北京:人民法院出版社,2001 年.)

案例评析:本案判决租赁物件全部返还 X 公司,这一判决最大限度地保护了出租人的合法权利,体现了租赁物的回收权对降低信用风险的作用。在本案中,承租人的主观恶意比较明显,出租人已给予承租人合理期限作出挽救。但经过合理补救期,承租人仍然没有对违约行为做出补救,仍不履行义务,这便违背了订立租赁合同的初始意图,使出租人的根本利益受损。为此,出租人要求加速支付未到期租金或自行行使解约权,收回租赁物,并就承租人违约造成的损失要求损害赔偿。

值得注意的是,在融资租赁中,出租人出租设备的目的在于获得租金,而且通常情况下租赁物件不具有通用性,出租人自行处理租赁物件具有一定难度,因此承租人一旦未按时支付租金,出租人所采取的违约救济措施通常是要求支付到期及未到期全部租金,以保障其利益的获得。但是,一旦出现信用风险,承租人出现严重违约,且其已无履行合同的能力,基于对租赁物件所享有的所有权,出租人保护自身利益最有效的方法就是收回租赁物件。本案中,在承租人 Y 公司已无力交付租金的情况下,出租人要求收回租赁物件,不失为合理的选择。

本章小结

融资租赁公司的业务分为融资和租赁两部分。融资的资金来源分为自有资金和借入资金。随着业务规模的扩大,融资数量的增加,租赁企业开始尝试通过将租赁资产证券化的方式进行融资。融资租赁的风险具有长期性、复杂性和分离性的特征,产生原因和风险类型多种多样,但信用风险是最为主要的风险类型。为防范融资租赁信用风险,要先从审查承租人信用状况、选好项目入手,然后加强信用风险的后期管理,同时加强对融资租赁业务的监管。

复习思考题

1. 融资租赁公司的资金来源主要有哪些方面？
2. 简述租赁资产证券化的本质及意义。
3. 简述如何对融资租赁项目进行评估分析。
4. 简述融资租赁的风险特征和风险类型。
5. 简述融资租赁业监管的目标和内容。

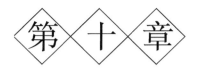

第十章

我国融资租赁的引入与发展

学习目标

本章的重点内容是介绍改革开放 30 年来我国融资租赁的发展状况。本章首先介绍了改革开放以后我国融资租赁的发展情况,分析其特殊性;其次探讨了与融资租赁发展十分密切的四个方面的环境建设;最后分析了商业银行综合经营趋势下对融资租赁业务的介入。

第一节　融资租赁的初期引入与当前发展

一、改革开放后融资租赁业务的初期尝试与机构的快速发展

（一）快速发展的背景

我国现代租赁业是在 20 世纪 80 年代初引入的，短短 10 多年便获得迅速的发展，尤其是 20 世纪 80 年代中后期发展速度相当惊人，这有融资租赁这种金融工具本身的优势，也有我国经济和金融发展环境的特殊原因。

1.与我国改革开放、以经济建设为中心的大氛围是分不开的。十一届三中全会后，我国的工作重心转移到经济建设上来，但资金和技术短缺是困扰我国经济建设的瓶颈。我国的国情是经济基础薄弱、设备陈旧老化、资金短缺，然而要在相对薄弱的经济基础上实现较快的增长，这一实际问题催发了融资租赁的产生和发展。租赁这种新的融资手段既能满足我国工业发展所必需的长期资金，又能发挥引进外资和技术设备的作用，在一定程度上缓解了资金短缺的压力，增加了我国利用外资的渠道，加大了企业的技术改造力度，为企业的发展奠定了基础。

2.社会主义市场经济体制的建立，经济运行方式由粗放型向集约型的转变，加速了我国现代租赁业的发展。过去经济建设主要依靠铺摊子和增加生产要素数量的方法来换取经济的增长，社会主义市场经济体制的建立，则要求企业努力适应市场变化的要求，通过产品创新、工艺改革、设备更新来实现高效益，生产出高质量的产品，只有这样才能保证企业在越来越激烈的市场竞争中取胜。而市场经济的建立，经济主体逐渐多元化，一部分民营企业发展起来，但这些企业自筹资金的能力是有限的，由于金融改革的滞后，为民营企业服务的金融机构很少，国有银行主要为规模较大的国有企业服务，民营经济从银行贷款受到各种限制，在这种资金需求与供给矛盾十分突出的情况下，借设备生产、盈利还款的租赁方式得以迅速发展起来，它不仅解决了企业技术进步的问题，也大大促进了民营企业的发展。

（二）融资租赁机构的快速发展

1.融资租赁业务的初期尝试。20 世纪 80 年代初，融资租赁这种交易方式引入我国，在较长的时期里，主要是利用其引进外资，适应了为我国当时国有企业技术改造服务的需要。在 20 世纪 80 年代中后期，融资租赁进入最为火热的发展时期。

1979 年我国颁布了《中外合资企业经营法》，同年，中国国际信托投资公司成立。中信公司成立后不久，设立了租赁部，并开始了现代租赁业务的实践：一是派小组到国外考察租赁业务，并以跨国租赁方式为北京市出租公司引入第一批日产小汽车；二是在同年，帮助中国民航以杠杆租赁方式从美国引入我国第一架波音 747 飞机。

2.融资租赁机构的组建。1980 年 10 月，中国首届租赁研讨会召开，并邀请了日本租赁公司、美华银行等机构参加。1981 年 4 月，由中国国际信托投资公司发起，与北京机电设备公司、日本东方租赁株式会社、日本奥力可思公司等合资创建了我国第一家专业融资租赁公司——中国东方租赁有限公司，这也是我国第一家中外合资租赁公司。1981 年 7 月，中国国际信托投资公司又与国家物资局等单位组建了中国租赁有限公司，它是我国第一家国有租

赁公司,后中国工商银行、中国建设银行、中国农业银行、中国人民保险公司、中国电子技术进出口公司、中国化工建设总公司等 8 家股东相继加入。这两家租赁公司的成立标志着我国融资租赁业的诞生。

此后,融资租赁机构纷纷成立,并在我国形成了中外合资租赁公司及内资租赁公司,内资融资租赁公司又包含由人民银行批准的融资租赁公司和由当时的外经贸部批准的内资租赁公司的格局。当时著名的有中国环球租赁公司、中国对外贸易租赁公司、华阳租赁公司。到 20 世纪 80 年代后期,我国已建立的专业融资租赁公司达 46 家。这个时期金融租赁迅猛发展,业务急剧扩张。事实上,此阶段我国的金融租赁尚处于探索阶段,金融租赁的功能和实质还未被清楚认识,注册资本金很低,并且脱离主业,租赁资产比例偏低,这些都为日后的经营埋下了极大的隐患。

(三)发展初期的特点与问题

1.特点。我国融资租赁的起步时期正处于体制改革阶段,受体制、社会制度制约,以及经济总体发展水平及技术环境制约,我国租赁业的发展与西方国家流行的现代租赁在性质和做法上有很大不同,主要表现在固定的进口租赁发展模式上。

改革开放初期,由于要淘汰旧设备、引进国外先进技术,但资金严重不足,外汇资金更是短缺,于是我国的融资租赁从开始就走上了一条与西方国家融资租赁不同的道路。西方国家以国内设备的租赁为主、为先,是一种由内向外发展的模式。而我国以引进国外设备的进口租赁为主、为先,国内设备融资租赁开展极为不畅。这一较为固定的发展模式是国家早期政策方针的产物,也与我国当时融资租赁的自身实力有关。在市场出现国产设备积压、销售不畅的情况下,融资租赁没能为缓解市场压力、为国内剩余产设备寻找出路发挥出应有的作用。

2.问题。在租赁业务快速发展中主要存在以下几个问题。

(1)租赁公司内部控制制度不健全,管理混乱。租赁公司对项目的管理基本停留在看项目有没有批文、有没有政府担保的层次上,风险控制的能力很低。项目管理有漏洞,不注意及时催交租金。初期只顾上项目,不重视租金问题,结果在企业经营旺盛期未催交租金,四、五年后催款时企业已处于发展低潮,甚至已破产。业务程序不规范,在项目有关手续、档案管理上存在不规范之处,因而随着具体经办人员离职,使业务处理出现难度。

(2)租赁公司的资产负债安排失衡,资金来源短缺。融资租赁公司传统的获利项目是以融物提供融资,但租赁公司除传统业务外,还办理外汇交易、有价证券买卖、房地产交易等风险大、期限长的资产业务,而其资金来源除很少比例的自有资金外,大部分来源于银行借款以及金融机构间的融资,期限又都以短期为主,因而在租赁公司的资产负债安排上隐藏着极大的流动性危机和经营风险,不利于融资租赁业的稳定发展。

(3)缺乏法律和制度规范。在较长时间里,处理融资租赁纠纷的依据是《中华人民共和国经济合同法》(1981 年 12 月颁布,1993 年修订)和《民法通则》中的租赁部分,这样必然有不配套的地方,一旦发生合同纠纷,全靠审判员裁量,另外还会因地方保护使融资租赁公司维护自身权益很难。

1999 年 10 月新《合同法》出台并实施,以专章对融资租赁作了规定,为避免和解决因融资租赁当事人权利义务关系模糊而导致的诉讼事件,以及由于没有相关的法律而导致法院裁决融资租赁合同诉讼事项困难的问题,提供了有效的依据。

(4)缺乏对本行业的统一领导。在租赁公司发展方向、规模速度上缺乏统一的安排和部署,各租赁公司各打各的天下。在其他行业如证券业、保险业已进行或正在进行行业调整和自律建设时,融资租赁业的步伐尚未跟上。

上述问题的存在,严重制约了融资租赁行业的发展,使各种矛盾悄然积累。

二、20世纪90年代末期以来融资租赁的缓慢发展与整顿

(一)20世纪90年代中后期融资租赁业的发展陷于停滞

20世纪90年代中期,我国融资租赁发展进入到第15个年头。经过多年的历练,本应进入成熟发展阶段的中国融资租赁业,却在此时期遭遇了极为艰难的困境。进入20世纪90年代,租赁业迎来还租金高峰,但实际却演变为欠租高峰。融资租赁公司陷入经营困境,出现资产质量严重恶化、支付困难、正常的业务经营难以为继的状况。导致这一现象的原因主要有两个:

1.从融资租赁公司看,决策失误,项目选择不当。公司在初期只顾上项目,考核业务数量,对项目的可行性分析不够,使得有些融资租赁项目因筛选不充分,最终成了扶贫项目。有些项目选在老少边穷地区,交通不便,上项目企业产品销路不畅,直接影响了其还款能力。另有一些项目不能适应市场变化,只能被动淘汰。比如,在1986~1987年江苏省上了10多条乳胶手套生产线,后由于市场行情变化,企业转产,造成设备报废,直接影响到租赁公司回收租金。

2.从承租企业看,大量拖欠租金。20世纪90年代前大量开展的融资租赁业务,在1995年前后进入还租高峰期,但许多承租企业拖欠租金不还。在我国从计划经济向市场经济的过渡阶段,市场经济优胜劣汰的功能初步显现,一些承租企业不能适应市场变化,未能及时调整经营战略,导致技术改造项目失败率较高。

1997年后,海南国际租赁有限公司、广东国际租赁有限公司、武汉国际租赁公司和中国华阳金融租赁有限公司先后退出市场。我国融资租赁公司及其业务发展在20世纪90年代陷于停滞,与同期全球融资租赁业的迅速发展形成鲜明对比。

(二)2000年前后全行业开始治理整顿

1999年,中国人民银行没有批设新的租赁公司,同时为加强融资租赁公司的行业自律,成立了中国金融学会租赁分会。2000年6月中国人民银行《金融租赁公司管理办法》出台,对金融租赁公司的功能定位和业务范围作出明确规定,对市场准入等提出了更为具体的要求,并提供了经营和监管的保障,结束了长期以来该行业发展与监管没有完整的专门法规的历史。

从2000年下半年开始,监管机构对融资租赁业进行行业规范,要求按照金融租赁公司管理办法,通过增资扩股,使注册资本金达到5亿元的要求[①]。其间有部分公司的业绩很好,在全力强化内部风险控制体系的背景下,新项目的安全回收比例都很高。其中,浙江租赁公司的即时回收率达到99.36%。

2002年,中国人民银行开始加强对金融租赁公司的整顿规范和日常监管工作。一是按照《金融租赁公司管理办法》的要求,督促不符合办法规定的金融租赁公司清理违规业务、调整业务范围及增资扩股,到目前为止,该类机构共有15家完成了整顿规范工作。二是根据对全国金融租赁公司的风险程度分类,进一步强化了金融租赁公司的非现场监管和现场检

---

① 2002年《中国金融年鉴》。

查工作,对各金融租赁公司遵照 2001 年度监管意见所进行的整改落实情况进行全面检查,并完成公司法人治理结构的检查。2002 年末,全国金融租赁公司的年末总资产达到 502 614 万元,负债总额是 401 234 万元,当年损益情况是亏损 675 万元。2003 年银监会成立,对原来由中国人民银行监管的融资租赁机构进行监管。到 2003 年,由原中国人民银行批准设立的金融租赁公司有 12 家,其中有融资租赁业务的 10 家;由原外经贸部批准设立的外商投资建立的 34 家融资租赁公司中,在 2003 年只有 11 家经营融资租赁业务①。

此后,2007 年 3 月和 2014 年 3 月又分别颁布了修订的《金融租赁公司管理办法》。2014 年 3 月的版本公布实施后,2007 年版本废止。2014 年还制订了《金融租赁公司专业子公司管理暂行规定》。

截止到 2016 年底,由银监会监管的金融租赁公司为 56 家②。2018 年 3 月 13 日,整合银监会、保监会职责,组建中国银行保险监督管理委员会的改革方案落地。同时明确将银监会和保监会拟定银行业、保险业重要法律法规草案和审慎监管基本制度的职责划入中国人民银行。至此,针对银行与保险业,人民银行负责宏观审慎监管,银保会负责功能监管、行为监管、机构监管的监管模式形成。银保监会合并,融资租赁机构划归银保监会监管。

三、当前阶段融资租赁业的发展

(一)交易额情况

从交易情况看,融资租赁市场份额从占比小到逐渐增加。据统计,2005 年底,中国的租赁业务规模在 42.5 亿美元左右,排名全球第 23 位,租赁渗透率(通过租赁实现的设备投资占设备总投资的比例)为 1.3%,租赁业务规模与 GDP 之比约为 0.16%,全球排名第 50 位③。而同期,全球设备租赁交易额已达 6 000 亿美元,工业发达国家的市场渗透率(主要指市场份额)基本在 10%以上,美国一直保持在 30%左右。2014 年,从同期市场渗透率看,中国为 3.1%,美国为 22%;从同期交易规模看,中国的年交易额 889 亿美元,而美国是 3 178 亿美元。无论从租赁渗透率、市场渗透率还是从租赁交易额占 GDP 的比重来看,中国的租赁市场与发达国家的市场都存在着差距,融资租赁这种特殊的融资方式对促进企业设备销售与技术更新的巨大拉动作用还没有充分发挥出来。而到 2016 年底,中国的租赁交易开始发生重要变化。中国的租赁业务规模在 2 067 亿美元左右,排名全球第 2 位,租赁渗透率为 6%,租赁业务规模与 GDP 之比约为 1.84%,全球排名第 17 位④,同期,全球设备租赁交易额已达 10 997.7 亿美元,发达工业国家的市场渗透率基本在 20%以上。中国经济多年来以 10%左右的速度快速发展,固定资产投资巨大。中国 2006 年 GDP 总量达到 20.94 万亿元,固定资产投资达 10.99 万亿元;2016 年 GDP 总量达到 74.36 万亿元(2017 年 GDP 总量为 82.71 万亿元),城镇固定资产投资达 59.65 万亿元(2017 年为 63.17 万亿元),其中蕴藏着大量融资

---

① 2003 年《中国金融年鉴》。

② 机构数字来源:银保监会官网/中国银行业监督管理委员会 2016 年报,2018 年 10 月 30 日。http://zhuanti.cbrc. gov.cn/subject/subject/nianbao2016/1. pdf.

③ 蔡鄂生在"银行租赁国际研讨会"上的讲话,2007 年 6 月 12 日,银监会网站。

④ 资料来源:White Clarke Global Leasing Report(2018)

租赁业务发展机遇①。

目前,我国在融资租赁交易的统计口径上存在不统一的问题。以投放规模为例,A 公司的 100 亿元是指在某年它所订立并生效的融资租赁合同的租赁物购置价格是 100 亿元;B 公司的 100 亿元是指在某年它所订立并生效的融资租赁合同的租金合计是 100 亿元;C 公司的 100 亿元是指在某年它在同不论何时生效的融资租赁合同相关的买卖合同项下的实际付款的金额合计是 100 亿元。

（二）融资租赁机构规模

从机构规模看,融资租赁经营机构数量少。长期以来,从事融资租赁业务的机构既有银监会监管下的金融租赁公司,也有由商务部批准的中外合资及外资独资租赁公司,商务部近来还批准了少数一般性租赁公司做融资租赁业务试点。目前,从事融资租赁业务的机构主要有以下几类。

一是由银监会(原中国人民银行)批准专营融资租赁业务的金融租赁公司和兼营融资租赁业务的机构。专营融资租赁业务的公司主要是指 2000 年 6 月《金融租赁公司管理办法》颁布以后核准成立的非银行金融机构性质的租赁公司。2003 年银监会接管的 12 家融资租赁公司②,有 6 家持续经营,两家多年来一直处于停业状态,两家在 2004 年以来相继破产,还有两家公司被停业整顿。兼营租赁业务的公司主要包括信托投资公司 59 家、财务公司 74 家、资产管理公司 4 家,这些公司都不同程度地开展了融资租赁业务,同时仍从事中国人民银行批准的信托、债券、投资等其他金融业务。根据银监会 2014 年银行业发展年报披露数据,截至 2014 年年底,我国金融租赁公司共 30 家,资产 1.28 万亿元,实现净利润 164 亿元。2016 年末,金融租赁公司的机构数量为 56 家,租赁业务余额为 7 264.55 亿元,同比增长 42.24%③。

二是经商务部(包括原对外经济贸易部)批准设立的专门从事融资租赁业务的中外合资租赁公司和外商独资租赁公司。这类公司作为一个引进外资的窗口,其营运资金来源主要是国外股东和外资金融机构,它们不从事任何其他金融业务。截至 2006 年年底,商务部以及前外经贸部批准的外资及中外合资租赁公司共有 70 余家,资产合计接近 300 亿元。按照商务部的相关规定,外资租赁公司的注册资本金最低为 1 000 万美元,业务范围是融资租赁业务和租赁业务,经营中应遵守"风险资产一般不得超过净资产总额的 10 倍"这一指标要求,监管主要依靠年检及年度报告等手段④。

三是由商务部和各地工商管理部门批准的内资专业租赁公司,目的是促进生产和流通部门产品的销售。这类公司直接依托制造商开展租赁业务,现有 8 000~10 000 家,多为传统出租业务,其中一些公司开始试点从事融资租赁业务。

（三）我国融资租赁业的市场准入门槛

商务部批准的租赁公司分为外商投资租赁公司和国内试点租赁公司两种,准入门槛比

---

① 在此处提供的数字主要用来说明我国融资租赁与国外存在的相对差距,在当前和未来的现代化建设中有非常大的发展空间。但就其绝对差距而言,此数字则不能够充分反映出所存在的问题。因为我国融资租赁渗透率的计算中,其分子是融资租赁合同项下的投放额,其分母是全国同期更新改造投资额;国际上,例如美国 30% 租赁渗透率的计算,其分子是期限在 1 年以上的任何租赁合同(包括融资租赁合同和经营合同)项下的设备购置金额,其分母是全国同期设备购置总额。

② 这部分机构是本书所研究的对象。

③ 机构数字来源:银保监会官网/中国银行业监督管理委员会 2016 年报,2018 年 10 月 30 日,http://zhuanti.cbrc. gov.cn/subject/subject/nianbao2016/1. pdf.

④ 蔡鄂生在"银行租赁国际研讨会"上的讲话,2007 年 6 月 12 日,银监会网站。

较低。外商投资租赁公司的注册资金仅为 1 000 万美元;而申请国内试点租赁公司,只要企业经营三年以上没有亏损就可以申请,其在注册资金上没有原则性的要求。

而由银监会批准的金融租赁公司的注册资金起点为 1 亿元,银监会批准的金融租赁公司属于非银行金融机构,在我国目前,资产规模 800 亿元以上的银行,在中国境内注册的、主营业务为制造适合融资租赁交易的大型设备制造商,在境外注册的大型租赁公司可以作为发起人投资兴办金融租赁公司。2018 年 2 月 13 日,中国银监会发布关于修改《中国银监会外资银行行政许可事项实施办法》的决定,并指出对银行业金融机构的所修改事项,适用于金融租赁公司。

(四)融资租赁业务发展不顺畅的原因

造成我国融资租赁市场份额低、经营机构少的原因是多方面的,除金融市场化程度低外,还有以下几方面的因素制约了融资租赁在我国的发展。

1.租赁的社会认知度较低。租赁业在 20 世纪 80 年代初引入我国后,尽管一部分企业对租赁方式的使用很有热情,租赁对引进国外先进技术也确实发挥了重要的作用,但由于市场经济改革不够深入,尤其是企业对租赁的价值并没有真正认识,租赁的初始动机是解决投资资金特别是外汇资金的不足,在经济发展环境发生了巨大变化后,企业看不到租赁与银行贷款等筹资方式的比较优势,通常认为资产就是要购买所得的,这一传统的观念束缚了企业利用融资租赁来引进资产。于是,每个企业的设备都非常齐全,但是利用率却不高。根深蒂固的传统观念影响了我国租赁业务的普及。

2.关于融资租赁的本质各方认识不一。从银监会的角度而言,明确了经其审批的融资租赁公司的非银行金融机构性质,对其所从事的融资租赁这种特殊的金融业务要进行严格监管。而从商务部的角度而言,则认为融资租赁就是一种与其他租赁交易没有区别的交易行为,回避了将其作为金融业务进行严格监管的要求。即便是正在进行中的《融资租赁法》的立法过程中,对融资租赁行业及其业务的认识也仍然没有提高到作为金融业务必须加以严格监管的高度。此外,银监会和商务部的双重监管标准,会存在一些监管漏洞。比如,一些外商投资租赁公司同金融租赁公司所从事的融资租赁业务性质相同,都是非银行金融业务,但其金融业务,甚至一些违规操作得不到监督,这会在一定程度上增加金融风险。总之,关于融资租赁本质认识上的不统一,影响了这个行业的有序发展。

3.社会信用制度不健全。尽管金融租赁相比银行贷款为出租人提供了更强的财产及权益保护,但是信用制度的不健全使承租企业拖欠租金的情况时有发生,影响了租赁公司的流动性。信用的缺失加大了交易成本,妨碍了金融租赁公司的健康发展。

4.宣传不够。金融租赁公司的宣传、营销力度也不够,企业在有设备融资需求时想不到去找租赁公司。

5.金融租赁公司缺乏真正掌握融资租赁特点的专业人才。

6.大部分国有企业没有动力利用融资租赁这种新方式进行财务管理。

7.与租赁有关的制度不够完善,影响了租赁行业的发展。

(五)我国融资租赁未来发展的重点

在过去 10 年间,我国航空租赁业务规模已增加了一倍,但长期以来,由于融资技术多元化程度不够,自主创新技术不多,国内金融机构参与融资租赁的程度并不高。我国航空公司普遍通过国外租赁公司租入飞机,国内专业服务明显不足。因而,在未来 20 年间,中国融资租赁在航空租赁项目中将会有较大的市场空间。

1.大力发展航空租赁的重要意义。发展航空租赁有利于促进中国与欧美的贸易平衡，发展壮大国内航空租赁企业。从国外跨境租赁，由于飞机的购买方和出租方均不是境内机构，这将使今后 20 年高达几百亿美元的飞机租金支付额不能计入中国的进口额，从而不能有效缓解我国外贸顺差过大的态势。另外，发展航空租赁也有利于促销国产飞机。目前，我国国产支线飞机发展很快，已具有自主研制支线飞机的能力，且已实现部分出口。随着国民经济的持续快速增长，中国支线飞机市场也具有巨大的增长空间[①]。

2.发展航空租赁的可能性。中国经济的快速发展和日益增长的市场需求是租赁业发展的重要动力。有专家预测，到 2025 年，我国将要新增飞机 2 880 架，其中单通道飞机占 64%，双通道飞机占 23%，747 及更大机型占 3%，支线飞机占 10%，涉及金额 2 760 亿美元。如果按照 30% 的租赁融资比例计算，我国未来 20 年飞机租赁所涉及的资金将至少有 830 亿美元，合人民币 6 000 亿元以上[②]。如果把发动机及机场设备的租赁包括进来，航空租赁的空间显然更加可观。

第二节　融资租赁环境建设

融资租赁业在一个国家得到发展，需要一定的社会基础。影响租赁发展的社会因素有法律环境、会计准则、监管水平、税收政策、生产力发展水平、一个国家工业化程度与阶段等。其中，法律环境、会计准则、监管和税收，又称租赁发展的"四大支柱"。由于租赁属于一种信用，只有法律的健全，租赁资产的所有权才能得到有效保护；合理清晰的会计准则不仅可以提高租赁管理水平，还可以节约租赁成本；监管水平的提高是租赁交易有序进行的保障；必要的税收优惠是长期租赁存在的必要条件。目前，我国融资租赁发展上述四个方面的建设框架基本健全，但很多地方还需要进一步完善。

一、法律和制度规范

我国涉及融资租赁方面的法律从无到有，法律形式与内容多样。从直接涉及和影响我国融资租赁交易的法规来看，主要有以下几个。

（一）《中华人民共和国合同法》

1986 年，我国发布《融资租赁管理暂行条例》，适用于中国境内专营或兼营租赁的机构与中国境内外企业或其他经济组织之间的融资租赁业务。1996 年，鉴于各地法院审理租赁案件判决大相径庭的现象，最高人民法院发布《关于审理融资租赁合同纠纷案件若干问题的规定》，这是没有立法就先有司法解释的特例。1998 年，我国宏观经济出现了从短缺到结构性过剩的历史性转折，1999 年 3 月 15 日，全国人大通过《中华人民共和国合同法》，其中第十四章为"融资租赁合同"专章，以正式法律的形式规定了融资租赁合同的内容及融资租赁当事人各自的权利和义务。但是，融资租赁本质是一种金融活动，融资租赁交易的很多问题已经超出了合同法所能解决的范畴。例如，合同法是一部债权法，而融资租赁同时具有债权

---

① 中国银监会主席刘明康在 2007 年 9 月 13 日"第二届中国航空租赁高峰会议"上的讲话。
② 中国银监会主席刘明康在 2007 年 9 月 13 日"第二届中国航空租赁高峰会议"上的讲话。

和物权的双重属性,对于租赁物登记和租赁物附合等重大问题,合同法是无法解决的。

（二）《融资租赁法》

《融资租赁法》目前正在拟订中。在经济环境发生巨大变化的过程中,迫切需要一部能够对租赁当事人的权利义务关系进行全面细致规范的法律规定,这样才能够对融资租赁当事人的合法权益起到更好的保护作用。同时,国际化进程中,也迫切需要出台一部能够与国际统一私法协会的《国际融资租赁公约》相一致的法律规定。2004年全国人民代表大会开始制定《融资租赁法》。2007年底《融资租赁法（草案）》已按全国人大财经委确定文件的形式交付全国人大审议。

（三）《金融租赁公司管理办法》

《金融租赁公司管理办法》于2000年6月30日发布实施。2006年12月28日通过修改后的《金融租赁公司管理办法》,自2007年3月1日起施行。2014年新修订的《金融租赁公司管理办法》(以下简称《办法》)明确了以下内容,主要修订体现在以下几个方面:

一是主要出资人制度调整为发起人制度。

新修订的《办法》对准入条件进行修订,不再区分主要出资人和一般出资人,规定符合条件的境内外商业银行、境内制造企业、境外融资租赁公司、其他境内法人机构以及其他境外金融机构等五类机构均可作为发起人。银监会对金融租赁公司准入条件进行相应修改,以引导各类社会资本进入金融租赁行业,丰富金融租赁公司股东类型和优化完善公司治理结构。

《办法》取消了主要出资人出资占比50%以上的规定,同时考虑到金融租赁公司业务开展、风险管控及专业化发展需要,规定发起人中应至少包括一家符合条件的商业银行、制造企业或境外融资租赁公司,且其出资占比不低于30%,以利于发挥其在金融业务管理和租赁物运营等方面的专业优势,促进金融租赁公司平稳健康发展。

二是业务范围扩大:符合条件者可开办资产证券化业务。

新修订的《办法》扩大了金融租赁公司的业务范围,放宽股东存款业务的条件,拓宽融资租赁资产转让对象范围,增加固定收益类证券投资业务。

新修订的《办法》考虑到金融租赁公司增加融资来源、调整资产结构,以及有效盘活存量资产的需要,放宽非银行股东存款的条件,最低期限降低为3个月,同时将"向商业银行转让应收租赁款"修改为"转让融资租赁资产",转让对象不再局限于商业银行。

新修订的《办法》为拓宽资金运用途径,促进流动性与盈利性的平衡,增加了固定收益类证券投资业务;为满足调整资产负债结构及提高流动性管理水平的需要,允许符合条件的金融租赁公司开办资产证券化业务。

在扩大金融租赁公司的业务范围同时,允许金融租赁公司试点设立子公司。

三是实行分类管理,强化股东风险责任意识。

新修订的《办法》规定,实行分类管理制度,在基本业务基础上,允许符合条件的金融租赁公司开办发行金融债、资产证券化以及在境内保税地区设立项目公司等升级业务。

为强化股东风险和责任意识,《办法》规定,金融租赁公司发起人在金融租赁公司出现支付困难时,给予流动性支持;当经营损失侵蚀资本时,及时补足资本金。

（四）《中华人民共和国物权法》

我国融资租赁行业发展缓慢,与国民经济快速发展极不协调,一个重要原因就是我国融资租赁相关当事人利益不能得到合法保护。

物权作为一切财产权利的基础,是指自然人、法人直接支配不动产或者动产的权利,包括所有权、用益物权和担保物权。物权是一种重要的财产权,与债权、知识产权等其他财产权不同,物权的客体主要是动产和不动产。不动产指土地以及建筑物等土地附着物;动产指不动产以外的物,具有直接支配性和排他性,体现了"排除他人的干涉"这一最重要的物权观念。

物权法是民商事法律的重要组成部分,是确认财产、利用财产、保护财产以及调整各种财产法律关系的基本民事法律,涉及财产所有权、用益物权、担保物权等一系列制度规范,是关系到各种市场主体财产权益的重要法律。物权法的调整对象是物的归属关系以及对物的占有、利用而发生的财产关系。而所有权则是物权中最主要的权利,是指权利人对自己的不动产或者动产,依照法律规定享有占有、使用、收益和处分的权利。此外,担保物权是指在借贷、买卖等活动中,债务人或者第三人将自己所有的不动产或者动产作为履行债务的担保。债务人未履行债务的,债权人有权拍卖或者变卖债务人或者第三人提供的不动产或者动产,就卖得的价款优先受偿。担保物权包括抵押权、质押权和留置权。

同融资租赁业务直接有关的抵押权,是指债务人或者第三人不转移财产的占有,将该财产作为债权的担保,债务人未履行债务时,债权人有权就该财产优先受偿。债务人或者第三人为抵押人,债权人为抵押权人,提供担保的财产为抵押财产。例如,某企业向融资租赁公司申请租赁融资,并以自己的设备作抵押,在这一担保关系中,该融资租赁公司即为抵押权人。

《物权法》是民法的重要组成部分,没有物权法,就没有完整的民法。《物权法》的相关规定为《融资租赁法》基础法律条款的制定奠定了基础。由于融资租赁既涉及物权又涉及债权,因此,物权法与融资租赁业务密切相关。《中华人民共和国物权法》自 1993 年启动立法进程,历经立法机关 8 次审议,于 2007 年 3 月 16 日通过,10 月 1 日正式实施。

二、会计准则

会计处理的主旨是向企业外部进行信息披露,在某些情况下也构成对交易类别的认定,从而成为应该按何种税种和何种税率纳税的依据。我国租赁会计制度长期以来是财政部门零星制定的有关暂行规定,如,1985 年财政部发布《关于国营工业企业租赁费用财务处理的规定》。直到 2001 年才有专门的包含金融租赁内容的具体会计准则出现,即财政部 2001 年发布施行的《企业会计准则——租赁》,该准则借鉴了国外经验,符合国际租赁会计的发展趋势。

《企业会计准则——租赁》首次从经济实质而不是法律形式上对融资租赁进行了科学界定。融资租赁是随附于所有权的风险和报酬实质性地向承租人转移的租赁,而且列出了 5 条认定标准,即在租赁期届满时,租赁资产的所有权转移给承租人;承租人有购买租赁资产的选择权,所订立的购买价款预计将远低于行使选择权时租赁资产的公允价值,因而在租赁开始日就可以合理确定承租人将会行使这种选择权;即使资产的所有权不转移,但租赁期占租赁资产使用寿命的大部分;承租人在租赁开始日的最低租赁付款额现值,几乎相当于租赁开始日租赁资产的公允价值;租赁资产性质特殊,如果不作较大改造,只有承租人才能使用。经营租赁是指融资租赁以外的其他租赁。《企业会计准则——租赁》包含如下核心内容:租赁的分类、融资租赁中承租人的会计处理、融资租赁中出租人的会计处理、经营租赁中承租人的会计处理、经营租赁中出租人的会计处理、售后租回交易和列报。《企业会计准则——

租赁》的出台,将严格规范融资租赁行业业务的会计处理,从而利于其健康发展。这个准则对上市公司要求强制施行,对其他企业鼓励施行。

为进一步推动融资租赁的健康发展,2006 年 12 月修订版《企业会计准则第 21 号——租赁》面世,2007 年 1 月 1 日开始实施。自 2007 年以来,我国融资租赁业进入快速发展时期。从近年发展情况来看,业务的交易模式多以售后回租为主。

此后,财政部分别于 2008 年和 2012 年先后出版了《企业会计准则讲解》。2018 年 1 月 8 日,财政部起草了《企业会计准则第 21 号——租赁(修订)(征求意见稿)》,拟与《国际财务报告准则第 16 号——租赁》趋同。本次租赁会计准则修订涉及内容较多,主要包括以下方面:①完善租赁的识别、分拆及合并等相关原则;②承租人会计处理;③改进出租人的租赁分类原则及相关会计处理;④调整售后租回交易会计处理并与收入准则衔接;⑤完善与租赁有关的列示和信息披露。

三、税收

(一)税收政策

近年来,随着国家税收体制的改革,租赁的税收环境日益改善。我国税收法律形式多样,既有所得税税法,又有相关条例、规定或通知。在金融租赁这个较新的领域,虽没有专门的税法,但不同时期的税收政策均有所涉及。改革开放之初,我国融资租赁最先遭遇海外关税问题,当时出台了《海关总署关税处关于租赁进口设备申请免税问题的复核》。1993 年,国家税务总局发布《关于印发〈营业税税目注释(试行稿)〉的通知》,明确融资租赁属"金融保险业"的营业税税目,普通租赁业属于"服务业"的营业税税目。1999 年,财政部、国家税务总局颁布《关于融资租赁业营业税计税营业额问题的通知》,规定营业税计税依据为向承租者收取的全部价款和价外费用减去出租方承担的出租货物的实际成本后的余额。2000 年 7 月,《国家税务总局关于融资租赁业务征收流转税问题的通知》,对融资租赁业务征收营业税和增值税的情形做出了区分。同年,国家税务总局发布《企业所得税前扣除办法》,规定纳税人以融资租赁方式从出租方取得固定资产,其租金支出不得扣除,但可按规定提取折旧费用。

(二)融资租赁涉及的基本税种

自 2013 年起到目前,我国有 18 个税种,融资租赁机构可能涉及的最基本税种是营业税、企业所得税、印花税、契税和关税。营业税是融资租赁机构所承担的最主要的一种流转税,按月征收。自 2012 年 1 月 1 日起,融资租赁业纳入我国"营改增"试点,并率先在上海开展,此后又在北京等其他地区(目前共 10 个地区)融资租赁业务中开展。根据政策,"营改增"后融资租赁业由按照营业额 5%征收营业税改为扣除相关成本后,按照 17%税率对增值部分征收营业税。由于过渡时期抵扣尚不完全,税务部门对于"营改增"后增值税实际税负超过 3%的部分给予即征即退政策,保证企业总体税负不上升。融资租赁机构的企业所得税,依据《中华人民共和国企业所得税法》的规定,自 2008 年 1 月 1 日起,企业所得税税率调整为 25%。

四、对融资租赁的监管

(一)我国对融资租赁业监管的必要性

融资租赁是与经营租赁截然不同的交易形式,融资租赁是如同银行信贷一般的金融业务,融资租赁业是金融行业,而不是一般的商业服务行业。因此,如果将二者混为一谈,不利于政府监管。在融资租赁的监管中,必须强调其金融性质,以便于更好地对其实施监管。

在美国等发达市场经济国家,只对吸收居民存款的银行实施监管,而不对其他金融机构监管。原因是其信用体制完善,各种金融机构识别和控制风险的能力强,社会监督得力。就我国当前的国情而言,对各类金融机构加强金融监管必不可少。具体到融资租赁公司,其风险资产往往达到自有资本的数十倍以上,比一般工商企业高出很多。因此,不能把融资租赁企业完全等同于一般工商企业,对其必须实施必要监管。

（二）监管机构

中国人民银行 2000 年 6 月 30 日正式颁布了《金融租赁公司管理办法》,规范了对非银行金融机构金融租赁公司的管理。2001 年 8 月 14 日,当时的外经贸部颁布了《外商投资租赁公司审批管理暂行办法》,规范了外商投资融资租赁公司的管理。2004 年商务部颁布了《关于从事融资租赁有关业务的通知》,开放了内资企业的融资租赁业务。2005 年商务部颁布了《外商投资租赁业管理办法》,将原暂行办法正规化。2007 年,中国人民银行又颁布了最新的《金融租赁公司管理办法》。

在我国当前,只有中国人民银行(现在是银监会)批准设立的金融租赁公司和原外经贸部(现在的商务部)批准设立的外商投资融资租赁公司和内资融资租赁公司,才可以主营融资租赁业务。经银监会批准,其他非银行金融机构也可以兼营融资租赁业务①。

在银监会 2014 年修订的《金融租赁公司管理办法》中规定:经银监会批准的金融租赁公司是指以经营融资租赁业务为主的非银行金融机构,银监会对金融租赁公司实施监管职责。

（三）监管要求与监管手段

监管的目的要体现审慎性原则,因而在 2014 年银监会颁布的《金融租赁公司管理办法》中,对监管要求和监管手段提出了以下内容:

1.资本充足率。金融租赁公司资本净额不得低于风险加权资产的 8%。

2.单一客户融资集中度。金融租赁公司对单一承租人的融资余额不得超过其资本净额的 30%。单一客户集中度不得超过 50%。这一变化适应了诸多航空租赁等的实际需求。计算对客户融资余额时,可以扣除授信时承租人提供的保证金。

3.单一客户关联度。金融租赁公司对一个关联方的融资余额不得超过其资本净额的 30%。

4.全部客户关联度。金融租赁公司对全部关联方的融资余额不得超过其资本净额的 50%。

5.同业拆借比例。金融租赁公司同业拆入资金余额不得超过其资本净额的 100%。

6.金融租赁公司应实行风险资产 5 级分类制度。金融租赁公司应当按照有关规定制定呆账准备制度,及时足额计提呆账准备。未提足呆账准备的,不得进行利润分配。

在监管手段方面,监管部门的监管手段主要是非现场监管及现场检查。对发现的问题,金融监管部门视情节轻重采取罚款、暂停业务范围、限制分红、要求增资、取消高级管理人员任职资格、停业整顿等处罚措施。

---

① 就上述机构而言,如果所订立的融资租赁合同的计价货币不是人民币(本币)而是外币,那么,在我国当前,除了商务部批准设立的外商投资融资租赁公司外,其他机构还必须首先从中国人民银行取得经营外汇业务的许可,否则,它们将不具备订立这类融资租赁合同的主体资格。

第三节 银行综合经营与融资租赁

一、银行的分业经营与混业经营

(一)混业经营的概念

混业经营最初的含义是指银行与证券业务或银行与保险业务两种业务之间的一体化发展。

在金融业创新发展中,混业经营的含义已经超越了原有范围,在资产管理、证券投资等领域也实行混业经营。因而,混业经营具有"以综合业务经营向消费者提供全面服务"的新含义。

从目前的情况看,金融混业经营取向似乎已得到普遍的认同,而且西方国家大型金融机构在推动混业经营上积极性很高,不论是欧洲国家的保险公司还是美国的商业银行,都在推行全面的金融服务。

(二)混业经营的发展

以德国为主的大部分欧洲大陆国家实行以银行为主导的融资制度,银行一直发挥着极其重要的作用。这些国家的商业银行能够提供全面的金融服务,包括投资银行、保险等业务,并获得了充分的发展。

在金融自由化和全球化的趋势下,许多原先实行严格分业管制的国家,在实践中开始向多元化经营转化并采取兼并收购等手段向其他业务领域渗透。如美国,迫于国内和国际强大的竞争压力,开始默许或在法律上明确多元化混业经营的做法。1999 年 11 月美国《金融服务业现代化法案》正式签署生效,标志着美国从法律上放弃分业经营,实行混业经营。美国金融业经营模式的重新选择对国际金融业产生了深刻的影响,当今所谈论的混业经营,都是在美国金融业所发生的从分业到混业这一变迁的历史前提下进行研究的。

(三)商业银行的混业经营

在混业经营的趋势下,许多商业银行正在演变成一个能够提供全面金融服务的组织。租赁比直接给企业提供设备贷款具有更好的抗风险力和流动性,所以,西方发达国家的商业银行都将贷款和租赁一同经营。在银行内部贷款和租赁共同经营,运用租赁优势,可以扩大银行资金的运用渠道,提高资产的安全系数,提高银行的盈利水平。具体而言,商业银行经营租赁业务的意义表现在以下几个方面。

1.从资产运用的安全性来看,可降低银行资金运用的风险。租赁业务使银行保留了设备的所有权,从而保障了资产的安全性,一旦发生经济纠纷,可凭借设备所有权交涉。

2.从自身经济利益来看,收益有一定保障。银行通过收取租金,可回收所投全部资金及利息,并会产生相当的效益。同时,可以通过从加速折旧和投资免税中获得的优惠(有些国家允许租赁设备的加速折旧和实行投资免税)中收回大于投资的价值。

3.从对经济发展的贡献来看,有利于出口创汇。经营国际租赁可以促进本国设备出口,增加本国设备的向外输出,从而创收外汇。

不过,商业银行经营租赁业务也有不利之处,表现在通过租赁投入的全部投资具有周期长、周转慢的特点,这一过程要承担资金的风险,同时还要承担租赁设备的陈旧、老化以及租不出去的风险,影响银行的经营效果。

二、我国商业银行分业与混业经营的发展

(一)20世纪90年代末以前我国金融机构的分业与混业经营的发展

就狭义的混业经营看,我国金融机构的发展曾经采取过这种模式,但在不同的历史时期,混业经营的方式也存在不同。1978年以前"大一统"体制下实行的是一种极为简单的混业经营。在20世纪80年代专业银行体系下经过短暂的、严格的分业经营,后又进入到不同程度、不同方式的混业经营当中,而且直接导致了20世纪90年代初的房地产泡沫和证券投资热,最后又进入到一个新的分业经营的阶段。从混业到分业,再从分业到混业,直到今天分业,这并不是对原有模式的简单重复,每一次都较上一次在含义上有更深入和更宽泛的变化。

(二)近年商业银行分业经营转向混业经营的趋势

由于在分业经营实施过程中,我国的经济、金融环境发生了巨大变化,所以这种分业经营给我国金融机构的发展特别是银行的发展又带来新的问题。从实践上看,这种分业经营也并不是绝对意义上的严格的分业经营,因此,金融机构在经营模式上需要重新加以完善。美国在实行了70多年分业经营后重新选择混业经营,对我国金融机构的经营实践和理论都产生了影响,混业经营的呼声日益高涨。

三、近期我国重新启动商业银行介入融资租赁

(一)参与融资租赁业务的背景

在我国融资租赁市场中,虽然专业化融资租赁公司的建立有利于突出竞争优势,但因市场狭小,使专业的金融租赁公司发展后劲不足。通过与银行合作,可以借助综合化的经营平台,促进不同业务的创新发展,为以后的发展开辟新空间。同时,银行的进入将极大提升租赁行业的整体发展水平,银行运用其客户网络优势、资金优势、人才优势和品牌优势,不仅可以帮助中小企业解决融资困难,还可以充分发挥租赁在交易结构设计等方面灵活的特点,提供传统银行信贷方式无法满足的服务,并可拓展面临金融脱媒的商业银行的中间业务范围。此外,随着银行改制上市的完成,改革的重心也逐渐转移,银行开始向租赁等更多业务领域扩展。

(二)银行系金融租赁公司的成立

2007年2月,银监会发布了修订后的《金融租赁公司管理办法》,商业银行可以作为主要出资人发起设立金融租赁公司。根据银监会颁布的最新的《金融租赁公司管理办法》,只要满足资本充足率不低于8%、最近1年年末资产不低于800亿元以及最近两年连续盈利等条件,所有的商业银行都可以开设金融租赁公司。这是我国自1997年要求商业银行退出金融租赁公司以后,首次明确商业银行可以进入金融租赁业。目前,经国务院批准试办金融租赁公司的银行有工商银行、建设银行、交通银行、招商银行和民生银行,并从2007年年末陆续开业。银行系金融租赁公司的成立,标志着商业银行综合经营的程度进一步加深。在取得经验后,银监会将视实际需求批准更多符合资质的商业银行设立租赁公司。

(三)银行系设立的金融租赁公司引发的问题

1.监管。银行系设立的金融租赁公司给监管当局带来的更大挑战是,在目前流动性过

剩的宏观背景下,银行系金融租赁公司作为商业银行信贷业务的补充,监管当局如何规范其投资导向？如何防止其成为国家所抑制投资行业的转贷工具？

2.信贷风险。银行信贷由过去直接向企业发放(设备)贷款改为支持租赁业,由租赁公司购入设备租赁给最终用户(企业)的信贷业务流程。因此,租赁公司的经营管理水平至关重要。早期融资租赁行业起步阶段,许多租赁公司操作不规范,催收租金不及时,结果承租企业大量拖欠租金,导致与租赁公司有业务联系的银行也受到拖累,造成大量坏账。

3.专业人才的培养。目前组建的多家银行系融资租赁公司,其员工大量来自银行信贷部门。虽然融资租赁类似一种特殊的银行信贷,但毕竟不是银行信贷,而是一种兼有融资融物特征的极为特殊的金融交易活动,因而,银行若要最终分享租赁的好处,就要在培养合格的融资租赁人才上多做些工作,尽可能地让从业人员更多地了解融资租赁本质、钻研租赁机制、理解租赁功能,然后才能充分给予租赁更大的信贷支持力度。

本章小结

我国的现代租赁业是在 20 世纪 80 年代初引入的,进入 20 世纪 90 年代后,本应进入成熟发展阶段的中国融资租赁业却在此时遭遇了极为艰难的困境。2000 年后,全行业才开始进入正常发展时期。目前我国融资租赁发展的法律、会计准则、监管和税收的建设框架基本健全,但很多地方还需进一步完善。混业经营是商业银行的发展方向,市场狭小使金融租赁公司发展后劲不足,于是商业银行介入融资租赁业务成为不可阻挡的趋势。

复习思考题

1.简述 20 世纪 80 年代我国融资租赁业发展的原因和特点。

2.试分析目前制约我国融资租赁业发展的因素。

3.什么是融资租赁业发展的"四大支柱"。

4.简述商业银行经营融资租赁业务的意义。

5.试分析我国重新启动商业银行介入融资租赁业务举措的优缺点。

融资租赁篇参考文献

[1]裴企阳.融资租赁——理论探讨与实务操作[M].北京:中国财政经济出版社,2002.

[2]陈湛匀,马照富.金融租赁实务[M].上海:立信会计出版社,1995.

[3]马丽娟.经济发展中的金融中介[M].北京:中国金融出版社,2005.

[4]安格斯.迈迪森.世界经济千年史[M].伍小鹰,许宪春,等译.北京:北京大学出版社,2003.

[5]张雅萍.融资租赁案例选评[M].北京:人民法院出版社,2001.

[6]蔡鄂生在"银行租赁国际研讨会"上的讲话.2007年6月12日.银监会网站 http://www.cbrc.gov.cn.

[7]中国银监会主席刘明康在2007年9月13日"第二届中国航空租赁高峰会议"上的讲话.

[8]2006年报最新公布:2004年全球租赁市场扫描.上海情报服务平台 www.istis.sh.cn.

[9]中国金融年鉴编辑部.2000—2005年"中国金融年鉴".

[10]中国人民银行网站 http://www.pbc.gov.cn.

[11]中国银监会网站 http://www.cbrc.gov.cn.

[12]中国金融学会金融租赁专业委员会网站 http://www.cfla.cn.

[13]华融融资租赁公司网站 http://www.zjleasing.com.

[14]长城融资租赁公司网站 http://www.gwflc.com.

[15]财政部网站(www.mof.gov.cn)/会计司/工作通知,http://kjs.mof.gov.cn/zhengwuxinxi/gongzuotongzhi/201801/t20180111_2794435.html.

融资租赁篇附录

附录1　　　　　　　　　中华人民共和国合同法

总　　则

第一章　一般规定

第一条　为了保护合同当事人的合法权益,维护社会经济秩序,促进社会主义现代化建设,制定本法。

第二条　本法所称合同是平等主体的自然人、法人、其他组织之间设立、变更、终止民事权利义务关系的协议。

婚姻、收养、监护等有关身份关系的协议,适用其他法律的规定。

第三条　合同当事人的法律地位平等,一方不得将自己的意志强加给另一方。

第四条　当事人依法享有自愿订立合同的权利,任何单位和个人不得非法干预。

第五条　当事人应当遵循公平原则确定各方的权利和义务。

第六条　当事人行使权利、履行义务应当遵循诚实信用原则。

第七条　当事人订立、履行合同,应当遵守法律、行政法规,尊重社会公德,不得扰乱社会经济秩序,损害社会公共利益。

第八条　依法成立的合同,对当事人具有法律约束力。当事人应当按照约定履行自己的义务,不得擅自变更或者解除合同。

依法成立的合同,受法律保护。

第二章　合同的订立

第九条　当事人订立合同,应当具有相应的民事权利能力和民事行为能力。当事人依法可以委托代理人订立合同。

第十条　当事人订立合同,有书面形式、口头形式和其他形式。

法律、行政法规规定采用书面形式的,应当采用书面形式。当事人约定采用书面形式的,应当采用书面形式。

第十一条　书面形式是指合同书、信件和数据电文(包括电报、电传、传真、电子数据交换和电子邮件)等可以有形地表现所载内容的形式。

第十二条　合同的内容由当事人约定,一般包括以下条款:

(一)当事人的名称或者姓名和住所;

(二)标的;

(三)数量;

(四)质量;

(五)价款或者报酬;

(六)履行期限、地点和方式;

(七)违约责任;

(八)解决争议的方法。

当事人可以参照各类合同的示范文本订立合同。

第十三条　当事人订立合同,采取要约、承诺方式。

第十四条　要约是希望和他人订立合同的意思表示,该意思表示应当符合下列规定:

(一)内容具体确定;

(二)表明经受要约人承诺,要约人即受该意思表示约束。

第十五条　要约邀请是希望他人向自己发出要约的意思表示。寄送的价目表、拍卖公告、招标公告、招股说明书、商业广告等为要约邀请。

商业广告的内容符合要约规定的,视为要约。

第十六条 要约到达受要约人时生效。

采用数据电文形式订立合同,收件人指定特定系统接收数据电文的,该数据电文进入该特定系统的时间,视为到达时间;未指定特定系统的,该数据电文进入收件人的任何系统的首次时间,视为到达时间。

第十七条 要约可以撤回。撤回要约的通知应当在要约到达受要约人之前或者与要约同时到达受要约人。

第十八条 要约可以撤销。撤销要约的通知应当在受要约人发出承诺通知之前到达受要约人。

第十九条 有下列情形之一的,要约不得撤销:

(一)要约人确定了承诺期限或者以其他形式明示要约不可撤销;

(二)受要约人有理由认为要约是不可撤销的,并已经为履行合同作了准备工作。

第二十条 有下列情形之一的,要约失效:

(一)拒绝要约的通知到达要约人;

(二)要约人依法撤销要约;

(三)承诺期限届满,受要约人未作出承诺;

(四)受要约人对要约的内容作出实质性变更。

第二十一条 承诺是受要约人同意要约的意思表示。

第二十二条 承诺应当以通知的方式作出,但根据交易习惯或者要约表明可以通过行为作出承诺的除外。

第二十三条 承诺应当在要约确定的期限内到达要约人。

要约没有确定承诺期限的,承诺应当依照下列规定到达:

(一)要约以对话方式作出的,应当即时作出承诺,但当事人另有约定的除外;

(二)要约以非对话方式作出的,承诺应当在合理期限内到达。

第二十四条 要约以信件或者电报作出的,承诺期限自信件载明的日期或者电报交发之日开始计算。信件未载明日期的,自投寄该信件的邮戳日期开始计算。要约以电话、传真等快速通讯方式作出的,承诺期限自要约到达受要约人时开始计算。

第二十五条 承诺生效时合同成立。

第二十六条 承诺通知到达要约人时生效。承诺不需要通知的,根据交易习惯或者要约的要求作出承诺的行为时生效。

采用数据电文形式订立合同的,承诺到达的时间适用本法第十六条第二款的规定。

第二十七条 承诺可以撤回。撤回承诺的通知应当在承诺通知到达要约人之前或者与承诺通知同时到达要约人。

第二十八条 受要约人超过承诺期限发出承诺的,除要约人及时通知受要约人该承诺有效的以外,为新要约。

第二十九条 受要约人在承诺期限内发出承诺,按照通常情形能够及时到达要约人,但因其他原因承诺到达要约人时超过承诺期限的,除要约人及时通知受要约人因承诺超过期限不接受该承诺的以外,该承诺有效。

第三十条 承诺的内容应当与要约的内容一致。受要约人对要约的内容作出实质性变更的,为新要约。有关合同标的、数量、质量、价款或者报酬、履行期限、履行地点和方式、违约责任和解决争议方法等的变更,是对要约内容的实质性变更。

第三十一条 承诺对要约的内容作出非实质性变更的,除要约人及时表示反对或者要约表明承诺不得对要约的内容作出任何变更的以外,该承诺有效,合同的内容以承诺的内容为准。

第三十二条 当事人采用合同书形式订立合同的,自双方当事人签字或者盖章时合同成立。

第三十三条 当事人采用信件、数据电文等形式订立合同的,可以在合同成立之前要求签订确认书。签订确认书时合同成立。

第三十四条 承诺生效的地点为合同成立的地点。

采用数据电文形式订立合同的,收件人的主营业地为合同成立的地点;没有主营业地的,其经常居住地为合同成立的地点。当事人另有约定的,按照其约定。

第三十五条 当事人采用合同书形式订立合同的,双方当事人签字或者盖章的地点为合同成立的地点。

第三十六条 法律、行政法规规定或者当事人约定采用书面形式订立合同,当事人未采用书面形式但一方已经履行主要义务,对方接受的,该合同成立。

第三十七条 采用合同书形式订立合同,在签字或者盖章之前,当事人一方已经履行主要义务,对方接受的,该合同成立。

第三十八条 国家根据需要下达指令性任务或者国家订货任务的,有关法人、其他组织之间应当依照有关法律、行政法规规定的权利和义务订立合同。

第三十九条 采用格式条款订立合同的,提供格式条款的一方应当遵循公平原则确定当事人之间的权利和义务,并采取合理的方式提请对方注意免除或者限制其责任的条款,按照对方的要求,对该条款予以说明。

格式条款是当事人为了重复使用而预先拟定,并在订立合同时未与对方协商的条款。

第四十条 格式条款具有本法第五十二条和第五十三条规定情形的,或者提供格式条款一方免除其责任、加重对方责任、排除对方主要权利的,该条款无效。

第四十一条 对格式条款的理解发生争议的,应当按照通常理解予以解释。对格式条款有两种以上解释的,应当作出不利于提供格式条款一方的解释。格式条款和非格式条款不一致的,应当采用非格式条款。

第四十二条 当事人在订立合同过程中有下列情形之一,给对方造成损失的,应当承担损害赔偿责任:

(一)假借订立合同,恶意进行磋商;

(二)故意隐瞒与订立合同有关的重要事实或者提供虚假情况;

(三)有其他违背诚实信用原则的行为。

第四十三条 当事人在订立合同过程中知悉的商业秘密,无论合同是否成立,不得泄露或者不正当地使用。泄露或者不正当地使用该商业秘密给对方造成损失的,应当承担损害赔偿责任。

第三章　合同的效力

第四十四条 依法成立的合同,自成立时生效。

法律、行政法规规定应当办理批准、登记等手续生效的,依照其规定。

第四十五条 当事人对合同的效力可以约定附条件。附生效条件的合同,自条件成就时生效。附解除条件的合同,自条件成就时失效。

当事人为自己的利益不正当地阻止条件成就的,视为条件已成就;不正当地促成条件成就的,视为条件不成就。

第四十六条 当事人对合同的效力可以约定附期限。附生效期限的合同,自期限届至时生效。附终止期限的合同,自期限届满时失效。

第四十七条 限制民事行为能力人订立的合同,经法定代理人追认后,该合同有效,但纯获利益的合同或者与其年龄、智力、精神健康状况相适应而订立的合同,不必经法定代理人追认。

相对人可以催告法定代理人在一个月内予以追认。法定代理人未作表示的,视为拒绝追认。合同被追认之前,善意相对人有撤销的权利。撤销应当以通知的方式作出。

第四十八条 行为人没有代理权、超越代理权或者代理权终止后以被代理人名义订立的合同,未经被代理人追认,对被代理人不发生效力,由行为人承担责任。

相对人可以催告被代理人在一个月内予以追认。被代理人未作表示的,视为拒绝追认。合同被追认之前,善意相对人有撤销的权利。撤销应当以通知的方式作出。

第四十九条 行为人没有代理权、超越代理权或者代理权终止后以被代理人名义订立合同,相对人有理由相信行为人有代理权的,该代理行为有效。

第五十条 法人或者其他组织的法定代表人、负责人超越权限订立的合同,除相对人知道或者应当知道其超越权限的以外,该代表行为有效。

第五十一条 无处分权的人处分他人财产,经权利人追认或者无处分权的人订立合同后取得处分权的,该合同有效。

第五十二条 有下列情形之一的,合同无效:

(一)一方以欺诈、胁迫的手段订立合同,损害国家利益;

(二)恶意串通,损害国家、集体或者第三人利益;

(三)以合法形式掩盖非法目的;

(四)损害社会公共利益;

(五)违反法律、行政法规的强制性规定。

第五十三条 合同中的下列免责条款无效:

(一)造成对方人身伤害的;

(二)因故意或者重大过失造成对方财产损失的。

第五十四条 下列合同,当事人一方有权请求人民法院或者仲裁机构变更或者撤销:

(一)因重大误解订立的;

(二)在订立合同时显失公平的。

一方以欺诈、胁迫的手段或者乘人之危,使对方在违背真实意思的情况下订立的合同,受损害方有权请求人民法院或者仲裁机构变更或者撤销。

当事人请求变更的,人民法院或者仲裁机构不得撤销。

第五十五条 有下列情形之一的,撤销权消灭:

(一)具有撤销权的当事人自知道或者应当知道撤销事由之日起一年内没有行使撤销权;

(二)具有撤销权的当事人知道撤销事由后明确表示或者以自己的行为放弃撤销权。

第五十六条 无效的合同或者被撤销的合同自始没有法律约束力。合同部分无效,不影响其他部分效力的,其他部分仍然有效。

第五十七条 合同无效、被撤销或者终止的,不影响合同中独立存在的有关解决争议方法的条款的效力。

第五十八条 合同无效或者被撤销后,因该合同取得的财产,应当予以返还;不能返还或者没有必要返还的,应当折价补偿。有过错的一方应当赔偿对方因此所受到的损失,双方都有过错的,应当各自承担相应的责任。

第五十九条 当事人恶意串通,损害国家、集体或者第三人利益的,因此取得的财产收归国家所有或者返还集体、第三人。

第四章 合同的履行

第六十条 当事人应当按照约定全面履行自己的义务。

当事人应当遵循诚实信用原则,根据合同的性质、目的和交易习惯履行通知、协助、保密等义务。

第六十一条 合同生效后,当事人就质量、价款或者报酬、履行地点等内容没有约定或者约定不明确的,可以协议补充;不能达成补充协议的,按照合同有关条款或者交易习惯确定。

第六十二条 当事人就有关合同内容约定不明确,依照本法第六十一条的规定仍不能确定的,适用下列规定:

(一)质量要求不明确的,按照国家标准、行业标准履行;没有国家标准、行业标准的,按照通常标准或者符合合同目的的特定标准履行。

(二)价款或者报酬不明确的,按照订立合同时履行地的市场价格履行;依法应当执行政府定价或者政府指导价的,按照规定履行。

（三）履行地点不明确，给付货币的，在接受货币一方所在地履行；交付不动产的，在不动产所在地履行；其他标的，在履行义务一方所在地履行。

（四）履行期限不明确的，债务人可以随时履行，债权人也可以随时要求履行，但应当给对方必要的准备时间。

（五）履行方式不明确的，按照有利于实现合同目的的方式履行。

（六）履行费用的负担不明确的，由履行义务一方负担。

第六十三条 执行政府定价或者政府指导价的，在合同约定的交付期限内政府价格调整时，按照交付时的价格计价。逾期交付标的物的，遇价格上涨时，按照原价格执行；价格下降时，按照新价格执行。逾期提取标的物或者逾期付款的，遇价格上涨时，按照新价格执行；价格下降时，按照原价格执行。

第六十四条 当事人约定由债务人向第三人履行债务的，债务人未向第三人履行债务或者履行债务不符合约定，应当向债权人承担违约责任。

第六十五条 当事人约定由第三人向债权人履行债务的，第三人不履行债务或者履行债务不符合约定，债务人应当向债权人承担违约责任。

第六十六条 当事人互负债务，没有先后履行顺序的，应当同时履行。一方在对方履行之前有权拒绝其履行要求。一方在对方履行债务不符合约定时，有权拒绝其相应的履行要求。

第六十七条 当事人互负债务，有先后履行顺序，先履行一方未履行的，后履行一方有权拒绝其履行要求。先履行一方履行债务不符合约定的，后履行一方有权拒绝其相应的履行要求。

第六十八条 应当先履行债务的当事人，有确切证据证明对方有下列情形之一的，可以中止履行：

（一）经营状况严重恶化；

（二）转移财产、抽逃资金，以逃避债务；

（三）丧失商业信誉；

（四）有丧失或者可能丧失履行债务能力的其他情形。当事人没有确切证据中止履行的，应当承担违约责任。

第六十九条 当事人依照本法第六十八条的规定中止履行的，应当及时通知对方。对方提供适当担保时，应当恢复履行。中止履行后，对方在合理期限内未恢复履行能力并且未提供适当担保的，中止履行的一方可以解除合同。

第七十条 债权人分立、合并或者变更住所没有通知债务人，致使履行债务发生困难的，债务人可以中止履行或者将标的物提存。

第七十一条 债权人可以拒绝债务人提前履行债务，但提前履行不损害债权人利益的除外。

债务人提前履行债务给债权人增加的费用，由债务人负担。

第七十二条 债权人可以拒绝债务人部分履行债务，但部分履行不损害债权人利益的除外。

债务人部分履行债务给债权人增加的费用，由债务人负担。

第七十三条 因债务人怠于行使其到期债权，对债权人造成损害的，债权人可以向人民法院请求以自己的名义代位行使债务人的债权，但该债权专属于债务人自身的除外。

代位权的行使范围以债权人的债权为限。债权人行使代位权的必要费用，由债务人负担。

第七十四条 因债务人放弃其到期债权或者无偿转让财产，对债权人造成损害的，债权人可以请求人民法院撤销债务人的行为。债务人以明显不合理的低价转让财产，对债权人造成损害，并且受让人知道该情形的，债权人也可以请求人民法院撤销债务人的行为。

撤销权的行使范围以债权人的债权为限。债权人行使撤销权的必要费用，由债务人负担。

第七十五条 撤销权自债权人知道或者应当知道撤销事由之日起一年内行使。自债务人的行为发生之日起五年内没有行使撤销权的，该撤销权消灭。

第七十六条 合同生效后，当事人不得因姓名、名称的变更或者法定代表人、负责人、承办人的变动而不履行合同义务。

第五章　合同的变更和转让

第七十七条　当事人协商一致,可以变更合同。

法律、行政法规规定变更合同应当办理批准、登记等手续的,依照其规定。

第七十八条　当事人对合同变更的内容约定不明确的,推定为未变更。

第七十九条　债权人可以将合同的权利全部或者部分转让给第三人,但有下列情形之一的除外:

(一)根据合同性质不得转让;

(二)按照当事人约定不得转让;

(三)依照法律规定不得转让。

第八十条　债权人转让权利的,应当通知债务人。未经通知,该转让对债务人不发生效力。

债权人转让权利的通知不得撤销,但经受让人同意的除外。

第八十一条　债权人转让权利的,受让人取得与债权有关的从权利,但该从权利专属于债权人自身的除外。

第八十二条　债务人接到债权转让通知后,债务人对让与人的抗辩,可以向受让人主张。

第八十三条　债务人接到债权转让通知时,债务人对让与人享有债权,并且债务人的债权先于转让的债权到期或者同时到期的,债务人可以向受让人主张抵销。

第八十四条　债务人将合同的义务全部或者部分转移给第三人的,应当经债权人同意。

第八十五条　债务人转移义务的,新债务人可以主张原债务人对债权人的抗辩。

第八十六条　债务人转移义务的,新债务人应当承担与主债务有关的从债务,但该从债务专属于原债务人自身的除外。

第八十七条　法律、行政法规规定转让权利或者转移义务应当办理批准、登记等手续的,依照其规定。

第八十八条　当事人一方经对方同意,可以将自己在合同中的权利和义务一并转让给第三人。

第八十九条　权利和义务一并转让的,适用本法第七十九条、第八十一条至第八十三条、第八十五条至第八十七条的规定。

第九十条　当事人订立合同后合并的,由合并后的法人或者其他组织行使合同权利,履行合同义务。当事人订立合同后分立的,除债权人和债务人另有约定的以外,由分立的法人或者其他组织对合同的权利和义务享有连带债权,承担连带债务。

第六章　合同的权利义务终止

第九十一条　有下列情形之一的,合同的权利义务终止:

(一)债务已经按照约定履行;

(二)合同解除;

(三)债务相互抵销;

(四)债务人依法将标的物提存;

(五)债权人免除债务;

(六)债权债务同归于一人;

(七)法律规定或者当事人约定终止的其他情形。

第九十二条　合同的权利义务终止后,当事人应当遵循诚实信用原则,根据交易习惯履行通知、协助、保密等义务。

第九十三条　当事人协商一致,可以解除合同。

当事人可以约定一方解除合同的条件。解除合同的条件成立时,解除权人可以解除合同。

第九十四条　有下列情形之一的,当事人可以解除合同:

(一)因不可抗力致使不能实现合同目的;

(二)在履行期限届满之前,当事人一方明确表示或者以自己的行为表明不履行主要债务;

（三）当事人一方迟延履行主要债务,经催告后在合理期限内仍未履行;

（四）当事人一方迟延履行债务或者有其他违约行为致使不能实现合同目的;

（五）法律规定的其他情形。

第九十五条 法律规定或者当事人约定解除权行使期限,期限届满当事人不行使的,该权利消灭。

法律没有规定或者当事人没有约定解除权行使期限,经对方催告后在合理期限内不行使的,该权利消灭。

第九十六条 当事人一方依照本法第九十三条第二款、第九十四条的规定主张解除合同的,应当通知对方。合同自通知到达对方时解除。对方有异议的,可以请求人民法院或者仲裁机构确认解除合同的效力。

法律、行政法规规定解除合同应当办理批准、登记等手续的,依照其规定。

第九十七条 合同解除后,尚未履行的,终止履行;已经履行的,根据履行情况和合同性质,当事人可以要求恢复原状、采取其他补救措施,并有权要求赔偿损失。

第九十八条 合同的权利义务终止,不影响合同中结算和清理条款的效力。

第九十九条 当事人互负到期债务,该债务的标的物种类、品质相同的,任何一方可以将自己的债务与对方的债务抵销,但依照法律规定或者按照合同性质不得抵销的除外。

当事人主张抵销的,应当通知对方。通知自到达对方时生效。抵销不得附条件或者附期限。

第一百条 当事人互负债务,标的物种类、品质不相同的,经双方协商一致,也可以抵销。

第一百零一条 有下列情形之一,难以履行债务的,债务人可以将标的物提存:

（一）债权人无正当理由拒绝受领;

（二）债权人下落不明;

（三）债权人死亡未确定继承人或者丧失民事行为能力未确定监护人;

（四）法律规定的其他情形。

标的物不适于提存或者提存费用过高的,债务人依法可以拍卖或者变卖标的物,提存所得的价款。

第一百零二条 标的物提存后,除债权人下落不明的以外,债务人应当及时通知债权人或者债权人的继承人、监护人。

第一百零三条 标的物提存后,毁损、灭失的风险由债权人承担。提存期间,标的物的孳息归债权人所有。提存费用由债权人负担。

第一百零四条 债权人可以随时领取提存物,但债权人对债务人负有到期债务的,在债权人未履行债务或者提供担保之前,提存部门根据债务人的要求应当拒绝其领取提存物。

债权人领取提存物的权利,自提存之日起五年内不行使而消灭,提存物扣除提存费用后归国家所有。

第一百零五条 债权人免除债务人部分或者全部债务的,合同的权利义务部分或者全部终止。

第一百零六条 债权和债务同归于一人的,合同的权利义务终止,但涉及第三人利益的除外。

第七章 违约责任

第一百零七条 当事人一方不履行合同义务或者履行合同义务不符合约定的,应当承担继续履行、采取补救措施或者赔偿损失等违约责任。

第一百零八条 当事人一方明确表示或者以自己的行为表明不履行合同义务的,对方可以在履行期限届满之前要求其承担违约责任。

第一百零九条 当事人一方未支付价款或者报酬的,对方可以要求其支付价款或者报酬。

第一百一十条 当事人一方不履行非金钱债务或者履行非金钱债务不符合约定的,对方可以要求履行,但有下列情形之一的除外:

（一）法律上或者事实上不能履行;

（二）债务的标的不适于强制履行或者履行费用过高;

（三）债权人在合理期限内未要求履行。

第一百一十一条　质量不符合约定的,应当按照当事人的约定承担违约责任。对违约责任没有约定或者约定不明确,依照本法第六十一条的规定仍不能确定的,受损害方根据标的的性质以及损失的大小,可以合理选择要求对方承担修理、更换、重作、退货、减少价款或者报酬等违约责任。

第一百一十二条　当事人一方不履行合同义务或者履行合同义务不符合约定的,在履行义务或者采取补救措施后,对方还有其他损失的,应当赔偿损失。

第一百一十三条　当事人一方不履行合同义务或者履行合同义务不符合约定,给对方造成损失的,损失赔偿额应当相当于因违约所造成的损失,包括合同履行后可以获得的利益,但不得超过违反合同一方订立合同时预见到或者应当预见到的因违反合同可能造成的损失。

经营者对消费者提供商品或者服务有欺诈行为的,依照《中华人民共和国消费者权益保护法》的规定承担损害赔偿责任。

第一百一十四条　当事人可以约定一方违约时应当根据违约情况向对方支付一定数额的违约金,也可以约定因违约产生的损失赔偿额的计算方法。

约定的违约金低于造成的损失的,当事人可以请求人民法院或者仲裁机构予以增加;约定的违约金过分高于造成的损失的,当事人可以请求人民法院或者仲裁机构予以适当减少。

当事人就迟延履行约定违约金的,违约方支付违约金后,还应当履行债务。

第一百一十五条　当事人可以依照《中华人民共和国担保法》约定一方向对方给付定金作为债权的担保。债务人履行债务后,定金应当抵作价款或者收回。给付定金的一方不履行约定的债务的,无权要求返还定金;收受定金的一方不履行约定的债务的,应当双倍返还定金。

第一百一十六条　当事人既约定违约金,又约定定金的,一方违约时,对方可以选择适用违约金或者定金条款。

第一百一十七条　因不可抗力不能履行合同的,根据不可抗力的影响,部分或者全部免除责任,但法律另有规定的除外。当事人迟延履行后发生不可抗力的,不能免除责任。

本法所称不可抗力,是指不能预见、不能避免并不能克服的客观情况。

第一百一十八条　当事人一方因不可抗力不能履行合同的,应当及时通知对方,以减轻可能给对方造成的损失,并应当在合理期限内提供证明。

第一百一十九条　当事人一方违约后,对方应当采取适当措施防止损失的扩大;没有采取适当措施致使损失扩大的,不得就扩大的损失要求赔偿。

当事人因防止损失扩大而支出的合理费用,由违约方承担。

第一百二十条　当事人双方都违反合同的,应当各自承担相应的责任。

第一百二十一条　当事人一方因第三人的原因造成违约的,应当向对方承担违约责任。当事人一方和第三人之间的纠纷,依照法律规定或者按照约定解决。

第一百二十二条　因当事人一方的违约行为,侵害对方人身、财产权益的,受损害方有权选择依照本法要求其承担违约责任或者依照其他法律要求其承担侵权责任。

第八章　其他规定

第一百二十三条　其他法律对合同另有规定的,依照其规定。

第一百二十四条　本法分则或者其他法律没有明文规定的合同,适用本法总则的规定,并可以参照本法分则或者其他法律最相类似的规定。

第一百二十五条　当事人对合同条款的理解有争议的,应当按照合同所使用的词句、合同的有关条款、合同的目的、交易习惯以及诚实信用原则,确定该条款的真实意思。

合同文本采用两种以上文字订立并约定具有同等效力的,对各文本使用的词句推定具有相同含义。各文本使用的词句不一致的,应当根据合同的目的予以解释。

第一百二十六条　涉外合同的当事人可以选择处理合同争议所适用的法律,但法律另有规定的除外。涉外合同的当事人没有选择的,适用与合同有最密切联系的国家的法律。

在中华人民共和国境内履行的中外合资经营企业合同、中外合作经营企业合同、中外合作勘探开发自然资源合同,适用中华人民共和国法律。

第一百二十七条 工商行政管理部门和其他有关行政主管部门在各自的职权范围内,依照法律、行政法规的规定,对利用合同危害国家利益、社会公共利益的违法行为,负责监督处理;构成犯罪的,依法追究刑事责任。

第一百二十八条 当事人可以通过和解或者调解解决合同争议。

当事人不愿和解、调解或者和解、调解不成的,可以根据仲裁协议向仲裁机构申请仲裁。涉外合同的当事人可以根据仲裁协议向中国仲裁机构或者其他仲裁机构申请仲裁。当事人没有订立仲裁协议或者仲裁协议无效的,可以向人民法院起诉。当事人应当履行发生法律效力的判决、仲裁裁决、调解书;拒不履行的,对方可以请求人民法院执行。

第一百二十九条 因国际货物买卖合同和技术进出口合同争议提起诉讼或者申请仲裁的期限为四年,自当事人知道或者应当知道其权利受到侵害之日起计算。因其他合同争议提起诉讼或者申请仲裁的期限,依照有关法律的规定。

分　则

第九章　买卖合同

第一百三十条 买卖合同是出卖人转移标的物的所有权于买受人,买受人支付价款的合同。

第一百三十一条 买卖合同的内容除依照本法第十二条的规定以外,还可以包括包装方式、检验标准和方法、结算方式、合同使用的文字及其效力等条款。

第一百三十二条 出卖的标的物,应当属于出卖人所有或者出卖人有权处分。法律、行政法规禁止或者限制转让的标的物,依照其规定。

第一百三十三条 标的物的所有权自标的物交付时起转移,但法律另有规定或者当事人另有约定的除外。

第一百三十四条 当事人可以在买卖合同中约定买受人未履行支付价款或者其他义务的,标的物的所有权属于出卖人。

第一百三十五条 出卖人应当履行向买受人交付标的物或者交付提取标的物的单证,并转移标的物所有权的义务。

第一百三十六条 出卖人应当按照约定或者交易习惯向买受人交付提取标的物单证以外的有关单证和资料。

第一百三十七条 出卖具有知识产权的计算机软件等标的物的,除法律另有规定或者当事人另有约定的以外,该标的物的知识产权不属于买受人。

第一百三十八条 出卖人应当按照约定的期限交付标的物。约定交付期间的,出卖人可以在该交付期间内的任何时间交付。

第一百三十九条 当事人没有约定标的物的交付期限或者约定不明确的,适用本法第六十一条、第六十二条第四项的规定。

第一百四十条 标的物在订立合同之前已为买受人占有的,合同生效的时间为交付时间。

第一百四十一条 出卖人应当按照约定的地点交付标的物。

当事人没有约定交付地点或者约定不明确,依照本法第六十一条的规定仍不能确定的,适用下列规定:

(一)标的物需要运输的,出卖人应当将标的物交付给第一承运人以运交给买受人;

(二)标的物不需要运输,出卖人和买受人订立合同时知道标的物在某一地点的,出卖人应当在该地点交付标的物;不知道标的物在某一地点的,应当在出卖人订立合同时的营业地交付标的物。

第一百四十二条 标的物毁损、灭失的风险,在标的物交付之前由出卖人承担,交付之后由买受人承担,但法律另有规定或者当事人另有约定的除外。

第一百四十三条 因买受人的原因致使标的物不能按照约定的期限交付的,买受人应当自违反约定之日起承担标的物毁损、灭失的风险。

第一百四十四条 出卖人出卖交由承运人运输的在途标的物,除当事人另有约定的以外,毁损、灭失的风险自合同成立时起由买受人承担。

第一百四十五条 当事人没有约定交付地点或者约定不明确,依照本法第一百四十一条第二款第一项的规定标的物需要运输的,出卖人将标的物交付给第一承运人后,标的物毁损、灭失的风险由买受人承担。

第一百四十六条 出卖人按照约定或者依照本法第一百四十一条第二款第二项的规定将标的物置于交付地点,买受人违反约定没有收取的,标的物毁损、灭失的风险自违反约定之日起由买受人承担。

第一百四十七条 出卖人按照约定未交付有关标的物的单证和资料的,不影响标的物毁损、灭失风险的转移。

第一百四十八条 因标的物质量不符合质量要求,致使不能实现合同目的的,买受人可以拒绝接受标的物或者解除合同。买受人拒绝接受标的物或者解除合同的,标的物毁损、灭失的风险由出卖人承担。

第一百四十九条 标的物毁损、灭失的风险由买受人承担的,不影响因出卖人履行债务不符合约定,买受人要求其承担违约责任的权利。

第一百五十条 出卖人就交付的标的物,负有保证第三人不得向买受人主张任何权利的义务,但法律另有规定的除外。

第一百五十一条 买受人订立合同时知道或者应当知道第三人对买卖的标的物享有权利的,出卖人不承担本法第一百五十条规定的义务。

第一百五十二条 买受人有确切证据证明第三人可能就标的物主张权利的,可以中止支付相应的价款,但出卖人提供适当担保的除外。

第一百五十三条 出卖人应当按照约定的质量要求交付标的物。出卖人提供有关标的物质量说明的,交付的标的物应当符合该说明的质量要求。

第一百五十四条 当事人对标的物的质量要求没有约定或者约定不明确,依照本法第六十一条的规定仍不能确定的,适用本法第六十二条第一项的规定。

第一百五十五条 出卖人交付的标的物不符合质量要求的,买受人可以依照本法第一百一十一条的规定要求承担违约责任。

第一百五十六条 出卖人应当按照约定的包装方式交付标的物。对包装方式没有约定或者约定不明确,依照本法第六十一条的规定仍不能确定的,应当按照通用的方式包装,没有通用方式的,应当采取足以保护标的物的包装方式。

第一百五十七条 买受人收到标的物时应当在约定的检验期间内检验。没有约定检验期间的,应当及时检验。

第一百五十八条 当事人约定检验期间的,买受人应当在检验期间内将标的物的数量或者质量不符合约定的情形通知出卖人。买受人怠于通知的,视为标的物的数量或者质量符合约定。

当事人没有约定检验期间的,买受人应当在发现或者应当发现标的物的数量或者质量不符合约定的合理期间内通知出卖人。买受人在合理期间内未通知或者自标的物收到之日起两年内未通知出卖人的,视为标的物的数量或者质量符合约定,但对标的物有质量保证期的,适用质量保证期,不适用该两年的规定。

出卖人知道或者应当知道提供的标的物不符合约定的,买受人不受前两款规定的通知时间的限制。

第一百五十九条 买受人应当按照约定的数额支付价款。对价款没有约定或者约定不明确的,适用本法第六十一条、第六十二条第二项的规定。

第一百六十条 买受人应当按照约定的地点支付价款。对支付地点没有约定或者约定不明确,依照本法第六十一条的规定仍不能确定的,买受人应当在出卖人的营业地支付,但约定支付价款以交付标的物或者交付提取标的物单证为条件的,在交付标的物或者交付提取标的物单证的所在地支付。

第一百六十一条 买受人应当按照约定的时间支付价款。对支付时间没有约定或者约定不明确,依照本法第六十一条的规定仍不能确定的,买受人应当在收到标的物或者提取标的物单证的同时支付。

第一百六十二条 出卖人多交标的物的,买受人可以接收或者拒绝接收多交的部分。买受人接收多交部分的,按照合同的价格支付价款;买受人拒绝接收多交部分的,应当及时通知出卖人。

第一百六十三条 标的物在交付之前产生的孳息,归出卖人所有,交付之后产生的孳息,归买受人所有。

第一百六十四条 因标的物的主物不符合约定而解除合同的,解除合同的效力及于从物。因标的物的从物不符合约定被解除的,解除的效力不及于主物。

第一百六十五条 标的物为数物,其中一物不符合约定的,买受人可以就该物解除,但该物与他物分离使标的物的价值显受损害的,当事人可以就数物解除合同。

第一百六十六条 出卖人分批交付标的物的,出卖人对其中一批标的物不交付或者交付不符合约定,致使该批标的物不能实现合同目的的,买受人可以就该批标的物解除。

出卖人不交付其中一批标的物或者交付不符合约定,致使今后其他各批标的物的交付不能实现合同目的的,买受人可以就该批以及今后其他各批标的物解除。

买受人如果就其中一批标的物解除,该批标的物与其他各批标的物相互依存的,可以就已经交付和未交付的各批标的物解除。

第一百六十七条 分期付款的买受人未支付到期价款的金额达到全部价款的五分之一的,出卖人可以要求买受人支付全部价款或者解除合同。

出卖人解除合同的,可以向买受人要求支付该标的物的使用费。

第一百六十八条 凭样品买卖的当事人应当封存样品,并可以对样品质量予以说明。出卖人交付的标的物应当与样品及其说明的质量相同。

第一百六十九条 凭样品买卖的买受人不知道样品有隐蔽瑕疵的,即使交付的标的物与样品相同,出卖人交付的标的物的质量仍然应当符合同种物的通常标准。

第一百七十条 试用买卖的当事人可以约定标的物的试用期间。对试用期间没有约定或者约定不明确,依照本法第六十一条的规定仍不能确定的,由出卖人确定。

第一百七十一条 试用买卖的买受人在试用期内可以购买标的物,也可以拒绝购买。试用期间届满,买受人对是否购买标的物未作表示的,视为购买。

第一百七十二条 招标投标买卖的当事人的权利和义务以及招标投标程序等,依照有关法律、行政法规的规定。

第一百七十三条 拍卖的当事人的权利和义务以及拍卖程序等,依照有关法律、行政法规的规定。

第一百七十四条 法律对其他有偿合同有规定的,依照其规定;没有规定的,参照买卖合同的有关规定。

第一百七十五条 当事人约定易货交易,转移标的物的所有权的,参照买卖合同的有关规定。

第十章 供用电、水、气、热力合同

第一百七十六条 供用电合同是供电人向用电人供电,用电人支付电费的合同。

第一百七十七条 供用电合同的内容包括供电的方式、质量、时间,用电容量、地址、性质,计量方式,电价、电费的结算方式,供用电设施的维护责任等条款。

第一百七十八条 供用电合同的履行地点,按当事人约定;当事人没有约定或者约定不明确的,供电设施的产权分界处为履行地点。

第一百七十九条 供电人应当按照国家规定的供电质量标准和约定安全供电。供电人未按照国家规定的供电质量标准和约定安全供电,造成用电人损失的,应当承担损害赔偿责任。

第一百八十条 供电人因供电设施计划检修、临时检修、依法限电或者用电人违法用电等原因,需要中断供电时,应当按照国家有关规定事先通知用电人。未事先通知用电人中断供电,造成用电人损失的,应当承担损害赔偿责任。

第一百八十一条 因自然灾害等原因断电,供电人应当按照国家有关规定及时抢修。未及时抢修,造

成用电人损失的,应当承担损害赔偿责任。

第一百八十二条 用电人应当按照国家有关规定和当事人的约定及时交付电费。用电人逾期不交付电费的,应当按照约定支付违约金。经催告用电人在合理期限内仍不交付电费和违约金的,供电人可以按照国家规定的程序中止供电。

第一百八十三条 用电人应当按照国家有关规定和当事人的约定安全用电。用电人未按照国家有关规定和当事人的约定安全用电,造成供电人损失的,应当承担损害赔偿责任。

第一百八十四条 供用水、供用气、供用热力合同,参照供用电合同的有关规定。

第十一章 赠与合同

第一百八十五条 赠与合同是赠与人将自己的财产无偿给予受赠人,受赠人表示接受赠与的合同。

第一百八十六条 赠与人在赠与财产的权利转移之前可以撤销赠与。

具有救灾、扶贫等社会公益、道德义务性质的赠与合同或者经过公证的赠与合同,不适用前款规定。

第一百八十七条 赠与的财产依法需要办理登记等手续的,应当办理有关手续。

第一百八十八条 具有救灾、扶贫等社会公益、道德义务性质的赠与合同或者经过公证的赠与合同,赠与人不交付赠与的财产的,受赠人可以要求交付。

第一百八十九条 因赠与人故意或者重大过失致使赠与的财产毁损、灭失的,赠与人应当承担损害赔偿责任。

第一百九十条 赠与可以附义务。

赠与附义务的,受赠人应当按照约定履行义务。

第一百九十一条 赠与的财产有瑕疵的,赠与人不承担责任。附义务的赠与,赠与的财产有瑕疵的,赠与人在附义务的限度内承担与出卖人相同的责任。

赠与人故意不告知瑕疵或者保证无瑕疵,造成受赠人损失的,应当承担损害赔偿责任。

第一百九十二条 受赠人有下列情形之一的,赠与人可以撤销赠与:

(一)严重侵害赠与人或者赠与人的近亲属;

(二)对赠与人有扶养义务而不履行;

(三)不履行赠与合同约定的义务。

赠与人的撤销权,自知道或者应当知道撤销原因之日起一年内行使。

第一百九十三条 因受赠人的违法行为致使赠与人死亡或者丧失民事行为能力的,赠与人的继承人或者法定代理人可以撤销赠与。

赠与人的继承人或者法定代理人的撤销权,自知道或者应当知道撤销原因之日起六个月内行使。

第一百九十四条 撤销权人撤销赠与的,可以向受赠人要求返还赠与的财产。

第一百九十五条 赠与人的经济状况显著恶化,严重影响其生产经营或者家庭生活的,可以不再履行赠与义务。

第十二章 借款合同

第一百九十六条 借款合同是借款人向贷款人借款,到期返还借款并支付利息的合同。

第一百九十七条 借款合同采用书面形式,但自然人之间借款另有约定的除外。借款合同的内容包括借款种类、币种、用途、数额、利率、期限和还款方式等条款。

第一百九十八条 订立借款合同,贷款人可以要求借款人提供担保。担保依照《中华人民共和国担保法》的规定。

第一百九十九条 订立借款合同,借款人应当按照贷款人的要求提供与借款有关的业务活动和财务状况的真实情况。

第二百条 借款的利息不得预先在本金中扣除。利息预先在本金中扣除的,应当按照实际借款数额返还借款并计算利息。

第二百零一条 贷款人未按照约定的日期、数额提供借款,造成借款人损失的,应当赔偿损失。

借款人未按照约定的日期、数额收取借款的,应当按照约定的日期、数额支付利息。

第二百零二条 贷款人按照约定可以检查、监督借款的使用情况。借款人应当按照约定向贷款人定期提供有关财务会计报表等资料。

第二百零三条 借款人未按照约定的借款用途使用借款的,贷款人可以停止发放借款、提前收回借款或者解除合同。

第二百零四条 办理贷款业务的金融机构贷款的利率,应当按照中国人民银行规定的贷款利率的上下限确定。

第二百零五条 借款人应当按照约定的期限支付利息。对支付利息的期限没有约定或者约定不明确,依照本法第六十一条的规定仍不能确定,借款期间不满一年的,应当在返还借款时一并支付;借款期间一年以上的,应当在每届满一年时支付,剩余期间不满一年的,应当在返还借款时一并支付。

第二百零六条 借款人应当按照约定的期限返还借款。对借款期限没有约定或者约定不明确,依照本法第六十一条的规定仍不能确定的,借款人可以随时返还;贷款人可以催告借款人在合理期限内返还。

第二百零七条 借款人未按照约定的期限返还借款的,应当按照约定或者国家有关规定支付逾期利息。

第二百零八条 借款人提前偿还借款的,除当事人另有约定的以外,应当按照实际借款的期间计算利息。

第二百零九条 借款人可以在还款期限届满之前向贷款人申请展期。贷款人同意的,可以展期。

第二百一十条 自然人之间的借款合同,自贷款人提供借款时生效。

第二百一十一条 自然人之间的借款合同对支付利息没有约定或者约定不明确的,视为不支付利息。

自然人之间的借款合同约定支付利息的,借款的利率不得违反国家有关限制借款利率的规定。

第十三章 租赁合同

第二百一十二条 租赁合同是出租人将租赁物交付承租人使用、收益,承租人支付租金的合同。

第二百一十三条 租赁合同的内容包括租赁物的名称、数量、用途、租赁期限、租金及其支付期限和方式、租赁物维修等条款。

第二百一十四条 租赁期限不得超过二十年。超过二十年的,超过部分无效。

租赁期间届满,当事人可以续订租赁合同,但约定的租赁期限自续订之日起不得超过二十年。

第二百一十五条 租赁期限六个月以上的,应当采用书面形式。当事人未采用书面形式的,视为不定期租赁。

第二百一十六条 出租人应当按照约定将租赁物交付承租人,并在租赁期间保持租赁物符合约定的用途。

第二百一十七条 承租人应当按照约定的方法使用租赁物。对租赁物的使用方法没有约定或者约定不明确,依照本法第六十一条的规定仍不能确定的,应当按照租赁物的性质使用。

第二百一十八条 承租人按照约定的方法或者租赁物的性质使用租赁物,致使租赁物受到损耗的,不承担损害赔偿责任。

第二百一十九条 承租人未按照约定的方法或者租赁物的性质使用租赁物,致使租赁物受到损失的,出租人可以解除合同并要求赔偿损失。

第二百二十条 出租人应当履行租赁物的维修义务,但当事人另有约定的除外。

第二百二十一条 承租人在租赁物需要维修时可以要求出租人在合理期限内维修。出租人未履行维修义务的,承租人可以自行维修,维修费用由出租人负担。因维修租赁物影响承租人使用的,应当相应减少租金或者延长租期。

第二百二十二条 承租人应当妥善保管租赁物,因保管不善造成租赁物毁损、灭失的,应当承担损害赔偿责任。

第二百二十三条 承租人经出租人同意,可以对租赁物进行改善或者增设他物。

承租人未经出租人同意,对租赁物进行改善或者增设他物的,出租人可以要求承租人恢复原状或者赔偿损失。

第二百二十四条 承租人经出租人同意,可以将租赁物转租给第三人。承租人转租的,承租人与出租人之间的租赁合同继续有效,第三人对租赁物造成损失的,承租人应当赔偿损失。

承租人未经出租人同意转租的,出租人可以解除合同。

第二百二十五条 在租赁期间因占有、使用租赁物获得的收益,归承租人所有,但当事人另有约定的除外。

第二百二十六条 承租人应当按照约定的期限支付租金。对支付期限没有约定或者约定不明确,依照本法第六十一条的规定仍不能确定,租赁期间不满一年的,应当在租赁期间届满时支付;租赁期间一年以上的,应当在每届满一年时支付,剩余期间不满一年的,应当在租赁期间届满时支付。

第二百二十七条 承租人无正当理由未支付或者迟延支付租金的,出租人可以要求承租人在合理期限内支付。承租人逾期不支付的,出租人可以解除合同。

第二百二十八条 因第三人主张权利,致使承租人不能对租赁物使用、收益的,承租人可以要求减少租金或者不支付租金。

第三人主张权利的,承租人应当及时通知出租人。

第二百二十九条 租赁物在租赁期间发生所有权变动的,不影响租赁合同的效力。

第二百三十条 出租人出卖租赁房屋的,应当在出卖之前的合理期限内通知承租人,承租人享有以同等条件优先购买的权利。

第二百三十一条 因不可归责于承租人的事由,致使租赁物部分或者全部毁损、灭失的,承租人可以要求减少租金或者不支付租金;因租赁物部分或者全部毁损、灭失,致使不能实现合同目的的,承租人可以解除合同。

第二百三十二条 当事人对租赁期限没有约定或者约定不明确,依照本法第六十一条的规定仍不能确定的,视为不定期租赁。当事人可以随时解除合同,但出租人解除合同应当在合理期限之前通知承租人。

第二百三十三条 租赁物危及承租人的安全或者健康的,即使承租人订立合同时明知该租赁物质量不合格,承租人仍然可以随时解除合同。

第二百三十四条 承租人在房屋租赁期间死亡的,与其生前共同居住的人可以按照原租赁合同租赁该房屋。

第二百三十五条 租赁期间届满,承租人应当返还租赁物。返还的租赁物应当符合按照约定或者租赁物的性质使用后的状态。

第二百三十六条 租赁期间届满,承租人继续使用租赁物,出租人没有提出异议的,原租赁合同继续有效,但租赁期限为不定期。

第十四章　融资租赁合同

第二百三十七条 融资租赁合同是出租人根据承租人对出卖人、租赁物的选择,向出卖人购买租赁物,提供给承租人使用,承租人支付租金的合同。

第二百三十八条 融资租赁合同的内容包括租赁物名称、数量、规格、技术性能、检验方法、租赁期限、租金构成及其支付期限和方式、币种、租赁期间届满租赁物的归属等条款。

融资租赁合同应当采用书面形式。

第二百三十九条 出租人根据承租人对出卖人、租赁物的选择订立的买卖合同,出卖人应当按照约定向承租人交付标的物,承租人享有与受领标的物有关的买受人的权利。

第二百四十条 出租人、出卖人、承租人可以约定,出卖人不履行买卖合同义务的,由承租人行使索赔的权利。

承租人行使索赔权利的,出租人应当协助。

第二百四十一条　出租人根据承租人对出卖人、租赁物的选择订立的买卖合同,未经承租人同意,出租人不得变更与承租人有关的合同内容。

第二百四十二条　出租人享有租赁物的所有权。承租人破产的,租赁物不属于破产财产。

第二百四十三条　融资租赁合同的租金,除当事人另有约定的以外,应当根据购买租赁物的大部分或者全部成本以及出租人的合理利润确定。

第二百四十四条　租赁物不符合约定或者不符合使用目的的,出租人不承担责任,但承租人依赖出租人的技能确定租赁物或者出租人干预选择租赁物的除外。

第二百四十五条　出租人应当保证承租人对租赁物的占有和使用。

第二百四十六条　承租人占有租赁物期间,租赁物造成第三人的人身伤害或者财产损害的,出租人不承担责任。

第二百四十七条　承租人应当妥善保管、使用租赁物。

承租人应当履行占有租赁物期间的维修义务。

第二百四十八条　承租人应当按照约定支付租金。承租人经催告后在合理期限内仍不支付租金的,出租人可以要求支付全部租金;也可以解除合同,收回租赁物。

第二百四十九条　当事人约定租赁期间届满租赁物归承租人所有,承租人已经支付大部分租金,但无力支付剩余租金,出租人因此解除合同收回租赁物的,收回的租赁物的价值超过承租人欠付的租金以及其他费用的,承租人可以要求部分返还。

第二百五十条　出租人和承租人可以约定租赁期间届满租赁物的归属。对租赁物的归属没有约定或者约定不明确,依照本法第六十一条的规定仍不能确定的,租赁物的所有权归出租人。

第十五章　承揽合同

第二百五十一条　承揽合同是承揽人按照定作人的要求完成工作,交付工作成果,定作人给付报酬的合同。

承揽包括加工、定作、修理、复制、测试、检验等工作。

第二百五十二条　承揽合同的内容包括承揽的标的、数量、质量、报酬、承揽方式、材料的提供、履行期限、验收标准和方法等条款。

第二百五十三条　承揽人应当以自己的设备、技术和劳力,完成主要工作,但当事人另有约定的除外。

承揽人将其承揽的主要工作交由第三人完成的,应当就该第三人完成的工作成果向定作人负责;未经定作人同意的,定作人也可以解除合同。

第二百五十四条　承揽人可以将其承揽的辅助工作交由第三人完成。承揽人将其承揽的辅助工作交由第三人完成的,应当就该第三人完成的工作成果向定作人负责。

第二百五十五条　承揽人提供材料的,承揽人应当按照约定选用材料,并接受定作人检验。

第二百五十六条　定作人提供材料的,定作人应当按照约定提供材料。承揽人对定作人提供的材料,应当及时检验,发现不符合约定时,应当及时通知定作人更换、补齐或者采取其他补救措施。

承揽人不得擅自更换定作人提供的材料,不得更换不需要修理的零部件。

第二百五十七条　承揽人发现定作人提供的图纸或者技术要求不合理的,应当及时通知定作人。因定作人怠于答复等原因造成承揽人损失的,应当赔偿损失。

第二百五十八条　定作人中途变更承揽工作的要求,造成承揽人损失的,应当赔偿损失。

第二百五十九条　承揽工作需要定作人协助的,定作人有协助的义务。定作人不履行协助义务致使承揽工作不能完成的,承揽人可以催告定作人在合理期限内履行义务,并可以顺延履行期限;定作人逾期不履行的,承揽人可以解除合同。

第二百六十条　承揽人在工作期间,应当接受定作人必要的监督检验。定作人不得因监督检验妨碍承揽人的正常工作。

第二百六十一条　承揽人完成工作的,应当向定作人交付工作成果,并提交必要的技术资料和有关质量证明。定作人应当验收该工作成果。

第二百六十二条 承揽人交付的工作成果不符合质量要求的,定作人可以要求承揽人承担修理、重作、减少报酬、赔偿损失等违约责任。

第二百六十三条 定作人应当按照约定的期限支付报酬。对支付报酬的期限没有约定或者约定不明确,依照本法第六十一条的规定仍不能确定的,定作人应当在承揽人交付工作成果时支付;工作成果部分交付的,定作人应当相应支付。

第二百六十四条 定作人未向承揽人支付报酬或者材料费等价款的,承揽人对完成的工作成果享有留置权,但当事人另有约定的除外。

第二百六十五条 承揽人应当妥善保管定作人提供的材料以及完成的工作成果,因保管不善造成毁损、灭失的,应当承担损害赔偿责任。

第二百六十六条 承揽人应当按照定作人的要求保守秘密,未经定作人许可,不得留存复制品或者技术资料。

第二百六十七条 共同承揽人对定作人承担连带责任,但当事人另有约定的除外。

第二百六十八条 定作人可以随时解除承揽合同,造成承揽人损失的,应当赔偿损失。

第十六章　建设工程合同

第二百六十九条 建设工程合同是承包人进行工程建设,发包人支付价款的合同。

建设工程合同包括工程勘察、设计、施工合同。

第二百七十条 建设工程合同应当采用书面形式。

第二百七十一条 建设工程的招标投标活动,应当依照有关法律的规定公开、公平、公正进行。

第二百七十二条 发包人可以与总承包人订立建设工程合同,也可以分别与勘察人、设计人、施工人订立勘察、设计、施工承包合同。发包人不得将应当由一个承包人完成的建设工程肢解成若干部分发包给几个承包人。

总承包人或者勘察、设计、施工承包人经发包人同意,可以将自己承包的部分工作交由第三人完成。第三人就其完成的工作成果与总承包人或者勘察、设计、施工承包人向发包人承担连带责任。承包人不得将其承包的全部建设工程转包给第三人或者将其承包的全部建设工程肢解以后以分包的名义分别转包给第三人。

禁止承包人将工程分包给不具备相应资质条件的单位。禁止分包单位将其承包的工程再分包。建设工程主体结构的施工必须由承包人自行完成。

第二百七十三条 国家重大建设工程合同,应当按照国家规定的程序和国家批准的投资计划、可行性研究报告等文件订立。

第二百七十四条 勘察、设计合同的内容包括提交有关基础资料和文件(包括概预算)的期限、质量要求、费用以及其他协作条件等条款。

第二百七十五条 施工合同的内容包括工程范围、建设工期、中间交工工程的开工和竣工时间、工程质量、工程造价、技术资料交付时间、材料和设备供应责任、拨款和结算、竣工验收、质量保修范围和质量保证期、双方相互协作等条款。

第二百七十六条 建设工程实行监理的,发包人应当与监理人采用书面形式订立委托监理合同。发包人与监理人的权利和义务以及法律责任,应当依照本法委托合同以及其他有关法律、行政法规的规定。

第二百七十七条 发包人在不妨碍承包人正常作业的情况下,可以随时对作业进度、质量进行检查。

第二百七十八条 隐蔽工程在隐蔽以前,承包人应当通知发包人检查。发包人没有及时检查的,承包人可以顺延工程日期,并有权要求赔偿停工、窝工等损失。

第二百七十九条 建设工程竣工后,发包人应当根据施工图纸及说明书、国家颁发的施工验收规范和质量检验标准及时进行验收。验收合格的,发包人应当按照约定支付价款,并接收该建设工程。建设工程竣工经验收合格后,方可交付使用;未经验收或者验收不合格的,不得交付使用。

第二百八十条 勘察、设计的质量不符合要求或者未按照期限提交勘察、设计文件拖延工期,造成发包人损失的,勘察人、设计人应当继续完善勘察、设计,减收或者免收勘察、设计费并赔偿损失。

第二百八十一条 因施工人的原因致使建设工程质量不符合约定的,发包人有权要求施工人在合理期限内无偿修理或者返工、改建。经过修理或者返工、改建后,造成逾期交付的,施工人应当承担违约责任。

第二百八十二条 因承包人的原因致使建设工程在合理使用期限内造成人身和财产损害的,承包人应当承担损害赔偿责任。

第二百八十三条 发包人未按照约定的时间和要求提供原材料、设备、场地、资金、技术资料的,承包人可以顺延工程日期,并有权要求赔偿停工、窝工等损失。

第二百八十四条 因发包人的原因致使工程中途停建、缓建的,发包人应当采取措施弥补或者减少损失,赔偿承包人因此造成的停工、窝工、倒运、机械设备调迁、材料和构件积压等损失和实际费用。

第二百八十五条 因发包人变更计划,提供的资料不准确,或者未按照期限提供必需的勘察、设计工作条件而造成勘察、设计的返工、停工或者修改设计,发包人应当按照勘察人、设计人实际消耗的工作量增付费用。

第二百八十六条 发包人未按照约定支付价款的,承包人可以催告发包人在合理期限内支付价款。发包人逾期不支付的,除按照建设工程的性质不宜折价、拍卖的以外,承包人可以与发包人协议将该工程折价,也可以申请人民法院将该工程依法拍卖。建设工程的价款就该工程折价或者拍卖的价款优先受偿。

第二百八十七条 本章没有规定的,适用承揽合同的有关规定。

第十七章 运输合同

第一节 一般规定

第二百八十八条 运输合同是承运人将旅客或者货物从起运地点运输到约定地点,旅客、托运人或者收货人支付票款或者运输费用的合同。

第二百八十九条 从事公共运输的承运人不得拒绝旅客、托运人通常、合理的运输要求。

第二百九十条 承运人应当在约定期间或者合理期间内将旅客、货物安全运输到约定地点。

第二百九十一条 承运人应当按照约定的或者通常的运输路线将旅客、货物运输到约定地点。

第二百九十二条 旅客、托运人或者收货人应当支付票款或者运输费用。承运人未按照约定路线或者通常路线运输增加票款或者运输费用的,旅客、托运人或者收货人可以拒绝支付增加部分的票款或者运输费用。

第二节 客运合同

第二百九十三条 客运合同自承运人向旅客交付客票时成立,但当事人另有约定或者另有交易习惯的除外。

第二百九十四条 旅客应当持有效客票乘运。旅客无票乘运、超程乘运、越级乘运或者持失效客票乘运的,应当补交票款,承运人可以按照规定加收票款。旅客不交付票款的,承运人可以拒绝运输。

第二百九十五条 旅客因自己的原因不能按照客票记载的时间乘坐的,应当在约定的时间内办理退票或者变更手续。逾期办理的,承运人可以不退票款,并不再承担运输义务。

第二百九十六条 旅客在运输中应当按照约定的限量携带行李。超过限量携带行李的,应当办理托运手续。

第二百九十七条 旅客不得随身携带或者在行李中夹带易燃、易爆、有毒、有腐蚀性、有放射性以及有可能危及运输工具上人身和财产安全的危险物品或者其他违禁物品。

旅客违反前款规定的,承运人可以将违禁物品卸下、销毁或者送交有关部门。旅客坚持携带或者夹带违禁物品的,承运人应当拒绝运输。

第二百九十八条 承运人应当向旅客及时告知有关不能正常运输的重要事由和安全运输应当注意的

事项。

第二百九十九条 承运人应当按照客票载明的时间和班次运输旅客。承运人迟延运输的,应当根据旅客的要求安排改乘其他班次或者退票。

第三百条 承运人擅自变更运输工具而降低服务标准的,应当根据旅客的要求退票或者减收票款;提高服务标准的,不应当加收票款。

第三百零一条 承运人在运输过程中,应当尽力救助患有急病、分娩、遇险的旅客。

第三百零二条 承运人应当对运输过程中旅客的伤亡承担损害赔偿责任,但伤亡是旅客自身健康原因造成的或者承运人证明伤亡是旅客故意、重大过失造成的除外。

前款规定适用于按照规定免票、持优待票或者经承运人许可搭乘的无票旅客。

第三百零三条 在运输过程中旅客自带物品毁损、灭失,承运人有过错的,应当承担损害赔偿责任。

旅客托运的行李毁损、灭失的,适用货物运输的有关规定。

第三节 货运合同

第三百零四条 托运人办理货物运输,应当向承运人准确表明收货人的名称或者姓名或者凭指示的收货人,货物的名称、性质、重量、数量,收货地点等有关货物运输的必要情况。

因托运人申报不实或者遗漏重要情况,造成承运人损失的,托运人应当承担损害赔偿责任。

第三百零五条 货物运输需要办理审批、检验等手续的,托运人应当将办理完有关手续的文件提交承运人。

第三百零六条 托运人应当按照约定的方式包装货物。对包装方式没有约定或者约定不明确的,适用本法第一百五十六条的规定。

托运人违反前款规定的,承运人可以拒绝运输。

第三百零七条 托运人托运易燃、易爆、有毒、有腐蚀性、有放射性等危险物品的,应当按照国家有关危险物品运输的规定对危险物品妥善包装,作出危险物标志和标签,并将有关危险物品的名称、性质和防范措施的书面材料提交承运人。

托运人违反前款规定的,承运人可以拒绝运输,也可以采取相应措施以避免损失的发生,因此产生的费用由托运人承担。

第三百零八条 在承运人将货物交付收货人之前,托运人可以要求承运人中止运输、返还货物、变更到达地或者将货物交给其他收货人,但应当赔偿承运人因此受到的损失。

第三百零九条 货物运输到达后,承运人知道收货人的,应当及时通知收货人,收货人应当及时提货。收货人逾期提货的,应当向承运人支付保管费等费用。

第三百一十条 收货人提货时应当按照约定的期限检验货物。对检验货物的期限没有约定或者约定不明确,依照本法第六十一条的规定仍不能确定的,应当在合理期限内检验货物。收货人在约定的期限或者合理期限内对货物的数量、毁损等未提出异议的,视为承运人已经按照运输单证的记载交付的初步证据。

第三百一十一条 承运人对运输过程中货物的毁损、灭失承担损害赔偿责任,但承运人证明货物的毁损、灭失是因不可抗力、货物本身的自然性质或者合理损耗以及托运人、收货人的过错造成的,不承担损害赔偿责任。

第三百一十二条 货物的毁损、灭失的赔偿额,当事人有约定的,按照其约定;没有约定或者约定不明确,依照本法第六十一条的规定仍不能确定的,按照交付或者应当交付时货物到达地的市场价格计算。法律、行政法规对赔偿额的计算方法和赔偿限额另有规定的,依照其规定。

第三百一十三条 两个以上承运人以同一运输方式联运的,与托运人订立合同的承运人应当对全程运输承担责任。损失发生在某一运输区段的,与托运人订立合同的承运人和该区段的承运人承担连带责任。

第三百一十四条 货物在运输过程中因不可抗力灭失,未收取运费的,承运人不得要求支付运费;已收取运费的,托运人可以要求返还。

第三百一十五条 托运人或者收货人不支付运费、保管费以及其他运输费用的,承运人对相应的运输货物享有留置权,但当事人另有约定的除外。

第三百一十六条 收货人不明或者收货人无正当理由拒绝受领货物的,依照本法第一百零一条的规定,承运人可以提存货物。

第四节 多式联运合同

第三百一十七条 多式联运经营人负责履行或者组织履行多式联运合同,对全程运输享有承运人的权利,承担承运人的义务。

第三百一十八条 多式联运经营人可以与参加多式联运的各区段承运人就多式联运合同的各区段运输约定相互之间的责任,但该约定不影响多式联运经营人对全程运输承担的义务。

第三百一十九条 多式联运经营人收到托运人交付的货物时,应当签发多式联运单据。按照托运人的要求,多式联运单据可以是可转让单据,也可以是不可转让单据。

第三百二十条 因托运人托运货物时的过错造成多式联运经营人损失的,即使托运人已经转让多式联运单据,托运人仍然应当承担损害赔偿责任。

第三百二十一条 货物的毁损、灭失发生于多式联运的某一运输区段的,多式联运经营人的赔偿责任和责任限额,适用调整该区段运输方式的有关法律规定。货物毁损、灭失发生的运输区段不能确定的,依照本章规定承担损害赔偿责任。

第十八章 技术合同

第一节 一般规定

第三百二十二条 技术合同是当事人就技术开发、转让、咨询或者服务订立的确立相互之间权利和义务的合同。

第三百二十三条 订立技术合同,应当有利于科学技术的进步,加速科学技术成果的转化、应用和推广。

第三百二十四条 技术合同的内容由当事人约定,一般包括以下条款:

(一)项目名称;

(二)标的的内容、范围和要求;

(三)履行的计划、进度、期限、地点、地域和方式;

(四)技术情报和资料的保密;

(五)风险责任的承担;

(六)技术成果的归属和收益的分成办法;

(七)验收标准和方法;

(八)价款、报酬或者使用费及其支付方式;

(九)违约金或者损失赔偿的计算方法;

(十)解决争议的方法;

(十一)名词和术语的解释。

与履行合同有关的技术背景资料、可行性论证和技术评价报告、项目任务书和计划书、技术标准、技术规范、原始设计和工艺文件,以及其他技术文档,按照当事人的约定可以作为合同的组成部分。

技术合同涉及专利的,应当注明发明创造的名称、专利申请人和专利权人、申请日期、申请号、专利号以及专利权的有效期限。

第三百二十五条 技术合同价款、报酬或者使用费的支付方式由当事人约定,可以采取一次总算、一次总付或者一次总算、分期支付,也可以采取提成支付或者提成支付附加预付入门费的方式。

约定提成支付的,可以按照产品价格、实施专利和使用技术秘密后新增的产值、利润或者产品销售额的一定比例提成,也可以按照约定的其他方式计算。提成支付的比例可以采取固定比例、逐年递增比例或者逐年递减比例。

约定提成支付的,当事人应当在合同中约定查阅有关会计账目的办法。

第三百二十六条 职务技术成果的使用权、转让权属于法人或者其他组织的,法人或者其他组织可以就该项职务技术成果订立技术合同。法人或者其他组织应当从使用和转让该项职务技术成果所取得的收益中提取一定比例,对完成该项职务技术成果的个人给予奖励或者报酬。法人或者其他组织订立技术合同转让职务技术成果时,职务技术成果的完成人享有以同等条件优先受让的权利。

职务技术成果是执行法人或者其他组织的工作任务,或者主要是利用法人或者其他组织的物质技术条件所完成的技术成果。

第三百二十七条 非职务技术成果的使用权、转让权属于完成技术成果的个人,完成技术成果的个人可以就该项非职务技术成果订立技术合同。

第三百二十八条 完成技术成果的个人有在有关技术成果文件上写明自己是技术成果完成者的权利和取得荣誉证书、奖励的权利。

第三百二十九条 非法垄断技术、妨碍技术进步或者侵害他人技术成果的技术合同无效。

第二节 技术开发合同

第三百三十条 技术开发合同是指当事人之间就新技术、新产品、新工艺或者新材料及其系统的研究开发所订立的合同。

技术开发合同包括委托开发合同和合作开发合同。

技术开发合同应当采用书面形式。

当事人之间就具有产业应用价值的科技成果实施转化订立的合同,参照技术开发合同的规定。

第三百三十一条 委托开发合同的委托人应当按照约定支付研究开发经费和报酬;提供技术资料、原始数据;完成协作事项;接受研究开发成果。

第三百三十二条 委托开发合同的研究开发人应当按照约定制定和实施研究开发计划;合理使用研究开发经费;按期完成研究开发工作,交付研究开发成果,提供有关的技术资料和必要的技术指导,帮助委托人掌握研究开发成果。

第三百三十三条 委托人违反约定造成研究开发工作停滞、延误或者失败的,应当承担违约责任。

第三百三十四条 研究开发人违反约定造成研究开发工作停滞、延误或者失败的,应当承担违约责任。

第三百三十五条 合作开发合同的当事人应当按照约定进行投资,包括以技术进行投资;分工参与研究开发工作;协作配合研究开发工作。

第三百三十六条 合作开发合同的当事人违反约定造成研究开发工作停滞、延误或者失败的,应当承担违约责任。

第三百三十七条 因作为技术开发合同标的的技术已经由他人公开,致使技术开发合同的履行没有意义的,当事人可以解除合同。

第三百三十八条 在技术开发合同履行过程中,因出现无法克服的技术困难,致使研究开发失败或者部分失败的,该风险责任由当事人约定。没有约定或者约定不明确,依照本法第六十一条的规定仍不能确定的,风险责任由当事人合理分担。

当事人一方发现前款规定的可能致使研究开发失败或者部分失败的情形时,应当及时通知另一方并采取适当措施减少损失。没有及时通知并采取适当措施,致使损失扩大的,应当就扩大的损失承担责任。

第三百三十九条 委托开发完成的发明创造,除当事人另有约定的以外,申请专利的权利属于研究开发人。研究开发人取得专利权的,委托人可以免费实施该专利。

研究开发人转让专利申请权的,委托人享有以同等条件优先受让的权利。

第三百四十条 合作开发完成的发明创造,除当事人另有约定的以外,申请专利的权利属于合作开发的当事人共有。当事人一方转让其共有的专利申请权的,其他各方享有以同等条件优先受让的权利。

合作开发的当事人一方声明放弃其共有的专利申请权的,可以由另一方单独申请或者由其他各方共同申请。申请人取得专利权的，放弃专利申请权的一方可以免费实施该专利。

合作开发的当事人一方不同意申请专利的，另一方或者其他各方不得申请专利。

第三百四十一条 委托开发或者合作开发完成的技术秘密成果的使用权、转让权以及利益的分配办法，由当事人约定。没有约定或者约定不明确，依照本法第六十一条的规定仍不能确定的，当事人均有使用和转让的权利，但委托开发的研究开发人不得在向委托人交付研究开发成果之前，将研究开发成果转让给第三人。

第三节 技术转让合同

第三百四十二条 技术转让合同包括专利权转让、专利申请权转让、技术秘密转让、专利实施许可合同。

技术转让合同应当采用书面形式。

第三百四十三条 技术转让合同可以约定让与人和受让人实施专利或者使用技术秘密的范围，但不得限制技术竞争和技术发展。

第三百四十四条 专利实施许可合同只在该专利权的存续期间内有效。专利权有效期限届满或者专利权被宣布无效的，专利权人不得就该专利与他人订立专利实施许可合同。

第三百四十五条 专利实施许可合同的让与人应当按照约定许可受让人实施专利，交付实施专利有关的技术资料，提供必要的技术指导。

第三百四十六条 专利实施许可合同的受让人应当按照约定实施专利，不得许可约定以外的第三人实施该专利；并按照约定支付使用费。

第三百四十七条 技术秘密转让合同的让与人应当按照约定提供技术资料，进行技术指导，保证技术的实用性、可靠性，承担保密义务。

第三百四十八条 技术秘密转让合同的受让人应当按照约定使用技术，支付使用费，承担保密义务。

第三百四十九条 技术转让合同的让与人应当保证自己是所提供的技术的合法拥有者，并保证所提供的技术完整、无误、有效，能够达到约定的目标。

第三百五十条 技术转让合同的受让人应当按照约定的范围和期限，对让与人提供的技术中尚未公开的秘密部分，承担保密义务。

第三百五十一条 让与人未按照约定转让技术的，应当返还部分或者全部使用费，并应当承担违约责任；实施专利或者使用技术秘密超越约定的范围的，违反约定擅自许可第三人实施该项专利或者使用该项技术秘密的，应当停止违约行为，承担违约责任；违反约定的保密义务的，应当承担违约责任。

第三百五十二条 受让人未按照约定支付使用费的，应当补交使用费并按照约定支付违约金；不补交使用费或者支付违约金的，应当停止实施专利或者使用技术秘密，交还技术资料，承担违约责任；实施专利或者使用技术秘密超越约定的范围的，未经让与人同意擅自许可第三人实施该专利或者使用该技术秘密的，应当停止违约行为，承担违约责任；违反约定的保密义务的，应当承担违约责任。

第三百五十三条 受让人按照约定实施专利、使用技术秘密侵害他人合法权益的，由让与人承担责任，但当事人另有约定的除外。

第三百五十四条 当事人可以按照互利的原则，在技术转让合同中约定实施专利、使用技术秘密后续改进的技术成果的分享办法。没有约定或者约定不明确，依照本法第六十一条的规定仍不能确定的，一方后续改进的技术成果，其他各方无权分享。

第三百五十五条 法律、行政法规对技术进出口合同或者专利、专利申请合同另有规定的，依照其规定。

第四节 技术咨询合同和技术服务合同

第三百五十六条 技术咨询合同包括就特定技术项目提供可行性论证、技术预测、专题技术调查、分析评价报告等合同。

技术服务合同是指当事人一方以技术知识为另一方解决特定技术问题所订立的合同,不包括建设工程合同和承揽合同。

第三百五十七条 技术咨询合同的委托人应当按照约定阐明咨询的问题,提供技术背景材料及有关技术资料、数据;接受受托人的工作成果,支付报酬。

第三百五十八条 技术咨询合同的受托人应当按照约定的期限完成咨询报告或者解答问题;提出的咨询报告应当达到约定的要求。

第三百五十九条 技术咨询合同的委托人未按照约定提供必要的资料和数据,影响工作进度和质量,不接受或者逾期接受工作成果的,支付的报酬不得追回,未支付的报酬应当支付。

技术咨询合同的受托人未按期提出咨询报告或者提出的咨询报告不符合约定的,应当承担减收或者免收报酬等违约责任。

技术咨询合同的委托人按照受托人符合约定要求的咨询报告和意见作出决策所造成的损失,由委托人承担,但当事人另有约定的除外。

第三百六十条 技术服务合同的委托人应当按照约定提供工作条件,完成配合事项;接受工作成果并支付报酬。

第三百六十一条 技术服务合同的受托人应当按照约定完成服务项目,解决技术问题,保证工作质量,并传授解决技术问题的知识。

第三百六十二条 技术服务合同的委托人不履行合同义务或者履行合同义务不符合约定,影响工作进度和质量,不接受或者逾期接受工作成果的,支付的报酬不得追回,未支付的报酬应当支付。

技术服务合同的受托人未按照合同约定完成服务工作的,应当承担免收报酬等违约责任。

第三百六十三条 在技术咨询合同、技术服务合同履行过程中,受托人利用委托人提供的技术资料和工作条件完成的新的技术成果,属于受托人。委托人利用受托人的工作成果完成的新的技术成果,属于委托人。当事人另有约定的,按照其约定。

第三百六十四条 法律、行政法规对技术中介合同、技术培训合同另有规定的,依照其规定。

第十九章　保管合同

第三百六十五条 保管合同是保管人保管寄存人交付的保管物,并返还该物的合同。

第三百六十六条 寄存人应当按照约定向保管人支付保管费。

当事人对保管费没有约定或者约定不明确,依照本法第六十一条的规定仍不能确定的,保管是无偿的。

第三百六十七条 保管合同自保管物交付时成立,但当事人另有约定的除外。

第三百六十八条 寄存人向保管人交付保管物的,保管人应当给付保管凭证,但另有交易习惯的除外。

第三百六十九条 保管人应当妥善保管保管物。

当事人可以约定保管场所或者方法。除紧急情况或者为了维护寄存人利益的以外,不得擅自改变保管场所或者方法。

第三百七十条 寄存人交付的保管物有瑕疵或者按照保管物的性质需要采取特殊保管措施的,寄存人应当将有关情况告知保管人。寄存人未告知,致使保管物受损失的,保管人不承担损害赔偿责任;保管人因此受损失的,除保管人知道或者应当知道并且未采取补救措施的以外,寄存人应当承担损害赔偿责任。

第三百七十一条 保管人不得将保管物转交第三人保管,但当事人另有约定的除外。

保管人违反前款规定,将保管物转交第三人保管,对保管物造成损失的,应当承担损害赔偿责任。

第三百七十二条 保管人不得使用或者许可第三人使用保管物,但当事人另有约定的除外。

第三百七十三条 第三人对保管物主张权利的,除依法对保管物采取保全或者执行的以外,保管人应当履行向寄存人返还保管物的义务。

第三人对保管人提起诉讼或者对保管物申请扣押的,保管人应当及时通知寄存人。

第三百七十四条 保管期间,因保管人保管不善造成保管物毁损、灭失的,保管人应当承担损害赔偿责任,但保管是无偿的,保管人证明自己没有重大过失的,不承担损害赔偿责任。

第三百七十五条　寄存人寄存货币、有价证券或者其他贵重物品的,应当向保管人声明,由保管人验收或者封存。寄存人未声明的,该物品毁损、灭失后,保管人可以按照一般物品予以赔偿。

第三百七十六条　寄存人可以随时领取保管物。

当事人对保管期间没有约定或者约定不明确的,保管人可以随时要求寄存人领取保管物;约定保管期间的,保管人无特别事由,不得要求寄存人提前领取保管物。

第三百七十七条　保管期间届满或者寄存人提前领取保管物的,保管人应当将原物及其孳息归还寄存人。

第三百七十八条　保管人保管货币的,可以返还相同种类、数量的货币。保管其他可替代物的,可以按照约定返还相同种类、品质、数量的物品。

第三百七十九条　有偿的保管合同,寄存人应当按照约定的期限向保管人支付保管费。

当事人对支付期限没有约定或者约定不明确,依照本法第六十一条的规定仍不能确定的,应当在领取保管物的同时支付。

第三百八十条　寄存人未按照约定支付保管费以及其他费用的,保管人对保管物享有留置权,但当事人另有约定的除外。

第二十章　仓储合同

第三百八十一条　仓储合同是保管人储存存货人交付的仓储物,存货人支付仓储费的合同。

第三百八十二条　仓储合同自成立时生效。

第三百八十三条　储存易燃、易爆、有毒、有腐蚀性、有放射性等危险物品或者易变质物品,存货人应当说明该物品的性质,提供有关资料。

存货人违反前款规定的,保管人可以拒收仓储物,也可以采取相应措施以避免损失的发生,因此产生的费用由存货人承担。

保管人储存易燃、易爆、有毒、有腐蚀性、有放射性等危险物品的,应当具备相应的保管条件。

第三百八十四条　保管人应当按照约定对入库仓储物进行验收。保管人验收时发现入库仓储物与约定不符合的,应当及时通知存货人。保管人验收后,发生仓储物的品种、数量、质量不符合约定的,保管人应当承担损害赔偿责任。

第三百八十五条　存货人交付仓储物的,保管人应当给付仓单。

第三百八十六条　保管人应当在仓单上签字或者盖章。仓单包括下列事项:

(一)存货人的名称或者姓名和住所;

(二)仓储物的品种、数量、质量、包装、件数和标记;

(三)仓储物的损耗标准;

(四)储存场所;

(五)储存期间;

(六)仓储费;

(七)仓储物已经办理保险的,其保险金额、期间以及保险人的名称;

(八)填发人、填发地和填发日期。

第三百八十七条　仓单是提取仓储物的凭证。存货人或者仓单持有人在仓单上背书并经保管人签字或者盖章的,可以转让提取仓储物的权利。

第三百八十八条　保管人根据存货人或者仓单持有人的要求,应当同意其检查仓储物或者提取样品。

第三百八十九条　保管人对入库仓储物发现有变质或者其他损坏的,应当及时通知存货人或者仓单持有人。

第三百九十条　保管人对入库仓储物发现有变质或者其他损坏,危及其他仓储物的安全和正常保管的,应当催告存货人或者仓单持有人作出必要的处置。因情况紧急,保管人可以作出必要的处置,但事后应当将该情况及时通知存货人或者仓单持有人。

第三百九十一条 当事人对储存期间没有约定或者约定不明确的,存货人或者仓单持有人可以随时提取仓储物,保管人也可以随时要求存货人或者仓单持有人提取仓储物,但应当给予必要的准备时间。

第三百九十二条 储存期间届满,存货人或者仓单持有人应当凭仓单提取仓储物。存货人或者仓单持有人逾期提取的,应当加收仓储费;提前提取的,不减收仓储费。

第三百九十三条 储存期间届满,存货人或者仓单持有人不提取仓储物的,保管人可以催告其在合理期限内提取,逾期不提取的,保管人可以提存仓储物。

第三百九十四条 储存期间,因保管人保管不善造成仓储物毁损、灭失的,保管人应当承担损害赔偿责任。因仓储物的性质、包装不符合约定或者超过有效储存期造成仓储物变质、损坏的,保管人不承担损害赔偿责任。

第三百九十五条 本章没有规定的,适用保管合同的有关规定。

第二十一章 委托合同

第三百九十六条 委托合同是委托人和受托人约定,由受托人处理委托人事务的合同。

第三百九十七条 委托人可以特别委托受托人处理一项或者数项事务,也可以概括委托受托人处理一切事务。

第三百九十八条 委托人应当预付处理委托事务的费用。受托人为处理委托事务垫付的必要费用,委托人应当偿还该费用及其利息。

第三百九十九条 受托人应当按照委托人的指示处理委托事务。需要变更委托人指示的,应当经委托人同意;因情况紧急,难以和委托人取得联系的,受托人应当妥善处理委托事务,但事后应当将该情况及时报告委托人。

第四百条 受托人应当亲自处理委托事务。经委托人同意,受托人可以转委托。转委托经同意的,委托人可以就委托事务直接指示转委托的第三人,受托人仅就第三人的选任及其对第三人的指示承担责任。转委托未经同意的,受托人应当对转委托的第三人的行为承担责任,但在紧急情况下受托人为维护委托人的利益需要转委托的除外。

第四百零一条 受托人应当按照委托人的要求,报告委托事务的处理情况。委托合同终止时,受托人应当报告委托事务的结果。

第四百零二条 受托人以自己的名义,在委托人的授权范围内与第三人订立的合同,第三人在订立合同时知道受托人与委托人之间的代理关系的,该合同直接约束委托人和第三人,但有确切证据证明该合同只约束受托人和第三人的除外。

第四百零三条 受托人以自己的名义与第三人订立合同时,第三人不知道受托人与委托人之间的代理关系的,受托人因第三人的原因对委托人不履行义务,受托人应当向委托人披露第三人,委托人因此可以行使受托人对第三人的权利,但第三人与受托人订立合同时如果知道该委托人就不会订立合同的除外。

受托人因委托人的原因对第三人不履行义务,受托人应当向第三人披露委托人,第三人因此可以选择受托人或者委托人作为相对人主张其权利,但第三人不得变更选定的相对人。

委托人行使受托人对第三人的权利的,第三人可以向委托人主张其对受托人的抗辩。第三人选定委托人作为其相对人的,委托人可以向第三人主张其对受托人的抗辩以及受托人对第三人的抗辩。

第四百零四条 受托人处理委托事务取得的财产,应当转交给委托人。

第四百零五条 受托人完成委托事务的,委托人应当向其支付报酬。因不可归责于受托人的事由,委托合同解除或者委托事务不能完成的,委托人应当向受托人支付相应的报酬。当事人另有约定的,按照其约定。

第四百零六条 有偿的委托合同,因受托人的过错给委托人造成损失的,委托人可以要求赔偿损失。无偿的委托合同,因受托人的故意或者重大过失给委托人造成损失的,委托人可以要求赔偿损失。

受托人超越权限给委托人造成损失的,应当赔偿损失。

第四百零七条 受托人处理委托事务时,因不可归责于自己的事由受到损失的,可以向委托人要求赔偿损失。

第四百零八条 委托人经受托人同意,可以在受托人之外委托第三人处理委托事务。因此给受托人造成损失的,受托人可以向委托人要求赔偿损失。

第四百零九条 两个以上的受托人共同处理委托事务的,对委托人承担连带责任。

第四百一十条 委托人或者受托人可以随时解除委托合同。因解除合同给对方造成损失的,除不可归责于该当事人的事由以外,应当赔偿损失。

第四百一十一条 委托人或者受托人死亡、丧失民事行为能力或者破产的,委托合同终止,但当事人另有约定或者根据委托事务的性质不宜终止的除外。

第四百一十二条 因委托人死亡、丧失民事行为能力或者破产,致使委托合同终止将损害委托人利益的,在委托人的继承人、法定代理人或者清算组织承受委托事务之前,受托人应当继续处理委托事务。

第四百一十三条 因受托人死亡、丧失民事行为能力或者破产,致使委托合同终止的,受托人的继承人、法定代理人或者清算组织应当及时通知委托人。因委托合同终止将损害委托人利益的,在委托人作出善后处理之前,受托人的继承人、法定代理人或者清算组织应当采取必要措施。

第二十二章　行纪合同

第四百一十四条 行纪合同是行纪人以自己的名义为委托人从事贸易活动,委托人支付报酬的合同。

第四百一十五条 行纪人处理委托事务支出的费用,由行纪人负担,但当事人另有约定的除外。

第四百一十六条 行纪人占有委托物的,应当妥善保管委托物。

第四百一十七条 委托物交付给行纪人时有瑕疵或者容易腐烂、变质的,经委托人同意,行纪人可以处分该物;和委托人不能及时取得联系的,行纪人可以合理处分。

第四百一十八条 行纪人低于委托人指定的价格卖出或者高于委托人指定的价格买入的,应当经委托人同意。未经委托人同意,行纪人补偿其差额的,该买卖对委托人发生效力。

行纪人高于委托人指定的价格卖出或者低于委托人指定的价格买入的,可以按照约定增加报酬。没有约定或者约定不明确,依照本法第六十一条的规定仍不能确定的,该利益属于委托人。

委托人对价格有特别指示的,行纪人不得违背该指示卖出或者买入。

第四百一十九条 行纪人卖出或者买入具有市场定价的商品,除委托人有相反的意思表示以外,行纪人自己可以作为买受人或者出卖人。

行纪人有前款规定情形的,仍然可以要求委托人支付报酬。

第四百二十条 行纪人按照约定买入委托物,委托人应当及时受领。经行纪人催告,委托人无正当理由拒绝受领的,行纪人依照本法第一百零一条的规定可以提存委托物。

委托物不能卖出或者委托人撤回出卖,经行纪人催告,委托人不取回或者不处分该物的,行纪人依照本法第一百零一条的规定可以提存委托物。

第四百二十一条 行纪人与第三人订立合同的,行纪人对该合同直接享有权利、承担义务。

第三人不履行义务致使委托人受到损害的,行纪人应当承担损害赔偿责任,但行纪人与委托人另有约定的除外。

第四百二十二条 行纪人完成或者部分完成委托事务的,委托人应当向其支付相应的报酬。委托人逾期不支付报酬的,行纪人对委托物享有留置权,但当事人另有约定的除外。

第四百二十三条 本章没有规定的,适用委托合同的有关规定。

第二十三章　居间合同

第四百二十四条 居间合同是居间人向委托人报告订立合同的机会或者提供订立合同的媒介服务,委托人支付报酬的合同。

第四百二十五条 居间人应当就有关订立合同的事项向委托人如实报告。

居间人故意隐瞒与订立合同有关的重要事实或者提供虚假情况,损害委托人利益的,不得要求支付报酬并应当承担损害赔偿责任。

第四百二十六条 居间人促成合同成立的,委托人应当按照约定支付报酬。对居间人的报酬没有约定或者约定不明确,依照本法第六十一条的规定仍不能确定的,根据居间人的劳务合理确定。因居间人提供订立合同的媒介服务而促成合同成立的,由该合同的当事人平均负担居间人的报酬。

居间人促成合同成立的,居间活动的费用,由居间人负担。

第四百二十七条 居间人未促成合同成立的,不得要求支付报酬,但可以要求委托人支付从事居间活动支出的必要费用。

附　则

第四百二十八条 本法自1999年10月1日起施行,《中华人民共和国经济合同法》、《中华人民共和国涉外经济合同法》、《中华人民共和国技术合同法》同时废止。

附录2　　　　　　　　　中华人民共和国物权法

第一编　总　则

第一章　基本原则

第一条 为了维护国家基本经济制度,维护社会主义市场经济秩序,明确物的归属,发挥物的效用,保护权利人的物权,根据宪法,制定本法。

第二条 因物的归属和利用而产生的民事关系,适用本法。

本法所称物,包括不动产和动产。法律规定权利作为物权客体的,依照其规定。

本法所称物权,是指权利人依法对特定的物享有直接支配和排他的权利,包括所有权、用益物权和担保物权。

第三条 国家在社会主义初级阶段,坚持公有制为主体、多种所有制经济共同发展的基本经济制度。

国家巩固和发展公有制经济,鼓励、支持和引导非公有制经济的发展。

国家实行社会主义市场经济,保障一切市场主体的平等法律地位和发展权利。

第四条 国家、集体、私人的物权和其他权利人的物权受法律保护,任何单位和个人不得侵犯。

第五条 物权的种类和内容,由法律规定。

第六条 不动产物权的设立、变更、转让和消灭,应当依照法律规定登记。动产物权的设立和转让,应当依照法律规定交付。

第七条 物权的取得和行使,应当遵守法律,尊重社会公德,不得损害公共利益和他人合法权益。

第八条 其他相关法律对物权另有特别规定的,依照其规定。

第二章　物权的设立、变更、转让和消灭

第一节　不动产登记

第九条 不动产物权的设立、变更、转让和消灭,经依法登记,发生效力;未经登记,不发生效力,但法律另有规定的除外。

依法属于国家所有的自然资源,所有权可以不登记。

第十条 不动产登记,由不动产所在地的登记机构办理。

国家对不动产实行统一登记制度。统一登记的范围、登记机构和登记办法,由法律、行政法规规定。

第十一条 当事人申请登记,应当根据不同登记事项提供权属证明和不动产界址、面积等必要材料。

第十二条 登记机构应当履行下列职责:

（一）查验申请人提供的权属证明和其他必要材料；

（二）就有关登记事项询问申请人；

（三）如实、及时登记有关事项；

（四）法律、行政法规规定的其他职责。

申请登记的不动产的有关情况需要进一步证明的，登记机构可以要求申请人补充材料，必要时可以实地查看。

第十三条 登记机构不得有下列行为：

（一）要求对不动产进行评估；

（二）以年检等名义进行重复登记；

（三）超出登记职责范围的其他行为。

第十四条 不动产物权的设立、变更、转让和消灭，依照法律规定应当登记的，自记载于不动产登记簿时发生效力。

第十五条 当事人之间订立有关设立、变更、转让和消灭不动产物权的合同，除法律另有规定或者合同另有约定外，自合同成立时生效；未办理物权登记的，不影响合同效力。

第十六条 不动产登记簿是物权归属和内容的根据。不动产登记簿由登记机构管理。

第十七条 不动产权属证书是权利人享有该不动产物权的证明。不动产权属证书记载的事项，应当与不动产登记簿一致；记载不一致的，除有证据证明不动产登记簿确有错误外，以不动产登记簿为准。

第十八条 权利人、利害关系人可以申请查询、复制登记资料，登记机构应当提供。

第十九条 权利人、利害关系人认为不动产登记簿记载的事项错误的，可以申请更正登记。不动产登记簿记载的权利人书面同意更正或者有证据证明登记确有错误的，登记机构应当予以更正。

不动产登记簿记载的权利人不同意更正的，利害关系人可以申请异议登记。登记机构予以异议登记的，申请人在异议登记之日起十五日内不起诉，异议登记失效。异议登记不当，造成权利人损害的，权利人可以向申请人请求损害赔偿。

第二十条 当事人签订买卖房屋或者其他不动产物权的协议，为保障将来实现物权，按照约定可以向登记机构申请预告登记。预告登记后，未经预告登记的权利人同意，处分该不动产的，不发生物权效力。

预告登记后，债权消灭或者自能够进行不动产登记之日起三个月内未申请登记的，预告登记失效。

第二十一条 当事人提供虚假材料申请登记，给他人造成损害的，应当承担赔偿责任。

因登记错误，给他人造成损害的，登记机构应当承担赔偿责任。登记机构赔偿后，可以向造成登记错误的人追偿。

第二十二条 不动产登记费按件收取，不得按照不动产的面积、体积或者价款的比例收取。具体收费标准由国务院有关部门会同价格主管部门规定。

第二节　动产交付

第二十三条 动产物权的设立和转让，自交付时发生效力，但法律另有规定的除外。

第二十四条 船舶、航空器和机动车等物权的设立、变更、转让和消灭，未经登记，不得对抗善意第三人。

第二十五条 动产物权设立和转让前，权利人已经依法占有该动产的，物权自法律行为生效时发生效力。

第二十六条 动产物权设立和转让前，第三人依法占有该动产的，负有交付义务的人可以通过转让请求第三人返还原物的权利代替交付。

第二十七条 动产物权转让时，双方又约定由出让人继续占有该动产的，物权自该约定生效时发生效力。

第三节　其他规定

第二十八条 因人民法院、仲裁委员会的法律文书或者人民政府的征收决定等，导致物权设立、变更、转让或者消灭的,自法律文书或者人民政府的征收决定等生效时发生效力。

第二十九条 因继承或者受遗赠取得物权的,自继承或者受遗赠开始时发生效力。

第三十条 因合法建造、拆除房屋等事实行为设立或者消灭物权的,自事实行为成就时发生效力。

第三十一条 依照本法第二十八条至第三十条规定享有不动产物权的,处分该物权时,依照法律规定需要办理登记的,未经登记,不发生物权效力。

第三章　物权的保护

第三十二条 物权受到侵害的,权利人可以通过和解、调解、仲裁、诉讼等途径解决。

第三十三条 因物权的归属、内容发生争议的,利害关系人可以请求确认权利。

第三十四条 无权占有不动产或者动产的,权利人可以请求返还原物。

第三十五条 妨害物权或者可能妨害物权的,权利人可以请求排除妨害或者消除危险。

第三十六条 造成不动产或者动产毁损的,权利人可以请求修理、重作、更换或者恢复原状。

第三十七条 侵害物权,造成权利人损害的,权利人可以请求损害赔偿,也可以请求承担其他民事责任。

第三十八条 本章规定的物权保护方式,可以单独适用,也可以根据权利被侵害的情形合并适用。

侵害物权,除承担民事责任外,违反行政管理规定的,依法承担行政责任;构成犯罪的,依法追究刑事责任。

第二编　所有权

第四章　一般规定

第三十九条 所有权人对自己的不动产或者动产,依法享有占有、使用、收益和处分的权利。

第四十条 所有权人有权在自己的不动产或者动产上设立用益物权和担保物权。用益物权人、担保物权人行使权利,不得损害所有权人的权益。

第四十一条 法律规定专属于国家所有的不动产和动产,任何单位和个人不能取得所有权。

第四十二条 为了公共利益的需要,依照法律规定的权限和程序可以征收集体所有的土地和单位、个人的房屋及其他不动产。

征收集体所有的土地,应当依法足额支付土地补偿费、安置补助费、地上附着物和青苗的补偿费等费用,安排被征地农民的社会保障费用,保障被征地农民的生活,维护被征地农民的合法权益。

征收单位、个人的房屋及其他不动产,应当依法给予拆迁补偿,维护被征收人的合法权益;征收个人住宅的,还应当保障被征收人的居住条件。

任何单位和个人不得贪污、挪用、私分、截留、拖欠征收补偿费等费用。

第四十三条 国家对耕地实行特殊保护,严格限制农用地转为建设用地,控制建设用地总量。不得违反法律规定的权限和程序征收集体所有的土地。

第四十四条 因抢险、救灾等紧急需要,依照法律规定的权限和程序可以征用单位、个人的不动产或者动产。被征用的不动产或者动产使用后,应当返还被征用人。单位、个人的不动产或者动产被征用或者征用后毁损、灭失的,应当给予补偿。

第五章　国家所有权和集体所有权、私人所有权

第四十五条 法律规定属于国家所有的财产,属于国家所有即全民所有。

国有财产由国务院代表国家行使所有权;法律另有规定的,依照其规定。

第四十六条 矿藏、水流、海域属于国家所有。

第四十七条 城市的土地,属于国家所有。法律规定属于国家所有的农村和城市郊区的土地,属于国家所有。

第四十八条 森林、山岭、草原、荒地、滩涂等自然资源,属于国家所有,但法律规定属于集体所有的除外。

第四十九条 法律规定属于国家所有的野生动植物资源,属于国家所有。

第五十条 无线电频谱资源属于国家所有。

第五十一条 法律规定属于国家所有的文物,属于国家所有。

第五十二条 国防资产属于国家所有。

铁路、公路、电力设施、电信设施和油气管道等基础设施,依照法律规定为国家所有的,属于国家所有。

第五十三条 国家机关对其直接支配的不动产和动产,享有占有、使用以及依照法律和国务院的有关规定处分的权利。

第五十四条 国家举办的事业单位对其直接支配的不动产和动产,享有占有、使用以及依照法律和国务院的有关规定收益、处分的权利。

第五十五条 国家出资的企业,由国务院、地方人民政府依照法律、行政法规规定分别代表国家履行出资人职责,享有出资人权益。

第五十六条 国家所有的财产受法律保护,禁止任何单位和个人侵占、哄抢、私分、截留、破坏。

第五十七条 履行国有财产管理、监督职责的机构及其工作人员,应当依法加强对国有财产的管理、监督,促进国有财产保值增值,防止国有财产损失;滥用职权,玩忽职守,造成国有财产损失的,应当依法承担法律责任。

违反国有财产管理规定,在企业改制、合并分立、关联交易等过程中,低价转让、合谋私分、擅自担保或者以其他方式造成国有财产损失的,应当依法承担法律责任。

第五十八条 集体所有的不动产和动产包括:

(一)法律规定属于集体所有的土地和森林、山岭、草原、荒地、滩涂;

(二)集体所有的建筑物、生产设施、农田水利设施;

(三)集体所有的教育、科学、文化、卫生、体育等设施;

(四)集体所有的其他不动产和动产。

第五十九条 农民集体所有的不动产和动产,属于本集体成员集体所有。

下列事项应当依照法定程序经本集体成员决定:

(一)土地承包方案以及将土地发包给本集体以外的单位或者个人承包;

(二)个别土地承包经营权人之间承包地的调整;

(三)土地补偿费等费用的使用、分配办法;

(四)集体出资的企业的所有权变动等事项;

(五)法律规定的其他事项。

第六十条 对于集体所有的土地和森林、山岭、草原、荒地、滩涂等,依照下列规定行使所有权:

(一)属于村农民集体所有的,由村集体经济组织或者村民委员会代表集体行使所有权;

(二)分别属于村内两个以上农民集体所有的,由村内各该集体经济组织或者村民小组代表集体行使所有权;

(三)属于乡镇农民集体所有的,由乡镇集体经济组织代表集体行使所有权。

第六十一条 城镇集体所有的不动产和动产,依照法律、行政法规的规定由本集体享有占有、使用、收益和处分的权利。

第六十二条 集体经济组织或者村民委员会、村民小组应当依照法律、行政法规以及章程、村规民约向本集体成员公布集体财产的状况。

第六十三条 集体所有的财产受法律保护,禁止任何单位和个人侵占、哄抢、私分、破坏。

集体经济组织、村民委员会或者其负责人作出的决定侵害集体成员合法权益的,受侵害的集体成员可以请求人民法院予以撤销。

第六十四条 私人对其合法的收入、房屋、生活用品、生产工具、原材料等不动产和动产享有所有权。

第六十五条 私人合法的储蓄、投资及其收益受法律保护。

国家依照法律规定保护私人的继承权及其他合法权益。

第六十六条 私人的合法财产受法律保护,禁止任何单位和个人侵占、哄抢、破坏。

第六十七条 国家、集体和私人依法可以出资设立有限责任公司、股份有限公司或者其他企业。国家、集体和私人所有的不动产或者动产,投到企业的,由出资人按照约定或者出资比例享有资产收益、重大决策以及选择经营管理者等权利并履行义务。

第六十八条 企业法人对其不动产和动产依照法律、行政法规以及章程享有占有、使用、收益和处分的权利。

企业法人以外的法人,对其不动产和动产的权利,适用有关法律、行政法规以及章程的规定。

第六十九条 社会团体依法所有的不动产和动产,受法律保护。

第六章 业主的建筑物区分所有权

第七十条 业主对建筑物内的住宅、经营性用房等专有部分享有所有权,对专有部分以外的共有部分享有共有和共同管理的权利。

第七十一条 业主对其建筑物专有部分享有占有、使用、收益和处分的权利。业主行使权利不得危及建筑物的安全,不得损害其他业主的合法权益。

第七十二条 业主对建筑物专有部分以外的共有部分,享有权利,承担义务;不得以放弃权利不履行义务。

业主转让建筑物内的住宅、经营性用房,其对共有部分享有的共有和共同管理的权利一并转让。

第七十三条 建筑区划内的道路,属于业主共有,但属于城镇公共道路的除外。建筑区划内的绿地,属于业主共有,但属于城镇公共绿地或者明示属于个人的除外。建筑区划内的其他公共场所、公用设施和物业服务用房,属于业主共有。

第七十四条 建筑区划内,规划用于停放汽车的车位、车库应当首先满足业主的需要。

建筑区划内,规划用于停放汽车的车位、车库的归属,由当事人通过出售、附赠或者出租等方式约定。

占用业主共有的道路或者其他场地用于停放汽车的车位,属于业主共有。

第七十五条 业主可以设立业主大会,选举业主委员会。

地方人民政府有关部门应当对设立业主大会和选举业主委员会给予指导和协助。

第七十六条 下列事项由业主共同决定:

(一)制定和修改业主大会议事规则;

(二)制定和修改建筑物及其附属设施的管理规约;

(三)选举业主委员会或者更换业主委员会成员;

(四)选聘和解聘物业服务企业或者其他管理人;

(五)筹集和使用建筑物及其附属设施的维修资金;

(六)改建、重建建筑物及其附属设施;

(七)有关共有和共同管理权利的其他重大事项。

决定前款第五项和第六项规定的事项,应当经专有部分占建筑物总面积三分之二以上的业主且占总人数三分之二以上的业主同意。决定前款其他事项,应当经专有部分占建筑物总面积过半数的业主且占总人数过半数的业主同意。

第七十七条 业主不得违反法律、法规以及管理规约,将住宅改变为经营性用房。业主将住宅改变为经营性用房的,除遵守法律、法规以及管理规约外,应当经有利害关系的业主同意。

第七十八条 业主大会或者业主委员会的决定,对业主具有约束力。

业主大会或者业主委员会作出的决定侵害业主合法权益的,受侵害的业主可以请求人民法院予以撤销。

第七十九条 建筑物及其附属设施的维修资金,属于业主共有。经业主共同决定,可以用于电梯、水箱等共有部分的维修。维修资金的筹集、使用情况应当公布。

第八十条　建筑物及其附属设施的费用分摊、收益分配等事项,有约定的,按照约定;没有约定或者约定不明确的,按照业主专有部分占建筑物总面积的比例确定。

第八十一条　业主可以自行管理建筑物及其附属设施,也可以委托物业服务企业或者其他管理人管理。

对建设单位聘请的物业服务企业或者其他管理人,业主有权依法更换。

第八十二条　物业服务企业或者其他管理人根据业主的委托管理建筑区划内的建筑物及其附属设施,并接受业主的监督。

第八十三条　业主应当遵守法律、法规以及管理规约。

业主大会和业主委员会,对任意弃置垃圾、排放污染物或者噪声、违反规定饲养动物、违章搭建、侵占通道、拒付物业费等损害他人合法权益的行为,有权依照法律、法规以及管理规约,要求行为人停止侵害、消除危险、排除妨害、赔偿损失。业主对侵害自己合法权益的行为,可以依法向人民法院提起诉讼。

第七章　相邻关系

第八十四条　不动产的相邻权利人应当按照有利生产、方便生活、团结互助、公平合理的原则,正确处理相邻关系。

第八十五条　法律、法规对处理相邻关系有规定的,依照其规定;法律、法规没有规定的,可以按照当地习惯。

第八十六条　不动产权利人应当为相邻权利人用水、排水提供必要的便利。

对自然流水的利用,应当在不动产的相邻权利人之间合理分配。对自然流水的排放,应当尊重自然流向。

第八十七条　不动产权利人对相邻权利人因通行等必须利用其土地的,应当提供必要的便利。

第八十八条　不动产权利人因建造、修缮建筑物以及铺设电线、电缆、水管、暖气和燃气管线等必须利用相邻土地、建筑物的,该土地、建筑物的权利人应当提供必要的便利。

第八十九条　建造建筑物,不得违反国家有关工程建设标准,妨碍相邻建筑物的通风、采光和日照。

第九十条　不动产权利人不得违反国家规定弃置固体废物,排放大气污染物、水污染物、噪声、光、电磁波辐射等有害物质。

第九十一条　不动产权利人挖掘土地、建造建筑物、铺设管线以及安装设备等,不得危及相邻不动产的安全。

第九十二条　不动产权利人因用水、排水、通行、铺设管线等利用相邻不动产的,应当尽量避免对相邻的不动产权利人造成损害;造成损害的,应当给予赔偿。

第八章　共　有

第九十三条　不动产或者动产可以由两个以上单位、个人共有。共有包括按份共有和共同共有。

第九十四条　按份共有人对共有的不动产或者动产按照其份额享有所有权。

第九十五条　共同共有人对共有的不动产或者动产共同享有所有权。

第九十六条　共有人按照约定管理共有的不动产或者动产;没有约定或者约定不明确的,各共有人都有管理的权利和义务。

第九十七条　处分共有的不动产或者动产以及对共有的不动产或者动产作重大修缮的,应当经占份额三分之二以上的按份共有人或者全体共同共有人同意,但共有人之间另有约定的除外。

第九十八条　对共有物的管理费用以及其他负担,有约定的,按照约定;没有约定或者约定不明确的,按份共有人按照其份额负担,共同共有人共同负担。

第九十九条　共有人约定不得分割共有的不动产或者动产,以维持共有关系的,应当按照约定,但共有人有重大理由需要分割的,可以请求分割;没有约定或者约定不明确的,按份共有人可以随时请求分割,共同共有人在共有的基础丧失或者有重大理由需要分割时可以请求分割。因分割对其他共有人造成损害的，应当给予赔偿。

第一百条 共有人可以协商确定分割方式。达不成协议，共有的不动产或者动产可以分割并且不会因分割减损价值的，应当对实物予以分割；难以分割或者因分割会减损价值的，应当对折价或者拍卖、变卖取得的价款予以分割。

共有人分割所得的不动产或者动产有瑕疵的，其他共有人应当分担损失。

第一百零一条 按份共有人可以转让其享有的共有的不动产或者动产份额。其他共有人在同等条件下享有优先购买的权利。

第一百零二条 因共有的不动产或者动产产生的债权债务，在对外关系上，共有人享有连带债权、承担连带债务，但法律另有规定或者第三人知道共有人不具有连带债权债务关系的除外；在共有人内部关系上，除共有人另有约定外，按份共有人按照份额享有债权、承担债务，共同共有人共同享有债权、承担债务。偿还债务超过自己应当承担份额的按份共有人，有权向其他共有人追偿。

第一百零三条 共有人对共有的不动产或者动产没有约定为按份共有或者共同共有，或者约定不明确的，除共有人具有家庭关系等外，视为按份共有。

第一百零四条 按份共有人对共有的不动产或者动产享有的份额，没有约定或者约定不明确的，按照出资额确定；不能确定出资额的，视为等额享有。

第一百零五条 两个以上单位、个人共同享有用益物权、担保物权的，参照本章规定。

第九章 所有权取得的特别规定

第一百零六条 无处分权人将不动产或者动产转让给受让人的，所有权人有权追回；除法律另有规定外，符合下列情形的，受让人取得该不动产或者动产的所有权：

（一）受让人受让该不动产或者动产时是善意的；

（二）以合理的价格转让；

（三）转让的不动产或者动产依照法律规定应当登记的已经登记，不需要登记的已经交付给受让人。

受让人依照前款规定取得不动产或者动产的所有权的，原所有权人有权向无处分权人请求赔偿损失。

当事人善意取得其他物权的，参照前两款规定。

第一百零七条 所有权人或者其他权利人有权追回遗失物。该遗失物通过转让被他人占有的，权利人有权向无处分权人请求损害赔偿，或者自知道或者应当知道受让人之日起二年内向受让人请求返还原物，但受让人通过拍卖或者向具有经营资格的经营者购得该遗失物的，权利人请求返还原物时应当支付受让人所付的费用。权利人向受让人支付所付费用后，有权向无处分权人追偿。

第一百零八条 善意受让人取得动产后，该动产上的原有权利消灭，但善意受让人在受让时知道或者应当知道该权利的除外。

第一百零九条 拾得遗失物，应当返还权利人。拾得人应当及时通知权利人领取，或者送交公安等有关部门。

第一百一十条 有关部门收到遗失物，知道权利人的，应当及时通知其领取；不知道的，应当及时发布招领公告。

第一百一十一条 拾得人在遗失物送交有关部门前，有关部门在遗失物被领取前，应当妥善保管遗失物。因故意或者重大过失致使遗失物毁损、灭失的，应当承担民事责任。

第一百一十二条 权利人领取遗失物时，应当向拾得人或者有关部门支付保管遗失物等支出的必要费用。

权利人悬赏寻找遗失物的，领取遗失物时应当按照承诺履行义务。

拾得人侵占遗失物的，无权请求保管遗失物等支出的费用，也无权请求权利人按照承诺履行义务。

第一百一十三条 遗失物自发布招领公告之日起六个月内无人认领的，归国家所有。

第一百一十四条 拾得漂流物、发现埋藏物或者隐藏物的，参照拾得遗失物的有关规定。文物保护法等法律另有规定的,依照其规定。

第一百一十五条 主物转让的,从物随主物转让,但当事人另有约定的除外。

第一百一十六条 天然孳息,由所有权人取得;既有所有权人又有用益物权人的,由用益物权人取得。当事人另有约定的,按照约定。

法定孳息,当事人有约定的,按照约定取得;没有约定或者约定不明确的,按照交易习惯取得。

第三编 用益物权

第十章 一般规定

第一百一十七条 用益物权人对他人所有的不动产或者动产,依法享有占有、使用和收益的权利。

第一百一十八条 国家所有或者国家所有由集体使用以及法律规定属于集体所有的自然资源,单位、个人依法可以占有、使用和收益。

第一百一十九条 国家实行自然资源有偿使用制度,但法律另有规定的除外。

第一百二十条 用益物权人行使权利,应当遵守法律有关保护和合理开发利用资源的规定。所有权人不得干涉用益物权人行使权利。

第一百二十一条 因不动产或者动产被征收、征用致使用益物权消灭或者影响用益物权行使的,用益物权人有权依照本法第四十二条、第四十四条的规定获得相应补偿。

第一百二十二条 依法取得的海域使用权受法律保护。

第一百二十三条 依法取得的探矿权、采矿权、取水权和使用水域、滩涂从事养殖、捕捞的权利受法律保护。

第十一章 土地承包经营权

第一百二十四条 农村集体经济组织实行家庭承包经营为基础、统分结合的双层经营体制。

农民集体所有和国家所有由农民集体使用的耕地、林地、草地以及其他用于农业的土地,依法实行土地承包经营制度。

第一百二十五条 土地承包经营权人依法对其承包经营的耕地、林地、草地等享有占有、使用和收益的权利,有权从事种植业、林业、畜牧业等农业生产。

第一百二十六条 耕地的承包期为三十年。草地的承包期为三十年至五十年。林地的承包期为三十年至七十年;特殊林木的林地承包期,经国务院林业行政主管部门批准可以延长。

前款规定的承包期届满,由土地承包经营权人按照国家有关规定继续承包。

第一百二十七条 土地承包经营权自土地承包经营权合同生效时设立。

县级以上地方人民政府应当向土地承包经营权人发放土地承包经营权证、林权证、草原使用权证,并登记造册,确认土地承包经营权。

第一百二十八条 土地承包经营权人依照农村土地承包法的规定,有权将土地承包经营权采取转包、互换、转让等方式流转。流转的期限不得超过承包期的剩余期限。未经依法批准,不得将承包地用于非农建设。

第一百二十九条 土地承包经营权人将土地承包经营权互换、转让,当事人要求登记的,应当向县级以上地方人民政府申请土地承包经营权变更登记;未经登记,不得对抗善意第三人。

第一百三十条 承包期内发包人不得调整承包地。

因自然灾害严重毁损承包地等特殊情形,需要适当调整承包的耕地和草地的,应当依照农村土地承包法等法律规定办理。

第一百三十一条 承包期内发包人不得收回承包地。农村土地承包法等法律另有规定的,依照其规定。

第一百三十二条 承包地被征收的,土地承包经营权人有权依照本法第四十二条第二款的规定获得相应补偿。

第一百三十三条　通过招标、拍卖、公开协商等方式承包荒地等农村土地,依照农村土地承包法等法律和国务院的有关规定,其土地承包经营权可以转让、入股、抵押或者以其他方式流转。

第一百三十四条　国家所有的农用地实行承包经营的,参照本法的有关规定。

第十二章　建设用地使用权

第一百三十五条　建设用地使用权人依法对国家所有的土地享有占有、使用和收益的权利,有权利用该土地建造建筑物、构筑物及其附属设施。

第一百三十六条　建设用地使用权可以在土地的地表、地上或者地下分别设立。新设立的建设用地使用权,不得损害已设立的用益物权。

第一百三十七条　设立建设用地使用权,可以采取出让或者划拨等方式。

工业、商业、旅游、娱乐和商品住宅等经营性用地以及同一土地有两个以上意向用地者的,应当采取招标、拍卖等公开竞价的方式出让。

严格限制以划拨方式设立建设用地使用权。采取划拨方式的,应当遵守法律、行政法规关于土地用途的规定。

第一百三十八条　采取招标、拍卖、协议等出让方式设立建设用地使用权的,当事人应当采取书面形式订立建设用地使用权出让合同。

建设用地使用权出让合同一般包括下列条款:

(一)当事人的名称和住所;

(二)土地界址、面积等;

(三)建筑物、构筑物及其附属设施占用的空间;

(四)土地用途;

(五)使用期限;

(六)出让金等费用及其支付方式;

(七)解决争议的方法。

第一百三十九条　设立建设用地使用权的,应当向登记机构申请建设用地使用权登记。建设用地使用权自登记时设立。登记机构应当向建设用地使用权人发放建设用地使用权证书。

第一百四十条　建设用地使用权人应当合理利用土地,不得改变土地用途;需要改变土地用途的,应当依法经有关行政主管部门批准。

第一百四十一条　建设用地使用权人应当依照法律规定以及合同约定支付出让金等费用。

第一百四十二条　建设用地使用权人建造的建筑物、构筑物及其附属设施的所有权属于建设用地使用权人,但有相反证据证明的除外。

第一百四十三条　建设用地使用权人有权将建设用地使用权转让、互换、出资、赠与或者抵押,但法律另有规定的除外。

第一百四十四条　建设用地使用权转让、互换、出资、赠与或者抵押的,当事人应当采取书面形式订立相应的合同。使用期限由当事人约定,但不得超过建设用地使用权的剩余期限。

第一百四十五条　建设用地使用权转让、互换、出资或者赠与的,应当向登记机构申请变更登记。

第一百四十六条　建设用地使用权转让、互换、出资或者赠与的,附着于该土地上的建筑物、构筑物及其附属设施一并处分。

第一百四十七条　建筑物、构筑物及其附属设施转让、互换、出资或者赠与的,该建筑物、构筑物及其附属设施占用范围内的建设用地使用权一并处分。

第一百四十八条　建设用地使用权期间届满前,因公共利益需要提前收回该土地的,应当依照本法第四十二条的规定对该土地上的房屋及其他不动产给予补偿,并退还相应的出让金。

第一百四十九条　住宅建设用地使用权期间届满的,自动续期。

非住宅建设用地使用权期间届满后的续期,依照法律规定办理。该土地上的房屋及其他不动产的归属,有约定的,按照约定;没有约定或者约定不明确的,依照法律、行政法规的规定办理。

第一百五十条 建设用地使用权消灭的,出让人应当及时办理注销登记。登记机构应当收回建设用地使用权证书。

第一百五十一条 集体所有的土地作为建设用地的,应当依照土地管理法等法律规定办理。

第十三章 宅基地使用权

第一百五十二条 宅基地使用权人依法对集体所有的土地享有占有和使用的权利,有权依法利用该土地建造住宅及其附属设施。

第一百五十三条 宅基地使用权的取得、行使和转让,适用土地管理法等法律和国家有关规定。

第一百五十四条 宅基地因自然灾害等原因灭失的,宅基地使用权消灭。对失去宅基地的村民,应当重新分配宅基地。

第一百五十五条 已经登记的宅基地使用权转让或者消灭的,应当及时办理变更登记或者注销登记。

第十四章 地役权

第一百五十六条 地役权人有权按照合同约定,利用他人的不动产,以提高自己的不动产的效益。

前款所称他人的不动产为供役地,自己的不动产为需役地。

第一百五十七条 设立地役权,当事人应当采取书面形式订立地役权合同。

地役权合同一般包括下列条款:

(一)当事人的姓名或者名称和住所;

(二)供役地和需役地的位置;

(三)利用目的和方法;

(四)利用期限;

(五)费用及其支付方式;

(六)解决争议的方法。

第一百五十八条 地役权自地役权合同生效时设立。当事人要求登记的,可以向登记机构申请地役权登记;未经登记,不得对抗善意第三人。

第一百五十九条 供役地权利人应当按照合同约定,允许地役权人利用其土地,不得妨害地役权人行使权利。

第一百六十条 地役权人应当按照合同约定的利用目的和方法利用供役地,尽量减少对供役地权利人物权的限制。

第一百六十一条 地役权的期限由当事人约定,但不得超过土地承包经营权、建设用地使用权等用益物权的剩余期限。

第一百六十二条 土地所有权人享有地役权或者负担地役权的,设立土地承包经营权、宅基地使用权时,该土地承包经营权人、宅基地使用权人继续享有或者负担已设立的地役权。

第一百六十三条 土地上已设立土地承包经营权、建设用地使用权、宅基地使用权等权利的,未经用益物权人同意,土地所有权人不得设立地役权。

第一百六十四条 地役权不得单独转让。土地承包经营权、建设用地使用权等转让的,地役权一并转让,但合同另有约定的除外。

第一百六十五条 地役权不得单独抵押。土地承包经营权、建设用地使用权等抵押的,在实现抵押权时,地役权一并转让。

第一百六十六条 需役地以及需役地上的土地承包经营权、建设用地使用权部分转让时,转让部分涉及地役权的,受让人同时享有地役权。

第一百六十七条 供役地以及供役地上的土地承包经营权、建设用地使用权部分转让时,转让部分涉及地役权的,地役权对受让人具有约束力。

第一百六十八条 地役权人有下列情形之一的,供役地权利人有权解除地役权合同,地役权消灭:

(一)违反法律规定或者合同约定,滥用地役权;

(二)有偿利用供役地,约定的付款期间届满后在合理期限内经两次催告未支付费用。

第一百六十九条 已经登记的地役权变更、转让或者消灭的,应当及时办理变更登记或者注销登记。

第四编　担保物权

第十五章　一般规定

第一百七十条 担保物权人在债务人不履行到期债务或者发生当事人约定的实现担保物权的情形,依法享有就担保财产优先受偿的权利,但法律另有规定的除外。

第一百七十一条 债权人在借贷、买卖等民事活动中,为保障实现其债权,需要担保的,可以依照本法和其他法律的规定设立担保物权。

第三人为债务人向债权人提供担保的,可以要求债务人提供反担保。反担保适用本法和其他法律的规定。

第一百七十二条 设立担保物权,应当依照本法和其他法律的规定订立担保合同。担保合同是主债权债务合同的从合同。主债权债务合同无效,担保合同无效,但法律另有规定的除外。

担保合同被确认无效后,债务人、担保人、债权人有过错的,应当根据其过错各自承担相应的民事责任。

第一百七十三条 担保物权的担保范围包括主债权及其利息、违约金、损害赔偿金、保管担保财产和实现担保物权的费用。当事人另有约定的,按照约定。

第一百七十四条 担保期间,担保财产毁损、灭失或者被征收等,担保物权人可以就获得的保险金、赔偿金或者补偿金等优先受偿。被担保债权的履行期未届满的,也可以提存该保险金、赔偿金或者补偿金等。

第一百七十五条 第三人提供担保,未经其书面同意,债权人允许债务人转移全部或者部分债务的,担保人不再承担相应的担保责任。

第一百七十六条 被担保的债权既有物的担保又有人的担保的,债务人不履行到期债务或者发生当事人约定的实现担保物权的情形,债权人应当按照约定实现债权;没有约定或者约定不明确,债务人自己提供物的担保的,债权人应当先就该物的担保实现债权;第三人提供物的担保的,债权人可以就物的担保实现债权,也可以要求保证人承担保证责任。提供担保的第三人承担担保责任后,有权向债务人追偿。

第一百七十七条 有下列情形之一的,担保物权消灭:

(一)主债权消灭;

(二)担保物权实现;

(三)债权人放弃担保物权;

(四)法律规定担保物权消灭的其他情形。

第一百七十八条 担保法与本法的规定不一致的,适用本法。

第十六章　抵押权

第一节　一般抵押权

第一百七十九条 为担保债务的履行,债务人或者第三人不转移财产的占有,将该财产抵押给债权人的,债务人不履行到期债务或者发生当事人约定的实现抵押权的情形,债权人有权就该财产优先受偿。

前款规定的债务人或者第三人为抵押人,债权人为抵押权人,提供担保的财产为抵押财产。

第一百八十条 债务人或者第三人有权处分的下列财产可以抵押:

(一)建筑物和其他土地附着物;

(二)建设用地使用权;

（三）以招标、拍卖、公开协商等方式取得的荒地等土地承包经营权；

（四）生产设备、原材料、半成品、产品；

（五）正在建造的建筑物、船舶、航空器；

（六）交通运输工具；

（七）法律、行政法规未禁止抵押的其他财产。

抵押人可以将前款所列财产一并抵押。

第一百八十一条　经当事人书面协议，企业、个体工商户、农业生产经营者可以将现有的以及将有的生产设备、原材料、半成品、产品抵押，债务人不履行到期债务或者发生当事人约定的实现抵押权的情形，债权人有权就实现抵押权时的动产优先受偿。

第一百八十二条　以建筑物抵押的，该建筑物占用范围内的建设用地使用权一并抵押。以建设用地使用权抵押的，该土地上的建筑物一并抵押。

抵押人未依照前款规定一并抵押的，未抵押的财产视为一并抵押。

第一百八十三条　乡镇、村企业的建设用地使用权不得单独抵押。以乡镇、村企业的厂房等建筑物抵押的，其占用范围内的建设用地使用权一并抵押。

第一百八十四条　下列财产不得抵押：

（一）土地所有权；

（二）耕地、宅基地、自留地、自留山等集体所有的土地使用权，但法律规定可以抵押的除外；

（三）学校、幼儿园、医院等以公益为目的的事业单位、社会团体的教育设施、医疗卫生设施和其他社会公益设施；

（四）所有权、使用权不明或者有争议的财产；

（五）依法被查封、扣押、监管的财产；

（六）法律、行政法规规定不得抵押的其他财产。

第一百八十五条　设立抵押权，当事人应当采取书面形式订立抵押合同。

抵押合同一般包括下列条款：

（一）被担保债权的种类和数额；

（二）债务人履行债务的期限；

（三）抵押财产的名称、数量、质量、状况、所在地、所有权归属或者使用权归属；

（四）担保的范围。

第一百八十六条　抵押权人在债务履行期届满前，不得与抵押人约定债务人不履行到期债务时抵押财产归债权人所有。

第一百八十七条　以本法第一百八十条第一款第一项至第三项规定的财产或者第五项规定的正在建造的建筑物抵押的，应当办理抵押登记。抵押权自登记时设立。

第一百八十八条　以本法第一百八十条第一款第四项、第六项规定的财产或者第五项规定的正在建造的船舶、航空器抵押的，抵押权自抵押合同生效时设立；未经登记，不得对抗善意第三人。

第一百八十九条　企业、个体工商户、农业生产经营者以本法第一百八十一条规定的动产抵押的，应当向抵押人住所地的工商行政管理部门办理登记。抵押权自抵押合同生效时设立；未经登记，不得对抗善意第三人。

依照本法第一百八十一条规定抵押的，不得对抗正常经营活动中已支付合理价款并取得抵押财产的买受人。

第一百九十条　订立抵押合同前抵押财产已出租的，原租赁关系不受该抵押权的影响。抵押权设立后抵押财产出租的，该租赁关系不得对抗已登记的抵押权。

第一百九十一条　抵押期间，抵押人经抵押权人同意转让抵押财产的，应当将转让所得的价款向抵押权人提前清偿债务或者提存。转让的价款超过债权数额的部分归抵押人所有，不足部分由债务人清偿。

抵押期间，抵押人未经抵押权人同意，不得转让抵押财产，但受让人代为清偿债务消灭抵押权的除外。

第一百九十二条 抵押权不得与债权分离而单独转让或者作为其他债权的担保。债权转让的,担保该债权的抵押权一并转让,但法律另有规定或者当事人另有约定的除外。

第一百九十三条 抵押人的行为足以使抵押财产价值减少的,抵押权人有权要求抵押人停止其行为。抵押财产价值减少的,抵押权人有权要求恢复抵押财产的价值,或者提供与减少的价值相应的担保。抵押人不恢复抵押财产的价值也不提供担保的,抵押权人有权要求债务人提前清偿债务。

第一百九十四条 抵押权人可以放弃抵押权或者抵押权的顺位。抵押权人与抵押人可以协议变更抵押权顺位以及被担保的债权数额等内容,但抵押权的变更,未经其他抵押权人书面同意,不得对其他抵押权人产生不利影响。

债务人以自己的财产设定抵押,抵押权人放弃该抵押权、抵押权顺位或者变更抵押权的,其他担保人在抵押权人丧失优先受偿权益的范围内免除担保责任,但其他担保人承诺仍然提供担保的除外。

第一百九十五条 债务人不履行到期债务或者发生当事人约定的实现抵押权的情形,抵押权人可以与抵押人协议以抵押财产折价或者以拍卖、变卖该抵押财产所得的价款优先受偿。协议损害其他债权人利益的,其他债权人可以在知道或者应当知道撤销事由之日起一年内请求人民法院撤销该协议。

抵押权人与抵押人未就抵押权实现方式达成协议的,抵押权人可以请求人民法院拍卖、变卖抵押财产。

抵押财产折价或者变卖的,应当参照市场价格。

第一百九十六条 依照本法第一百八十一条规定设定抵押的,抵押财产自下列情形之一发生时确定:

(一)债务履行期届满,债权未实现;

(二)抵押人被宣告破产或者被撤销;

(三)当事人约定的实现抵押权的情形;

(四)严重影响债权实现的其他情形。

第一百九十七条 债务人不履行到期债务或者发生当事人约定的实现抵押权的情形,致使抵押财产被人民法院依法扣押的,自扣押之日起抵押权人有权收取该抵押财产的天然孳息或者法定孳息,但抵押权人未通知应当清偿法定孳息的义务人的除外。

前款规定的孳息应当先充抵收取孳息的费用。

第一百九十八条 抵押财产折价或者拍卖、变卖后,其价款超过债权数额的部分归抵押人所有,不足部分由债务人清偿。

第一百九十九条 同一财产向两个以上债权人抵押的,拍卖、变卖抵押财产所得的价款依照下列规定清偿:

(一)抵押权已登记的,按照登记的先后顺序清偿;顺序相同的,按照债权比例清偿;

(二)抵押权已登记的先于未登记的受偿;

(三)抵押权未登记的,按照债权比例清偿。

第二百条 建设用地使用权抵押后,该土地上新增的建筑物不属于抵押财产。该建设用地使用权实现抵押权时,应当将该土地上新增的建筑物与建设用地使用权一并处分,但新增建筑物所得的价款,抵押权人无权优先受偿。

第二百零一条 依照本法第一百八十条第一款第三项规定的土地承包经营权抵押的,或者依照本法第一百八十三条规定以乡镇、村企业的厂房等建筑物占用范围内的建设用地使用权一并抵押的,实现抵押权后,未经法定程序,不得改变土地所有权的性质和土地用途。

第二百零二条 抵押权人应当在主债权诉讼时效期间行使抵押权;未行使的,人民法院不予保护。

第二节 最高额抵押权

第二百零三条 为担保债务的履行,债务人或者第三人对一定期间内将要连续发生的债权提供担保财产的,债务人不履行到期债务或者发生当事人约定的实现抵押权的情形,抵押权人有权在最高债权额限度内就该担保财产优先受偿。

最高额抵押权设立前已经存在的债权,经当事人同意,可以转入最高额抵押担保的债权范围。

第二百零四条 最高额抵押担保的债权确定前,部分债权转让的,最高额抵押权不得转让,但当事人另有约定的除外。

第二百零五条 最高额抵押担保的债权确定前,抵押权人与抵押人可以通过协议变更债权确定的期间、债权范围以及最高债权额,但变更的内容不得对其他抵押权人产生不利影响。

第二百零六条 有下列情形之一的,抵押权人的债权确定:

(一)约定的债权确定期间届满;

(二)没有约定债权确定期间或者约定不明确,抵押权人或者抵押人自最高额抵押权设立之日起满二年后请求确定债权;

(三)新的债权不可能发生;

(四)抵押财产被查封、扣押;

(五)债务人、抵押人被宣告破产或者被撤销;

(六)法律规定债权确定的其他情形。

第二百零七条 最高额抵押权除适用本节规定外,适用本章第一节一般抵押权的规定。

第十七章 质 权

第一节 动产质权

第二百零八条 为担保债务的履行,债务人或者第三人将其动产出质给债权人占有的,债务人不履行到期债务或者发生当事人约定的实现质权的情形,债权人有权就该动产优先受偿。

前款规定的债务人或者第三人为出质人,债权人为质权人,交付的动产为质押财产。

第二百零九条 法律、行政法规禁止转让的动产不得出质。

第二百一十条 设立质权,当事人应当采取书面形式订立质权合同。

质权合同一般包括下列条款:

(一)被担保债权的种类和数额;

(二)债务人履行债务的期限;

(三)质押财产的名称、数量、质量、状况;

(四)担保的范围;

(五)质押财产交付的时间。

第二百一十一条 质权人在债务履行期届满前,不得与出质人约定债务人不履行到期债务时质押财产归债权人所有。

第二百一十二条 质权自出质人交付质押财产时设立。

第二百一十三条 质权人有权收取质押财产的孳息,但合同另有约定的除外。

前款规定的孳息应当先充抵收取孳息的费用。

第二百一十四条 质权人在质权存续期间,未经出质人同意,擅自使用、处分质押财产,给出质人造成损害的,应当承担赔偿责任。

第二百一十五条 质权人负有妥善保管质押财产的义务;因保管不善致使质押财产毁损、灭失的,应当承担赔偿责任。

质权人的行为可能使质押财产毁损、灭失的,出质人可以要求质权人将质押财产提存,或者要求提前清偿债务并返还质押财产。

第二百一十六条 因不能归责于质权人的事由可能使质押财产毁损或者价值明显减少,足以危害质权人权利的,质权人有权要求出质人提供相应的担保;出质人不提供的,质权人可以拍卖、变卖质押财产,并与出质人通过协议将拍卖、变卖所得的价款提前清偿债务或者提存。

第二百一十七条 质权人在质权存续期间,未经出质人同意转质,造成质押财产毁损、灭失的,应当向出质人承担赔偿责任。

第二百一十八条 质权人可以放弃质权。债务人以自己的财产出质,质权人放弃该质权的,其他担保人在质权人丧失优先受偿权益的范围内免除担保责任,但其他担保人承诺仍然提供担保的除外。

第二百一十九条 债务人履行债务或者出质人提前清偿所担保的债权的,质权人应当返还质押财产。

债务人不履行到期债务或者发生当事人约定的实现质权的情形,质权人可以与出质人协议以质押财产折价,也可以就拍卖、变卖质押财产所得的价款优先受偿。

质押财产折价或者变卖的,应当参照市场价格。

第二百二十条 出质人可以请求质权人在债务履行期届满后及时行使质权;质权人不行使的,出质人可以请求人民法院拍卖、变卖质押财产。

出质人请求质权人及时行使质权,因质权人怠于行使权利造成损害的,由质权人承担赔偿责任。

第二百二十一条 质押财产折价或者拍卖、变卖后,其价款超过债权数额的部分归出质人所有,不足部分由债务人清偿。

第二百二十二条 出质人与质权人可以协议设立最高额质权。

最高额质权除适用本节有关规定外,参照本法第十六章第二节最高额抵押权的规定。

第二节 权利质权

第二百二十三条 债务人或者第三人有权处分的下列权利可以出质:

(一)汇票、支票、本票;

(二)债券、存款单;

(三)仓单、提单;

(四)可以转让的基金份额、股权;

(五)可以转让的注册商标专用权、专利权、著作权等知识产权中的财产权;

(六)应收账款;

(七)法律、行政法规规定可以出质的其他财产权利。

第二百二十四条 以汇票、支票、本票、债券、存款单、仓单、提单出质的,当事人应当订立书面合同。质权自权利凭证交付质权人时设立;没有权利凭证的,质权自有关部门办理出质登记时设立。

第二百二十五条 汇票、支票、本票、债券、存款单、仓单、提单的兑现日期或者提货日期先于主债权到期的,质权人可以兑现或者提货,并与出质人协议将兑现的价款或者提取的货物提前清偿债务或者提存。

第二百二十六条 以基金份额、股权出质的,当事人应当订立书面合同。以基金份额、证券登记结算机构登记的股权出质的,质权自证券登记结算机构办理出质登记时设立;以其他股权出质的,质权自工商行政管理部门办理出质登记时设立。

基金份额、股权出质后,不得转让,但经出质人与质权人协商同意的除外。出质人转让基金份额、股权所得的价款,应当向质权人提前清偿债务或者提存。

第二百二十七条 以注册商标专用权、专利权、著作权等知识产权中的财产权出质的,当事人应当订立书面合同。质权自有关主管部门办理出质登记时设立。

知识产权中的财产权出质后,出质人不得转让或者许可他人使用,但经出质人与质权人协商同意的除外。出质人转让或者许可他人使用出质的知识产权中的财产权所得的价款,应当向质权人提前清偿债务或者提存。

第二百二十八条 以应收账款出质的,当事人应当订立书面合同。质权自信贷征信机构办理出质登记时设立。

应收账款出质后,不得转让,但经出质人与质权人协商同意的除外。出质人转让应收账款所得的价款,应当向质权人提前清偿债务或者提存。

第二百二十九条 权利质权除适用本节规定外,适用本章第一节动产质权的规定。

第十八章 留置权

第二百三十条 债务人不履行到期债务,债权人可以留置已经合法占有的债务人的动产,并有权就该动产优先受偿。

前款规定的债权人为留置权人,占有的动产为留置财产。

第二百三十一条 债权人留置的动产,应当与债权属于同一法律关系,但企业之间留置的除外。

第二百三十二条 法律规定或者当事人约定不得留置的动产,不得留置。

第二百三十三条 留置财产为可分物的,留置财产的价值应当相当于债务的金额。

第二百三十四条 留置权人负有妥善保管留置财产的义务;因保管不善致使留置财产毁损、灭失的,应当承担赔偿责任。

第二百三十五条 留置权人有权收取留置财产的孳息。

前款规定的孳息应当先充抵收取孳息的费用。

第二百三十六条 留置权人与债务人应当约定留置财产后的债务履行期间;没有约定或者约定不明确的,留置权人应当给债务人两个月以上履行债务的期间,但鲜活易腐等不易保管的动产除外。债务人逾期未履行的,留置权人可以与债务人协议以留置财产折价,也可以就拍卖、变卖留置财产所得的价款优先受偿。

留置财产折价或者变卖的,应当参照市场价格。

第二百三十七条 债务人可以请求留置权人在债务履行期届满后行使留置权;留置权人不行使的,债务人可以请求人民法院拍卖、变卖留置财产。

第二百三十八条 留置财产折价或者拍卖、变卖后,其价款超过债权数额的部分归债务人所有,不足部分由债务人清偿。

第二百三十九条 同一动产上已设立抵押权或者质权,该动产又被留置的,留置权人优先受偿。

第二百四十条 留置权人对留置财产丧失占有或者留置权人接受债务人另行提供担保的,留置权消灭。

第五编 占 有

第十九章 占 有

第二百四十一条 基于合同关系等产生的占有,有关不动产或者动产的使用、收益、违约责任等,按照合同约定;合同没有约定或者约定不明确的,依照有关法律规定。

第二百四十二条 占有人因使用占有的不动产或者动产,致使该不动产或者动产受到损害的,恶意占有人应当承担赔偿责任。

第二百四十三条 不动产或者动产被占有人占有的,权利人可以请求返还原物及其孳息,但应当支付善意占有人因维护该不动产或者动产支出的必要费用。

第二百四十四条 占有的不动产或者动产毁损、灭失,该不动产或者动产的权利人请求赔偿的,占有人应当将因毁损、灭失取得的保险金、赔偿金或者补偿金等返还给权利人;权利人的损害未得到足够弥补的,恶意占有人还应当赔偿损失。

第二百四十五条 占有的不动产或者动产被侵占的,占有人有权请求返还原物;对妨害占有的行为,占有人有权请求排除妨害或者消除危险;因侵占或者妨害造成损害的,占有人有权请求损害赔偿。

占有人返还原物的请求权,自侵占发生之日起一年内未行使的,该请求权消灭。

附 则

第二百四十六条 法律、行政法规对不动产统一登记的范围、登记机构和登记办法作出规定前,地方性法规可以依照本法有关规定作出规定。

第二百四十七条 本法自 2007 年 10 月 1 日起施行。

附录3　　　　　　　　　**金融租赁公司管理办法**

第一章　总　则

第一条　为促进融资租赁业务发展,规范金融租赁公司的经营行为,根据《中华人民共和国银行业监督管理法》、《中华人民共和国公司法》等法律法规,制定本办法。

第二条　本办法所称金融租赁公司,是指经银监会批准,以经营融资租赁业务为主的非银行金融机构。

金融租赁公司名称中应当标明"金融租赁"字样。未经银监会批准,任何单位不得在其名称中使用"金融租赁"字样。

第三条　本办法所称融资租赁,是指出租人根据承租人对租赁物和供货人的选择或认可,将其从供货人处取得的租赁物按合同约定出租给承租人占有、使用,向承租人收取租金的交易活动。

第四条　适用于融资租赁交易的租赁物为固定资产,银监会另有规定的除外。

第五条　本办法所称售后回租业务,是指承租人将自有物件出卖给出租人,同时与出租人签订融资租赁合同,再将该物件从出租人处租回的融资租赁形式。售后回租业务是承租人和供货人为同一人的融资租赁方式。

第六条　银监会及其派出机构依法对金融租赁公司实施监督管理。

第二章　机构设立、变更与终止

第七条　申请设立金融租赁公司,应当具备以下条件:

(一)有符合《中华人民共和国公司法》和银监会规定的公司章程;

(二)有符合规定条件的发起人;

(三)注册资本为一次性实缴货币资本,最低限额为1亿元人民币或等值的可自由兑换货币;

(四)有符合任职资格条件的董事、高级管理人员,并且从业人员中具有金融或融资租赁工作经历3年以上的人员应当不低于总人数的50%;

(五)建立了有效的公司治理、内部控制和风险管理体系;

(六)建立了与业务经营和监管要求相适应的信息科技架构,具有支撑业务经营的必要、安全且合规的信息系统,具备保障业务持续运营的技术与措施;

(七)有与业务经营相适应的营业场所、安全防范措施和其他设施;

(八)银监会规定的其他审慎性条件。

第八条　金融租赁公司的发起人包括在中国境内外注册的具有独立法人资格的商业银行,在中国境内注册的、主营业务为制造适合融资租赁交易产品的大型企业,在中国境外注册的融资租赁公司以及银监会认可的其他发起人。

银监会认可的其他发起人是指除符合本办法第九条至第十一条规定的发起人以外的其他境内法人机构和境外金融机构。

第九条　在中国境内外注册的具有独立法人资格的商业银行作为金融租赁公司发起人,应当具备以下条件:

(一)满足所在国家或地区监管当局的审慎监管要求;

(二)具有良好的公司治理结构、内部控制机制和健全的风险管理体系;

(三)最近1年年末总资产不低于800亿元人民币或等值的可自由兑换货币;

(四)财务状况良好,最近2个会计年度连续盈利;

(五)为拟设金融租赁公司确定了明确的发展战略和清晰的盈利模式;

(六)遵守注册地法律法规,最近2年内未发生重大案件或重大违法违规行为;

(七)境外商业银行作为发起人的,其所在国家或地区金融监管当局已经与银监会建立良好的监督管理合作机制;

（八）入股资金为自有资金，不得以委托资金、债务资金等非自有资金入股；

（九）承诺5年内不转让所持有的金融租赁公司股权、不将所持有的金融租赁公司股权进行质押或设立信托，并在拟设公司章程中载明；

（十）银监会规定的其他审慎性条件。

第十条 在中国境内注册的、主营业务为制造适合融资租赁交易产品的大型企业作为金融租赁公司发起人，应当具备以下条件：

（一）有良好的公司治理结构或有效的组织管理方式；

（二）最近1年的营业收入不低于50亿元人民币或等值的可自由兑换货币；

（三）财务状况良好，最近2个会计年度连续盈利；

（四）最近1年年末净资产不低于总资产的30%；

（五）最近1年主营业务销售收入占全部营业收入的80%以上；

（六）为拟设金融租赁公司确定了明确的发展战略和清晰的盈利模式；

（七）有良好的社会声誉、诚信记录和纳税记录；

（八）遵守国家法律法规，最近2年内未发生重大案件或重大违法违规行为；

（九）入股资金为自有资金，不得以委托资金、债务资金等非自有资金入股；

（十）承诺5年内不转让所持有的金融租赁公司股权、不将所持有的金融租赁公司股权进行质押或设立信托，并在拟设公司章程中载明；

（十一）银监会规定的其他审慎性条件。

第十一条 在中国境外注册的具有独立法人资格的融资租赁公司作为金融租赁公司发起人，应当具备以下条件：

（一）具有良好的公司治理结构、内部控制机制和健全的风险管理体系；

（二）最近1年年末总资产不低于100亿元人民币或等值的可自由兑换货币；

（三）财务状况良好，最近2个会计年度连续盈利；

（四）遵守注册地法律法规，最近2年内未发生重大案件或重大违法违规行为；

（五）所在国家或地区经济状况良好；

（六）入股资金为自有资金，不得以委托资金、债务资金等非自有资金入股；

（七）承诺5年内不转让所持有的金融租赁公司股权、不将所持有的金融租赁公司股权进行质押或设立信托，并在拟设公司章程中载明；

（八）银监会规定的其他审慎性条件。

第十二条 金融租赁公司至少应当有一名符合第九条至第十一条规定的发起人，且其出资比例不低于拟设金融租赁公司全部股本的30%。

第十三条 其他境内法人机构作为金融租赁公司发起人，应当具备以下条件：

（一）有良好的公司治理结构或有效的组织管理方式；

（二）有良好的社会声誉、诚信记录和纳税记录；

（三）经营管理良好，最近2年内无重大违法违规经营记录；

（四）财务状况良好，且最近2个会计年度连续盈利；

（五）入股资金为自有资金，不得以委托资金、债务资金等非自有资金入股；

（六）承诺5年内不转让所持有的金融租赁公司股权，不将所持有的金融租赁公司股权进行质押或设立信托，并在公司章程中载明；

（七）银监会规定的其他审慎性条件；

其他境内法人机构为非金融机构的，最近1年年末净资产不得低于总资产的30%；

其他境内法人机构为金融机构的，应当符合与该类金融机构有关的法律、法规、相关监管规定要求。

第十四条 其他境外金融机构作为金融租赁公司发起人，应当具备以下条件：

（一）满足所在国家或地区监管当局的审慎监管要求；

（二）具有良好的公司治理结构、内部控制机制和健全的风险管理体系；

（三）最近1年年末总资产原则上不低于10亿美元或等值的可自由兑换货币；

（四）财务状况良好，最近2个会计年度连续盈利；

（五）入股资金为自有资金，不得以委托资金、债务资金等非自有资金入股；

（六）承诺5年内不转让所持有的金融租赁公司股权、不将所持有的金融租赁公司股权进行质押或设立信托，并在公司章程中载明；

（七）所在国家或地区金融监管当局已经与银监会建立良好的监督管理合作机制；

（八）具有有效的反洗钱措施；

（九）所在国家或地区经济状况良好；

（十）银监会规定的其他审慎性条件。

第十五条　有以下情形之一的企业不得作为金融租赁公司的发起人：

（一）公司治理结构与机制存在明显缺陷；

（二）关联企业众多、股权关系复杂且不透明、关联交易频繁且异常；

（三）核心主业不突出且其经营范围涉及行业过多；

（四）现金流量波动受经济景气影响较大；

（五）资产负债率、财务杠杆率高于行业平均水平；

（六）其他对金融租赁公司产生重大不利影响的情况。

第十六条　金融租赁公司发起人应当在金融租赁公司章程中约定，在金融租赁公司出现支付困难时，给予流动性支持；当经营损失侵蚀资本时，及时补足资本金。

第十七条　金融租赁公司根据业务发展的需要，经银监会批准，可以设立分公司、子公司。设立分公司、子公司的具体条件由银监会另行制定。

第十八条　金融租赁公司董事和高级管理人员实行任职资格核准制度。

第十九条　金融租赁公司有下列变更事项之一的，须报经银监会或其派出机构批准。

（一）变更公司名称；

（二）变更组织形式；

（三）调整业务范围；

（四）变更注册资本；

（五）变更股权或调整股权结构；

（六）修改公司章程；

（七）变更公司住所或营业场所；

（八）变更董事和高级管理人员；

（九）合并或分立；

（十）银监会规定的其他变更事项。

第二十条　金融租赁公司变更股权及调整股权结构，拟投资入股的出资人需符合本办法第八条至第十六条规定的新设金融租赁公司发起人条件。

第二十一条　金融租赁公司有以下情况之一的，经银监会批准可以解散：

（一）公司章程规定的营业期限届满或者公司章程规定的其他解散事由出现；

（二）股东决定或股东（大）会决议解散；

（三）因公司合并或者分立需要解散；

（四）依法被吊销营业执照、责令关闭或者被撤销；

（五）其他法定事由。

第二十二条　金融租赁公司有以下情形之一的，经银监会批准，可以向法院申请破产：

（一）不能支付到期债务，自愿或债权人要求申请破产的；

（二）因解散或被撤销而清算，清算组发现财产不足以清偿债务，应当申请破产的。

　　第二十三条　金融租赁公司不能清偿到期债务,并且资产不足以清偿全部债务或者明显缺乏清偿能力的,银监会可以向人民法院提出对该金融租赁公司进行重整或者破产清算的申请。

　　第二十四条　金融租赁公司因解散、依法被撤销或被宣告破产而终止的,其清算事宜,按照国家有关法律法规办理。

　　第二十五条　金融租赁公司设立、变更、终止和董事及高管人员任职资格核准的行政许可程序,按照银监会相关规定执行。

第三章　业务范围

　　第二十六条　经银监会批准,金融租赁公司可以经营下列部分或全部本外币业务:

　　(一)融资租赁业务;

　　(二)转让和受让融资租赁资产;

　　(三)固定收益类证券投资业务;

　　(四)接受承租人的租赁保证金;

　　(五)吸收非银行股东3个月(含)以上定期存款;

　　(六)同业拆借;

　　(七)向金融机构借款;

　　(八)境外借款;

　　(九)租赁物变卖及处理业务;

　　(十)经济咨询。

　　第二十七条　经银监会批准,经营状况良好、符合条件的金融租赁公司可以开办下列部分或全部本外币业务:

　　(一)发行债券;

　　(二)在境内保税地区设立项目公司开展融资租赁业务;

　　(三)资产证券化;

　　(四)为控股子公司、项目公司对外融资提供担保;

　　(五)银监会批准的其他业务。

　　金融租赁公司开办前款所列业务的具体条件和程序,按照有关规定执行。

　　第二十八条　金融租赁公司业务经营中涉及外汇管理事项的,需遵守国家外汇管理有关规定。

第四章　经营规则

　　第二十九条　金融租赁公司应当建立以股东或股东(大)会、董事会、监事(会)、高级管理层等为主体的组织架构,明确职责划分,保证相互之间独立运行、有效制衡,形成科学高效的决策、激励和约束机制。

　　第三十条　金融租赁公司应当按照全面、审慎、有效、独立原则,建立健全内部控制制度,防范、控制和化解风险,保障公司安全稳健运行。

　　第三十一条　金融租赁公司应当根据其组织架构、业务规模和复杂程度建立全面的风险管理体系,对信用风险、流动性风险、市场风险、操作风险等各类风险进行有效的识别、计量、监测和控制,同时还应当及时识别和管理与融资租赁业务相关的特定风险。

　　第三十二条　金融租赁公司应当合法取得租赁物的所有权。

　　第三十三条　租赁物属于国家法律法规规定所有权转移必须到登记部门进行登记的财产类别,金融租赁公司应当进行相关登记。租赁物不属于需要登记的财产类别,金融租赁公司应当采取有效措施保障对租赁物的合法权益。

　　第三十四条　售后回租业务的租赁物必须由承租人真实拥有并有权处分。金融租赁公司不得接受已设置任何抵押、权属存在争议或已被司法机关查封、扣押的财产或所有权存在瑕疵的财产作为售后回租业务的租赁物。

第三十五条 金融租赁公司应当在签订融资租赁合同或明确融资租赁业务意向的前提下,按照承租人要求购置租赁物。特殊情况下需提前购置租赁物的,应当与自身现有业务领域或业务规划保持一致,且与自身风险管理能力和专业化经营水平相符。

第三十六条 金融租赁公司应当建立健全租赁物价值评估和定价体系,根据租赁物的价值、其他成本和合理利润等确定租金水平。

售后回租业务中,金融租赁公司对租赁物的买入价格应当有合理的、不违反会计准则的定价依据作为参考,不得低值高买。

第三十七条 金融租赁公司应当重视租赁物的风险缓释作用,密切监测租赁物价值对融资租赁债权的风险覆盖水平,制定有效的风险应对措施。

第三十八条 金融租赁公司应当加强租赁物未担保余值的估值管理,定期评估未担保余值,并开展减值测试。当租赁物未担保余值出现减值迹象时,应当按照会计准则要求计提减值准备。

第三十九条 金融租赁公司应当加强未担保余值风险的限额管理,根据业务规模、业务性质、复杂程度和市场状况,对未担保余值比例较高的融资租赁资产设定风险限额。

第四十条 金融租赁公司应当加强对租赁期限届满返还或因承租人违约而取回的租赁物的风险管理,建立完善的租赁物处置制度和程序,降低租赁物持有期风险。

第四十一条 金融租赁公司应当严格按照会计准则等相关规定,真实反映融资租赁资产转让和受让业务的实质和风险状况。

第四十二条 金融租赁公司应当建立健全集中度风险管理体系,有效防范和分散经营风险。

第四十三条 金融租赁公司应当建立严格的关联交易管理制度,其关联交易应当按照商业原则,以不优于非关联方同类交易的条件进行。

第四十四条 金融租赁公司与其设立的控股子公司、项目公司之间的交易,不适用本办法对关联交易的监管要求。

第四十五条 金融租赁公司的重大关联交易应当经董事会批准。

重大关联交易是指金融租赁公司与一个关联方之间单笔交易金额占金融租赁公司资本净额 5% 以上,或金融租赁公司与一个关联方发生交易后金融租赁公司与该关联方的交易余额占金融租赁公司资本净额 10% 以上的交易。

第四十六条 金融租赁公司所开展的固定收益类证券投资业务,不得超过资本净额的 20%。

第四十七条 金融租赁公司开办资产证券化业务,可以参照信贷资产证券化相关规定。

第五章 监督管理

第四十八条 金融租赁公司应当遵守以下监管指标的规定:

(一)资本充足率。金融租赁公司资本净额与风险加权资产的比例不得低于银监会的最低监管要求。

(二)单一客户融资集中度。金融租赁公司对单一承租人的全部融资租赁业务余额不得超过资本净额的 30%。

(三)单一集团客户融资集中度。金融租赁公司对单一集团的全部融资租赁业务余额不得超过资本净额的 50%。

(四)单一客户关联度。金融租赁公司对一个关联方的全部融资租赁业务余额不得超过资本净额的 30%。

(五)全部关联度。金融租赁公司对全部关联方的全部融资租赁业务余额不得超过资本净额的 50%。

(六)单一股东关联度。对单一股东及其全部关联方的融资余额不得超过该股东在金融租赁公司的出资额,且应同时满足本办法对单一客户关联度的规定。

(七)同业拆借比例。金融租赁公司同业拆入资金余额不得超过资本净额的 100%。

经银监会认可,特定行业的单一客户融资集中度和单一集团客户融资集中度要求可以适当调整。

银监会根据监管需要可以对上述指标做出适当调整。

第四十九条 金融租赁公司应当按照银监会的相关规定构建资本管理体系,合理评估资本充足状况,建立审慎、规范的资本补充、约束机制。

第五十条 金融租赁公司应当按照监管规定建立资产质量分类制度。

第五十一条 金融租赁公司应当按照相关规定建立准备金制度,在准确分类的基础上及时足额计提资产减值损失准备,增强风险抵御能力。未提足准备的,不得进行利润分配。

第五十二条 金融租赁公司应当建立健全内部审计制度,审查评价并改善经营活动、风险状况、内部控制和公司治理效果,促进合法经营和稳健发展。

第五十三条 金融租赁公司应当执行国家统一的会计准则和制度,真实记录并全面反映财务状况和经营成果等信息。

第五十四条 金融租赁公司应当按规定报送会计报表及银监会及其派出机构要求的其他报表,并对所报报表、资料的真实性、准确性和完整性负责。

第五十五条 金融租赁公司应当建立定期外部审计制度,并在每个会计年度结束后的4个月内,将经法定代表人签名确认的年度审计报告报送银监会或其派出机构。

第五十六条 金融租赁公司违反本办法有关规定的,银监会及其派出机构应当依法责令限期整改;逾期未整改的,或者其行为严重危及该金融租赁公司的稳健运行、损害客户合法权益的,可以区别情形,依照《中华人民共和国银行业监督管理法》等法律法规,采取暂停业务、限制股东权利等监管措施。

第五十七条 金融租赁公司已经或者可能发生信用危机,严重影响客户合法权益的,银监会依法对其实行托管或者督促其重组,问题严重的,有权予以撤销。

第五十八条 凡违反本办法有关规定的,银监会及其派出机构依照《中华人民共和国银行业监督管理法》等有关法律法规进行处罚。金融租赁公司对处罚决定不服的,可以依法申请行政复议或者向人民法院提起行政诉讼。

第六章 附 则

第五十九条 除特别说明外,本办法中各项财务指标要求均为合并会计报表口径。

第六十条 本办法由银监会负责解释。

第六十一条 本办法自公布之日起施行,原《金融租赁公司管理办法》(中国银行业监督管理委员会令2007年第1号)同时废止。

附录4 中华人民共和国企业所得税法

第一章 总 则

第一条 在中华人民共和国境内,企业和其他取得收入的组织(以下统称企业)为企业所得税的纳税人,依照本法的规定缴纳企业所得税。

个人独资企业、合伙企业不适用本法。

第二条 企业分为居民企业和非居民企业。

本法所称居民企业,是指依法在中国境内成立,或者依照外国(地区)法律成立但实际管理机构在中国境内的企业。

本法所称非居民企业,是指依照外国(地区)法律成立且实际管理机构不在中国境内,但在中国境内设立机构、场所的,或者在中国境内未设立机构、场所,但有来源于中国境内所得的企业。

第三条 居民企业应当就其来源于中国境内、境外的所得缴纳企业所得税。

非居民企业在中国境内设立机构、场所的,应当就其所设机构、场所取得的来源于中国境内的所得,以及发生在中国境外但与其所设机构、场所有实际联系的所得,缴纳企业所得税。

非居民企业在中国境内未设立机构、场所的,或者虽设立机构、场所但取得的所得与其所设机构、场所没有实际联系的,应当就其来源于中国境内的所得缴纳企业所得税。

第四条 企业所得税的税率为 25%。

非居民企业取得本法第三条第三款规定的所得,适用税率为 20%。

第二章 应纳税所得额

第五条 企业每一纳税年度的收入总额,减除不征税收入、免税收入、各项扣除以及允许弥补的以前年度亏损后的余额,为应纳税所得额。

第六条 企业以货币形式和非货币形式从各种来源取得的收入,为收入总额。包括:

(一)销售货物收入;

(二)提供劳务收入;

(三)转让财产收入;

(四)股息、红利等权益性投资收益;

(五)利息收入;

(六)租金收入;

(七)特许权使用费收入;

(八)接受捐赠收入;

(九)其他收入。

第七条 收入总额中的下列收入为不征税收入:

(一)财政拨款;

(二)依法收取并纳入财政管理的行政事业性收费、政府性基金;

(三)国务院规定的其他不征税收入。

第八条 企业实际发生的与取得收入有关的、合理的支出,包括成本、费用、税金、损失和其他支出,准予在计算应纳税所得额时扣除。

第九条 企业发生的公益性捐赠支出,在年度利润总额 12% 以内的部分,准予在计算应纳税所得额时扣除。

第十条 在计算应纳税所得额时,下列支出不得扣除:

(一)向投资者支付的股息、红利等权益性投资收益款项;

(二)企业所得税税款;

(三)税收滞纳金;

(四)罚金、罚款和被没收财物的损失;

(五)本法第九条规定以外的捐赠支出;

(六)赞助支出;

(七)未经核定的准备金支出;

(八)与取得收入无关的其他支出。

第十一条 在计算应纳税所得额时,企业按照规定计算的固定资产折旧,准予扣除。

下列固定资产不得计算折旧扣除:

(一)房屋、建筑物以外未投入使用的固定资产;

(二)以经营租赁方式租入的固定资产;

(三)以融资租赁方式租出的固定资产;

(四)已足额提取折旧仍继续使用的固定资产;

(五)与经营活动无关的固定资产;

(六)单独估价作为固定资产入账的土地;

(七)其他不得计算折旧扣除的固定资产。

第十二条　在计算应纳税所得额时,企业按照规定计算的无形资产摊销费用,准予扣除。

下列无形资产不得计算摊销费用扣除:

(一)自行开发的支出已在计算应纳税所得额时扣除的无形资产;

(二)自创商誉;

(三)与经营活动无关的无形资产;

(四)其他不得计算摊销费用扣除的无形资产。

第十三条　在计算应纳税所得额时,企业发生的下列支出作为长期待摊费用,按照规定摊销的,准予扣除:

(一)已足额提取折旧的固定资产的改建支出;

(二)租入固定资产的改建支出;

(三)固定资产的大修理支出;

(四)其他应当作为长期待摊费用的支出。

第十四条　企业对外投资期间,投资资产的成本在计算应纳税所得额时不得扣除。

第十五条　企业使用或者销售存货,按照规定计算的存货成本,准予在计算应纳税所得额时扣除。

第十六条　企业转让资产,该项资产的净值,准予在计算应纳税所得额时扣除。

第十七条　企业在汇总计算缴纳企业所得税时,其境外营业机构的亏损不得抵减境内营业机构的盈利。

第十八条　企业纳税年度发生的亏损,准予向以后年度结转,用以后年度的所得弥补,但结转年限最长不得超过五年。

第十九条　非居民企业取得本法第三条第三款规定的所得,按照下列方法计算其应纳税所得额:

(一)股息、红利等权益性投资收益和利息、租金、特许权使用费所得,以收入全额为应纳税所得额;

(二)转让财产所得,以收入全额减除财产净值后的余额为应纳税所得额;

(三)其他所得,参照前两项规定的方法计算应纳税所得额。

第二十条　本章规定的收入、扣除的具体范围、标准和资产的税务处理的具体办法,由国务院财政、税务主管部门规定。

第二十一条　在计算应纳税所得额时,企业财务、会计处理办法与税收法律、行政法规的规定不一致的,应当依照税收法律、行政法规的规定计算。

第三章　应纳税额

第二十二条　企业的应纳税所得额乘以适用税率,减除依照本法关于税收优惠的规定减免和抵免的税额后的余额,为应纳税额。

第二十三条　企业取得的下列所得已在境外缴纳的所得税税额,可以从其当期应纳税额中抵免,抵免限额为该项所得依照本法规定计算的应纳税额;超过抵免限额的部分,可以在以后五个年度内,用每年度抵免限额抵免当年应抵税额后的余额进行抵补:

(一)居民企业来源于中国境外的应税所得;

(二)非居民企业在中国境内设立机构、场所,取得发生在中国境外但与该机构、场所有实际联系的应税所得。

第二十四条　居民企业从其直接或者间接控制的外国企业分得的来源于中国境外的股息、红利等权益性投资收益,外国企业在境外实际缴纳的所得税税额中属于该项所得负担的部分,可以作为该居民企业的可抵免境外所得税税额,在本法第二十三条规定的抵免限额内抵免。

第四章　税收优惠

第二十五条　国家对重点扶持和鼓励发展的产业和项目,给予企业所得税优惠。

第二十六条　企业的下列收入为免税收入:

（一）国债利息收入；

（二）符合条件的居民企业之间的股息、红利等权益性投资收益；

（三）在中国境内设立机构、场所的非居民企业从居民企业取得与该机构、场所有实际联系的股息、红利等权益性投资收益；

（四）符合条件的非营利组织的收入。

第二十七条 企业的下列所得，可以免征、减征企业所得税：

（一）从事农、林、牧、渔业项目的所得；

（二）从事国家重点扶持的公共基础设施项目投资经营的所得；

（三）从事符合条件的环境保护、节能节水项目的所得；

（四）符合条件的技术转让所得；

（五）本法第三条第三款规定的所得。

第二十八条 符合条件的小型微利企业，减按20%的税率征收企业所得税。

国家需要重点扶持的高新技术企业，减按15%的税率征收企业所得税。

第二十九条 民族自治地方的自治机关对本民族自治地方的企业应缴纳的企业所得税中属于地方分享的部分，可以决定减征或者免征。自治州、自治县决定减征或者免征的，须报省、自治区、直辖市人民政府批准。

第三十条 企业的下列支出，可以在计算应纳税所得额时加计扣除：

（一）开发新技术、新产品、新工艺发生的研究开发费用；

（二）安置残疾人员及国家鼓励安置的其他就业人员所支付的工资。

第三十一条 创业投资企业从事国家需要重点扶持和鼓励的创业投资，可以按投资额的一定比例抵扣应纳税所得额。

第三十二条 企业的固定资产由于技术进步等原因，确需加速折旧的，可以缩短折旧年限或者采取加速折旧的方法。

第三十三条 企业综合利用资源，生产符合国家产业政策规定的产品所取得的收入，可以在计算应纳税所得额时减计收入。

第三十四条 企业购置用于环境保护、节能节水、安全生产等专用设备的投资额，可以按一定比例实行税额抵免。

第三十五条 本法规定的税收优惠的具体办法，由国务院规定。

第三十六条 根据国民经济和社会发展的需要，或者由于突发事件等原因对企业经营活动产生重大影响的，国务院可以制定企业所得税专项优惠政策，报全国人民代表大会常务委员会备案。

第五章 源泉扣缴

第三十七条 对非居民企业取得本法第三条第三款规定的所得应缴纳的所得税，实行源泉扣缴，以支付人为扣缴义务人。税款由扣缴义务人在每次支付或者到期应支付时，从支付或者到期应支付的款项中扣缴。

第三十八条 对非居民企业在中国境内取得工程作业和劳务所得应缴纳的所得税，税务机关可以指定工程价款或者劳务费的支付人为扣缴义务人。

第三十九条 依照本法第三十七条、第三十八条规定应当扣缴的所得税，扣缴义务人未依法扣缴或者无法履行扣缴义务的，由纳税人在所得发生地缴纳。纳税人未依法缴纳的，税务机关可以从该纳税人在中国境内其他收入项目的支付人应付的款项中，追缴该纳税人的应纳税款。

第四十条 扣缴义务人每次代扣的税款，应当自代扣之日起七日内缴入国库，并向所在地的税务机关报送扣缴企业所得税报告表。

第六章 特别纳税调整

第四十一条 企业与其关联方之间的业务往来，不符合独立交易原则而减少企业或者其关联方应纳税收入或者所得额的,税务机关有权按照合理方法调整。

　　企业与其关联方共同开发、受让无形资产,或者共同提供、接受劳务发生的成本,在计算应纳税所得额时应当按照独立交易原则进行分摊。

　　第四十二条　企业可以向税务机关提出与其关联方之间业务往来的定价原则和计算方法,税务机关与企业协商、确认后,达成预约定价安排。

　　第四十三条　企业向税务机关报送年度企业所得税纳税申报表时,应当就其与关联方之间的业务往来,附送年度关联业务往来报告表。

　　税务机关在进行关联业务调查时,企业及其关联方,以及与关联业务调查有关的其他企业,应当按照规定提供相关资料。

　　第四十四条　企业不提供与其关联方之间业务往来资料,或者提供虚假、不完整资料,未能真实反映其关联业务往来情况的,税务机关有权依法核定其应纳税所得额。

　　第四十五条　由居民企业,或者由居民企业和中国居民控制的设立在实际税负明显低于本法第四条第一款规定税率水平的国家(地区)的企业,并非由于合理的经营需要而对利润不作分配或者减少分配的,上述利润中应归属于该居民企业的部分,应当计入该居民企业的当期收入。

　　第四十六条　企业从其关联方接受的债权性投资与权益性投资的比例超过规定标准而发生的利息支出,不得在计算应纳税所得额时扣除。

　　第四十七条　企业实施其他不具有合理商业目的的安排而减少其应纳税收入或者所得额的,税务机关有权按照合理方法调整。

　　第四十八条　税务机关依照本章规定作出纳税调整,需要补征税款的,应当补征税款,并按照国务院规定加收利息。

第七章　征收管理

　　第四十九条　企业所得税的征收管理除本法规定外,依照《中华人民共和国税收征收管理法》的规定执行。

　　第五十条　除税收法律、行政法规另有规定外,居民企业以企业登记注册地为纳税地点;但登记注册地在境外的,以实际管理机构所在地为纳税地点。

　　居民企业在中国境内设立不具有法人资格的营业机构的,应当汇总计算并缴纳企业所得税。

　　第五十一条　非居民企业取得本法第三条第二款规定的所得,以机构、场所所在地为纳税地点。非居民企业在中国境内设立两个或者两个以上机构、场所的,经税务机关审核批准,可以选择由其主要机构、场所汇总缴纳企业所得税。

　　非居民企业取得本法第三条第三款规定的所得,以扣缴义务人所在地为纳税地点。

　　第五十二条　除国务院另有规定外,企业之间不得合并缴纳企业所得税。

　　第五十三条　企业所得税按纳税年度计算。纳税年度自公历 1 月 1 日起至 12 月 31 日止。

　　企业在一个纳税年度中间开业,或者终止经营活动,使该纳税年度的实际经营期不足十二个月的,应当以其实际经营期为一个纳税年度。

　　企业依法清算时,应当以清算期间作为一个纳税年度。

　　第五十四条　企业所得税分月或者分季预缴。

　　企业应当自月份或者季度终了之日起十五日内,向税务机关报送预缴企业所得税纳税申报表,预缴税款。

　　企业应当自年度终了之日起五个月内,向税务机关报送年度企业所得税纳税申报表,并汇算清缴,结清应缴应退税款。

　　企业在报送企业所得税纳税申报表时,应当按照规定附送财务会计报告和其他有关资料。

　　第五十五条　企业在年度中间终止经营活动的,应当自实际经营终止之日起六十日内,向税务机关办理当期企业所得税汇算清缴。

企业应当在办理注销登记前,就其清算所得向税务机关申报并依法缴纳企业所得税。

第五十六条 依照本法缴纳的企业所得税,以人民币计算。所得以人民币以外的货币计算的,应当折合成人民币计算并缴纳税款。

第八章 附 则

第五十七条 本法公布前已经批准设立的企业,依照当时的税收法律、行政法规规定,享受低税率优惠的,按照国务院规定,可以在本法施行后五年内,逐步过渡到本法规定的税率;享受定期减免税优惠的,按照国务院规定,可以在本法施行后继续享受到期满为止,但因未获利而尚未享受优惠的,优惠期限从本法施行年度起计算。

法律设置的发展对外经济合作和技术交流的特定地区内,以及国务院已规定执行上述地区特殊政策的地区内新设立的国家需要重点扶持的高新技术企业,可以享受过渡性税收优惠,具体办法由国务院规定。

国家已确定的其他鼓励类企业,可以按照国务院规定享受减免税优惠。

第五十八条 中华人民共和国政府同外国政府订立的有关税收的协定与本法有不同规定的,依照协定的规定办理。

第五十九条 国务院根据本法制定实施条例。

第六十条 本法自 2008 年 1 月 1 日起施行。1991 年 4 月 9 日第七届全国人民代表大会第四次会议通过的《中华人民共和国外商投资企业和外国企业所得税法》和 1993 年 12 月 13 日国务院发布的《中华人民共和国企业所得税暂行条例》同时废止。

附录 5 企业会计准则第 21 号——租赁

第一章 总 则

第一条 为了规范租赁的确认、计量和相关信息的列报,根据《企业会计准则——基本准则》,制定本准则。

第二条 租赁,是指在一定期间内,出租人将资产的使用权让与承租人以获取对价的合同。

第三条 本准则适用于所有租赁,但下列各项除外:

(一)承租人通过许可使用协议取得的电影、录像、剧本、文稿等版权、专利等项目的权利,以出让、划拨或转让方式取得的土地使用权,适用《企业会计准则第 6 号——无形资产》。

(二)出租人授予的知识产权许可,适用《企业会计准则第 14 号——收入》。

勘探或使用矿产、石油、天然气及类似不可再生资源的租赁,承租人承租生物资产,采用建设经营移交等方式参与公共基础设施建设、运营的特许经营权合同,不适用本准则。

第二章 租赁的识别、分拆和合并

第一节 租赁的识别

第四条 在合同开始日,企业应当评估合同是否为租赁或者包含租赁。如果合同中一方让渡了在一定期间内控制一项或多项已识别资产使用的权利以换取对价,则该合同为租赁或者包含租赁。

除非合同条款和条件发生变化,企业无需重新评估合同是否为租赁或者包含租赁。

第五条 为确定合同是否让渡了在一定期间内控制已识别资产使用的权利,企业应当评估合同中的客户是否有权获得在使用期间内因使用已识别资产所产生的几乎全部经济利益,并有权在该使用期间主导已识别资产的使用。

第六条 已识别资产通常由合同明确指定,也可以在资产可供客户使用时隐性指定。但是,即使合同已对资产进行指定,如果资产的供应方在整个使用期间拥有对该资产的实质性替换权,则该资产不属于已识别资产。

同时符合下列条件时,表明供应方拥有资产的实质性替换权:

(1)资产供应方拥有在整个使用期间替换资产的实际能力;

(2)资产供应方通过行使替换资产的权利将获得经济利益。

企业难以确定供应方是否拥有对该资产的实质性替换权的,应当视为供应方没有对该资产的实质性替换权。

如果资产的某部分产能或其他部分在物理上不可区分,则该部分不属于已识别资产,除非其实质上代表该资产的全部产能,从而使客户获得因使用该资产所产生的几乎全部经济利益。

第七条 在评估是否有权获得因使用已识别资产所产生的几乎全部经济利益时,企业应当在约定的客户可使用资产的权利范围内考虑其所产生的经济利益。

第八条 存在下列情况之一的,可视为客户有权主导对已识别资产在整个使用期间内的使用:

(一)客户有权在整个使用期间主导已识别资产的使用目的和使用方式。

(二)已识别资产的使用目的和使用方式在使用期开始前已预先确定,并且客户有权在整个使用期间自行或主导他人按照其确定的方式运营该资产,或者客户设计了已识别资产并在设计时已预先确定了该资产在整个使用期间的使用目的和使用方式。

第二节 租赁的分拆和合并

第九条 合同中同时包含多项单独租赁的,承租人和出租人应当将合同予以分拆,并分别各项单独租赁进行会计处理。

合同中同时包含租赁和非租赁部分的,承租人和出租人应当将租赁和非租赁部分进行分拆,除非企业适用本准则第十二条的规定进行会计处理,租赁部分应当分别按照本准则进行会计处理,非租赁部分应当按照其他适用的企业会计准则进行会计处理。

第十条 同时符合下列条件的,使用已识别资产的权利构成合同中的一项单独租赁:

(一)承租人可从单独使用该资产或将其与易于获得的其他资源一起使用中获利;

(二)该资产与合同中的其他资产不存在高度依赖或高度关联关系。

第十一条 在分拆合同包含的租赁和非租赁部分时,承租人应当按照各租赁部分单独价格及非租赁部分的单独价格之和的相对比例分摊合同对价,出租人应当根据《企业会计准则第 14 号——收入》关于交易价格分摊的规定分摊合同对价。

第十二条 为简化处理,承租人可以按照租赁资产的类别选择是否分拆合同包含的租赁和非租赁部分。承租人选择不分拆的,应当将各租赁部分及与其相关的非租赁部分分别合并为租赁,按照本准则进行会计处理。但是,对于按照《企业会计准则第 22 号——金融工具确认和计量》应分拆的嵌入衍生工具,承租人不应将其与租赁部分合并进行会计处理。

第十三条 企业与同一交易方或其关联方在同一时间或相近时间订立的两份或多份包含租赁的合同,在符合下列条件之一时,应当合并为一份合同进行会计处理:

(一)该两份或多份合同基于总体商业目的而订立并构成一揽子交易,若不作为整体考虑则无法理解其总体商业目的。

(二)该两份或多份合同中的某份合同的对价金额取决于其他合同的定价或履行情况。

(三)该两份或多份合同让渡的资产使用权合起来构成一项单独租赁。

第三章 承租人的会计处理

第一节 确认和初始计量

第十四条 在租赁期开始日,承租人应当对租赁确认使用权资产和租赁负债,应用本准则第三章第三节进行简化处理的短期租赁和低价值资产租赁除外。

使用权资产,是指承租人可在租赁期内使用租赁资产的权利。

租赁期开始日,是指出租人提供租赁资产使其可供承租人使用的起始日期。

第十五条 租赁期,是指承租人有权使用租赁资产且不可撤销的期间。

承租人有续租选择权,即有权选择续租该资产,且合理确定将行使该选择权的,租赁期还应当包含续租选择权涵盖的期间。

承租人有终止租赁选择权,即有权选择终止租赁该资产,但合理确定将不会行使该选择权的,租赁期应当包含终止租赁选择权涵盖的期间。

发生承租人可控范围内的重大事件或变化,且影响承租人是否合理确定将行使相应选择权的,承租人应当对其是否合理确定将行使续租选择权、购买选择权或不行使终止租赁选择权进行重新评估。

第十六条 使用权资产应当按照成本进行初始计量。该成本包括:

(一)租赁负债的初始计量金额;

(二)在租赁期开始日或之前支付的租赁付款额,存在租赁激励的,扣除已享受的租赁激励相关金额;

(三)承租人发生的初始直接费用;

(四)承租人为拆卸及移除租赁资产、复原租赁资产所在场地或将租赁资产恢复至租赁条款约定状态预计将发生的成本。前述成本属于为生产存货而发生的,适用《企业会计准则第 1 号——存货》。

承租人应当按照《企业会计准则第 13 号——或有事项》对本条第(四)项所述成本进行确认和计量。

租赁激励,是指出租人为达成租赁向承租人提供的优惠,包括出租人向承租人支付的与租赁有关的款项、出租人为承租人偿付或承担的成本等。

初始直接费用,是指为达成租赁所发生的增量成本。增量成本是指若企业不取得该租赁,则不会发生的成本。

第十七条 租赁负债应当按照租赁期开始日尚未支付的租赁付款额的现值进行初始计量。

在计算租赁付款额的现值时,承租人应当采用租赁内含利率作为折现率;无法确定租赁内含利率的,应当采用承租人增量借款利率作为折现率。

租赁内含利率,是指使出租人的租赁收款额的现值与未担保余值的现值之和等于租赁资产公允价值与出租人的初始直接费用之和的利率。

承租人增量借款利率,是指承租人在类似经济环境下为获得与使用权资产价值接近的资产,在类似期间以类似抵押条件借入资金须支付的利率。

第十八条 租赁付款额,是指承租人向出租人支付的与在租赁期内使用租赁资产的权利相关的款项,包括:

(一)固定付款额及实质固定付款额,存在租赁激励的,扣除租赁激励相关金额;

(二)取决于指数或比率的可变租赁付款额,该款项在初始计量时根据租赁期开始日的指数或比率确定;

(三)购买选择权的行权价格,前提是承租人合理确定将行使该选择权;

(四)行使终止租赁选择权需支付的款项,前提是租赁期反映出承租人将行使终止租赁选择权;

(五)根据承租人提供的担保余值预计应支付的款项。

实质固定付款额,是指在形式上可能包含变量但实质上无法避免的付款额。

可变租赁付款额,是指承租人为取得在租赁期内使用租赁资产的权利,向出租人支付的因租赁期开始日后的事实或情况发生变化(而非时间推移)而变动的款项。取决于指数或比率的可变租赁付款额包括与消费者价格指数挂钩的款项、与基准利率挂钩的款项和为反映市场租金费率变化而变动的款项等。

第十九条 担保余值,是指与出租人无关的一方向出租人提供担保,保证在租赁结束时租赁资产的价值至少为某指定的金额。

未担保余值,是指租赁资产余值中,出租人无法保证能够实现或仅由与出租人有关的一方予以担保的部分。

第二节 后续计量

第二十条 在租赁期开始日后，承租人应当按照本准则第二十一条、第二十二条、第二十七条及第二十九条的规定，采用成本模式对使用权资产进行后续计量。

第二十一条 承租人应当参照《企业会计准则第 4 号——固定资产》有关折旧规定，对使用权资产计提折旧。

承租人能够合理确定租赁期届满时取得租赁资产所有权的，应当在租赁资产剩余使用寿命内计提折旧。无法合理确定租赁期届满时能够取得租赁资产所有权的，应当在租赁期与租赁资产剩余使用寿命两者孰短的期间内计提折旧。

第二十二条 承租人应当按照《企业会计准则第 8 号——资产减值》的规定，确定使用权资产是否发生减值，并对已识别的减值损失进行会计处理。

第二十三条 承租人应当按照固定的周期性利率计算租赁负债在租赁期内各期间的利息费用，并计入当期损益。按照《企业会计准则第 17 号——借款费用》等其他准则规定应当计入相关资产成本的，从其规定。

该周期性利率，是按照本准则第十七条规定所采用的折现率，或者按照本准则第二十五条、二十六条和二十九条规定所采用的修订后的折现率。

第二十四条 未纳入租赁负债计量的可变租赁付款额应当在实际发生时计入当期损益。按照《企业会计准则第 1 号——存货》等其他准则规定应当计入相关资产成本的，从其规定。

第二十五条 在租赁期开始日后，发生下列情形的，承租人应当重新确定租赁付款额，并按变动后租赁付款额和修订后的折现率计算的现值重新计量租赁负债：

（一）因依据本准则第十五条第四款规定，续租选择权或终止租赁选择权的评估结果发生变化，或者前述选择权的实际行使情况与原评估结果不一致等导致租赁期变化的，应当根据新的租赁期重新确定租赁付款额；

（二）因依据本准则第十五条第四款规定，购买选择权的评估结果发生变化的，应当根据新的评估结果重新确定租赁付款额。

在计算变动后租赁付款额的现值时，承租人应当采用剩余租赁期间的租赁内含利率作为修订后的折现率；无法确定剩余租赁期间的租赁内含利率的，应当采用重估日的承租人增量借款利率作为修订后的折现率。

第二十六条 在租赁期开始日后，根据担保余值预计的应付金额发生变动，或者因用于确定租赁付款额的指数或比率变动而导致未来租赁付款额发生变动的，承租人应当按照变动后租赁付款额的现值重新计量租赁负债。在这些情形下，承租人采用的折现率不变；但是，租赁付款额的变动源自浮动利率变动的，使用修订后的折现率。

第二十七条 承租人在根据本准则第二十五条、第二十六条或因实质固定付款额变动重新计量租赁负债时，应当相应调整使用权资产的账面价值。使用权资产的账面价值已调减至零，但租赁负债仍需进一步调减的，承租人应当将剩余金额计入当期损益。

第二十八条 租赁发生变更且同时符合下列条件的，承租人应当将该租赁变更作为一项单独租赁进行会计处理：

（一）该租赁变更通过增加一项或多项租赁资产的使用权而扩大了租赁范围；

（二）增加的对价与租赁范围扩大部分的单独价格按该合同情况调整后的金额相当。

租赁变更，是指原合同条款之外的租赁范围、租赁对价、租赁期限的变更，包括增加或终止一项或多项租赁资产的使用权，延长或缩短合同规定的租赁期等。

第二十九条 租赁变更未作为一项单独租赁进行会计处理的，在租赁变更生效日，承租人应当按照本准则第九条至第十二条的规定分摊变更后合同的对价，按照本准则第十五条的规定重新确定租赁期，并按照变更后租赁付款额和修订后的折现率计算的现值重新计量租赁负债。

在计算变更后租赁付款额的现值时,承租人应当采用剩余租赁期间的租赁内含利率作为修订后的折现率;无法确定剩余租赁期间的租赁内含利率的,应当采用租赁变更生效日的承租人增量借款利率作为修订后的折现率。租赁变更生效日,是指双方就租赁变更达成一致的日期。

租赁变更导致租赁范围缩小或租赁期缩短的,承租人应当相应调减使用权资产的账面价值,并将部分终止或完全终止租赁的相关利得或损失计入当期损益。其他租赁变更导致租赁负债重新计量的,承租人应当相应调整使用权资产的账面价值。

第三节 短期租赁和低价值资产租赁

第三十条 短期租赁,是指在租赁期开始日,租赁期不超过 12 个月的租赁。

包含购买选择权的租赁不属于短期租赁。

第三十一条 低价值资产租赁,是指单项租赁资产为全新资产时价值较低的租赁。

低价值资产租赁的判定仅与资产的绝对价值有关,不受承租人规模、性质或其他情况影响。低价值资产租赁还应当符合本准则第十条的规定。

承租人转租或预期转租租赁资产的,原租赁不属于低价值资产租赁。

第三十二条 对于短期租赁和低价值资产租赁,承租人可以选择不确认使用权资产和租赁负债。

作出该选择的,承租人应当将短期租赁和低价值资产租赁的租赁付款额,在租赁期内各个期间按照直线法或其他系统合理的方法计入相关资产成本或当期损益。其他系统合理的方法能够更好地反映承租人的受益模式的,承租人应当采用该方法。

第三十三条 对于短期租赁,承租人应当按照租赁资产的类别作出本准则第三十二条所述的会计处理选择。

对于低价值资产租赁,承租人可根据每项租赁的具体情况作出本准则第三十二条所述的会计处理选择。

第三十四条 按照本准则第三十二条进行简化处理的短期租赁发生租赁变更或者因租赁变更之外的原因导致租赁期发生变化的,承租人应当将其视为一项新租赁进行会计处理。

第四章 出租人的会计处理

第一节 出租人的租赁分类

第三十五条 出租人应当在租赁开始日将租赁分为融资租赁和经营租赁。

租赁开始日,是指租赁合同签署日与租赁各方就主要租赁条款作出承诺日中的较早者。

融资租赁,是指实质上转移了与租赁资产所有权有关的几乎全部风险和报酬的租赁。其所有权最终可能转移,也可能不转移。

经营租赁,是指除融资租赁以外的其他租赁。

在租赁开始日后,出租人无需对租赁的分类进行重新评估,除非发生租赁变更。租赁资产预计使用寿命、预计余值等会计估计变更或发生承租人违约等情况变化的,出租人不对租赁的分类进行重新评估。

第三十六条 一项租赁属于融资租赁还是经营租赁取决于交易的实质,而不是合同的形式。如果一项租赁实质上转移了与租赁资产所有权有关的几乎全部风险和报酬,出租人应当将该项租赁分类为融资租赁。

一项租赁存在下列一种或多种情形的,通常分类为融资租赁:

(一)在租赁期届满时,租赁资产的所有权转移给承租人。

(二)承租人有购买租赁资产的选择权,所订立的购买价款与预计行使选择权时租赁资产的公允价值相比足够低,因而在租赁开始日就可以合理确定承租人将行使该选择权。

(三)资产的所有权虽然不转移,但租赁期占租赁资产使用寿命的大部分。

(四)在租赁开始日,租赁收款额的现值几乎相当于租赁资产的公允价值。

（五）租赁资产性质特殊，如果不作较大改造，只有承租人才能使用。

一项租赁存在下列一项或多项迹象的，也可能分类为融资租赁：

（一）若承租人撤销租赁，撤销租赁对出租人造成的损失由承租人承担。

（二）资产余值的公允价值波动所产生的利得或损失归属于承租人。

（三）承租人有能力以远低于市场水平的租金继续租赁至下一期间。

第三十七条　转租出租人应当基于原租赁产生的使用权资产，而不是原租赁的标的资产，对转租赁进行分类。

但是，原租赁为短期租赁，且转租出租人应用本准则第三十二条对原租赁进行简化处理的，转租出租人应当将该转租赁分类为经营租赁。

第二节　出租人对融资租赁的会计处理

第三十八条　在租赁期开始日，出租人应当对融资租赁确认应收融资租赁款，并终止确认融资租赁资产。

出租人对应收融资租赁款进行初始计量时，应当以租赁投资净额作为应收融资租赁款的入账价值。

租赁投资净额为未担保余值和租赁期开始日尚未收到的租赁收款额按照租赁内含利率折现的现值之和。

租赁收款额，是指出租人因让渡在租赁期内使用租赁资产的权利而应向承租人收取的款项，包括：

（一）承租人需支付的固定付款额及实质固定付款额，存在租赁激励的，扣除租赁激励相关金额；

（二）取决于指数或比率的可变租赁付款额，该款项在初始计量时根据租赁期开始日的指数或比率确定；

（三）购买选择权的行权价格，前提是合理确定承租人将行使该选择权；

（四）承租人行使终止租赁选择权需支付的款项，前提是租赁期反映出承租人将行使终止租赁选择权；

（五）由承租人、与承租人有关的一方以及有经济能力履行担保义务的独立第三方向出租人提供的担保余值。

在转租的情况下，若转租的租赁内含利率无法确定，转租出租人可采用原租赁的折现率（根据与转租有关的初始直接费用进行调整）计量转租投资净额。

第三十九条　出租人应当按照固定的周期性利率计算并确认租赁期内各个期间的利息收入。该周期性利率，是按照本准则第三十八条规定所采用的折现率，或者按照本准则第四十四条规定所采用的修订后的折现率。

第四十条　出租人应当按照《企业会计准则第22号——金融工具确认和计量》和《企业会计准则第23号——金融资产转移》的规定，对应收融资租赁款的终止确认和减值进行会计处理。

出租人将应收融资租赁款或其所在的处置组划分为持有待售类别的，应当按照《企业会计准则第42号——持有待售的非流动资产、处置组和终止经营》进行会计处理。

第四十一条　出租人取得的未纳入租赁投资净额计量的可变租赁付款额应当在实际发生时计入当期损益。

第四十二条　生产商或经销商作为出租人的融资租赁，在租赁期开始日，该出租人应当按照租赁资产公允价值与租赁收款额按市场利率折现的现值两者孰低确认收入，并按照租赁资产账面价值扣除未担保余值的现值后的余额结转销售成本。

生产商或经销商出租人为取得融资租赁发生的成本，应当在租赁期开始日计入当期损益。

第四十三条　融资租赁发生变更且同时符合下列条件的，出租人应当将该变更作为一项单独租赁进行会计处理：

（一）该变更通过增加一项或多项租赁资产的使用权而扩大了租赁范围；

（二）增加的对价与租赁范围扩大部分的单独价格按该合同情况调整后的金额相当。

第四十四条　融资租赁的变更未作为一项单独租赁进行会计处理的，出租人应当分别下列情形对变更后的租赁进行处理：

（一）假如变更在租赁开始日生效，该租赁会被分类为经营租赁的，出租人应当自租赁变更生效日开始将其作为一项新租赁进行会计处理，并以租赁变更生效日前的租赁投资净额作为租赁资产的账面价值；

（二）假如变更在租赁开始日生效，该租赁会被分类为融资租赁的，出租人应当按照《企业会计准则第22号——金融工具确认和计量》关于修改或重新议定合同的规定进行会计处理。

第三节 出租人对经营租赁的会计处理

第四十五条 在租赁期内各个期间，出租人应当采用直线法或其他系统合理的方法，将经营租赁的租赁收款额确认为租金收入。其他系统合理的方法能够更好地反映因使用租赁资产所产生经济利益的消耗模式的，出租人应当采用该方法。

第四十六条 出租人发生的与经营租赁有关的初始直接费用应当资本化，在租赁期内按照与租金收入确认相同的基础进行分摊，分期计入当期损益。

第四十七条 对于经营租赁资产中的固定资产，出租人应当采用类似资产的折旧政策计提折旧；对于其他经营租赁资产，应当根据该资产适用的企业会计准则，采用系统合理的方法进行摊销。

出租人应当按照《企业会计准则第8号——资产减值》的规定，确定经营租赁资产是否发生减值，并进行相应会计处理。

第四十八条 出租人取得的与经营租赁有关的未计入租赁收款额的可变租赁付款额，应当在实际发生时计入当期损益。

第四十九条 经营租赁发生变更的，出租人应当自变更生效日起将其作为一项新租赁进行会计处理，与变更前租赁有关的预收或应收租赁收款额应当视为新租赁的收款额。

第五章 售后租回交易

第五十条 承租人和出租人应当按照《企业会计准则第14号——收入》的规定，评估确定售后租回交易中的资产转让是否属于销售。

第五十一条 售后租回交易中的资产转让属于销售的，承租人应当按原资产账面价值中与租回获得的使用权有关的部分，计量售后租回所形成的使用权资产，并仅就转让至出租人的权利确认相关利得或损失；出租人应当根据其他适用的企业会计准则对资产购买进行会计处理，并根据本准则对资产出租进行会计处理。

如果销售对价的公允价值与资产的公允价值不同，或者出租人未按市场价格收取租金，则企业应当将销售对价低于市场价格的款项作为预付租金进行会计处理，将高于市场价格的款项作为出租人向承租人提供的额外融资进行会计处理；同时，承租人按照公允价值调整相关销售利得或损失，出租人按市场价格调整租金收入。

在进行上述调整时，企业应当基于以下两者中更易于确定的项目：销售对价的公允价值与资产公允价值之间的差额、租赁合同中付款额的现值与按租赁市价计算的付款额现值之间的差额。

第五十二条 售后租回交易中的资产转让不属于销售的，承租人应当继续确认被转让资产，同时确认一项与转让收入等额的金融负债，并按照《企业会计准则第22号——金融工具确认和计量》对该金融负债进行会计处理；出租人不确认被转让资产，但应当确认一项与转让收入等额的金融资产，并按照《企业会计准则第22号——金融工具确认和计量》对该金融资产进行会计处理。

第六章 列 报

第一节 承租人的列报

第五十三条 承租人应当在资产负债表中单独列示使用权资产和租赁负债。其中，租赁负债通常分别非流动负债和一年内到期的非流动负债列示。

在利润表中，承租人应当分别列示租赁负债的利息费用与使用权资产的折旧费用。租赁负债的利息费用在财务费用项目列示。

在现金流量表中，偿还租赁负债本金和利息所支付的现金应当计入筹资活动现金流出，支付的按本准则第三十二条简化处理的短期租赁付款额和低价值资产租赁付款额以及未纳入租赁负债计量的可变租赁付款额应当计入经营活动现金流出。

第五十四条 承租人应当在附注中披露与租赁有关的下列信息：

（一）各类使用权资产的期初余额、本期增加额、期末余额以及累计折旧额和减值金额；

（二）租赁负债的利息费用；

（三）计入当期损益的按本准则第三十二条简化处理的短期租赁费用和低价值资产租赁费用；

（四）未纳入租赁负债计量的可变租赁付款额；

（五）转租使用权资产取得的收入；

（六）与租赁相关的总现金流出；

（七）售后租回交易产生的相关损益；

（八）其他按照《企业会计准则第 37 号——金融工具列报》应当披露的有关租赁负债的信息。

承租人应用本准则第三十二条对短期租赁和低价值资产租赁进行简化处理的，应当披露这一事实。

第五十五条 承租人应当根据理解财务报表的需要，披露有关租赁活动的其他定性和定量信息。此类信息包括：

（一）租赁活动的性质，如对租赁活动基本情况的描述；

（二）未纳入租赁负债计量的未来潜在现金流出；

（三）租赁导致的限制或承诺；

（四）售后租回交易除第五十四条第（七）项之外的其他信息；

（五）其他相关信息。

第二节 出租人的列报

第五十六条 出租人应当根据资产的性质，在资产负债表中列示经营租赁资产。

第五十七条 出租人应当在附注中披露与融资租赁有关的下列信息：

（一）销售损益、租赁投资净额的融资收益以及与未纳入租赁投资净额的可变租赁付款额相关的收入；

（二）资产负债表日后连续五个会计年度每年将收到的未折现租赁收款额，以及剩余年度将收到的未折现租赁收款额总额；

（三）未折现租赁收款额与租赁投资净额的调节表。

第五十八条 出租人应当在附注中披露与经营租赁有关的下列信息：

（一）租赁收入，并单独披露与未计入租赁收款额的可变租赁付款额相关的收入；

（二）将经营租赁固定资产与出租人持有自用的固定资产分开，并按经营租赁固定资产的类别提供《企业会计准则第 4 号——固定资产》要求披露的信息；

（三）资产负债表日后连续五个会计年度每年将收到的未折现租赁收款额，以及剩余年度将收到的未折现租赁收款额总额。

第五十九条 出租人应当根据理解财务报表的需要，披露有关租赁活动的其他定性和定量信息。此类信息包括：

（一）租赁活动的性质，如对租赁活动基本情况的描述；

（二）对其在租赁资产中保留的权利进行风险管理的情况；

（三）其他相关信息。

第七章 衔接规定

第六十条 对于首次执行日前已存在的合同，企业在首次执行日可以选择不重新评估其是否为租赁或者包含租赁。选择不重新评估的,企业应当在财务报表附注中披露这一事实,并一致应用于前述所有合同。

第六十一条 承租人应当选择下列方法之一对租赁进行衔接会计处理,并一致应用于其作为承租人的所有租赁:

(一)按照《企业会计准则第 28 号——会计政策、会计估计变更和差错更正》的规定采用追溯调整法处理。

(二)根据首次执行本准则的累积影响数,调整首次执行本准则当年年初留存收益及财务报表其他相关项目金额,不调整可比期间信息。采用该方法时,应当按照下列规定进行衔接处理:

1.对于首次执行日前的融资租赁,承租人在首次执行日应当按照融资租入资产和应付融资租赁款的原账面价值,分别计量使用权资产和租赁负债。

2.对于首次执行日前的经营租赁,承租人在首次执行日应当根据剩余租赁付款额按首次执行日承租人增量借款利率折现的现值计量租赁负债,并根据每项租赁选择按照下列两者之一计量使用权资产:

(1)假设自租赁期开始日即采用本准则的账面价值(采用首次执行日的承租人增量借款利率作为折现率);

(2)与租赁负债相等的金额,并根据预付租金进行必要调整。

3.在首次执行日,承租人应当按照《企业会计准则第 8 号——资产减值》的规定,对使用权资产进行减值测试并进行相应会计处理。

第六十二条 首次执行日前的经营租赁中,租赁资产属于低价值资产且根据本准则第三十二条的规定选择不确认使用权资产和租赁负债的,承租人无需对该经营租赁按照衔接规定进行调整,应当自首次执行日起按照本准则进行会计处理。

第六十三条 承租人采用本准则第六十一条第(二)项进行衔接会计处理时,对于首次执行日前的经营租赁,可根据每项租赁采用下列一项或多项简化处理:

1.将于首次执行日后 12 个月内完成的租赁,可作为短期租赁处理。

2.计量租赁负债时,具有相似特征的租赁可采用同一折现率;使用权资产的计量可不包含初始直接费用。

3.存在续租选择权或终止租赁选择权的,承租人可根据首次执行日前选择权的实际行使及其他最新情况确定租赁期,无需对首次执行日前各期间是否合理确定行使续租选择权或终止租赁选择权进行估计。

4.作为使用权资产减值测试的替代,承租人可根据《企业会计准则第 13 号——或有事项》评估包含租赁的合同在首次执行日是否为亏损合同,并根据首次执行日前计入资产负债表的亏损准备金额调整使用权资产。

5.首次执行本准则当年年初之前发生租赁变更的,承租人无需按照本准则第二十八条、第二十九条的规定对租赁变更进行追溯调整,而是根据租赁变更的最终安排,按照本准则进行会计处理。

第六十四条 承租人采用本准则第六十三条规定的简化处理方法的,应当在财务报表附注中披露所采用的简化处理方法以及在合理可能的范围内对采用每项简化处理方法的估计影响所作的定性分析。

第六十五条 对于首次执行日前划分为经营租赁且在首次执行日后仍存续的转租赁,转租出租人在首次执行日应当基于原租赁和转租赁的剩余合同期限和条款进行重新评估,并按照本准则的规定进行分类。按照本准则重分类为融资租赁的,应当将其作为一项新的融资租赁进行会计处理。

除前款所述情形外,出租人无需对其作为出租人的租赁按照衔接规定进行调整,而应当自首次执行日起按照本准则进行会计处理。

第六十六条 对于首次执行日前已存在的售后租回交易,企业在首次执行日不重新评估资产转让是否符合《企业会计准则第 14 号——收入》作为销售进行会计处理的规定。

对于首次执行日前应当作为销售和融资租赁进行会计处理的售后租回交易,卖方(承租人)应当按照与首次执行日存在的其他融资租赁相同的方法对租回进行会计处理,并继续在租赁期内摊销相关递延收益或损失。

对于首次执行日前应当作为销售和经营租赁进行会计处理的售后租回交易,卖方(承租人)应当按照与首次执行日存在的其他经营租赁相同的方法对租回进行会计处理,并根据首次执行日前计入资产负债表的相关递延收益或损失调整使用权资产。

第六十七条 承租人选择按照本准则第六十一条第(二)项规定对租赁进行衔接会计处理的,还应当在首次执行日披露以下信息:

(1)首次执行日计入资产负债表的租赁负债所采用的承租人增量借款利率的加权平均值;

(2)首次执行日前一年度报告期末披露的重大经营租赁的尚未支付的最低租赁付款额按首次执行日承租人增量借款利率折现的现值,与计入首次执行日资产负债表的租赁负债的差额。

第八章 附 则

第六十八条 本准则自 2019 年 1 月 1 日起施行。

附录6　最高人民法院关于审理融资租赁合同纠纷案件若干问题的规定

(最高人民法院审判委员会第 793 次会议讨论通过　1996 年 5 月 27 日)

为正确审理融资租赁合同纠纷案件,保障当事人的合法权益,根据我国的有关法律规定和审判实践经验,特作如下规定:

一、融资租赁合同纠纷案件的当事人应包括出租人、承租人。供货人是否需要列为当事人,由法院根据案件的具体情况决定。但供货合同中有仲裁条款的,则不应当将供货人列为当事人。

二、融资租赁合同中的承租人与租赁物的实际使用人不一致时,法院可以根据实际情况决定将实际使用人列为案件的当事人。

三、融资租赁合同纠纷案件的当事人,可以协议选择与争议有实际联系地点的法院管辖。当事人未选择管辖法院的,应由被告住所地或合同履行地法院管辖。租赁物的使用地为融资租赁合同的履行地。

四、涉外融资租赁合同纠纷案件的当事人可以协议选择处理合同争议所适用的法律;当事人没有选择的,适用承租人所在地的法律。

五、融资租赁合同所涉及的项目应当报经有关部门批准而未经批准的,应认定融资租赁合同不生效。

六、有下列情形之一的,应认定融资租赁合同为无效合同:

(一)出租人不具有从事融资租赁经营范围的;

(二)承租人与供货人恶意串通,骗取出租人资金的;

(三)以融资租赁合同形式规避国家有关法律、法规的;

(四)依照有关法律、法规规定应认定为无效的。

七、融资租赁合同被确定为无效后,应区分下列情形分别处理:

(一)因承租人的过错造成合同无效,出租人不要求返还租赁物的,租赁物可以不予返还,但承租人应赔偿因其过错给出租人造成的损失;

(二)因出租人的过错造成合同无效,承租人要求退还租赁物的,可以退还租赁物,如有损失,出租人应赔偿相应损失;

(三)因出租人和承租人的共同过错造成合同无效的,可以返还租赁物,并根据过错大小各自承担相应的损失和赔偿责任。

租赁物正在继续使用且发挥效益的,对租赁物是否返还,可以协商解决;协商不成的,由法院根据实际情况作出判决。

八、在《最高人民法院关于贯彻执行〈中华人民共和国民法通则〉若干问题的意见(试行)》中规定国家机关不能担任保证人之后,国家机关所作的保证应认定无效。因保证无效而给债权人造成损失的,提供保证的国家机关应当承担相应的赔偿责任。

九、租赁物从境外购买的,融资租赁合同当事人约定用外币支付租金,应认定为有效。

十、在租赁合同履行完毕之前，承租人未经出租人同意，将租赁物进行抵押、转让、转租或投资入股，其行为无效，出租人有权收回租赁物，并要求承租人赔偿损失。因承租人的无效行为给第三人造成损失的，第三人有权要求承租人赔偿。

十一、在融资租赁合同有效期间内，出租人非法干预承租人对租赁物的正常使用或者擅自取回租赁物而造成承租人损失的，出租人应承担赔偿责任。

十二、在供货人有迟延交货或交付的租赁物质量、数量存在问题以及其他违反供货合同约定的行为时，对其进行索赔应区别不同情形予以处理：

（一）供货合同或租赁合同中未约定转让索赔权的，对供货人的索赔应由出租人享有和行使，承租人应提供有关证据；

（二）在供货合同和租赁合同中均约定转让索赔权的，应由承租人直接向供货人索赔。

十三、有下列情形之一的，当租赁物质量、数量等存在问题，在对供货人索赔不着或不足时，出租人应承担赔偿责任：

（一）出租人根据租赁合同的约定完全是利用自己的技能和判断为承租人选择供货人或租赁物的；

（二）出租人为承租人指定供货人或租赁物的；

（三）出租人擅自变更承租人已选定的供货人或租赁物的。

除上列情形外，出租人对租赁物的质量、数量等问题一般不承担责任。

十四、在出租人无过错的情形下，对供货人索赔的费用和结果，均由承租人承担和享有。如因出租人的过错造成索赔逾期或索赔不着，出租人应承担相应的责任。

十五、因租赁物的质量、数量等问题对供货人索赔，如出租人无过错，不影响出租人向承租人行使收取租金的权利。

十六、承租人未按合同约定支付部分或全部租金，属违约行为，承租人应按合同约定支付租金、逾期利息，并赔偿出租人相应的损失。

十七、在承租人破产时，出租人可以将租赁物收回；也可以申请受理破产案件的法院拍卖租赁物，将拍卖所得款用以清偿承租人所欠出租人的债务。租赁物价值大于出租人债权的，其超出部分应退还承租人；租赁物价值小于出租人债权的，其未受清偿的债权应作为一般债权参加破产清偿程序，或者要求承租人的保证人清偿。

十八、在承租人破产时，出租人可以作为破产债权人申报债权，参加破产程序；出租人的债权有第三人提供保证的，出租人也可以要求保证人履行保证责任。

十九、出租人在参加承租人破产清偿后，其债权未能全部受偿的，可就不足部分向保证人追偿。

二十、出租人决定不参加承租人破产程序的，应及时通知承租人的保证人，保证人可以就保证债务的数额申报债权参加破产分配。

二十一、融资租赁合同当事人请求法院保护其权利的诉讼时效应适用《中华人民共和国民法通则》第一百三十五条的规定。